आकाश दर्शन

राजकमल प्रकाशन
नयी दिल्ली पटना इलाहाबाद कोलकाता

गुणाकर मुले

आकाश दर्शन

ISBN : 978-81-267-0565-8

मूल्य : ₹ 700

पहला संस्करण : फरवरी, 1993
चौथा संस्करण : 2003
छठा संस्करण : 2010
सातवाँ संस्करण : 2015

प्रकाशक : राजकमल प्रकाशन प्रा. लि.
1-बी, नेताजी सुभाष मार्ग, दरियागंज
नई दिल्ली-110 002

शाखाएँ : अशोक राजपथ, साइंस कॉलेज के सामने, पटना-800 006
पहली मंजिल, दरबारी बिल्डिंग, महात्मा गांधी मार्ग, इलाहाबाद-211 001
36 ए, शेक्सपियर सरणी, कोलकाता-700 017

वेबसाइट : www.rajkamalprakashan.com
ई-मेल : info@rajkamalprakashan.com

आवरण : नरेन्द्र श्रीवास्तव

मुद्रक : बी.के. ऑफसेट
नवीन शाहदरा, दिल्ली-110 032

AAKASH DARSHAN
by Gunakar Muley

भाई साहब नारायण दत्त जी
के लिए

प्राक्कथन

तब मैं तेरह-चौदह साल का किशोर था। केवल अपनी मातृभाषा मराठी जानता था, और थोड़ी-सी संस्कृत। मेरे गांव में केवल एक ही समाचार-पत्र पहुंचता था— मराठी **केसरी**। उन्हीं दिनों मैंने केसरी में पं. महादेव शास्त्री जोशी की ग्रहों व नक्षत्रों से संबंधित पौराणिक कथाओं के बारे में एक लेखमाला पढ़ी थी, जिसने मुझे बड़ा प्रभावित किया था।

जब मैं इंटर का विद्यार्थी था, तारों का एक अच्छा एटलस मेरे हाथ लगा। आकाश में तारों को पहचानने का मेरा शौक शुरू हो गया। फिर प्रयाग विश्वविद्यालय में गणित का अध्ययन करते समय गोलीय त्रिकोणमिति और गोलीय खगोलिकी जैसे विषय पढ़ने का मौका मिला। आगे जाकर किसी वेधशाला में कार्य करने का सुअवसर तो मुझे नहीं मिला, मगर रात्रि के आकाश में टिमटिमाते दीपों को घंटों निहारते रहने का मेरा शौक बरकरार रहा। साथ ही, प्राचीन ज्योतिष, आधुनिक खगोल-विज्ञान और नक्षत्रों से संबंधित यूनानी व भारतीय कथाओं का मेरा स्वतंत्र अध्ययन सतत जारी रहा। परिणाम है, यह **आकाश दर्शन** ग्रंथ।

यह ग्रंथ मेरी दो बार प्रकाशित लेखमालाओं का संशोधित, परिवर्धित और विस्तारित रूप है। पहली बार 1988-89 में **नवभारत टाइम्स** में, जब स्व. श्री राजेंद्र माथुर प्रधान संपादक थे, 'आकाश-दर्शन' लेखमाला के 48 लेख प्रकाशित हुए थे। लेखमाला का स्वागत हुआ, परंतु मुझे पूरा संतोष नहीं हुआ। मैंने लेखों को दोबारा लिखा, नए लेख जोड़े, नए स्थितिचित्र तैयार किए, और तब यह लेखमाला 'राशिचक्र-परिचय' शीर्षक से **साप्ताहिक हिन्दुस्तान** में प्रकाशित हुई (1991-92)। साप्ताहिक हिन्दुस्तान की संपादक श्रीमती मृणाल पांडे से मुझे भरपूर प्रोत्साहन और सहयोग मिला। भाई श्री सुधीर ढौंडियाल ने, मेरे अन्य लेखों की तरह, इस लेखमाला को भी बड़ी सावधानी से संपादित किया।

साप्ताहिक हिन्दुस्तान में प्रकाशित लेखमाला को प्रस्तुत ग्रंथ का रूप देने के लिए मैंने इसमें कुछ नए लेख व कई नए चित्र जोड़े, संदर्भ व टिप्पणियां जोड़ीं और अंत में उपयोगी परिशिष्ट भी जोड़े।

राजकमल प्रकाशन के संयुक्त निदेशक भाई मोहन गुप्त ने इस ग्रंथ के सृजन में अपना भरपूर योगदान दिया। उन्होंने न केवल इसके प्रूफ देखने के लिए समय निकाला, बल्कि उन्होंने ही इसके पेज बनाए, चित्र सजाए, इसके लिए वे खुद आर्टिस्ट बने। इसलिए इस ग्रंथ में जो कुछ भी कलापूर्ण है, उसका सारा श्रेय भाई मोहनजी को है।

सहायक ग्रंथ-सूची के अधिकांश ग्रंथ मेरे निजी संग्रह में हैं। शेष ग्रंथ-सामग्री मुझे मुख्यतः इंडियन नेशनल सायंस एकेडेमी (नई दिल्ली) के ग्रंथालय से उपलब्ध हुई, जिसके लिए ग्रंथपाल महोदय श्री ब्रह्मदत्त उक्खल के प्रति मैं अपनी कृतज्ञता व्यक्त करता हूं।

पिछले करीब तीन साल से मैं भारतीय इतिहास अनुसंधान परिषद (नई दिल्ली) का सीनियर फैलो हूं, जिसके अंतर्गत मेरे अध्ययन का विषय है—भारतीय विज्ञान और टेक्नालॉजी का इतिहास (प्राचीन काल)। फैलोशिप की सुविधा के कारण ही कुछ निश्चिंत होकर इस ग्रंथ को इसका यह रूप दे पाया हूं, इसमें प्राचीन ज्योतिष के बारे में कुछ बेहतर जानकारी जोड़ पाया हूं।

मैं अध्ययन और लेखन के लिए ही पूर्णतः समर्पित हूं। मेरी पत्नी शांति ने न केवल हमारी गृहस्थी की सारी जिम्मेवारी संभाल ली है, बल्कि मेरे लेखन-कार्य में भी उनका सहयोग मिलता है। अब मेरे बच्चे भी मुझे काफी सहयोग देते हैं—ग्रंथालय से पुस्तकें लाकर देते हैं, स्रोत-सामग्री और चित्रों की फोटो-कापियां करवाके लाते हैं। मेरे लेखों के प्रथम पाठक भी प्रायः वे ही होते हैं।

राजकमल प्रकाशन से जुड़े जिन सभी व्यक्तियों का इस ग्रंथ के प्रकाशन में सहयोग मिला है उनके प्रति मैं अपने आभार व्यक्त करता हूं। ग्रंथ को परिपूर्ण और उपयोगी बनाने की मैंने यथाशक्ति पूरी-पूरी कोशिश की है। फिर भी यदि गलतियां रह गई हों, तो विज्ञ पाठक सूचित करेंगे, आगे संशोधन हो सकेगा।

'अमरावती' गुणाकर मुले
सी-210, पांडव नगर, दिल्ली-110 092
1 फरवरी 1993

पुस्तक के अध्ययन के लिए सुझाव

पुस्तक में कुल 13 अध्याय और 12 परिशिष्ट हैं। पहले अध्याय में खगोल का सामान्य परिचय है, और थोड़ी ऐतिहासिक जानकारी भी। आगे के बारह अध्यायों में साल के बारह महीनों के क्रमिक 'आकाश दर्शन' को प्रस्तुत किया गया है। परिस्थिति के अनुसार, किसी भी माह (अध्याय) से पुस्तक का अध्ययन शुरू किया जा सकता है। हां, सर्वप्रथम पहले अध्याय को पढ़ लेना और परिशिष्टों की सामग्री पर एक नज़र डाल लेना उपयोगी होगा।

प्रत्येक माह (अध्याय) के अंतर्गत सर्वप्रथम उस प्रमुख तारा-मंडल (राशि) का परिचय दिया गया है जिसे उस माह आकाश के लगभग मध्यभाग में स्पष्टता से देखा जा सकता है। फिर, उसी माह उस प्रमुख मंडल के उत्तर या दक्षिण में दिखाई देनेवाले एक या दो या तीन प्रसिद्ध तारा-मंडलों (नक्षत्रों) का परिचय दिया गया है। किस माह किन तारा-मंडलों को लगभग मध्याकाश में देखा जा सकता है, इसे आगे के दो पृष्ठों पर दिए गए स्थितिचित्रों से आसानी से जाना जा सकता है। प्रत्येक अध्याय के अंतिम एक या दो प्रकरणों में खगोल-भौतिकी से संबंधित जानकारी है।

यह पुस्तक एक प्रकार का तारा-एटलस भी है। खगोल-विज्ञान में तारों को यूनानी वर्णमाला के अक्षरों से दर्शाया जाता है। स्थितिचित्रों में तो यूनानी अक्षरों का ही प्रयोग हुआ है, मगर विवरण में उन्हें नागरी उच्चारणों में दिया गया है। अतः पाठकों की सुविधा के लिए प्रत्येक अध्याय के आरंभ में यूनानी वर्णाक्षरों तथा उनके उच्चारण की तालिका दी गई है।

पुस्तक में तारा-मंडलों के जो स्थितिचित्र हैं उन्हें दिशा-निर्देश के अनुसार सिर के ऊपर धारण करके तारों को पहचानना चाहिए। और, वृषभ, कन्या, सिंह आदि के चित्रांकनों का उपयोग, दिशा-निर्देश के अनुसार, इस प्रकार किया जाना चाहिए मानो आकाश धरातल पर उतर आया है। स्थितिचित्र प्रमुखतः उन प्रेक्षकों के लिए बने हैं जो करीब 20 से 30 उत्तरी अक्षांशों के स्थानों से रात के नौ-दस-ग्यारह बजे आकाश का अवलोकन करते हैं, परंतु अन्य स्थानों से भी आकाश दर्शन के लिए इनका उपयोग हो सकता है।

पुस्तक के तारा-स्थितिचित्र इसे स्थायी उपयोग की बना देते हैं।

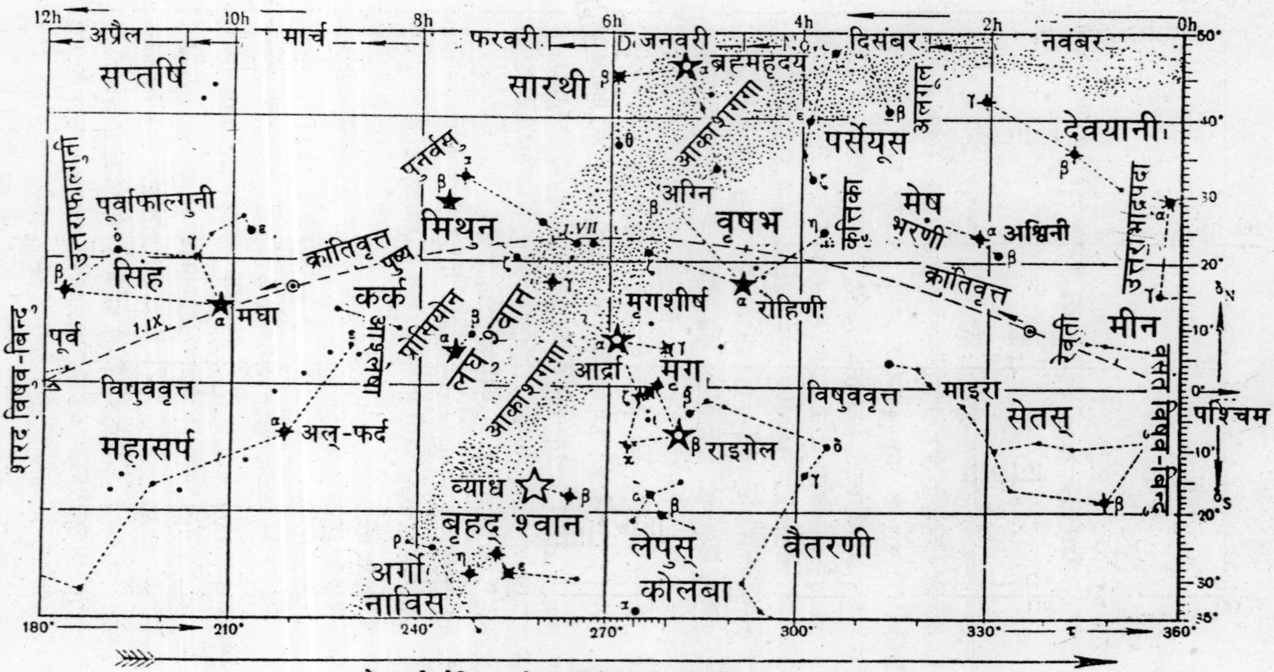
12h
10h
8h
6h
4h
2h
0h
अप्रैल
मार्च
फरवरी
जनवरी
दिसंबर
नवंबर
सप्तर्षि
सारथी
ब्रह्महृदय
उत्तराफाल्गुनी
पूर्वाफाल्गुनी
पुनर्वसु
मिथुन
क्रांतिवृत्त
पुष्य
सिंह
मघा
कर्क
आश्लेषा
प्रोसियान
लघु श्वान
आकाशगंगा
पर्सेयूस
देवयानी
अग्नि
वृषभ
कृत्तिका
मेष
भरणी
अश्विनी
उत्तराभाद्रपद
रोहिणी
मृगशीर्ष
आर्द्रा
मृग
मीन
रेवती
वसंत विषुव-बिन्दु
शरद विषुव-बिन्दु
पूर्व
पश्चिम
विषुववृत्त
माइरा
सेतस्
महासर्प
अल्-फर्द
राइगेल
व्याध
बृहद् श्वान
लेपुस्
वैतरणी
अर्गो नाविस
कोलंबा
180°
210°
240°
270°
300°
330°
360°
60°
40°
30
20°
10°
0°
10°
20°
30°
35°
N
S
1.IX
1.VII
खगोल की दैनिक और वार्षिक गति की दिशा

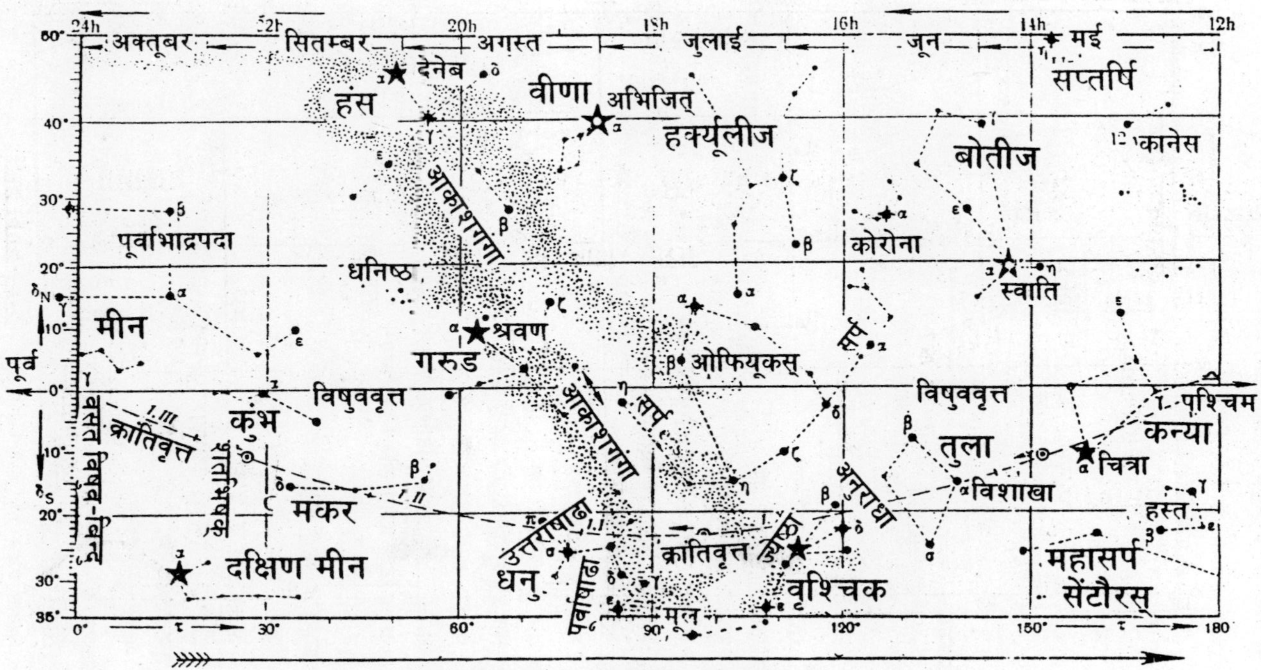

खगोल की दैनिक और वार्षिक गति की दिशा

अनुक्रम

अध्याय 1

खगोल (सोलहवीं सदी)

तारों भरा आकाश

आकाशगंगा

नक्षत्र स्वदेशी : राशियां विदेशी

संदर्भ और टिप्पणियां

यूनानी वर्णमाला

अल्फा	α	न्यू	ν
बीटा	β	क्साइ	ξ
गामा	γ	ओमिक्रोन	o
डेल्टा	δ	पाइ	π
इप्सिलोन	ϵ	रो	ρ
जीटा	ζ	सिग्मा	σ
इटा	η	टाउ	τ
थीटा	θ	अप्साइलोन	υ
आयोटा	ι	फाइ	ϕ
काप्पा	κ	खाइ	χ
लांबडा	λ	प्साइ	ψ
म्यू	μ	ओमेगा	ω

तारों भरा आकाश

धरती का मानव हजारों वर्षों से आकाश के तारों को निहारता आया है । सभी के मन में सवाल उठते हैं—आकाश में कितने तारे हैं ? ये हमसे कितनी दूर हैं ? कितने बड़े हैं ? ये किन चीजों से बने हैं ? ये सतत क्यों चमकते रहते हैं ? रात के आकाश के नजारे के बारे में ऐसे अनेक सवाल हमारे दिमाग में कोलाहल मचाते रहते हैं ।

आदिम मानव ने कुतूहलवश आकाश के तारों की गति-स्थिति का अध्ययन शुरू कर दिया था । फिर जब पता चला कि तारों से दिशा तथा काल का ज्ञान होता है, तब उनका अधिक गहराई से अध्ययन होने लगा । आदिम समाजों ने आकाश के तारा-समूहों में तरह-तरह की आकृतियों की कल्पना की, उनके बारे में कथाएं गढ़ीं और उन्हें नाम दिए । वे नाम आज भी प्रचलित हैं ।

सूर्य, चंद्र और ग्रह आकाश के एक विशेष पट्टे में यात्रा करते दिखाई देते हैं । आकाश के उस वृत्ताकार पट्टे को राशिचक्र (जोडियक) कहते हैं ।[1] राशिचक्र के तारों की पृष्ठभूमि में सूर्य, चंद्र तथा ग्रह यात्रा करते रहते हैं, इसलिए प्राचीन काल के ज्योतिषियों ने इस पट्टे के तारों का गहराई से अध्ययन किया था । तारों के सापेक्ष चंद्र एक चक्कर 27 और एक-तिहाई दिन में लगाता है । इसलिए रविमार्ग या चंद्रपथ को 27 भागों में बांटा गया था । कहा जाता था कि आज चंद्र इस नक्षत्र के पास है । बाद में नक्षत्र शब्द का अर्थ हो गया — चंद्रपथ या रविमार्ग का 27वां भाग । वैदिक साहित्य में इन 27 नक्षत्रों के नाम मिलते हैं । कभी-कभी नक्षत्रों की संख्या 28 भी मानी गई ।

बेबीलोनवालों ने राशिचक्र को बारह भागों में बांटकर बारह राशियों की कल्पना की थी । वैदिक साहित्य और **महाभारत** में 12 राशियों के नाम नहीं मिलते । भारतीय ज्योतिषियों को 12 राशियों और इनके नामों की जानकारी बाद में मिली ।

प्राचीन भारत के ज्योतिषियों ने रविपथ या चंद्रपथ के प्रमुख तारों की

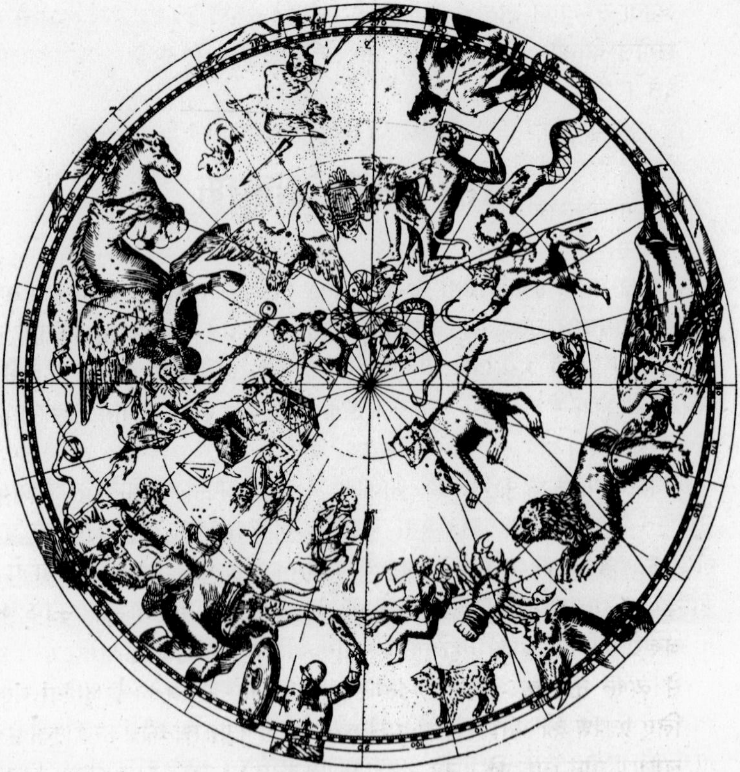

आकाश के तारा-समूहों में तरह-तरह के प्राणियों की कल्पना.

गतिं-स्थिति का ही विशेष अध्ययन किया था। इसलिए प्राचीन साहित्य में हमें चंद्रपथ के प्रमुख तारों के ही नाम देखने को मिलते हैं; सप्तर्षि, अभिजित् और अगस्त्य जैसे क्रांतिवृत्त से काफी दूर के कुछ प्रमुख तारों के भी उल्लेख मिलते हैं। लेकिन आधुनिक खगोल-विज्ञान में आकाश के सभी तारों को 88 तारा-मंडलों में बांटकर इनकी सीमाएं निश्चित कर दी गई हैं। इसलिए पुराने नक्षत्र-मंडलों तथा राशियों में और नए तारा-मंडलों में अक्सर ताल-मेल नहीं बैठता।

हम अपनी कोरी आंखों से समूचे खगोल में अधिक-से-अधिक छह हजार तारे ही देख सकते हैं।[2] इनमें भी एक समय में आकाश के एक गोलार्ध में

ज्यादा-से-ज्यादा तीन हजार तारे ही देखे जा सकते हैं। उत्तरी गोलार्ध से दक्षिणी खगोल के और दक्षिणी गोलार्ध से उत्तरी खगोल के बहुत-से तारे दिखाई नहीं देते ।

हमारी पृथ्वी एक साल में सूर्य की एक परिक्रमा पूरी करती है और 24 घंटों में अपनी धुरी पर एक चक्कर लगाती है । अतः सौर अहोरात्र 24 घंटे का होता है । मगर नक्षत्र अहोरात्र 23 घंटे 56 मिनट का होता है । इसलिए आकाश के तारे रात के समय हमें प्रतिदिन चार मिनट पहले पूर्वाकाश में उदित होते दिखाई देते हैं । जैसे, आकाश का सबसे चमकीला **व्याध** (लुब्धक) तारा आज रात को पूर्व क्षितिज पर आठ बजे उदित होता है, तो अगले दिन वह रात को 7.56 पर उदित होगा । उसके अगले दिन वह 7.52 पर उदित होगा । अगले साल आज की तिथि को वह पुनः रात्रि को ठीक आठ बजे उदित होगा । इस तरह तारे अधिकाधिक पश्चिम की ओर सरकते जाते हैं और सालभर में आकाश का एक चक्कर पूरा करते हैं ।

नक्षत्रों का परिचय खगोल-विज्ञान के अध्ययन की पहली सीढ़ी है । लेकिन तारों की पहचान शुरू करने के पहले इनके बारे में कुछ बुनियादी बातों को जान लेना जरूरी है । तारे हमसे बहुत दूर हैं । इनकी दूरियों को हम किलोमीटरों में सुविधा से व्यक्त नहीं कर सकते । इसलिए खगोलविदों ने तारों की दूरियां मापने के लिए प्रकाश की गति के पैमाने को अपनाया है । प्रकाश की किरणें एक सेकंड में लगभग तीन लाख किलोमीटर दूरी तय करती हैं । इस वेग से प्रकाश-किरणें एक वर्ष में जितनी दूरी तय करती हैं, उसे एक **प्रकाश-वर्ष** कहते हैं । एक प्रकाश-वर्ष दूरी 94,63,00,00,00,000 किलोमीटर के बराबर होती है ।

सूर्य हमसे 8 प्रकाश-मिनट और 18 प्रकाश-सेकंड दूर है । आकाश का सबसे नजदीक का तारा **प्रोक्सिमा-सेंटौरी** हमसे 4.3 प्रकाश-वर्ष, अर्थात्, 40,00,000 करोड़ किलोमीटर दूर है । तारों और मंदाकिनियों की दूरियां मापने के लिए एक और पैमाने का इस्तेमाल होता है । इसे **पारसेक** कहते हैं । एक **पारसेक** 3.26 प्रकाश-वर्षों के बराबर होता है । पृथ्वी और सूर्य के बीच की लगभग 15 करोड़ किलोमीटर की दूरी को **खगोलीय एकक** या **इकाई** कहते हैं ।

तारों की पहचान एक अत्यंत रोचक और उपयोगी विषय है । नाविकों और वैमानिकों के लिए तारों का ज्ञान अब भी जरूरी है । अंतरिक्षयात्रियों के लिए भी तारों की पहचान जरूरी है ।

आकाशगंगा

रात के समय आकाश में लगभग उत्तर से दक्षिण तक फैला हुआ तारों का एक चमकीला पट्टा दिखाई देता है। इसे हम आकाशगंगा कहते हैं। प्राचीन यूनान के लोग इसे 'दूधिया पथ' (गैलेक्सी) कहते थे। वस्तुतः यह तारों का पट्टा है। इसमें अरबों तारे हैं।

आकाशगंगा जैसी हमें दिखाई देती है, असल में वैसी नहीं है। यह लगभग एक पहिए के आकार की विशाल योजना है। इसमें 100 अरब से भी ज्यादा तारे हैं। हमारा सूर्य इन्हीं में से एक सामान्य तारा है। पर हमारा सूर्य आकाशगंगा के केन्द्र में नहीं है। यह केन्द्र से काफी दूर एक सिरे पर है। इस सिरे से हम आकाशगंगा के केन्द्र भाग की ओर देखते हैं, तो पहिए के आकार की यह योजना हमें तारों के एक सघन पट्टे के रूप में दिखाई देती है।

आकाशगंगा के पट्टे के दोनों ओर तारों का घनत्व कम-कम होता जाता है। कारण स्पष्ट है। आकाशगंगा के पहिए के समतल में न देखकर यदि हम इसके ऊपर-नीचे देखेंगे तो आकाश में कम तारे दिखाई देंगे। आकाश में दिखाई देने वाले सभी तारे आकाशगंगा योजना के ही सदस्य हैं। यदि इस आकाशंगगा को बाहर से देख पाना संभव होता, तो यह हमें पहिए के आकार की ही दिखाई देती।

आकाशगंगा में 100 अरब से अधिक तारे हैं, इसलिए सहज अंदाजा लगाया जा सकता है कि यह कितनी विशाल योजना होगी। पहिए के आकार की इस आकाशगंगा का व्यास 1,00,000 प्रकाश-वर्ष है। अर्थात्, प्रकाश के महत्तम वेग से इसके एक सिरे से दूसरे सिरे तक पहुंचने में एक लाख साल लगते हैं। केन्द्र भाग में आकाशगंगा की मोटाई 20,000 प्रकाश-वर्ष है और बाहरी सिरों पर लगभग 3,000 प्रकाश-वर्ष। हमारा सूर्य केन्द्र भाग से करीब 30,000 प्रकाश-वर्ष दूर किनारे की ओर है और यह 220 किलोमीटर प्रति सेकंड के वेग से आकाशगंगा के केन्द्र की परिक्रमा कर रहा है। आकाशगंगा की एक परिक्रमा

आकाशगंगा का वास्तविक स्वरूप.

आकाशगंगा : पहिए के आकार की एक विशाल योजना, जिसमें सूर्य के स्थान को चिह्न + से दिखाया गया है.

पूरी करने में सूर्य को करीब 25 करोड़ साल लगते हैं । धरती पर मानव के संपूर्ण अस्तित्व-काल में सूर्य ने आकाशगंगा की एक परिक्रमा भी पूरी नही की है।

आकाशगंगा में तारों की संख्या लगभग 100 अरब है, पर इसकी संपूर्ण द्रव्य-राशि करीब 200 अरब सूर्यों के बराबर है । कारण यह है कि आकाशगंगा के अनेक तारे हमारे सूर्य से काफी बड़े हैं । तारों के बीच के अंतरिक्ष में गैस और धूल के रूप में बहुत सारी द्रव्यराशि बिखरी हुई है । आकाशगंगा में धूल और गैस के विशाल मेघ भी हैं । इन्हें हम **नीहारिका** (नेबुला) कहते हैं । आकाशगंगा में छोटे-बड़े सैकड़ों **तारा-गुच्छ** भी हैं ।

हम बता चुके हैं कि तारों की दूरियां प्रकाश-वर्षों में मापी जाती हैं । सबसे नजदीक का तारा हमसे 4.3 प्रकाश-वर्ष दूर है । रोहिणी का तारा 60

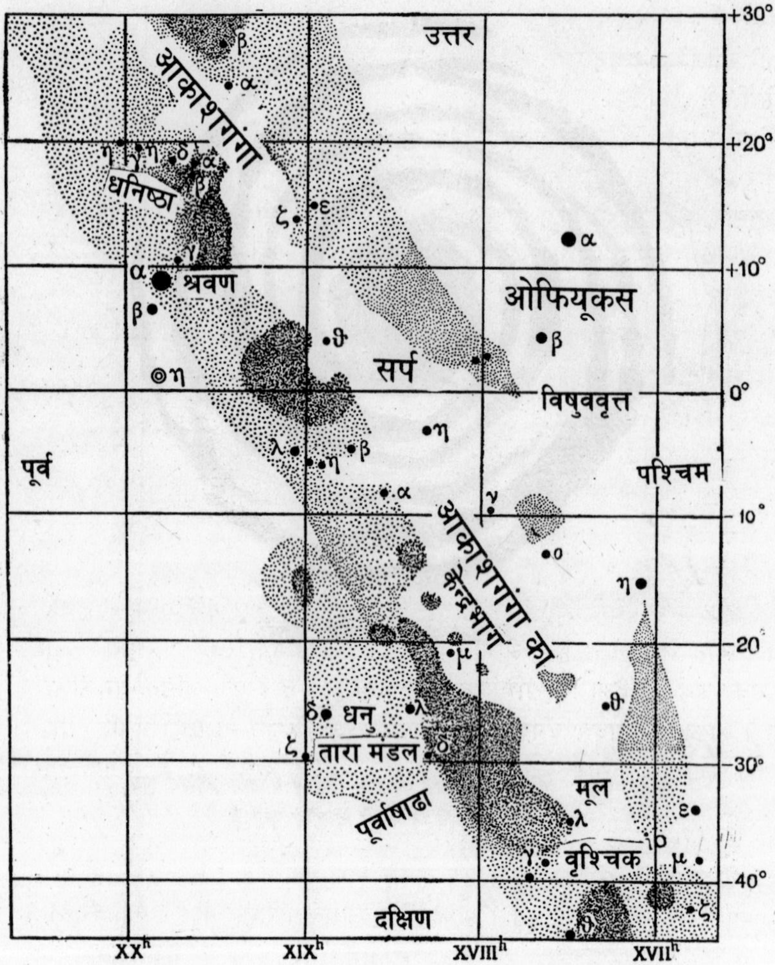

आकाशगंगा के पट्टे का एक भाग. बीच में गैस और धूल के मेघ (नीहारिकाएं) होने के कारण आकाशगंगा का पट्टा हमें खंडित नजर आता है. इसी कारण धनु मंडल की ओर का आकाशगंगा का अत्यंत चमकीला केंद्रभाग भी हमारे लिए अदृश्य बना हुआ है.

प्रकाश-वर्ष दूर है और आर्द्रा का करीब 300 प्रकाश-वर्ष दूर।

आकाशगंगा के अनेक तारे हमारे सूर्य से सैकड़ों गुना बड़े हैं। जैसे, ज्येष्ठा और आर्द्रा के तारे सूर्य से करीब 300 गुना बड़े हैं। ऐसे तारों को **महादानव**

कहते हैं। अनेक तारे सूर्य से छोटे भी हैं। आधुनिक खगोल-विज्ञान में इन्हें **बौने तारे** या **श्वेत वामन तारे** कहते हैं। श्वेत वामन तारों का द्रव्य अत्यंत सघन स्थिति में होता है।

हम जानते हैं कि आकाश के कुछ तारे काफी तेज चमकते हैं और बहुत-से तारे मंदकांति वाले हैं। प्राचीनकाल के ज्योतिषियों ने तारों को, उनकी कांति के अनुसार, छह वर्गों में बांटा था। जो तारे सायंकाल के समय पहले दिखाई देते हैं उन्हें प्रथम कांतिमान का माना गया था। सबसे मंद चमक वाले तारे छठे कांतिमान के माने गए।

कांतिमान का यह वर्गीकरण स्थूल था। इसलिए आधुनिक खगोल-विज्ञान में यह मान लिया गया कि आंखों से दिखाई देने वाले सबसे ज्यादा कांति वाले तारे सबसे मंदाकांति तारों से 100 गुना अधिक चमकीले होते हैं। इस व्यवस्था के अनुसार, पांचवीं कांति का तारा छठी कांति के तारे से ढाई गुना अधिक चमकीला होता है और चौथी कांति का तारा पांचवीं कांति के तारे से ढाई गुना अधिक चमकीला होता है। और, यह सिलसिला बना रहता है। अतः कांतिमान एक संख्या है।

आकाश में प्रथम कांतिमान के तारे करीब 20 ही हैं। रोहिणी के तारे का कांतिमान लगभग 1 है। अभिजित् तारे का कांतिमान लगभग 'शून्य' है। इसका अर्थ यह हुआ कि अभिजित् तारा रोहिणी से ढाई गुना अधिक चमकीला है। आकाश के सबसे चमकीले **व्याध** तारे का कांतिमान -1.6 है। अर्थात्, यह तारा प्रथम कांतिमान के तारे से 11 गुना अधिक चमकीला है। सूर्य का कांतिमान -26.8 है। स्वच्छ आकाश में कोरी आंखों से हम छठे कांतिमान तक के तारे देख सकते हैं। मगर संसार की सबसे बड़ी दूरबीन से 22वें कांतिमान तक के तारों को देखा जा सकता है।

पुराने जमाने के कुछ ज्योतिषी सोचते थे कि चमकीले तारे हमसे नजदीक हैं और मंदकांति तारे अधिक दूर हैं। पर बात ऐसी नहीं है। तारों के वास्तविक आकार तथा तापमान के आधार पर उनके निजी या **निरपेक्ष कांतिमान** निर्धारित किए गए हैं।

तारों के रंगों से उनके तापमान का कुछ अंदाजा लगाया जा सकता है। नीले या पीले-सफेद तारों का तापमान ऊंचा होता है और लाल तारों का तापमान कम होता है। तारों के प्रकाश का वर्णक्रम-विश्लेषण करने पर इनके बारे में अनेक प्रकार की जानकारी मिल जाती है।

नक्षत्र स्वदेशी : राशियां विदेशी

भविष्य में होने वाली घटनाओं को जानने की मनुष्य में एक स्वाभाविक लालसा होती है । कोई ताजा अखबार या ताजी पत्रिका सामने आते ही, बहुत-से लोग, सबसे पहले राशिफल वाला पृष्ठ खोलते हैं और अपनी नामराशि के आगे दिया हुआ सप्ताह भर का 'भविष्य' पढ़ते हैं । निश्चय ही, ऐसे भविष्य-फल का कुछ-न-कुछ मानसिक परिणाम अवश्य होता होगा ।

मान लीजिए कि किसी व्यक्ति की नामराशि **मीन** है । एक पत्रिका में मीन के आगे दिसंबर 1990 के दूसरे सप्ताह का भविष्य दिया गया है : 'व्यस्तता रहेगी। समय पर काम पूरे करने होंगे । व्यावसायिक प्रस्ताव मिलेंगे । अनिष्ट संभव नहीं। अधिकारी समर्थन देंगे । सम्मान के विषय में चिंतित होंगे ··· साक्षात्कार आदि में सफलता मिलेगी ।'

एक वर्ग-विशेष के लिए काफी आशाजनक भविष्य है । ऐसे या अन्य प्रकार के भविष्य-कथनों की सांध्य भाषा, इन्हें तैयार करने के मनमाने तरीके, इनकी सच्चाई, इनके भले-बुरे प्रभाव आदि के बारे में हमें यहां चर्चा नहीं करनी है । हम चाहते हैं कि फलित-ज्योतिष में आस्था रखने वाले अनगिनत लोग इस 'विद्या' पर एक अन्य पहलू से भी विचार करें । यह पहलू इस विद्या पर वैज्ञानिक व ऐतिहासिक दृष्टि से प्रकाश डालता है और अनेक दिलचस्प तथ्यों का उद्‌घाटन करता है ।

फलित-ज्योतिष के संदर्भ में बुनियादी और महत्वपूर्ण सवाल है : मीन, कुंभ, कन्या, सिंह, आदि बारह राशियां क्या हैं ? इन राशियों को आकाश में किस प्रकार पहचाना जा सकता है ? किस राशि में किन नक्षत्रों का समावेश होता है ? जैसे, परंपरा से तुला राशि में चित्रा, स्वाति एवं विशाखा के नक्षत्रों को शामिल किया गया है, तो आकाश में इन्हें कब, कहां और कैसे पहचाना जा सकता है ।

परंपरानुसार अश्विनी, भरणी, कृत्तिका, रोहिणी आदि नक्षत्रों की संख्या 27

है । जन्म-नक्षत्र के अनुसार भी भविष्य-कथन होता है । ऐसी स्थिति में क्या बहुतों की यह जानने की इच्छा नहीं होती होगी कि रोहिणी या आर्द्रा या चित्रा का तारा आकाश में कहां है, हमसे कितनी दूर है, हमारे सूर्य-तारे से कितना बड़ा है और कितनी ऊर्जा उत्सर्जित करता है ?

राशियों और नक्षत्रों को आधार मानकर मानव-जीवन के बारे में भविष्य-कथन किया जाता है, तो इनके बारे में हमें कुछ-न-कुछ वैज्ञानिक जानकारी भी अवश्य होनी चाहिए । मगर आज के फलित-ज्योतिषाचार्यों से ऐसी जानकारी प्राप्त करने की आशा रखना व्यर्थ है ।

यदि आपको राशिफल जानने का शौक है, तो यह जानकारी भी आपको

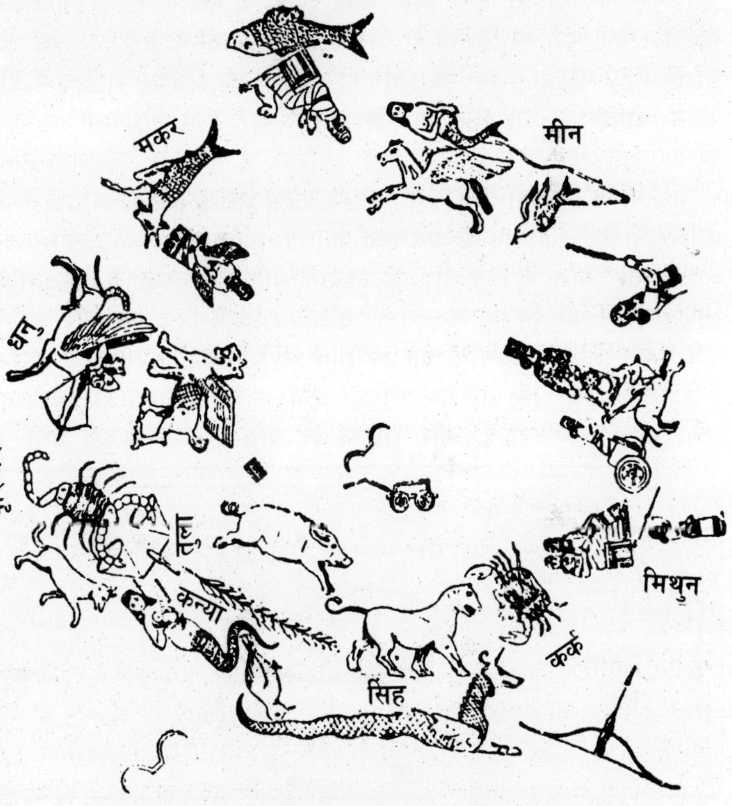

बेबीलोनवालों का राशिचक्र. इसमें सिंह, कर्क, वृश्चिक, तुला आदि राशियों को आसानी से पहचाना जा सकता है.

होनी चाहिए कि भारत में इन 12 राशियों का प्रचलन कब से हुआ, राशियों की धारणा का उदय सर्वप्रथम किस देश में हुआ और भारत में इनका तथा मेष, वृषभ, मिथुन, कर्क आदि राशिनामों का प्रचार कब से हुआ।

मेष, मीन, कुंभ, मकर आदि राशिनाम बेबीलोनी-यूनानी राशिनामों के संस्कृत में किए गए अनुवाद हैं। वस्तुतः 12 राशियों का मूल प्राचीन बेबीलोनी ज्योतिष में है। यूनानियों ने इन राशियों को अपनाया और इनके बारे में कथाएं भी गढ़ीं। बाद में भारतीयों ने भी इन राशियों को अपनाया। मगर भारतीय साहित्य में, पुराणों में, राशियों के बारे में आख्यान नहीं मिलते।

परंतु नक्षत्रों के बारे में प्राचीन भारतीय साहित्य में कई कथाएं मिलती हैं। जैसे, कृत्तिका, रोहिणी, मृग, व्याध आदि नक्षत्रों के बारे में वैदिक साहित्य में रोचक कथाएं पढ़ने को मिलती हैं। कारण यह है कि ईसवी सन् के आरंभ तक भारत में 27 या 28 नक्षत्रों की पद्धति ही प्रचलित रही। वैदिक साहित्य में और **वेदांग-ज्योतिष** में, यहां तक कि **महाभारत** में भी, बारह राशिनामों का कोई उल्लेख नहीं है।

राशियों और नक्षत्रों के बारे में ऐसी ही अनेक बातें हैं जिनकी जानकारी, न केवल इतिहास व विज्ञान के अध्येताओं के लिए, बल्कि फलित-ज्योतिष के प्रति अनुराग रखने वालों के लिए भी, बड़ी उपयोगी साबित हो सकती है। मिसाल के लिए, मान लीजिए कि आपके नाम की राशि वृश्चिक है। तब क्या आप जानना नहीं चाहेंगे कि आकाश में वृश्चिक का स्थान कहां है और इस राशि के अंतर्गत आनेवाले विशाखा, अनुराधा तथा ज्येष्ठा नक्षत्रों को कैसे पहचाना और जाना जा सकता है? इन नक्षत्रों और राशियों के बारे में अलग-अलग देशों में

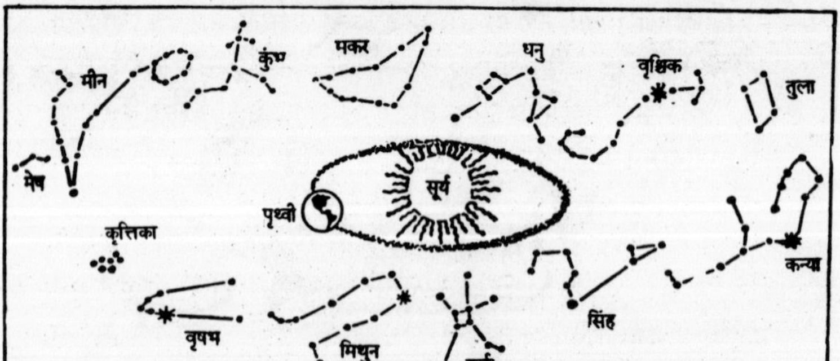

राशिचक्र : मेष और वृषभ के बीच में कृत्तिका के सात तारे हैं. वैदिक काल में वसंत-विषुव बिंदु कृत्तिकाओं के समीप था.

अलग-अलग कथाएं भी प्रचलित हैं । नक्षत्रों के बारे में वैदिक साहित्य में जो कथाएं हैं वे प्राचीन यूनान की ऐसी कुछ कथाओं से काफी मेल खाती हैं ।

हमारा प्रयास होगा—प्रत्येक लेख में एक राशि या मंडल का परिचय देना । राशि या मंडल का स्थितिचित्र देकर बताया जाएगा कि उसके अंतर्गत आने वाले नक्षत्रों को आकाश में कब और कहां पहचाना जा सकता है । राशियों और नक्षत्र-मंडलों के अंतर्गत आने वाले विशिष्ट तारें, मंदाकिनियों, नीहारिकाओं आदि का भी वैज्ञानिक परिचय दिया जाएगा । राशियों और नक्षत्रों से संबंधित कतिपय कथाओं का भी उल्लेख रहेगा ।

मगर राशियों और नक्षत्रों का परिचय प्राप्त करने के पहले इनके ऐतिहासिक पहलू पर एक नजर डालना लाभप्रद होगा ।

पहले **नक्षत्र-पद्धति** को लीजिए ।

पृथ्वी से देखने पर सूर्य, तारें की पृष्ठभूमि में, आकाश के जिस मार्ग में साल - भर यात्रा करता है उसे **क्रांतिवृत्त** या **रविमार्ग** कहते हैं (सूर्योदय के पहले क्षितिज के पास के चमकीले तारों को पहचानकर रविमार्ग को निर्धारित किया जा सकता है) । चंद्र और सभी ग्रह (प्लूटो को छोड़कर) रविमार्ग से करीब 9 अंश तक दूर के एक पट्टे में आकाश की यात्रा करते हैं । आकाश के इसी पट्टे को **राशिचक्र** (जोडियक) का नाम दिया गया है ।

तारें के बीच में चंद्र की प्रतिदिन की स्थिति को अपेक्षाकृत आसानी से जाना जा सकता है । तारें की पृष्ठभूमि में चंद्रमा आकाश का एक चक्कर 27 दिन और लगभग 20 मिनटों में लगाता है । इसलिए आरंभ में, प्रायः सभी देशों में, चंद्र के चक्कर को पूर्ण संख्या 27 या 28 में बांटकर, प्रत्येक भाग के लिए एक चमकीला नक्षत्र निर्धारित किया गया । चंद्रमार्ग के इन 27 समान भागों को प्राचीन ज्योतिष में **नक्षत्र** कहा गया । वैसे नक्षत्र का अर्थ तारा या तारा-समूह है, मगर यह शब्द चंद्रमार्ग या राशिचक्र के 27वें भाग (करीब 13 अंश और 20 मिनट) के लिए भी प्रयुक्त हुआ ।

ऋग्वेद में 27 नक्षत्रों की सूची तो नहीं है, मगर यत्र-तत्र **अघा** (मघा), **अर्जुनी** (फल्गुनी) जैसे नक्षत्रों का जिक्र आया है । सत्ताईस नक्षत्रों की पूर्ण सूची **तैत्तिरीय ब्राह्मण** में देखने को मिलती है । वहां इन नक्षत्रों के देवता भी दिए गए हैं । **अथर्व-संहिता** में 28 नक्षत्र गिनाए गए हैं ।[3] चंद्रमा को तारें के सापेक्ष एक चक्कर लगाने में 27 दिनों से कुछ अधिक समय लगता है, इसीलिए चंद्रमार्ग को 28 नक्षत्रों में भी विभाजित किया गया था । **अभिजित्** को उत्तराषाढा के बाद

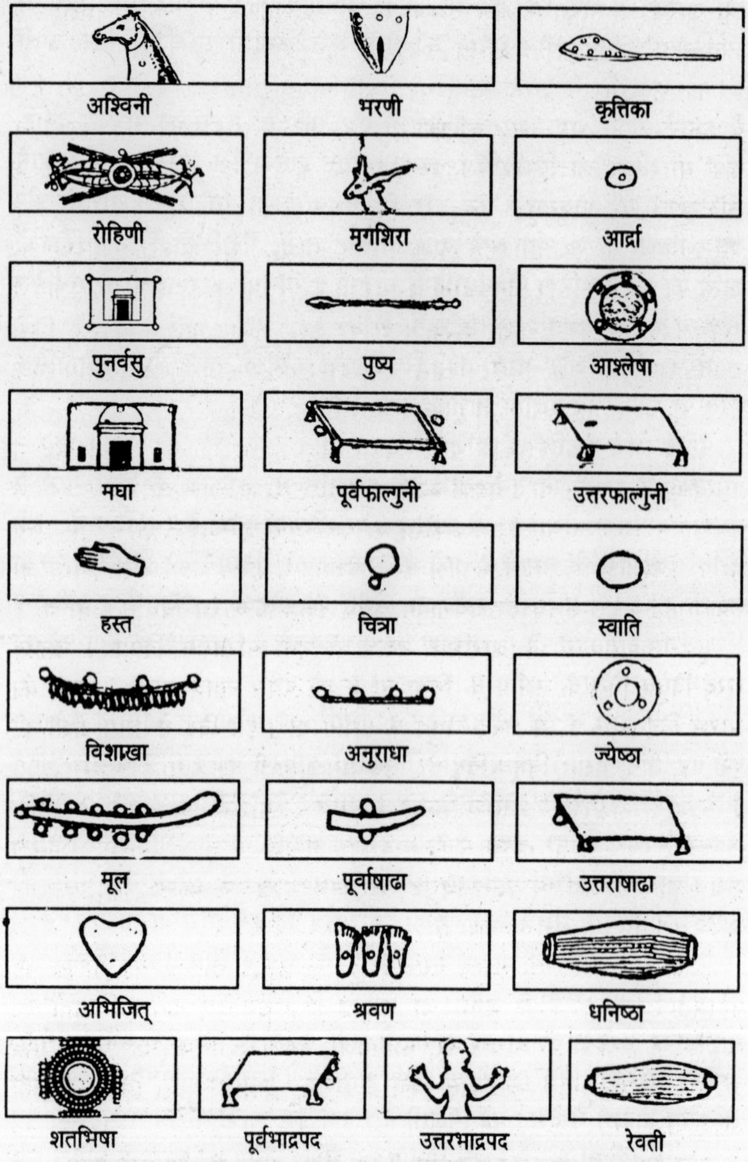

भारतीय चांद्र-नक्षत्रः यहां अभिजित् सहित इनकी संख्या 28 है. यह चित्र ज्योतिषी श्रीपति (लगभग 1000 ई.) के मुहूर्त-ग्रंथ 'रत्नमाला' के विवरण के आधार पर सर विलियम जोन्स (1746-94 ई.) ने तैयार करवाया था.

और श्रवण के पहले रखकर 28 नक्षत्रों की सूची बनाई गई थी। जान पड़ता है कि आरंभ में भारत में 28 नक्षत्रों का ही प्रचलन रहा[4], मगर अंततः 27 चांद्र-नक्षत्रों की पद्धति अस्तित्व में आ गई।

नक्षत्र-पद्धति में प्रथम नक्षत्र की स्थिति समय-समय पर बदलती रही है। वैदिक काल में प्रथम नक्षत्र **कृत्तिका** था। इसका कारण संभवतः यह रहा है कि उस समय कृत्तिकाएं वसंत-विषुव बिंदु के समीप रही होंगी। खगोल के क्रांतिवृत्त और विषुववृत्त जिन दो बिंदुओं में एक-दूसरे को काटते हैं उन्हें **वसंत-विषुव** और **शरद-विषुव** के नाम दिए गए हैं। सूर्य जब इन बिंदुओं पर रहता है, तब रात और दिन, दोनों बराबर होते हैं। महत्व की बात यह है कि ये विषुव-बिंदु स्थिर नहीं रहते, बल्कि पृथ्वी की एक विशिष्ट गति के कारण, जिसे **अयन-चलन** कहते हैं, पीछे पश्चिम की ओर सरकते रहते हैं। इसलिए इनके संदर्भ में नक्षत्रों की स्थिति भी निरंतर बदलती रहती है।

वैदिक काल में कृत्तिकाएं वसंत-विषुव बिंदु के नजदीक थीं। इसी बिंदु से वर्ष का आरंभ होता था। **वेदांग-ज्योतिष** के काल में दक्षिणायनांत या उत्तरायण का आरंभ (उत्तरायणारंभ) तब होता था, जब सूर्य **धनिष्ठा** के आरंभ में रहता था।[5] **महाभारत** के काल में नक्षत्रारंभ **श्रवण** से होता था। अतः माना जा सकता है कि उस समय उत्तरायणारंभ श्रवण नक्षत्र के आरंभ-बिंदु से होता था।

सूर्य-सिद्धांतकारों ने आरंभिक नक्षत्र में पुनः परिवर्तन किया। उन्होंने शरद-विषुव बिंदु के समीप के **चित्रा** नक्षत्र को प्रथम नक्षत्र माना। चित्रा का आरंभ बिंदु 285 ई. में शरद-विषुव के समीप था। इस बिंदु से 180 अंशों की दूरी पर, यानी वसंत-विषुव बिंदु पर, उस समय रेवती नक्षत्र था। लगभग 500 ई. से, **सूर्य-सिद्धांत** को प्रसिद्धि मिलने के समय से, भारतीय ज्योतिषी मीन राशि के उस विशिष्ट रेवती नक्षत्र से ही नक्षत्रारंभ मानते आ रहे हैं। वस्तुतः पिछले करीब सत्रह सौ वर्षों में वसंत-विषुव बिंदु, अयन-चलन के कारण, क्रांतिवृत्त पर करीब 24 अंश पीछे सरक गया है!

किस समय कौन-सा नक्षत्र वसंत-विषुव के समीप रहा है, यह गणित की सहायता से आसानी से जाना जा सकता है। इसलिए अनेक विद्वानों ने, ज्योतिषीय उल्लेखों के आधार पर, संहिताओं, वेदांग-ज्योतिष, महाभारत आदि के रचना-काल जानने के प्रयास किए हैं। मगर यहां हम उस विषय में नहीं उतरेंगे।

यहां हम यही स्पष्ट करना चाहते हैं कि वैदिक काल में और आगे करीब एक हजार साल तक प्राचीन भारत में चांद्र-नक्षत्र विभाजन का ही प्रचलन रहा

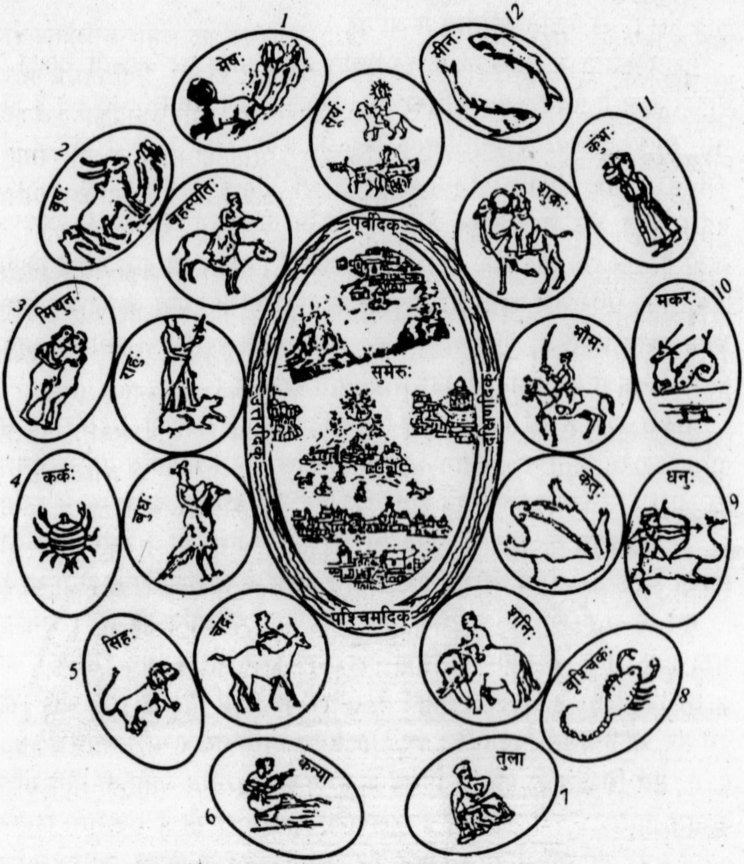

भारतीय राशिचक्र : यह चित्र भी 'रत्नमाला' के विवरण के आधार पर बना है. इसमें बाहरी घेरे में आरंभ-राशि मेष है और अंतिम राशि मीन. बीच के घेरे में राहु-केतु सहित 9 ग्रह हैं. केंद्र में चारों दिशाओं के साथ सुमेरु पर्वत को दिखाया गया है.

आधुनिक भारतीय पंचांगों में, और फलित-ज्योतिष में भी, आज सात वारों और बारह राशियों की धारणाओं का बड़ा महत्व है, मगर वास्तविकता यह है कि वैदिक साहित्य, वेदांग-ज्योतिष और महाभारत में सात वारों तथा बारह राशियों का कहीं कोई उल्लेख नहीं है । भारतीय ज्योतिष में सात वारों और बारह

राशियों का समावेश बाद में, ईसवी सन् की आरंभिक सदियों में हुआ । इसकी अधिक चर्चा हम आगे करेंगे ।

फिलहाल महत्व का प्रश्न है—चंद्रमार्ग को 27 या 28 भागों (नक्षत्रों) में बांटने की पद्धति सर्वप्रथम किस देश में शुरू हुई ?

पिछले करीब दो सौ वर्षों से अनेक विद्वान इस समस्या के बारे में अपने मत प्रस्तुत करते आ रहे हैं । वजह यह है कि 28 चांद्र-नक्षत्रों का प्रचलन चीनी और अरबी ज्योतिष में भी देखने को मिलता है । कुछ भिन्न रूप में नक्षत्र-विभाजन की यह पद्धति प्राचीन मेसोपोटामिया, मिस्र और ईरान में भी देखने को मिलती है । इसलिए कुछ विद्वानों का मत है कि चीन की चांद्र-नक्षत्र पद्धति अधिक प्राचीन है, तो कुछ विद्वानों का विचार है कि चांद्र-नक्षत्र पद्धति का मूल बेबीलोनी ज्योतिष में है ।

चीनी और अरबी ज्योतिष में 28 नक्षत्रों का प्रचलन रहा है । अरबी ज्योतिष में ये चांद्र-नक्षत्र **अल्-मनाज़िल अल्-क़मर** (चांद के पड़ाव-स्थान) के नाम से

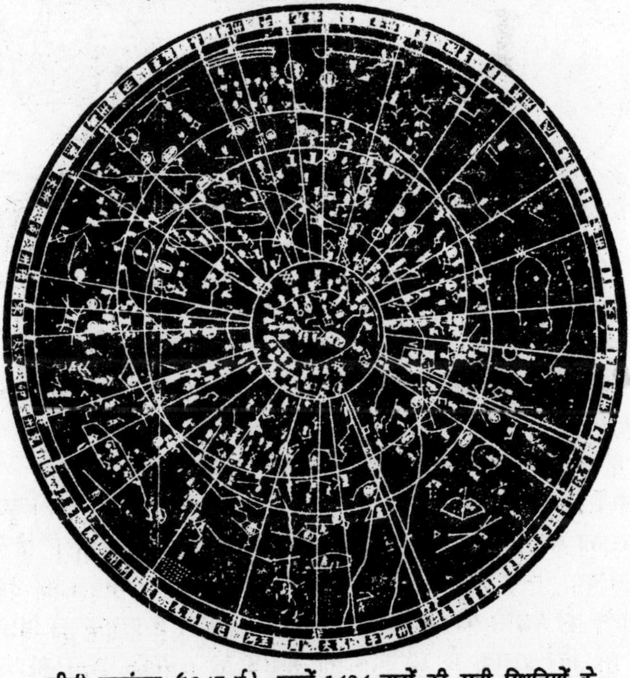

चीनी तारांकन (1247 ई.). इसमें 1434 तारों की सही स्थितियों के अलावा आकाशगंगा की सीमाएं भी स्पष्ट की गई हैं.

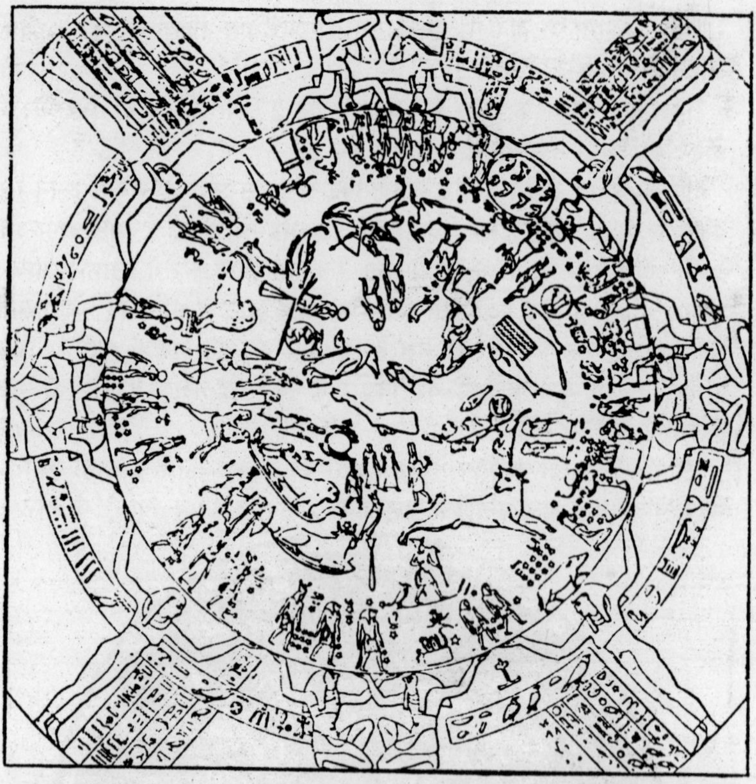

मिस्र के देंदेरा मंदिर की छत पर चित्रित राशिचक्र. यह चित्रांकन मिस्र पर यूनानी-तालेमी शासकों के समय (लगभग 100 ई. पू.) का है. इसमें राशिचक्र का आरंभ वृषभ से नहीं, बल्कि मिथुन से दिखाया गया है (केंद्रभाग के ठीक नीचे मिथुन के जोड़े का चित्रांकन है).

जाने जाते हैं। यहां **मनाज़िल** (**मंज़िल** का बहुवचन) शब्द अरबी का है, मगर **क़मर** (चांद) शब्द फारसी का है। अतः जान पड़ता है कि इस्लाम के उदय के बाद ही अरबों को 28 नक्षत्रों की जानकारी फारस से मिली होगी।

चीन में नक्षत्रों को **हसियू** (भवन) के नाम से जाना जाता था। इन चीनी नक्षत्रों का आरंभ शरद-विषुव बिंदु पर **चिओ** (चित्रा) से होता था।

खल्दिया, मिस्र और प्राचीन यूनान के ज्योतिषियों ने क्रांतिवृत्त को 36 भागों में बांटने की पद्धति को भी स्वीकार किया था। इनमें से प्रत्येक का विस्तार 10 अंश था और प्रत्येक में 10 दिन की अवधि का समावेश होता था, इसलिए यूनानियों ने इन्हें **डेकान** का नाम दिया था।

प्राचीन भारत की चांद्र-नक्षत्र पद्धति की अपनी कुछ विशेषताएं हैं, इसलिए यह मानने का कोई कारण नहीं है कि इसे चीन या बेबीलोन से अपनाया गया है। हां, इस बात की कुछ संभावना अवश्य है कि इसे हड़प्पा संस्कृति से अपनाया गया हो। **अथर्ववेद** में पहली बार पूरे 28 नक्षत्रों की सूची देखने को मिलती है, और हम जानते हैं कि अथर्ववेद की कई बातें आर्येतर संस्कृति पर आधारित हैं। इधर कुछ पुराविदों ने सिंधु सभ्यता की मुद्राओं में कृत्तिका नक्षत्र के प्रतीकों को पहचानने के दावे किए हैं।

जो भी हो, हमारी चांद्र-नक्षत्र पद्धति निश्चय ही भारतीय मूल की है। **यजुर्वेद** में ज्योतिषी को **नक्षत्रदर्श** कहा गया है। चैत्र, वैशाख आदि मासों के नाम भी चित्रा, विशाखा आदि नक्षत्रों के आधार पर बने हैं। **सूर्य-सिद्धांत** का कथन है : **नक्षत्रनाम्ना मासास्तु ज्ञेयाः पर्वांतयोगतः**—पूर्णिमा के अंत में चंद्र जिस नक्षत्र में रहता है उसी के नाम पर मासों के नाम पड़े हैं। जैसे, जिस मास में पूर्णिमा पुष्य नक्षत्र में होती है उसे पौष नाम दिया गया।

वैदिक काल में दिन की पहचान नक्षत्रों के आधार पर होती थी। जैसे, जब चंद्रमा मघा नक्षत्र में दिखाई देने वाला होता था, तब वह दिन **मघा** दिन के नाम से जाना जाता था। तिथियों और सात वारों से दिनों को पहचानने की पद्धति भारत में बाद में अस्तित्व में आई। प्राचीन भारत में दिनों को शुभाशुभ मानने का विश्वास भी नक्षत्रों पर ही आधारित था। सम्राट अशोक के अभिलेखों में ब्राह्मणों और श्रमणों को दान देने के लिए **पुष्य** (नक्षत्र) दिन को शुभ बताया गया है।

आज प्रचलित सात वारों के नाम वैदिक साहित्य, वेदांग-ज्योतिष तथा महाभारत में कहीं देखने को नहीं मिलते। वस्तुतः इन सात वारों का उदय खल्दियाई फलित-ज्योतिष में ईसा-पूर्व 400 के आसपास हुआ। उनसे इन्हें यूनानियों और रोमनों ने अपनाया। भारत में सात वारों की पद्धति का आगमन, खल्दियाई-यूनानी फलित-ज्योतिष के साथ, ईसा की आरंभिक सदियों में हुआ। भारत में इन सात वारों का प्रचार होने में कुछ समय लगा। महाक्षत्रप रुद्रदामन् (ईसा की दूसरी सदी) के गिरनार-लेख में तिथि (पंचमी), पक्ष (वैशाख शुक्ल) और नक्षत्र (रोहिणी) का उल्लेख है, मगर वारों का कोई जिक्र नहीं है। वारों का पहली बार उल्लेख गुप्त-सम्राट बुधगुप्त के एरण (मध्य प्रदेश) के एक प्रस्तर-लेख में देखने को मिलता है। यह लेख गुप्त-संवत् 165 (484 ई.) का है। इसमें **गुरुवार** का उल्लेख है (**आषाढ मास शुक्ल-द्वादस्यां सुरगुरोर्दिवसे**···)।

आज सारे संसार में एक जैसे क्रम के सात वारों का प्रचलन है । मगर हमें स्मरण रखना चाहिए कि सात वारों की पद्धति का उदय खल्दियाई फलित-ज्योतिष में हुआ था । राशियों के बारे में भी यही बात है । इनका उदय भी बेबीलोनी (खल्दियाई) ज्योतिष में हुआ था । खल्दियाई राशिनामों को, साथ में फलित-ज्योतिष को भी, यूनानियों ने अपनाया । सेल्यूकी साम्राज्य के दौरान और बाद में शकों के साथ भारत में खल्दियाई-यूनानी ज्योतिष (साथ में फलित-ज्योतिष, राशिचक्र तथा सात वारें) को प्रवेश मिला । यही वजह है कि आज प्रचलित फलित-ज्योतिष प्रमुखतः राशि-विभाजन और सात वारें से जुड़ा हुआ है ! सोम, मंगल, बुध आदि वारों को शुभाशुभ मानने की प्रथा अथवा इनके साथ विविध व्रतों को जोड़ने की प्रथा प्राचीन भारत में कहीं देखने को नहीं मिलती !

प्राचीन भारत में फलित-ज्योतिष को ज्यादा महत्त्व नहीं दिया गया था । गौतम बुद्ध ने भविष्य-कथन के जरिए लोगों को आतंकित करने वालों की कड़े शब्दों में निंदा की है । कौटिल्य के **अर्थशास्त्र** में उन लोगों को मूर्ख कहा गया है जो नक्षत्रों के आधार पर की गई भविष्यवाणी पर भरोसा करते हैं ।[6]

कुछ प्राचीन आख्यानों से स्पष्ट होता है कि भारत में खल्दियाई-यूनानी ज्योतिष का आगमन, फलित का भी, शकद्वीपी ब्राह्मणों के जरिए हुआ । **वराहमिहिर** (ईसा की छठी सदी) संभवतः शकद्वीपी मग ब्राह्मण ही थे ।[7] **आर्यभट** (जन्म 476 ई.) को भी यूनानी ज्योतिष का अच्छा ज्ञान था ।[8]

भारतीय राशिनामों पर विचार करने से भी यह स्पष्ट होता है कि इनका मूल खल्दियाई-यूनानी ज्योतिष में है (देखिए, परिशिष्ट में विभिन्न राशिनामों की सारणी) । वराहमिहिर ने अपने ग्रंथों में करीब तीन दर्जन यूनानी शब्दों का प्रयोग किया है । वराह ने राशियों के यूनानी नामों के आधार पर संस्कृत में क्रिय, ताबुरि, जितुम आदि नाम गढ़े थे, मगर वे चले नहीं । फिर यूनानी राशिनामों का संस्कृत में सीधे अनुवाद किया गया और मेष, वृषभ आदि अनूदित नाम भारत में रूढ़ हो गए । यूनानी राशिनाम बेबीलोनी-खल्दियाई राशिनामों पर आधारित हैं । मगर इन नामों का जब संस्कृत में अनुवाद किया गया, तो थोड़ा परिवर्तन भी किया गया । यूनानी दिदुमोई (जुड़वां) भारतीय मिथुन बन गया । बेबीलोनी और यूनानी धनुर्धर भारतीय धनु बन गया । बेबीलोनी-यूनानी समुद्री बकरा भारतीय मकर बन गया और बेबीलोनी-यूनानी कुंभधर भारतीय कुंभ हो गया !

अतः यह स्पष्ट है कि राशिचक्र का उदय बेबीलोनी-खल्दियाई ज्योतिष में हुआ । मेष, वृषभ, मिथुन आदि बारह राशिनामों का भारत के प्राचीन साहित्य

में कोई उल्लेख नहीं है । प्राचीन भारत में राशियों और वारों के आधार पर भविष्य-कथन का प्रचलन नहीं था ।

आज राशिज्ञान और नक्षत्रज्ञान के दो पक्ष हमारे सामने हैं । पहला पक्ष है — राशिनामों और नक्षत्रों के आधार पर भविष्य-कथन करना । दूसरा पक्ष है— आकाश में राशियों, तारा-मंडलों और नक्षत्रों को पहचानकर इनके बारे में ऐतिहासिक तथा वैज्ञानिक जानकारी प्राप्त करना ।

इस ग्रंथ में हमारा प्रयास होगा दूसरे पक्ष को प्रस्तुत करना ।

संदर्भ और टिप्पणियां

1. सूर्य आकाश (खगोल या भगोल) के जिस पथ में यात्रा करता है उसे **रविपथ** या **क्रांतिवृत्त** (इक्लिप्टिक) कहते हैं । यह क्रांतिवृत्त खगोल के विषुववृत्त के साथ $23\frac{1}{2}^\circ$ का कोण बनाता है ।

   चंद्र और ग्रह ठीक क्रांतिवृत्त या रविपथ में यात्रा नहीं करते । वे क्रांतिवृत्त के नजदीक के विविध पथों में यात्रा करते हैं । वे तमाम पथ क्रांतिवृत्त से आठ से दस अंश तक दूर के एक पट्टे में रहते हैं (प्लूटो ग्रह का पथ इसका अपवाद है) । उस पूरे पट्टे को **राशिचक्र** (जोडियक) कहते हैं ।

2. आकाश के तारों को विभिन्न कांतिमानों में बांटा गया है । हम अपनी कोरी आंखों से छठे कांतिमान तक के तारों को ही देख सकते हैं, और धरती के आकाश में छठे कांतिमान तक के छह हजार से अधिक तारे नहीं हैं । मगर आज की शक्तिशाली दूरबीनों से 22 और 24 कांतिमान तक के तारों को पहचाना जा सकता है ।

   प्रथम कांतिमान के तारे छठे कांतिमान के तारों से करीब 100 गुना अधिक चमकीले होते हैं ।

   अधिक जानकारी के लिए देखिए, इसी अध्याय का अगला प्रकरण— 'आकाशगंगा' ।

3. अट्ठाईस नक्षत्रों की यह सूची **अथर्ववेद** के **नक्षत्रकल्प** परिशिष्ट में है ।

4. जैन ग्रंथों में भी अभिजित् सहित 28 नक्षत्रों की सूची देखने को मिलती है ।

5. भारत में ज्योतिष की प्राचीनतम उपलब्ध पुस्तक **वेदांग-ज्योतिष** है । इसके दो पाठ हैं—**ऋक्-ज्योतिष** और **यजुः-ज्योतिष** । ऋक्-ज्योतिष में 36 श्लोक हैं और यजुः-ज्योतिष में 43 श्लोक । दोनों में कई श्लोक समान हैं ।

   वेदांग-ज्योतिष की विषयवस्तु महात्मा लगध की शिक्षा पर आधारित है ।

ऋक्-ज्योतिष का श्लोक है –

प्रणम्य शिरसा कालमभिवाद्य सरस्वतीम् ।
कालज्ञानं प्रवक्षामि लगधस्य महात्मनः ॥2 ॥

निम्न श्लोक से पता चलता है कि उस काल में गणित-ज्योतिष के अध्ययन को विशेष महत्व दिया जाता था :

यथा शिखा मयूराणां नागानां मणयो यथा ।
तद्वद् वेदांगशास्त्राणां ज्योतिषं मूर्धनि स्थितम् ॥ 35 ॥

यजुः - ज्योतिष में जो श्लोक है उसमें 'ज्योतिषं' के स्थान पर 'गणितं' शब्द है । अर्थ — जिस प्रकार मोरों की शिखाएं और नागों की मणियां सर्वोच्च स्थानों पर रहती हैं, उसी प्रकार वेदांगशास्त्रों (शिक्षा, छंद, व्याकरण, निरुक्त, ज्योतिष और कल्प) में गणित-ज्योतिष का स्थान सर्वोपरि है ।

वेदांग-ज्योतिष में 5 वर्षों का युग बताया गया है और नक्षत्रों का आरंभ **श्रविष्ठा** (धनिष्ठा) से माना गया है । उस समय दक्षिणायनांत या उत्तरायणारंभ (मकर संक्रांति) धनिष्ठा नक्षत्र में होता होगा ।

वेदांग-ज्योतिष के रचनाकाल के बारे में विद्वान एकमत नहीं हैं । इसके कई श्लोकों का अर्थ स्पष्ट नहीं है । वेदांग-ज्योतिष के श्लोक ईसा से छह-सात सदियों पहले रचे गए होंगे ।

6. *लाभविघ्नाः – कामः कोपः ···*
मंगलतिथिनक्षत्रेष्टित्वम् इति ॥25 ॥

अर्थात्, लाभ में बाधक बनते हैं – काम, क्रोध ··· और शुभ दिनों तथा नक्षत्रों के प्रति आसक्ति ।

नक्षत्रमति अतिपृच्छन्तं बालमर्थोऽतिवर्तते ।
अर्थो ह्यर्थस्य नक्षत्रं किं करिष्यन्ति तारकाः ॥ 26 ॥

अर्थात्, शुभाशुभ नक्षत्रों पर सदैव आश्रित रहने वाले मूर्ख व्यक्ति के हाथ से इच्छित वस्तु निकल जाती है । वस्तु को प्राप्त करने के लिए वस्तु को ही शुभ नक्षत्र समझना चाहिए । इसमें आकाश के तारे क्या कर सकते हैं ?

अर्थशास्त्र, अधिकरण 9, अध्याय 4.

7. वराहमिहिर के जीवन के बारे में कोई प्रामाणिक जानकारी नहीं मिलती, मगर उनके कई छोटे-बड़े ग्रंथ उपलब्ध हैं । पता चलता है कि वराह ने अपना **पंचसिद्धांतिका** ग्रंथ 505 ई. में लिखा था । यह भी पता चलता है कि वे उज्जयिनी के नजदीक के कांपिल्लक नगर के निवासी थे ।

पंचसिद्धांतिका ऐतिहासिक दृष्टि से बड़े महत्व का ग्रंथ है । इसमें वराह ने उस समय मान्य पांच ज्योतिष-सिद्धांत ग्रंथों की जानकारी दी है । वे पांच सिद्धांत हैं — **पितामह-सिद्धांत**, **वसिष्ठ-सिद्धांत**, **रोमक-सिद्धांत**, **पुलिश-सिद्धांत** और **सूर्य-सिद्धांत** ।

वराह ने पंचसिद्धांतिका में जिस प्राचीन सूर्य-सिद्धांत का परिचय दिया है वह आज उपलब्ध नहीं है। आज उपलब्ध नया **सूर्य-सिद्धांत** ईसा की संभवतः सातवीं-आठवीं सदी में तैयार हुआ।

वराह के अन्य ग्रंथ हैं — **बृहज्जातक**, **लघुजातक**, **बृहत्संहिता**, **विवाह-पटल**, और **योगयात्रा**। बृहज्जातक से स्पष्ट पता चलता है कि वराह यूनानी ज्योतिष से प्रभावित रहे। वराह ने यूनानी राशिनामों के आधार पर संस्कृत में **क्रिय**, **ताबुरि**, **कौर्प्य**, **तौक्षिक** आदि जो नाम गढ़े थे उनकी जानकारी बृहज्जातक में मिलती है। बृहत्संहिता अपने समय का एक प्रकार का विश्वकोश है, हालांकि इस ग्रंथ में फलादेश से संबंधित फिजूल की बहुत-सी बातें हैं।

वराहमिहिर यूनानी (यवन) ज्योतिष के प्रशंसक थे। अपनी बृहत्संहिता में वे गर्ग का वचन उद्धृत करते हैं —

म्लेच्छा हि यवनास्तेषु सम्यक् शास्त्रमिदं स्थितम्।
ऋषिवत्तेऽपि पूज्यन्ते किं पुनर्दैवविद् द्विजः॥

अर्थात्, म्लेच्छ यवन ज्योतिषशास्त्र में पारंगत होने के कारण ऋषियों की तरह पूजनीय हैं। फिर ज्योतिषविद द्विज का तो कहना ही क्या!

8. आर्यभट की आज केवल एक ही कृति उपलब्ध है—**आर्यभटीय**। चार भागों (दशगीतिका, गणित, कालक्रिया और गोल) में विभक्त इस पुस्तक में कुल 121 श्लोक हैं। एक श्लोक में आर्यभट जानकारी देते हैं कि आर्यभटीय की रचना उन्होंने 23 साल की आयु में 499 ई. में की। अर्थात्, आर्यभट का जन्म 476 ई. में हुआ था। आर्यभट संभवतः दाक्षिणात्य थे, मगर वह बताते हैं कि उन्होंने अपनी पुस्तक में कुसुमपुर (पाटलिपुत्र) में पूजित ज्ञान का प्रतिपादन किया है।

आर्यभट एक क्रांतिकारी वैज्ञानिक थे। वे पहले भारतीय वैज्ञानिक थे जिन्होंने कहा था कि भगोल स्थिर है और पृथ्वी (भूगोल) ही अपनी धुरी पर घूमती है। उन्होंने ग्रहणों के सही कारण बताए और महायुग को चार समान युगपादों में बांटा। आर्यभट ने π का चार दशमलव स्थानों तक सही मान दिया (3.1416)। उन्होंने एक नई वर्णांक-पद्धति का सृजन करके अपने ग्रंथ में उसका उपयोग किया। आर्यभट की बीजगणित व त्रिकोणमिति के क्षेत्र की उपलब्धियां भी बड़े महत्व की हैं।

आर्यभट ने एक और ग्रंथ लिखा था— **आर्यभट-सिद्धांत**, जो आज उपलब्ध नहीं है।

अध्याय 2

जनवरी माह

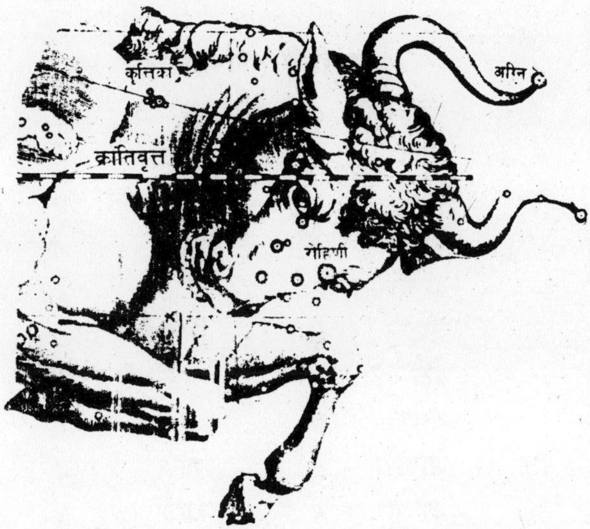

वृषभ : रोहिणी नक्षत्र

कृत्तिका : वैदिक काल का प्रथम नक्षत्र

प्रजापति : ब्रह्महृदय नक्षत्र

नक्षत्र-मंडलों का नामकरण

संदर्भ और टिप्पणियां

यूनानी वर्णमाला

अल्फा	α	न्यू	ν
बीटा	β	क्साइ	ξ
गामा	γ	ओमिक्रोन	o
डेल्टा	δ	पाइ	π
इप्सिलोन	ϵ	रो	ρ
जीटा	ζ	सिग्मा	σ
इटा	η	टाउ	τ
थीटा	θ	अप्साइलोन	υ
आयोटा	ι	फाइ	ϕ
काप्पा	κ	खाइ	χ
लांबडा	λ	प्साइ	ψ
म्यू	μ	ओमेगा	ω

वृषभ : रोहिणी नक्षत्र

भारतीय ज्योतिष के अनुसार वृषभ राशि में कृत्तिका (तीन-चौथाई), रोहिणी (पूर्ण) और मृगशीर्ष (आधा) नक्षत्रों का समावेश होता है । मगर पाश्चात्य ज्योतिष में वृषभ (टौरस) के अंतर्गत रोहिणी, कृत्तिका और अग्नि (अल्-नाथ, बीटा-टौरी) तारे का ही समावेश किया जाता है । मृग (ओरायन) एक पृथक मंडल है ।

प्रायः सभी प्राचीन सभ्यताओं में इस मंडल की कल्पना बैल या सांड के रूप में ही की गई थी । रोहिणी का लाल तारा इस सांड के मस्तक पर है, कृत्तिका-पुंज गर्दन पर है और अग्नि तारा दाएं सींग की नोक पर है ।

वृषभ एक प्राचीनतम मंडल है । आकाश में सर्वप्रथम संभवतः इसी मंडल की स्थापना हुई थी । लगभग 4000 ई. पू. से 1700 ई. पू. तक **वसंत विषुव-बिंदु** इसी मंडल में रहा है । इसलिए प्राचीन सभ्यताओं में वर्षारंभ प्रायः इसी मंडल से होता था ।

एक यूनानी आख्यान के अनुसार, ज्यूपिटर ने फिनीशिया के राजा की पुत्री यूरोपा की कामना की। एक सफेद सांड का रूप धारण करके वह यूरोपा के पास गया । यूरोपा ने उसे सहलाया, थपथपाया और फिर वह उस पर सवार हो गई । तब वह सांड फौरन वहां से उड़ा और समुद्र को लांघकर क्रीट द्वीप पहुंच गया । वहां उसने अपना दैवी रूप प्रकट किया । यूरोपा चकित रह गई ।

रोहिणी के बारे में कुछ-कुछ इसी तरह की एक कथा **ऐतरेय ब्राह्मण** में देखने को मिलती है ।[1] प्रजापति ने अपनी ही कन्या की कामना की । कन्या ने आकाश में आरोहण किया । प्रजापति ने मृग का रूप धारण करके उसका पीछा किया । देवताओं ने प्रजापति के इस कुकृत्य को देखा । प्रजापति को मारने के लिए उन्होंने एक व्याध को पैदा किया । तब व्याध ने धनुष-बाण लेकर मृग-रूपी प्रजापति का पीछा किया और उसे बाण मारा ।

जिसने रोहित (लाल) होकर आकाश में आरोहण किया वह **रोहिणी** है ।

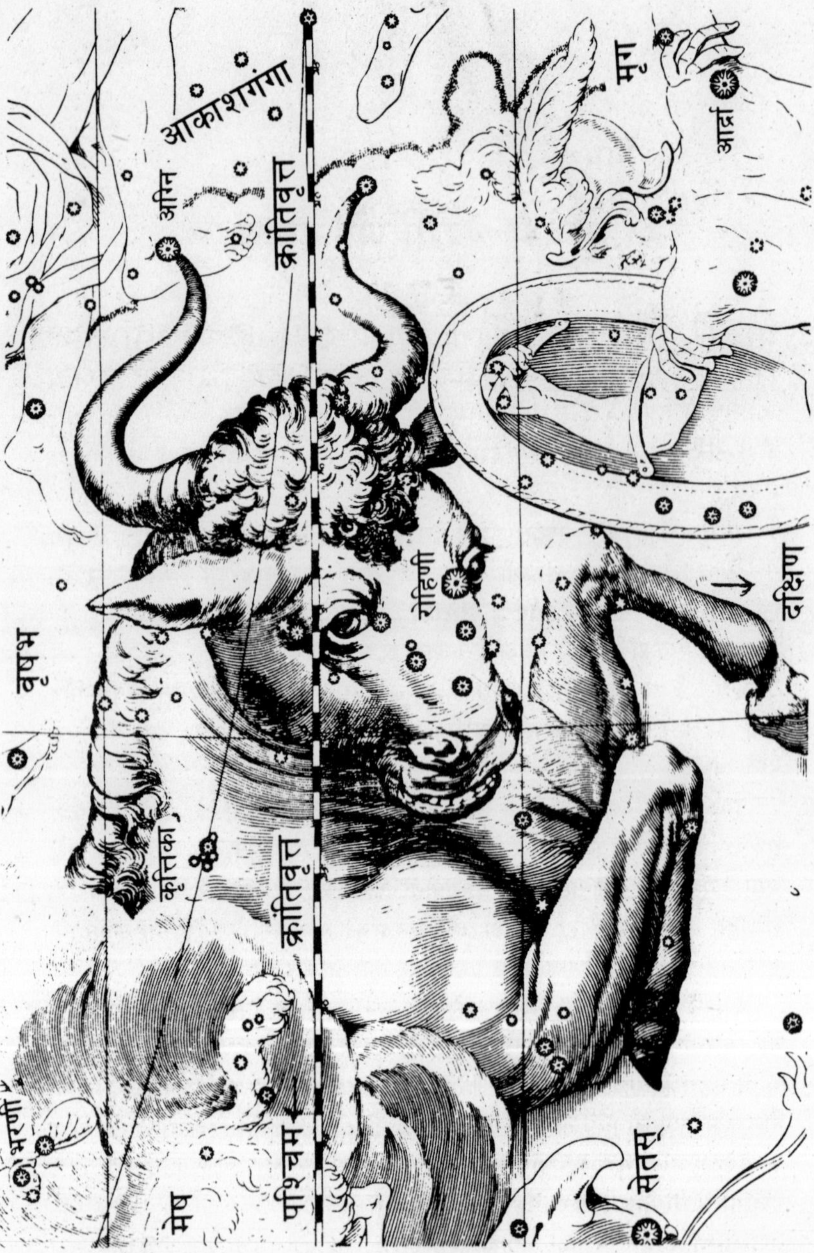
आकाशगंगा
अग्नि
क्रांतिवृत्त
मृग
आर्द्रा
वृषभ
रोहिणी
दक्षिण
कृत्तिका
क्रांतिवृत्त
भरणी
पश्चिम
मेष
सेतस्

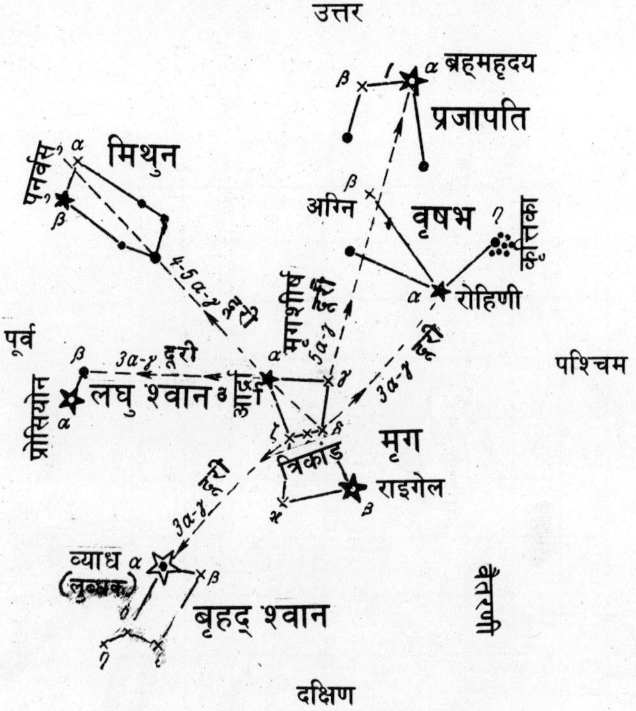

वृषभ, मृग, प्रजापति, श्वान और मिथुन मंडल.

मृग-रूपी प्रजापति को जिस बाण से वेधित किया गया वह **त्रिकांड** है । जिसने मृग का पीछा किया वह **व्याध** है । आजकल रात के करीब बारह बजे जब वृषभ मंडल के तारे पश्चिमाकाश में पहुंच जाते हैं, तब मृग को रोहिणी का और व्याध को मृग का पीछा करते हुए स्पष्ट देखा जा सकता है । व्याध या लुब्धक आकाश का सबसे चमकीला तारा है ।

रोहिणी का पाश्चात्य नाम **अल्देबरान** अरबी के **अल्-दबरान** से बना है । अल्-दबरान का अर्थ है--(कृत्तिका का) पीछा करने वाला । लगभग प्रथम कांतिमान का लाल रंग का रोहिणी तारा व्यास में हमारे सूर्य से करीब 30 गुना बड़ा है और हमसे करीब 70 प्रकाश-वर्ष दूर है ।

दूरबीन से देखने पर रोहिणी के चहुंओर बहुत-सारे तारे दिखाई देते हैं । वस्तुतः ये **हायडेस** नामक खुले तारा-गुच्छ के तारे हैं । मगर रोहिणी नक्षत्र इस तारा-गुच्छ का सदस्य नहीं है । हायडेस तारा-गुच्छ, जिसमें करीब दो सौ तारे हैं,

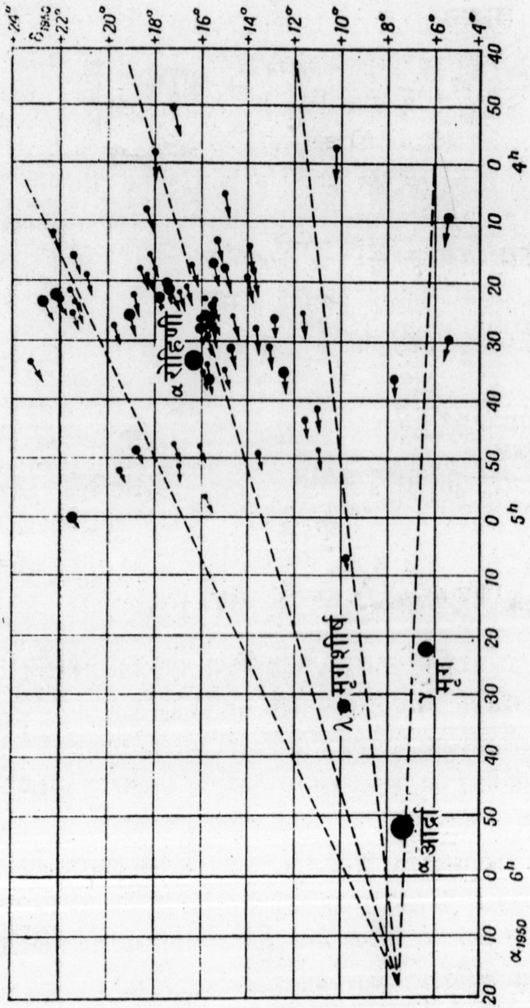

हायडेस गुच्छ के तारे और उनकी मृग मंडल के आर्द्रा नक्षत्र की ओर समांतर में निजी गति.

हमसे करीब 130 प्रकाश-वर्ष दूर है, तो रोहिणी करीब 70 प्रकाश-वर्ष ही दूर है। हायडेस गुच्छ के तारे समांतर में मृग मंडल के आर्द्रा तारे की ओर गतिमान हैं। कृत्तिका-पुंज के तारे भी आर्द्रा की ओर गतिमान हैं।[2]

हायडेस गुच्छ में, रोहिणी सहित, पांच तारों को कोरी आंखों से पहचाना जा सकता है। हायडेस के बारे में एक यूनानी कथा यह है कि इन्होंने शिशु बैकस (मदिरा के देवता) को दूध पिलाकर उसका पालन-पोषण किया था। उनकी इस सेवा के लिए उन्हें तारों में स्थान दिया गया। इस प्रकार, हम देखते हैं कि हायडेस भी भारतीय आख्यान की कृत्तिकाओं की तरह धायें थीं। दूसरी यूनानी कथा यह है कि ये एटलस और आइथ्रा की पांच पुत्रियां थीं, यानी प्लीएडस (कृत्तिका) की सौतेली बहनें थीं। अंत में इन्हें भी तारों के बीच स्थान दिया गया।

वृषभ के दाएं सींग की नोक पर स्थित **अल्-नाथ** (बीटा-टौरी) तारे का भारतीय नाम **अग्नि** है। द्वितीय कांतिमान का यह तारा सफेद रंग का है। पहले इसका समावेश सारथी (औराइगा) मंडल में किया जाता था।

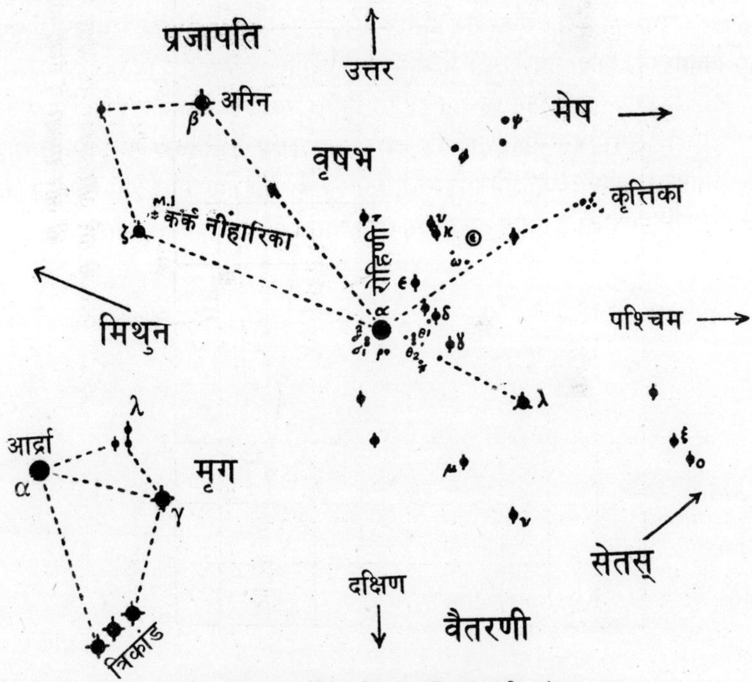

वृषभ मंडल : पूर्वोत्तर में प्रजापति (सारथी) मंडल और दक्षिण-पूर्व में मृग मंडल.

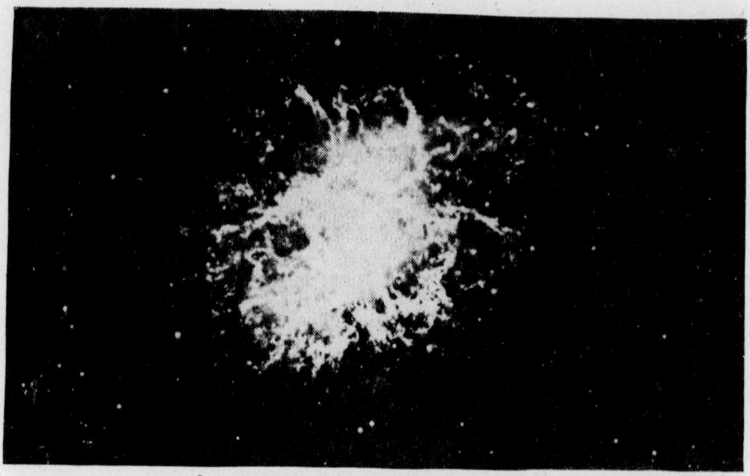

कर्क नीहारिका (क्रैब नेबुला : M1).

वृषभ मंडल का एक और प्रसिद्ध नजारा है—**जीटा** तारे के समीप की **कर्क नीहारिका** (क्रैब नेबुला) । फ्रांसीसी खगोलविद **मेसिए** ने 1758 ई. में इस नीहारिका को पहचानने के बाद ही 103 नीहारिकाओं की अपनी सूची तैयार की थी और उसमें इस नीहारिका को प्रथम स्थान **(एम 1)** दिया था ।[3] वस्तुतः यह नीहारिका चीनी ज्योतिषियों द्वारा 1054 ई. में देखे गए सुपरनोवा-विस्फोट की फैलती द्रव्यराशि है । यह नीहारिका शक्तिशाली रेडियो-तरंगों का स्रोत है ।

कृत्तिका : वैदिक काल का प्रथम नक्षत्र

कृत्तिका नक्षत्र-पुंज का नजारा इतना स्पष्ट और आकर्षक है कि इसे देहातों के किसान भी आसानी से पहचान लेते हैं। संसार की सभी प्राचीन सभ्यताओं में इस तारक-पुंज को विशेष महत्व दिया गया था। कृत्तिका के सात तारों का उल्लेख वैदिक साहित्य में भी है। वस्तुतः वैदिक काल में नक्षत्रों की गणना कृत्तिका से ही आरंभ होती थी।[4]

वृषभ राशि के तीन नक्षत्र हैं — कृत्तिका, रोहिणी और मृग। आजकल रात के करीब आठ बजे कृत्तिका-पुंज शिरोबिंदु पर पहुंच जाता है। कृत्तिका के दक्षिण-पूर्व में लाल रंग का रोहिणी (अल्देबरान) नक्षत्र और मृग (ओरायन) के तारे (आर्द्रा, त्रिकांड आदि) हैं। कृत्तिका के पूर्व में मिथुन (जेमिनी) मंडल (पुनर्वसु नक्षत्र) है।

कोरी आंखों से कृत्तिका पुंज में छह या सात तारे देखे जा सकते हैं। गैलीलियो ने अपनी पहली दूरबीन से इस पुंज में करीब 30 तारे देखे थे। आजकल की शक्तिशाली दूरबीनों से कृत्तिका-पुंज में 300 से भी अधिक तारे देखे जा सकते हैं। मगर वैदिक काल में कृत्तिका-पुंज में सात तारे ही पहचाने गए थे। **तैत्तिरीय ब्राह्मण** के अनुसार कृत्तिकाएं सात बहनें हैं और इनके नाम हैं — अंबा, दुला, नितत्नी, अभ्रयंती, मेघयंती, वर्षयंती और चुपुणीका।[5] पाणिनि ने कृत्तिकाओं को **बहुला** कहा है।[6]

बाद के काल में कृत्तिकाओं की संख्या छह रह गई और इनका संबंध युद्ध-देवता कार्तिकेय के साथ जोड़ा गया। कार्तिकेय का जन्म शिव के तेज से हुआ था और उनके छह सिर थे। छह कृत्तिकाओं ने धाय-मां बनकर उन्हें अपना दूध पिलाया और उनका पालन-पोषण किया, इसलिए वे **कार्तिकेय** और **षणमातुर** कहलाए। पौराणिक काल में सात कृत्तिकाओं को सात ऋषि-पत्नियों के नाम दिए गए — संभूति, अनुसूया, क्षमा, प्रीति, सन्नति, अरुंधती और लज्जा।

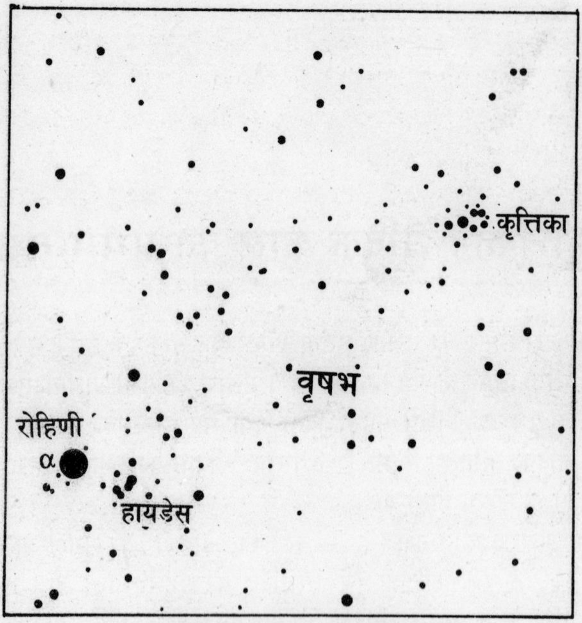

हायडेस गुच्छ और कृत्तिका-पुंज.

कृत्तिका-पुंज का पाश्चात्य नाम **प्लीएडस** है । इस यूनानी शब्द का मूल अर्थ 'जमघट' है । एक यूनानी आख्यान के अनुसार प्लीएडस सात बहनें थीं । ये एटलस और प्लीओने की पुत्रियां थीं । देवता ज्यूस ने एटलस को काम सौंपा कि वह ऊपर आकाश में जाकर विश्व को अपने कंधों पर धारण करे (यही कारण है कि मानचित्रों की पुस्तकों में एटलस को अपने कंधों पर विश्व धारण करते हुए दिखाया जाता है) । पिता के कष्टों को देखकर पुत्रियां दुःखी हो गईं । तब द्रवित होकर ज्यूस ने सातों बहनों (प्लीएडस) को आकाश में नक्षत्रों के बीच स्थापित कर दिया ।

आधुनिक खगोल-विज्ञान के अनुसार कृत्तिका-पुंज एक खुला तारा-गुच्छ है । कोरी आंखों से इसमें छह या सात तारे देखे जा सकते हैं, परंतु तेज नजर वाले कुछ लेगों ने 12-14 तारे दिखाई देने के भी दावे किए हैं ।

कृत्तिका-पुंज हमसे करीब 400 प्रकाश-वर्ष दूर है । कोरी आंखों से दिखाई देनेवाले इस पुंज के प्रमुख तारे अतितप्त **श्वेत दानव** हैं और इनका सतह-तापमान 15,000 डिग्री से अधिक है । खगोलविदों का अनुमान है कि

कृत्तिका-गुच्छ के अधिकांश तारे 25 लाख साल से अधिक पुराने नहीं हैं । अर्थात्, कृत्तिकाएं लगभग उतनी ही पुरानी हैं जितनी कि धरती की मानव-जाति! यह भी पता चला है कि कृत्तिका के तारे एक विरल नीहारिका की गैसों से घिरे हुए हैं ।

कृत्तिका-पुंज का सबसे चमकीला प्रमुख तारा **अंबा**, जिसका पाश्चात्य नाम **अलस्योन** है, तृतीय कांतिमान का एक युग्म-तारा है ।

वैदिक काल में नक्षत्रारंभ कृत्तिका से माना गया था । ऐसा शायद इसलिए था कि उस समय वसंत विषुव-बिंदु कृत्तिका में था, यानी सूर्य के कृत्तिका में होने पर वसंतारंभ में रात-दिन समान होते थे । **शतपथ ब्राह्मण** का उल्लेख है कि "कृत्तिकाएं पूर्व दिशा से नहीं हटतीं, अन्य नक्षत्र पूर्व दिशा से हटते हैं ।"[7] ऐसा तभी संभव है जब वसंत विषुव-बिंदु कृत्तिका में हो ।

अयन-चलन के कारण विषुव या संपात बिंदु पश्चिम की ओर सरकता रहता है । यह करीब 26,000 सालों में आकाश का एक चक्कर लगाता है । वसंत संपात-बिंदु के सरक जाने के कारण अब कृत्तिका-पुंज ठीक पूर्व दिशा में उदित नहीं होता । मगर गणना करके जाना जा सकता है कि कितने साल पहले कृत्तिका का उदय ठीक पूर्व में होता था । पता चलता है कि करीब 2500 ई. पू. में कृत्तिका का उदय पूर्व में होता था । इसलिए कुछ विद्वान इस निष्कर्ष पर पहुंचे हैं कि वैदिक काल की नक्षत्र-सूची आज से लगभग साढ़े चार हजार साल पुरानी है ।

जो भी हो, प्राचीन काल में कृत्तिका को बड़ा महत्व दिया गया था । चांद्र-नक्षत्र कृत्तिका के आधार पर ही **कार्तिक** महीना बना । प्राचीन काल में कृत्तिका की पूजा होती थी और दीप जलाकर कृत्तिका का उत्सव भी मनाया जाता था ।

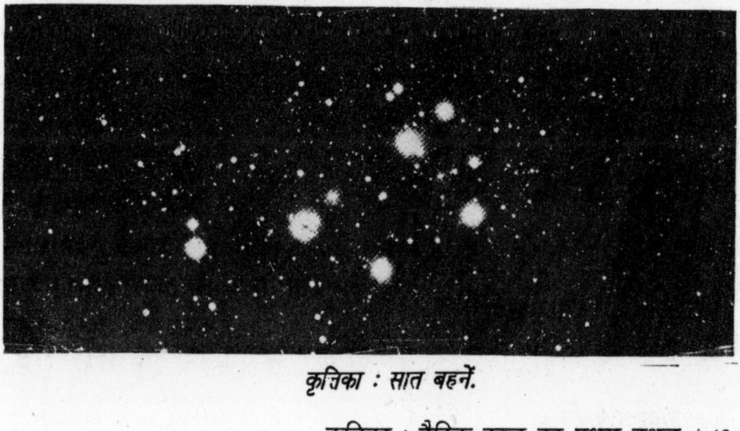

कृत्तिका : सात बहनें.

प्रजापति : ब्रह्महृदय नक्षत्र

प्राचीन काल के भारतीय ज्योतिषियों ने रविमार्ग के 27 चांद्र-नक्षत्रों के अलावा आकाश के जिन इने-गिने अन्य नक्षत्रों की जानकारी दी है उनमें उत्तरी खगोल के दो नक्षत्र विशेष महत्व के हैं । इनमें से एक है, गरमी के दिनों का चमकीला **अभिजित्** (वेगा) तारा, जिसे वैदिक काल की 28 चांद्र-नक्षत्रों की सूची में स्थान दिया गया था । दूसरा है, आजकल जाड़े में उत्तरी खगोल में सबसे अधिक चमकने वाला **ब्रह्महृदय** नक्षत्र, जिसका पाश्चात्य नाम **कैपेला** है । **सूर्य-सिद्धांत** में ब्रह्महृदय के निर्देशांक दिए गए हैं ।[8]

ब्रह्महृदय नक्षत्र जिस मंडल में है उसका पाश्चात्य नाम **औराइगा** है । इस यूनानी शब्द का अर्थ है **सारथी** । पाश्चात्य ज्योतिष में औराइगा को एक ऐसे पुरुष के रूप में चित्रित किया गया है जिसके कंधे पर एक बकरी है और बाएं हाथ में दो पिल्ले हैं । एक यूनानी आख्यान के अनुसार, औराइगा देवता वल्कन तथा देवी मिनर्वा का पुत्र एरिकथोनियस् था । वह अपंग था, इसलिए उसने अपने घूमने-फिरने के लिए एक रथ का आविष्कार किया । इसी आविष्कार को अमर बनाने के लिए इस प्रथम सारथी (औराइगा) को आकाश में स्थापित कर दिया गया । दूसरी कथा यह है कि औराइगा के कंधे पर लदी हुई बकरी के दूध से शिशु ज्यूपिटर का पोषण हुआ था ।

चूंकि इस मंडल के प्रमुख नक्षत्र का प्राचीन भारतीय नाम **ब्रह्महृदय** है, इसलिए इसे प्रायः **प्रजापति** मंडल कहा जाता है । मगर कभी-कभी इसे **रथी** या **सारथी** के नाम से भी जाना जाता है ।

जाड़े के दिनों में ब्रह्महृदय (कैपेला) उत्तरी खगोल का सबसे चमकीला तारा होता है, इसलिए औराइगा (प्रजापति या सारथी) मंडल को पहचानने में कोई कठिनाई नहीं है । ययाति (पर्सेयूस) के पूर्व में स्थित यह मंडल आजकल रात के करीब नौ बजे सिर के ऊपर आ जाता है । इसके पूर्व में मिथुन राशि के तारे (पुनर्वसु नक्षत्र) हैं । दक्षिण-पश्चिम में वृषभ मंडल का रक्तवर्णी रोहिणी नक्षत्र

सारथी (प्रजापति).

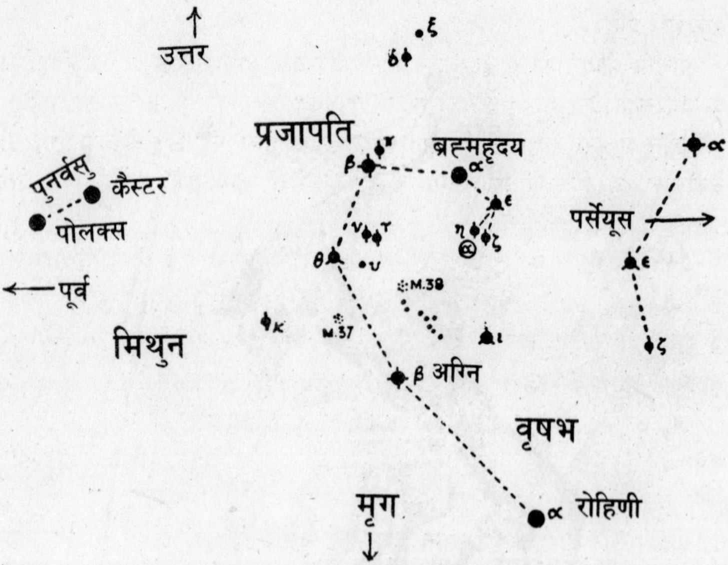

प्रजापति (सारथी) मंडल : पूर्व में पुनर्वसु नक्षत्र (मिथुन मंडल) और दक्षिण-पश्चिम में रोहिणी नक्षत्र (वृषभ मंडल).

। वृषभ मंडल की पूर्वोत्तर सीमा का **बीटा** तारा, जिसका भारतीय नाम **अग्नि** है, किसी समय प्रजापति मंडल का ही सदस्य माना जाता था ।

पीतवर्ण ब्रह्महृदय (कैपेला) तारा 0.2 कांतिमान का है, यानी यह रोहिणी, चित्रा तथा ज्येष्ठा तारों से भी अधिक चमकीला है । तालेमी तथा मध्ययुग के अरबी और यूरोपीय ज्योतिषियों ने जानकारी दी है कि यह तारा लाल रंग का है । अतः संभव जान पड़ता है कि इसका रंग आधुनिक काल में बदला है । वस्तुतः ब्रह्महृदय एक जुड़वां (युग्म) तारा है । अमरीका के विल्सन पर्वत-शिखर पर स्थापित एक विशाल दूरबीन की सहायता से यह जानकारी वर्तमान सदी में मिली है ।

ब्रह्महृदय के इन जुड़वां तारों में एक का व्यास सूर्य के व्यास से 12 गुना अधिक और इसका द्रव्यमान चार सूर्यों के बराबर है । साथी-तारा कुछ छोटा है । इन जुड़वां तारों में उतना ही फासला है जितना कि सूर्य और पृथ्वी के बीच (करीब 15 करोड़ किलोमीटर) । ये जुड़वां करीब 104 दिनों में एक-दूसरे की एक परिक्रमा पूरी करते हैं । ब्रह्महृदय के ये जुड़वां तारे हमसे करीब 45

प्रकाश-वर्ष दूर हैं ।

प्राचीन सभ्यताओं में ब्रह्महृदय नक्षत्र की बड़ी प्रतिष्ठा रही है । प्राचीन मिस्र के कारनाक-जैसे कुछ प्रसिद्ध मंदिरों में इस नक्षत्र की पूजा की जाती थी । बेबीलोन में इसे देवता **मार्दुक का तारा** कहा जाता था और अक्कदवासी इसे **बेबीलोन का संरक्षक नक्षत्र** मानते थे । आंग्ल कवि इसे गडरिये का तारा (शेफर्ड्स स्टार) कहते थे ।

प्रजापति मंडल का **बीटा** तारा एक चरकांति युग्म है । ये दोनों ही तारे सूर्य से करीब ढाई गुना द्रव्यमान वाले हैं । दोनों में 125 लाख किलोमीटर का फासला है, और ये करीब चार दिनों में एक-दूसरे की एक परिक्रमा पूरी करते हैं। बीटा-प्रजापति की यह जोड़ी हमसे करीब 125 प्रकाश-वर्ष दूर है ।

जीटा-प्रजापति एक ग्रहणकारी जुड़वां योजना है । दोनों ही तारे सूर्य से कई गुना बड़े हैं और 972 दिनों में एक-दूसरे की एक परिक्रमा पूरी करते हुए एक तारा दूसरे को करीब 40 दिनों तक ग्रहण लगाता है ।

प्रजापति मंडल का **इप्सिलोन** तारा भी एक ग्रहणकारी जोड़ा है । दोनों ही अतिविशाल तारे हैं । एक का व्यास सूर्य के व्यास से 190 गुना अधिक और दूसरे का 2700 गुना अधिक है । दूसरा तारा इतना बड़ा है कि इसे यदि सूर्य के स्थान पर रखें, तो इसके उदर में शनि की कक्षा तक का समूचा सौर-मंडल समा जाएगा! इस ग्रहणकारी जोड़े को एक-दूसरे की एक परिक्रमा पूरी करने में 27 साल लगते हैं! इस अनोखे इप्सिलोन चरकांति के बारे में नई जानकारी 1937 ई. में अमरीकी खगोलविद कुइपेर, स्त्रूवे तथा स्त्रोमग्रेन के अनुसंधानों से मिली है ।

प्रजापति मंडल में कुछ खुले तारा-गुच्छ भी हैं । इन्हें थीटा-प्रजापति और बीटा-बृषभ के बीच में बाइनेक्यूलर या दूरबीन से देखा जा सकता है ।

प्राचीन काल में प्रजापति मंडल के दैदीप्यमान ब्रह्महृदय (कैपेला) तारे की खूब प्रतिष्ठा रही है । फलित-ज्योतिषी इसे सम्मान व सम्पत्ति प्रदान करने वाला नक्षत्र मानते रहे हैं । मगर आधुनिक खगोल-विज्ञान ने प्रजापति (औराइगा) मंडल में ब्रह्महृदय से भी कहीं अधिक महत्व के कई विलक्षण तारों की खोज की है ।

नक्षत्र-मंडलों का नामकरण

सिंधु सभ्यता के उपलब्ध संक्षिप्त लेखों में मछली के आकार का चिह्न बहुतायत में देखने को मिलता है । भारत की तमिल, गोंडी, तुलु आदि द्राविड़ी भाषाओं में 'मीन' शब्द आज भी मछली तथा तारा, दोनों अर्थों में प्रयुक्त होता है । इसलिए कई पुरालिपिविदों का मत है कि सिंधु सभ्यता के पुरोहित-ज्योतिषी आकाश के कई नक्षत्रों को नाम दे चुके थे । उदाहरणार्थ, सिंधु लेखों में छह खड़ी रेखाओं के साथ मछली का जो चिह्न है वह संभवतः सुपरिचित **कृत्तिका** पुंज का सूचक है।[9]

ऋग्वेद में कुछ नक्षत्रों के नाम देखने को मिलते हैं । इनमें कुछ नाम आज के नामों से भिन्न भी हैं । जैसे, ऋग्वेद में फल्गुनी के लिए **अर्जुनी**, पुष्य के लिए **तिष्य** और मघा के लिए **अघा** शब्द आए हैं । **तैत्तिरीय संहिता** और **अथर्ववेद** में 28 नक्षत्रों की सूची देखने को मिलती है, जिसमें **अभिजित्** नक्षत्र भी गिनाया गया है । ये चांद्र-नक्षत्र हैं, हालांकि इनमें से कई नक्षत्र चंद्रमार्ग से काफी दूर हैं। वैदिक काल में नक्षत्र शब्द न केवल एक तारे के लिए, बल्कि तारा-समूह के लिए भी प्रयुक्त होता था ।

भाषा में पहले से प्रचलित शब्दों का ही नक्षत्रों के लिए उपयोग हुआ है । **तैत्तिरीय ब्राह्मण** का उल्लेख है कि पृथ्वी के पदार्थों के चित्र ही नक्षत्र हैं **(यानि वा इमानि पृथिव्याश्चित्राणि)** । पुनर्वसु, मघा, चित्रा तथा रेवती-जैसे शब्द वैदिक संस्कृत में पहले से मौजूद थे । आकाश के नक्षत्रों के लिए इनका इस्तेमाल बाद में हुआ । वैदिक साहित्य में कुछ नक्षत्रों के बारे में दिलचस्प कथाएं भी देखने को मिलती हैं । जैसे, **ऐतरेय ब्राह्मण** की रोहिणी, मृग और मृगव्याध से संबंधित कथा, जो आज हमें बड़ी विचित्र प्रतीत होती है ।

आकाश के रविमार्ग (क्रांतिवृत्त) की जिन 12 राशियों को आधार मानकर फलित-ज्योतिष का धंधा चलाया जाता है उनका वैदिक साहित्य या **महाभारत** में कहीं कोई जिक्र नहीं है ।[10] रविमार्ग को 12 भागों में बांटने की **पद्धति**

बेबीलोनी मूल की है ।[11] यूनानियों और भारतीयों ने राशिचक्र (जोडियक) को बेबीलोन से ही अपनाया है । यूनानी मूल के **जोडियक** शब्द का अर्थ ही है पशु या जीव-जंतु । बेबीलोनवासियों ने राशिचक्र के 12 भागों को जिन जीव-जंतुओं के रूप में पहचाना था उन्हें ही यूनान और भारत में अपनाया गया । भारत में इन राशियों को जो कर्क, सिंह, वृश्चिक आदि नाम दिए गए वे बेबीलोनी नामों के अनुरूप हैं । इसके अलावा, इन राशियों के यूनानी नामों के आधार पर **वराहमिहिर** (छठी सदी) ने इनसे मिलते-जुलते संस्कृत नाम भी गढ़े थे; जैसे, **क्रिओस** के लिए **क्रिय** (मेष) और **टौरोस** के लिए **ताबुरि** (वृषभ) । मगर ये नाम नहीं चले ।

चूंकि राशियां भारतीय मूल की नहीं हैं, इसलिए इनके बारे में भारतीय आख्यान भी नहीं मिलते । भारतीय ज्योतिष-ग्रंथों में आकाश के सभी प्रमुख तारों के लिए भी नाम नहीं मिलते । वस्तुतः जिस प्रकार यूनानी, चीनी या अरबी ज्योतिषियों ने वेध करके तारक-सारणियां तैयार की थीं, उस प्रकार की सारणियां प्राचीन भारत में नहीं बनीं । भारतीय ज्योतिषियों ने प्रमुख रूप से चंद्रमार्ग और रविमार्ग के नक्षत्रों का ही अध्ययन किया था । इसीलिए आज हमें अन्य अनेक मंडलों तथा उनके प्रमुख तारों के लिए भारतीय पुराणकथाओं से नए, कुछ-कुछ समानार्थी, नाम चुनने पड़ते हैं ।

सन् 1922 में **अंतर्राष्ट्रीय खगोल-विज्ञान कांग्रेस** ने समूचे आकाश को 88 तारा-मंडलों में बांट दिया है । 88 तारा-मंडलों की यह सूची कई सभ्यताओं के सदियों के प्रयासों के बाद अस्तित्व में आई है । प्राचीन यूनानियों को इनमें से केवल 47 तारा-मंडलों की जानकारी रही है । **हिप्पार्कस** (150 ई. पू.) की तारा-सूची के आधार पर **तालेमी** (150 ई.) ने 46 मंडलों के 1080 तारों की सूची प्रस्तुत की थी । इन मंडलों के बारे में यूनानी कथाएं भी उपलब्ध हैं ।

अरबीभाषियों ने तारों और मंडलों के यूनानी नामों का अरबी में अनुवाद किया । कई तारों तथा मंडलों के लिए नए अरबी नाम भी गढ़े । ज्योतिष के इन अरबी ग्रंथों का पहली बार जब लैटिन में अनुवाद हुआ, तो तारों के अनेक अरबी नामों को लगभग ज्यों-का-त्यों ही यूरोप की भाषाओं में अपनाया गया । यही कारण है कि आज पाश्चात्य जगत में प्रचलित अनेक तारों के नाम अरबी मूल के हैं ।

प्राचीन काल के यूरोप के ज्योतिषियों को प्रमुख रूप से उत्तरी खगोल के तारा-मंडलों की ही जानकारी थी । लेकिन जब यूरोपवासी नई भूमि की खोज में

हेवेलियूस (1611-1687) अपने बनाए तुरीययंत्र (क्वाड्रैंट) से वेधकार्य करते हुए (1659 ई.).

दूर-दूर के सागरों की यात्रा करने लगे, तो उन्हें दक्षिणी खगोल के मंडलों की भी जानकारी मिलने लगी। **योहान बायेर** ने 1603 ई. में प्रकाशित अपने एटलस में पहली बार दक्षिणी खगोल के पावो, क्रुस, फोनिक्स आदि नए मंडलों की जानकारी दी।[12] सत्रहवीं शताब्दी के अंत में डांझिग (जर्मनी) के खगोलविद **हेवेलियूस** ने अपनी सारणी में ग्यारह नए मंडल जोड़े।[13] फिर 1752 ई. में फ्रांसीसी खगोलविद **लकाइल** ने दक्षिणी खगोल में 14 मंडल और जोड़े।[14] उत्तरी खगोल के खाली स्थानों में भी नए मंडल आरोपित किए गए। तात्पर्य यह कि, कई सारे मंडल सत्रहवीं सदी के बाद अस्तित्व में आए हैं और प्राचीन आख्यानों से इनका कोई संबंध नहीं है। खगोलविदों ने अपनी इच्छा से इन नए

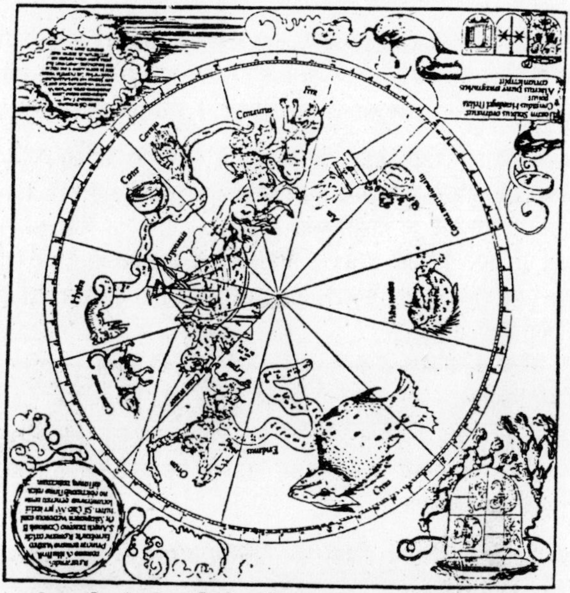

वीएना के गणितज्ञ-खगोलविद योहान्न स्ताबियूस की कृति (1515 ई.) के आधार पर अल्ब्रेख़्ट डीरेर (1471-1528) द्वारा बनाया गया दक्षिणी खगोल का चित्र. इसके खाली स्थानों में बाद में कई नए नक्षत्र-मंडलों की स्थापना हुई.

मंडलों को मनमौजी नाम दिए । फ्रांस के खगोलविद **लालंदे** ने 1799 ई. में एक मंडल को महज इसलिए **फेलिस्** (बिल्लियां) नाम देना चाहा क्योंकि उन्हें बिल्लियां बेहद प्यारी थीं ![15]

जो भी हो, अब समूचे खगोल को 88 मंडलों में बांट दिया गया है । इन मंडलों के, सभी भारतीय भाषाओं के लिए, एकरूप नाम सुनिश्चित हो जाएं तो अच्छा होगा ।

संदर्भ और टिप्पणियां

1. **ऐतरेय ब्राह्मण** 13.9 । **तैत्तिरीय ब्राह्मण** में यह कथा कुछ भिन्न प्रकार से दी गई है ।

2. हायडेस हमसे काफी नज़दीक का तारा-गुच्छ है । गणनाओं से पता चला है कि करीब 80,000 साल पहले हायडेस गुच्छ सूर्य से केवल आधी दूरी (करीब 65 प्रकाश-वर्ष)

पर था । आज से 6,50,00,000 साल बाद यह इतनी दूर चला जाएगा कि इसके कोरी आंखों से दिखाई देनेवाले आज के तारे तब बड़ी दूरबीन से ही देखे जा सकेंगे । विश्व की अन्य सभी वस्तुओं की तरह आकाश के नजारे भी बदलते रहते हैं ।

3. शार्ल मेसिए (1730-1817) को आकाश में धूमकेतुओं को खोजने का शौक था । उनके इस काम में आकाश के धुंधले प्रकाश-पुंज (नीहारिकाएं) बड़े बाधक बनते थे । इसलिए मेसिए ने इन नीहारिकाओं (नेबुलों) का ही मापन करने का निश्चय किया, और ऐसे 103 पुंजों की 1784 ई. में एक सारणी प्रकाशित की । इन्हें सारणी में रोमन अक्षर **एम** (M) के बाद संख्यांक देकर व्यक्त किया गया है । जैसे, M 31 का अर्थ है 'देवयानी नीहारिका' ।

   मेसिए ने आकाश के सभी धुंधले प्रकाश-पुंजों को नेबुला (नीहारिका) के अर्थ में ग्रहण किया था । सन् 1924 में ही यह सुस्पष्ट हुआ कि देवयानी नीहारिका वस्तुतः करीब 20 लाख प्रकाश-वर्ष दूर की एक स्वतंत्र मंदाकिनी (गैलेक्सी) है । तब से नीहारिका शब्द हमारी आकाशगंगा में विद्यमान धूल और गैसों के विशाल बादलों के लिए प्रयुक्त होने लगा है ।

4. **अथर्व संहिता, तैत्तिरीय संहिता** और **तैत्तिरीय ब्राह्मण** की नक्षत्र-सूचियां कृत्तिका से आरंभ होती हैं ।

5. **तैत्तिरीय संहिता** (4.4.5) में भी कृत्तिका के सात तारों का उल्लेख है : *अम्बा दुला नितत्निरभ्रयन्ती मेघयन्ती वर्षयन्ती चुपुणीका नामासि ।*

6. **अष्टाध्यायी**, 4. 3. 34.

7. *एता ह वै प्राच्यै दिशो न च्यवन्ते सर्वाणि ह वा अन्यानि नक्षत्राणि प्राच्यै दिशश्चयवन्ते तत्प्राच्यामेवास्यै तद्दिश्याहितौ भवतस्तस्मात् कृत्तिकास्वादधीत ॥*

   शतपथ ब्राह्मण, 2.1.2.3

8. *हुतभुग्ब्रह्महृदयौ वृषे द्वाविंशभागगौ ॥ 11 ॥*
   अष्टाभिः त्रिंशता चैव विक्षिप्तावुत्तरेण तौ ।

   सूर्य-सिद्धांत 8. 11-12

   अर्थात्, अग्नि (हुतभुज्) और ब्रह्महृदय, दोनों तारों के ध्रुव वृषभ के 22 अंश पर यानी 52 अंश हैं । इनके विक्षेप क्रमशः 8 अंश और 30 अंश क्रांतिवृत्त से उत्तर की ओर हैं ।

9. पारपोला, आल्तो आदि, *डिसाइफरमेंट आफ द प्रोटो-द्राविडियन इंस्क्रिप्शिंस आफ द इंडस् सिविलाइजेशन*, पृष्ठ 43-44, जहां दो समीकरण प्रस्तुत किए गए हैं :

   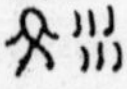 = दो तारे = मिथुन (पुनर्वसु)

   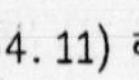 = छह तारे = कृत्तिका

10. **ऋग्वेद** (1. 164. 11) का मंत्र है : *द्वादशारं न हि तज्जराय वर्वर्ति चक्रं परिद्यामृतस्य ।*

अर्थात्, ऋत के चक्र के बारह अरे हैं और यह बार-बार व्योम में चक्कर काटता है, मगर थकता नहीं।

ऋग्वेद के ऐसे दो-तीन उल्लेखों के आधार पर 12 अरें को 12 राशियां सिद्ध करने का प्रयास कुछ पंडितों ने किया है, मगर यहां 12 अरें को 12 मास मानना अधिक संगत जान पड़ता है।

11. आरंभ में बेबीलोनी ज्योतिष में भी छह राशियां ही थीं -- वृषभ, कर्क, कन्या, वृश्चिक, मकर और मीन। बाद में इन्हें 12 मासों के अनुसार 12 राशियों में विस्तृत किया गया। फिर भी, वृश्चिक को, यूनानी-रोमन काल तक, दो राशियों के बराबर ही माना जाता रहा।

12. देखिए 12वें अध्याय की टिप्पणी संख्या 7.

13. देखिए 12वें अध्याय की टिप्पणी संख्या 8.

14. निकोल लुई द लकाइल (1713-62) ने याम्योत्तर रेखा के मापन में जाक्व कास्सिनी को सहयोग दिया था। सन् 1751 में वह दक्षिण अफ्रीका गए, जहां उन्होंने चंद्र के लंबन के मापन में योग दिया और करीब 10,000 तारों का अवलोकन करके उनमें से 2,000 तारों की एक सारणी (दक्षिणी आकाश की सारणी) तैयार की।

15. जोसेफ जेरोम ल फ्रांकोई द लालंदे (1732-1807) कालेज द फ्रांस में खगोल-विज्ञान के प्राध्यापक थे। उन्होंने चंद्र का लंबन ज्ञात करके उसकी दूरी मालूम करने में योग दिया था। वे 1795 ई. में पेरिस वेधशाला के अध्यक्ष नियुक्त हुए थे।

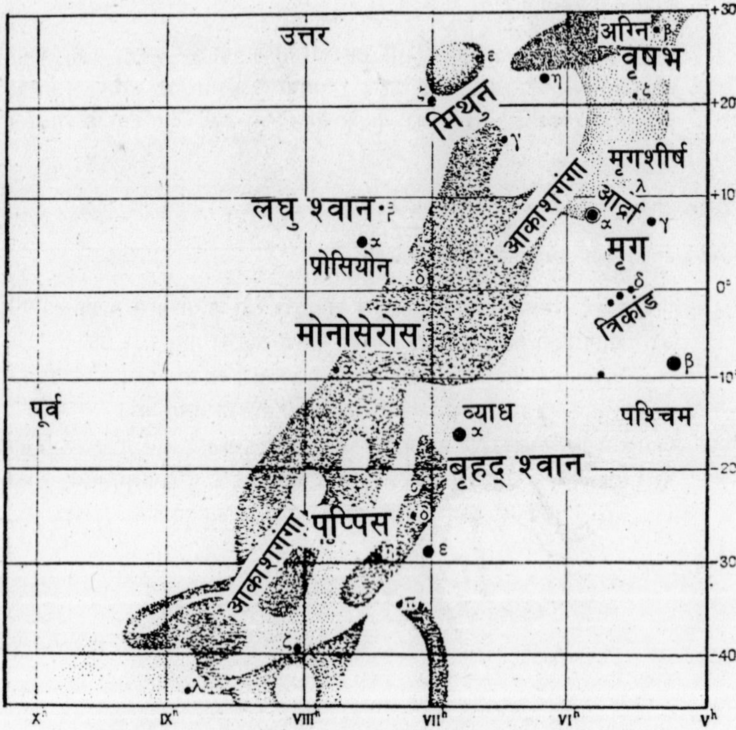

वृषभ, मिथुन, मृग, लघु श्वान, वृहद् श्वान, मोनोसेरोस, और पप्पिस मंडलों में आकाशगंगा की स्थिति.

अध्याय 3

फरवरी माह

मिथुन : मृगशीर्ष और आर्द्रा नक्षत्र

पुनर्वसु नक्षत्र

व्याध : आकाश का सर्वाधिक चमकीला तारा

तारे : श्वेत वामन और लाल दानव

संदर्भ और टिप्पणियां

यूनानी वर्णमाला

अल्फा	α	न्यू	ν
बीटा	β	क्साइ	ξ
गामा	γ	ओमिक्रोन	o
डेल्टा	δ	पाइ	π
इप्सिलोन	ϵ	रो	ρ
जीटा	ζ	सिग्मा	σ
इटा	η	टाउ	τ
थीटा	θ	अप्साइलोन	υ
आयोटा	ι	फाइ	ϕ
काप्पा	κ	खाइ	χ
लांबडा	λ	प्साइ	ψ
म्यू	μ	ओमेगा	ω

मिथुन : मृगशीर्ष और आर्द्रा नक्षत्र

राशिचक्र में, क्रमशः पूर्व की ओर, मेष के बाद वृषभ का और वृषभ के बाद मिथुन राशि का स्थान है। फरवरी महीने में रात के करीब नौ बजे जब वृषभ राशि के नक्षत्र पश्चिमाकाश में पहुंच जाते हैं, तब मिथुन राशि के नक्षत्र लगभग सिर के ऊपर आ जाते हैं।

राशिचक्र में प्रत्येक राशि 30 अंशों अथवा सवा-दो नक्षत्रों तक विस्तृत होती है। मिथुन राशि का विस्तार **मृगशीर्ष** के आधे भाग, पूरे **आर्द्रा** और **पुनर्वसु** के तीन-चौथाई भाग तक है।

मिथुन के लिए पाश्चात्य ज्योतिष में लैटिन के जिस **जेमिनी** शब्द का प्रयोग होता है, उसका अर्थ है जुड़वां। इस राशि के लिए बेबीलोनी नाम **मस्मसु** और यूनानी नाम **दिदुमोई** या **दिदुम** था। दोनों का अर्थ था—जुड़वां (ट्विंस)। ईसा की छठी सदी में वराहमिहिर ने यूनानी **दिदुम** के आधार पर संस्कृत में **जितुम** शब्द गढ़ा था, मगर चला नहीं। वराह के कुछ समय पहले इस राशि को दिया गया मिथुन नाम ही अंततः रूढ़ हो गया।

अधिकांश भारतीय राशिनामों का अर्थ वही है जो कि बेबीलोनी या यूनानी राशिनामों का है। मगर जेमिनी (जुड़वां) मिथुन (पुरुष और स्त्री का जोड़ा) कैसे हो गया? वराह ने भी अपने **बृहज्जातक** में मिथुन की कल्पना गदाधारी पुरुष और वीणाधारिणी नारी के एक जोड़े के रूप में ही की है।[1] ऐसा संभवतः इसलिए हुआ कि प्राचीन संस्कृत में मिथुन शब्द का प्रयोग जुड़वां और स्त्री-पुरुष की जोड़ी, दोनों अर्थों में होता था। पहला अर्थ ध्यान में रखकर ही, बेबीलोनी-यूनानी ज्योतिष के अनुकरण पर, इस राशि के लिए मिथुन शब्द अपनाया गया था, मगर बाद में दूसरा अर्थ रूढ़ हो गया।[2]

यहां हम मिथुन राशि के मृगशीर्ष, आर्द्रा और पुनर्वसु नक्षत्रों का परिचय प्रस्तुत करेंगे। साथ ही, आकाश के सबसे चमकीले व्याध नक्षत्र की भी जानकारी देंगे। भारतीय ज्योतिष में **नक्षत्र** शब्द तारा तथा तारागण, दोनों अर्थों

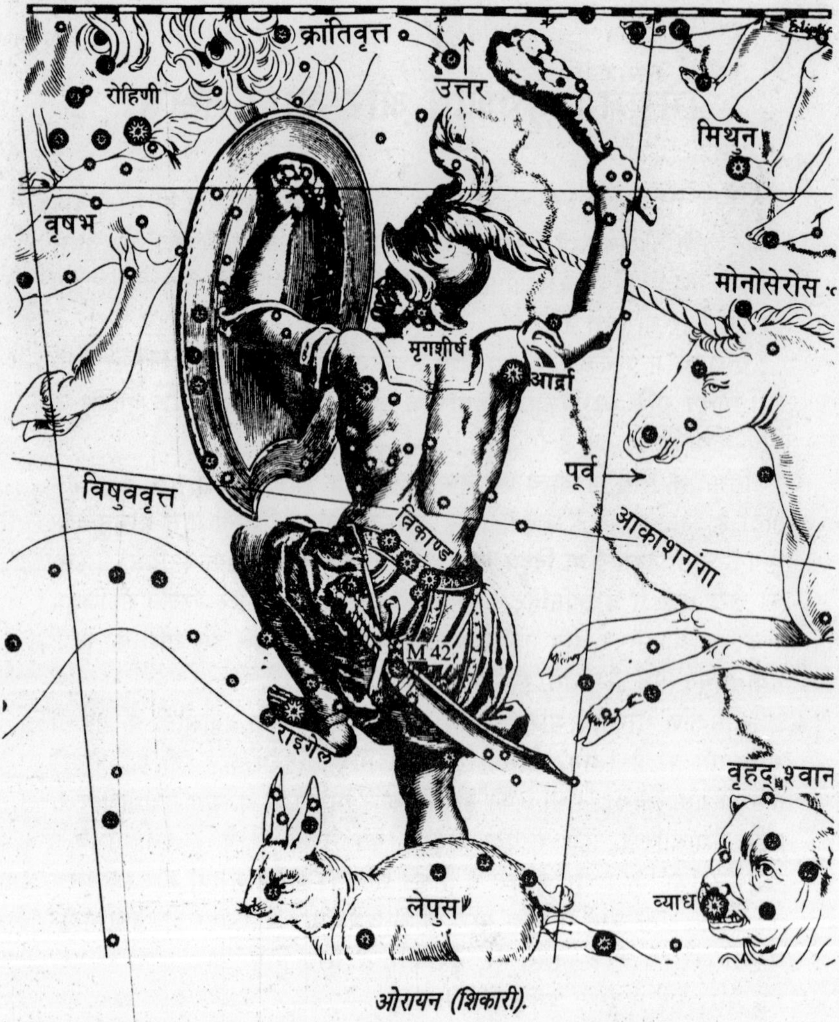
क्रांतिवृत्त
उत्तर
रोहिणी
मिथुन
वृषभ
मोनोसेरोस
मृगशीर्ष
आर्द्रा
पूर्व
विषुववृत्त
आकाशगंगा
त्रिकाण्ड
M 42
राइगेल
वृहद् श्वान
लेपुस
व्याध

ओरायन (शिकारी).

में प्रयुक्त होता रहा है।

आकाश में कुछ ऐसे सुपरिचित तारा-मंडल हैं, जिनकी सहायता से आसपास के अन्य कई तारा-मंडलों को पहचानने में आसानी होती है। उत्तरी आकाश में सप्तर्षि ऐसा ही एक तारा-मंडल है। मगर फरवरी में आधी रात के बाद ही सप्तर्षि उत्तराकाश में ऊंचाई पर पहुंचते हैं।

आकाश का दूसरा सुपरिचित तारा-मंडल, जिसे भारतीय किसान भी प्रायः पहचान लेते हैं, मृग-मंडल है। मिथुन राशि के मृगशीर्ष और आर्द्रा नक्षत्रों का समावेश मृग-मंडल में ही होता है। आजकल रात को करीब नौ बजे आकाश में दक्षिण से पश्चिमोत्तर की ओर नजर डालें, तो लगभग एक सीधी रेखा में क्रमशः सबसे चमकीले व्याध तारे को, त्रिकांड के तीन समांतर तारों को, रोहिणी के लाल तारे को और कृत्तिका के छह या सात तारों के पुंज को पहचाना जा सकता है। एक वैदिक कथा भी प्रसिद्ध है कि मृगरूपी प्रजापति रोहिणी का पीछा कर

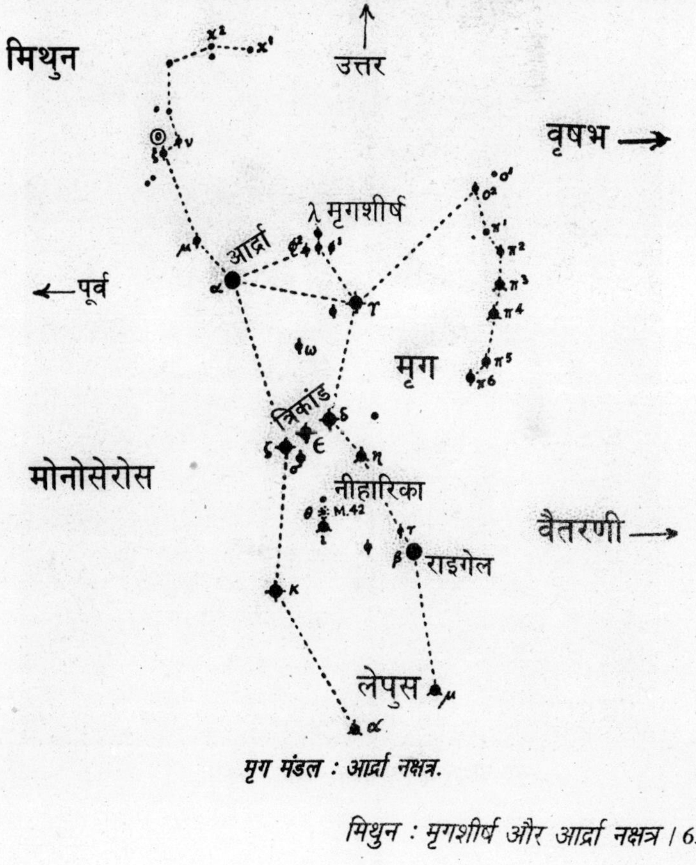

मृग मंडल : आर्द्रा नक्षत्र.

रहा है और व्याध मृग का पीछा कर रहा है । मृग-मंडल का पाश्चात्य नाम **ओरायन** है ।

मृग-मंडल को ठीक से पहचान लेने के बाद, स्थितिचित्र की सहायता से, आसपास के कई नक्षत्रों को आसानी से पहचाना जा सकता है । मृग के चार प्रमुख तारे (अल्फा, बीटा, गामा, काप्पा), जो उसके चार पैरों के द्योतक हैं, एक चतुर्भुज की आकृति बनाते हैं । बीच में एक सीधी रेखा में जो तीन समांतर तारे (**त्रिकांड**) हैं, वे मृग को लगे बाण के द्योतक हैं ।

मृग का **अल्फा** तारा, जिसका अरबी पर आधारित पाश्चात्य नाम **बेतुलगूज** है, भारतीय ज्योतिष का प्रसिद्ध **आर्द्रा** नक्षत्र है । लाल रंग का यह तारा हमसे करीब 240 प्रकाश-वर्ष दूर है । इस महादानव तारे का व्यास सूर्य के व्यास से करीब 400 गुना अधिक है । आर्द्रा यदि हमारे सूर्य का स्थान ले, तो मंगल तक

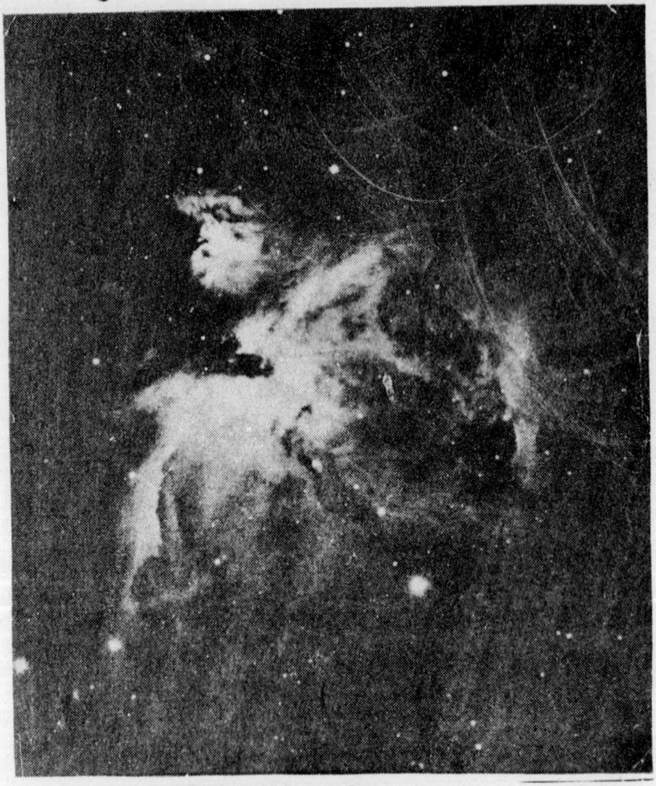

मृग नीहारिका (ओरायन नेबुला : M42)).

के सभी ग्रह उसके उदर में समा जाएंगे!

मृग के सबसे चमकीले **बीटा** तारे का अरबी पर आधारित पाश्चात्य नाम **राइगेल** है । यह तारा हमसे 450 प्रकाश-वर्ष दूर है, इसका व्यास सूर्य के व्यास से 33 गुना अधिक है और यह सूर्य से 23,000 गुना अधिक प्रकाश उत्सर्जित करता है । मृग-मंडल के **गामा** (बेलाट्रिक्स) और **काप्पा** तारे अतितप्त दानव तारे हैं ।

आर्द्रा के कुछ ऊपर, रोहिणी की दिशा में, तीन मंदकांति तारों का एक समूह है । मृग के सिर में स्थित होने के कारण भारतीय ज्योतिष में इन्हें **मृगशीर्ष** या मृगशिरा के नाम से जाना जाता है । इस समूह का सबसे चमकीला **लांबडा** तारा भारतीय परंपरा के मृगशीर्ष नक्षत्र का **योगतारा** है । बाल गंगाधर तिलक ने अपने 'ओरायन' ग्रंथ में प्रतिपादित किया है कि आरंभिक ऋग्वैदिक काल में, उनके अनुसार लगभग 4500 ई. पू. में, वसंत विषुव-बिंदु मृगशीर्ष में था और तब वर्षारंभ (वर्षा का आरंभ) भी इसी नक्षत्र से होता था ।

त्रिकांड के तीन तारे, आधुनिक खगोल-विज्ञान की दृष्टि से, विशिष्ट प्रकार के तारे हैं । इनका सतह-तापमान 25,000 डिग्री सेल्सियस से अधिक है, जबकि सूर्य का सतह-तापमान करीब 6000 डिग्री से. ही है । त्रिकांड के नीचे तीन मंदकांति तारे हैं । इनमें से बीच के तारे के पास एक धुंधले प्रकाश-पुंज को कोरी आंखों से भी पहचाना जा सकता है । **एम 42** नामक यह प्रकाश-पुंज सुप्रसिद्ध **मृग नीहारिका** (ओरायन नेबुला) है । अत्यंत विरल गैसों से निर्मित यह मृग नीहारिका हमारी आकाशगंगा की ही सदस्या है और हमसे करीब एक हजार प्रकाश-वर्ष दूर है । इस नीहारिका में इतना अधिक द्रव्य है कि इससे एक हजार से भी ज्यादा सूर्य जन्म ले सकते हैं । खगोलविदों के अध्ययन से पता चला है कि मृग नीहारिका के द्रव्य से आज भी नए तारे जन्म ले रहे हैं । वस्तुतः मृग-मंडल के अधिकांश तारे अपनी किशोरावस्था में हैं । मृग-मंडल दर्शकों के लिए ही नहीं, खगोलविदों के अन्वेषण के लिए भी अनेक आकर्षक नजारे प्रस्तुत करता है।

अरबों का शिकारी.

पुनर्वसु नक्षत्र

मृग के पूर्वोत्तर में **पुनर्वसु** नक्षत्र के तारे हैं । पुनर्वसु का शाब्दिक अर्थ है— पुनः समृद्ध या धनवान होना । **ऋग्वेद** में पुनर्वसु शब्द का प्रयोग द्विवचन में हुआ है । **आर्द्रा** शब्द का अर्थ है—भीगा हुआ । आर्द्रा और पुनर्वसु, दोनों ही सार्थक नाम हैं । वैदिक काल में जब सूर्य आर्द्रा नक्षत्र में पहुंचता था तो वर्षा का आरंभ होता था और पुनर्वसु नक्षत्र में पहुंचता था तो धान तथा जौ की नई फसल अंकुरित होती थी । शंकर बालकृष्ण दीक्षित का मत है कि 'पुनः समृद्ध होने' के अर्थ में वैदिक संस्कृत में पहले से ही पुनर्वसु शब्द का अस्तित्व रहा है और आकाश के दो प्रमुख तारों के लिए यह बाद में प्रयुक्त हुआ ।[3]

पुनर्वसु के दो तारों को प्रायः सभी प्राचीन सभ्यताओं में जुड़वां, जोड़ी या युगल के रूप में पहचाना गया था । किसी सभ्यता में यह जोड़ी मानवों की थी, तो किसी में पौधों या पशुओं या देवताओं की ।

पुनर्वसु के दो तारों के यूनानी नाम हैं—**कैस्टर** (अल्फा) और **पोलक्स** (बीटा)। ये जुड़वां भाई ज्यूपिटर और लेडा (स्पार्टा की महारानी) के पुत्र थे । स्वर्णिम ऊन (गोल्डन फ्लीस) की खोज में निकले इन जुड़वां भाइयों ने **अर्गो** या **आरगो** नामक जहाज में समुद्र-यात्रा की थी । ये अजेय योद्धा और अभिन्न साथी थे । इसीलिए पिता ज्यूपिटर ने इन्हें आकाश में एक-दूसरे के समीप स्थापित कर दिया था । कैस्टर और पोलक्स अभिन्नता के प्रतीक माने जाते हैं ।

मगर प्रकृति मानव के ऐसे मनगढ़ंत आख्यानों की परवाह नहीं करती । कैस्टर और पोलक्स तारे, भौतिक गुणधर्मों में, एक-दूसरे से एकदम भिन्न हैं । नीले रंग का अतितप्त कैस्टर तारा हमसे करीब 45 प्रकाश-वर्ष दूर है, तो नारंगी रंग का पोलक्स करीब 33 प्रकाश-वर्ष दूर । मजे की बात तो यह है कि जिस पोलक्स तारे को भारतीय परंपरा के पुनर्वसु नक्षत्र का योगतारा माना जाता है वह एक सामान्य तारा है, मगर कैस्टर आकाश का एक अद्‌भुत तारा है।

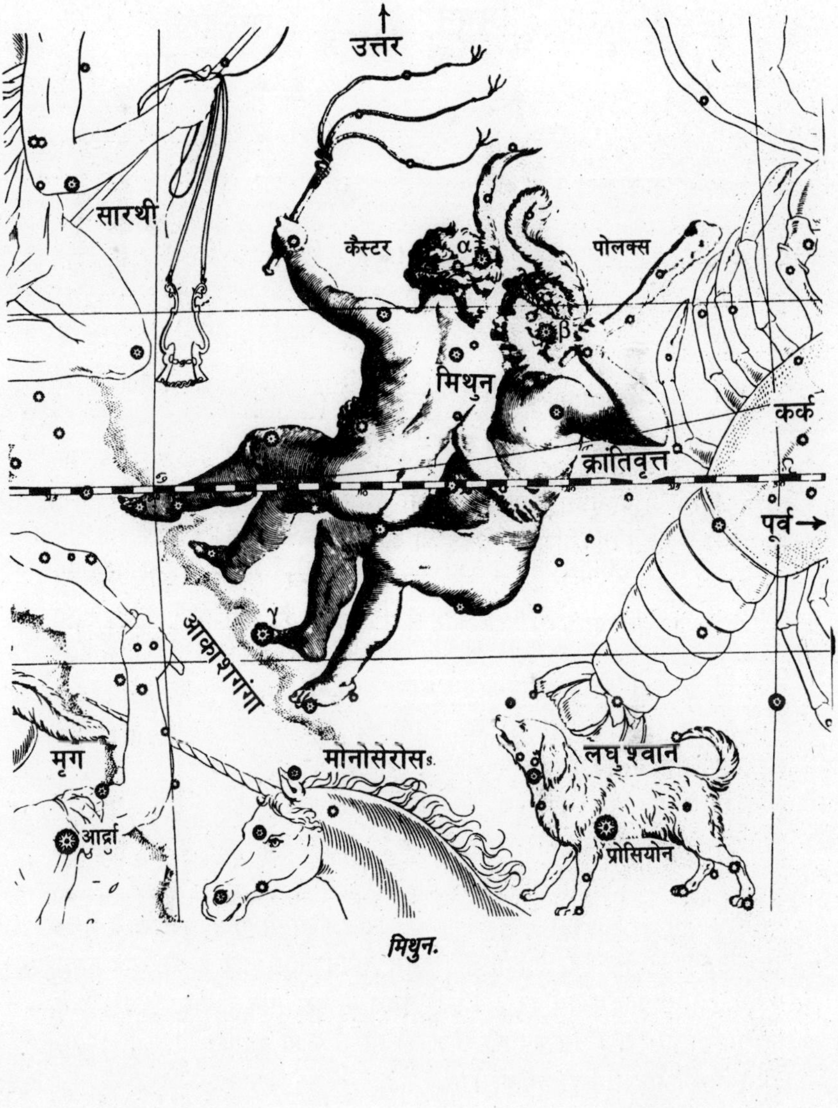

उत्तर
सारथी
कैस्टर
पोलक्स
मिथुन
कर्क
क्रांतिवृत्त
पूर्व →
आकाशगंगा
मृग
मोनोसेरोस
लघुश्वान
आर्द्रा
प्रोसियोन

मिथुन.

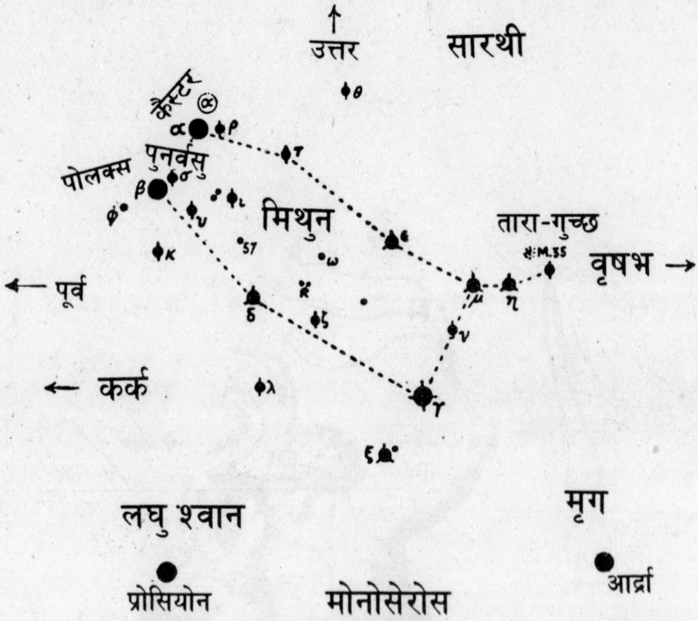

मिथुन मंडल : पुनर्वसु नक्षत्र.

छोटी दूरबीन से भी देखने पर स्पष्ट हो जाता है कि **कैस्टर** एक जुड़वां तारा है । **कैस्टर-क** और **कैस्टर-ख** में 76 खगोलीय इकाइयों के बराबर अंतर है और ये 341 वर्षों में एक-दूसरे की एक परिक्रमा पूरी करते हैं । बाद में पता चला कि करीब तिगुनी दूरी पर इनका एक और साथी तारा है—**कैस्टर-ग** । इतना ही नहीं, इन तीन तारों के स्पेक्ट्रमों का गहन अध्ययन करने पर खगोलविदों को पता चला कि इनमें से प्रत्येक का एक-एक साथी तारा भी है !

इस प्रकार, कैस्टर वस्तुतः छह तारों की एक संयुक्त योजना है । इस कैस्टर-योजना के किसी ग्रह पर किन्हीं प्राणियों का अस्तित्व है, तो वे अपने आकाश में एकसाथ छह सूर्यों के दर्शन करते होंगे! कैस्टर की तरह मृग (ओरायन) मंडल का, नीहारिका **एम 42** के नजदीक का, **थीटा** तारा भी वस्तुतः छह अतितप्त दानव तारों की एक संयुक्त योजना है ।

मिथुन मंडल के **इटा** तारे के पास कोरी आंखों से एक खुले तारा-गुच्छ (**एम 35**) को देखा जा सकता है । इसमें करीब 500 तारे हैं और यह हमसे करीब 2000 प्रकाश-वर्ष दूर है । इसी मंडल के इटा तारे के पास 1781 ई. में विलियम हर्शेल ने यूरेनस ग्रह की खोज की थी ।[4] प्लूटो ग्रह की खोज भी 1930 ई. में मिथुन-मंडल में ही हुई थी ।

व्याध :
आकाश का सर्वाधिक चमकीला तारा

ऐतरेय **ब्राह्मण** में एक दिलचस्प कथा है। प्रजापति ने अपनी ही कन्या की कामना की। कन्या ने आकाश में आरोहण किया (रोहिणी)। प्रजापति ने मृग का रूप धारण करके उसका पीछा किया। देवताओं ने उसका यह कुकृत्य देखा। प्रजापति को मारने के लिए उन्होंने एक व्याध को पैदा किया। व्याध ने धनुष-बाण लेकर मृगरूपी प्रजापति का पीछा किया और उसे बाण मारा।

इन दिनों रात के करीब नौ बजे पश्चिमाकाश में रोहिणी, मृग और व्याध के तारों को आसानी से पहचाना जा सकता है। मृग के **त्रिकांड** के उत्तर-पश्चिम में **रोहिणी** का लाल तारा है, तो दक्षिण-पूर्व में, उतनी ही दूरी पर, नीले-सफेद रंग का **व्याध** (लुब्धक) तारा है। व्याध और लुब्धक, दोनों ही शब्दों का अर्थ है 'बहेलिया'। व्याध आकाश का सबसे चमकीला तारा है, इसलिए इसे आसानी से पहचाना जा सकता है।

व्याध का पाश्चात्य नाम **सिरियस** (देदीप्यमान) है। प्रायः सभी प्राचीन सभ्यताओं में इस नक्षत्र को एक श्वान के रूप में पहचाना गया था। लैटिन में श्वान को **केनिस** कहते हैं, इसलिए इस तारा-मंडल का पाश्चात्य नाम **केनिस मेजर** (बृहद् श्वान) है। इस मंडल के पूर्वोत्तर में **केनिस माइनर** (लघु श्वान) मंडल है, जिसके प्रमुख तारे का नाम **प्रोसियोन** है। यूनानी आख्यान के अनुसार ये दोनों ही श्वान ओरायन (शिकारी) के कुत्ते हैं। लगता है कि प्राचीन भारत में भी इन दोनों नक्षत्र-मंडलों को दो श्वानों के रूप में ही पहचाना गया था। **ऋग्वेद** में दो श्वानों (श्वानौ) का उल्लेख है।[5]

प्राचीन मिस्रवासियों के लिए व्याध तारे का बड़ा महत्व था। मिस्र के पुरोहित-ज्योतिषियों ने जान लिया था कि गरमी में जिस दिन पूर्वाकाश में व्याध तारा सूर्योदय के कुछ ही समय पहले क्षितिज पर नजर आता है, उसके तुरंत बाद नील नदी में बाढ़ आ जाती है। हर साल व्याध के सूर्य-सहोदय के बाद ऐसा

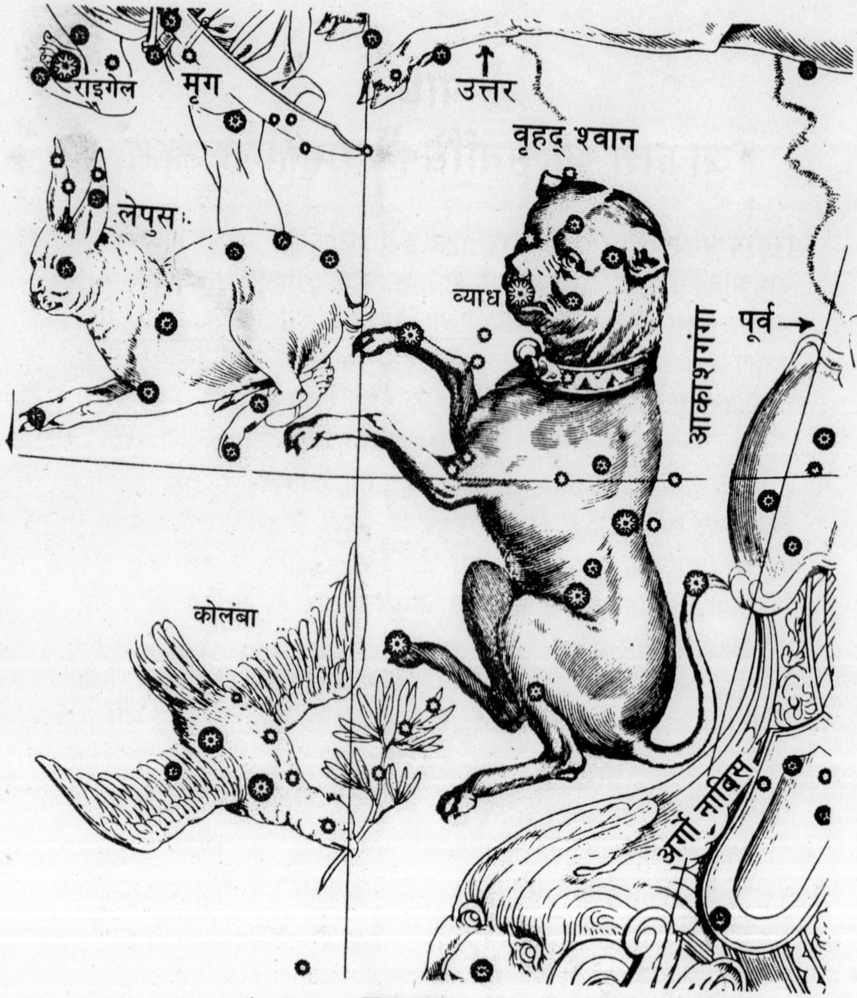

वृहद् श्वान.

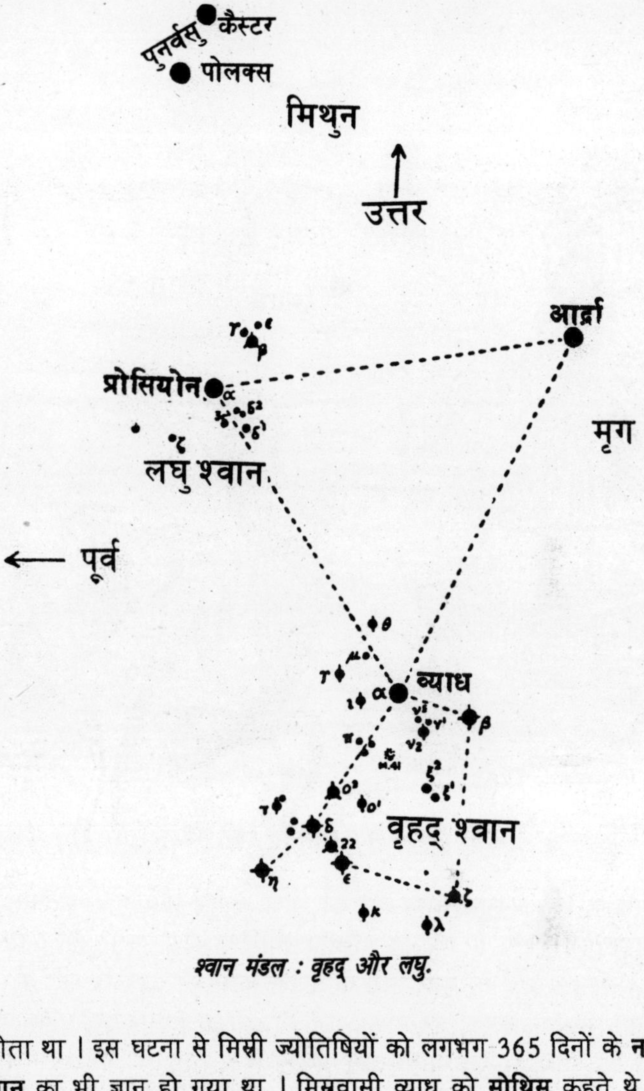

श्वान मंडल : वृहद् और लघु.

ही होता था । इस घटना से मिस्री ज्योतिषियों को लगभग 365 दिनों के **नाक्षत्र वर्षमान** का भी ज्ञान हो गया था । मिस्रवासी व्याध को **सोथिस्** कहते थे और 'नववर्ष तथा बाढ़ के आगमन का सूचक' समझकर उसकी पूजा करते थे ।

व्याध तारा हमसे करीब 9 प्रकाश-वर्ष दूर है । इसका कांतिमान–1.4 है । यह हमारे सूर्य से करीब दो गुना बड़ा, दो गुना भारी और करीब दो गुना अधिक तप्त है । यह भी पता चला है कि व्याध तारा 8 किलोमीटर प्रति सेकंड के वेग से हमसे दूर भाग रहा है ।

प्राचीन मिस्र में व्याध (सोथिस्) की पूजा.

व्याध के एक अद्भुत साथी-तारे की खोज खगोल-विज्ञान के इतिहास की एक महत्वपूर्ण घटना है। जर्मन गणितज्ञ-ज्योतिषी फ्रेडरिक विलहेल्म बेस्सेल (1784-1846 ई.)[6] ने, दूसरे तारों के सापेक्ष व्याध की लहरदार गति का कई साल तक अध्ययन करके, गुरुत्वाकर्षण के सिद्धांत के आधार पर, भविष्यवाणी की थी कि व्याध का एक साथी-तारा अवश्य होना चाहिए। मगर बेस्सेल की मृत्यु के बाद ही 1862 ई. में एक शक्तिशाली दूरबीन से व्याध के उस साथी-तारे को खोज निकालना संभव हुआ। गुरुत्वाकर्षण के सिद्धांत की यह एक और महान विजय थी।

व्याध का साथी एक विलक्षण तारा है। यह तीन अरब किलोमीटर की औसत दूरी से करीब 48 साल में व्याध का एक चक्कर लगाता है। व्याध के साथी-तारे

में उतना ही द्रव्य है, जितना कि हमारे सूर्य में, मगर यह तारा हमारी पृथ्वी से सिर्फ तीन गुना बड़ा है! वस्तुतः व्याध के साथी-तारे के द्रव्य का घनत्व सीसे के घनत्व से भी 5000 गुना अधिक है! अन्य शब्दों में, इस तारे के एक चम्मचभर द्रव्य का भार एक टन के बराबर होगा! खगोलविद ऐसे अति सघन छोटे तारों को **श्वेत वामन** कहते हैं। व्याध का साथी-तारा, जिसे 'पिल्ला तारा' भी कहते हैं, आकाश में खोजा गया पहला श्वेत वामन था।

लघु श्वान मंडल के **प्रोसियोन** तारे का भी एक श्वेत-वामन साथी है। प्रोसियोन तारा हमारे सूर्य से कुछ बड़ा और करीब 12 प्रकाश-वर्ष दूर है। दोनों श्वान-मंडलों में दूरबीनों के लिए और भी कई दिलचस्प नजारे हैं। आधुनिक खगोल-विज्ञान के साधनों ने नक्षत्र-लोक का एक नितांत नया नजारा प्रस्तुत कर दिया है।

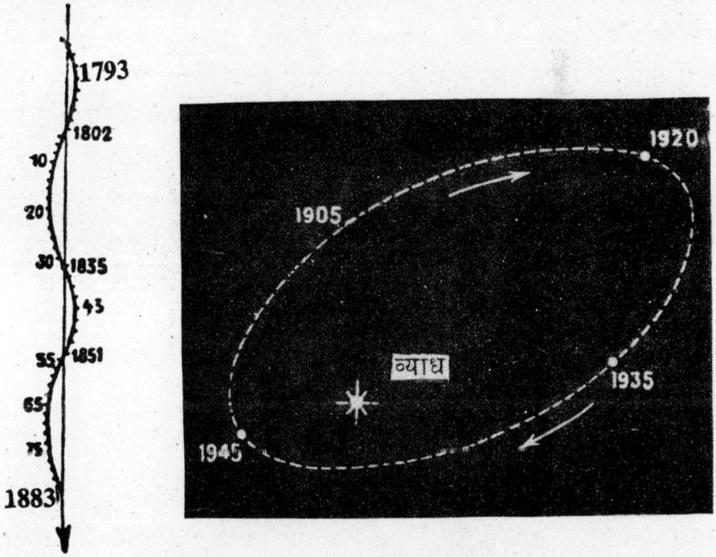

व्याध और उसके साथी-तारे की गतियां : दृश्य (लहरदार) और वास्तविक (एक-दूसरे के इर्द-गिर्द).

तारे : श्वेत वामन और लाल दानव

आधुनिक काल में तारों के भौतिक गुणधर्मों के बारे में प्राप्त की गई तमाम जानकारी धरती पर पहुंचनेवाले उनके विकिरण के विश्लेषण पर आधारित है। तारों के विकिरण को वर्णक्रमपटों (स्पेक्ट्रम) में वियोजित करके इनका अध्ययन करना 1859 ई. से शुरू हुआ। इन वर्णक्रमपटों की गहरी छानबीन करने से ही खगोलविदों को तारों के द्रव्य, द्रव्यमानों, दूरियों, दीप्तियों, तापमानों तथा गतियों आदि के बारे में प्रामाणिक जानकारी मिली है।

वर्णक्रमपट की काली और रंगीन रेखाओं से जानकारी मिलती है कि तारों में कौन-से तत्व मौजूद हैं। हीलियम तत्व की खोज सबसे पहले 1868 ई. में सूर्य के वर्णक्रमपट में हुई थी। उसके 26 साल बाद ही यह तत्व धरती पर खोजा गया था। तारों में कमोबेश मात्रा में वे सभी तत्व मौजूद हैं जो धरती पर पाए जाते हैं। मगर तारों में यह द्रव्य परमाणुओं, नाभिकों तथा इलेक्ट्रानों के मिश्रण (प्लाज्मा) के रूप में है। यह भी स्पष्ट हुआ है कि तारों का करीब 90 प्रतिशत द्रव्य हाइड्रोजन है। तारों में दूसरा महत्वपूर्ण तत्व हीलियम है। अल्प मात्रा में अन्य तत्व भी मौजूद रहते हैं।

पृथ्वी पर सूर्य के गुरुत्वीय बल की गणना करके हम अपने इस तारे का द्रव्यमान मालूम करते हैं। हमारी मंदाकिनी में बहुत सारे जुड़वां तारे हैं, जो गुरुत्वाकर्षण के अंतर्गत एक-दूसरे की परिक्रमा करते रहते हैं। इसलिए इनके द्रव्यमानों की गणना करना संभव हुआ है।

आकाशगंगा के सबसे हलके तारे का द्रव्यमान सूर्य के द्रव्यमान के करीब एक-पंचमांश के बराबर है, और सबसे भारी ज्ञात तारे का करीब 400 सूर्यों के बराबर है। मगर अधिकांश तारों का द्रव्यमान आधे सूर्य से लेकर चार सूर्यों के बराबर है। सूर्य का द्रव्यमान 3,30,000 पृथ्वियों के बराबर है।

बड़ी-से-बड़ी दूरबीन से देखने पर भी तारे हमें एक प्रकाश-बिंदु की तरह ही नजर आते हैं। फिर भी तारों के व्यास जानने के लिए कई अद्भुत तरीके खोजे

गए हैं। जुड़वां तारे जब एक-दूसरे को ग्रहण लगाते हैं, तब उनके व्यासों का पता चल जाता है। तारों की दीप्तियों से भी उनके व्यासों के बारे में जानकारी मिल जाती है। पता चला है कि तारों के व्यास सूर्य के व्यास के शतांश से लेकर करीब 500 गुना तक हैं।

यदि तारे का द्रव्यमान और व्यास मालूम हो, तो उसका औसत घनत्व भी मालूम हो जाता है। आकाशगंगा में एक ओर सूर्य के घनत्व से दस लाख गुना कम घनत्ववाले तारे हैं, तो दूसरी ओर दस लाख गुना अधिक घनत्ववाले भी तारे हैं! घनत्वों के आधार पर तारों को कुछ स्पष्ट समुदायों में बांटने में बड़ी सुविधा हुई है।

तारे की दूरी मालूम हो और उसके दृश्य कांतिमान का मापन किया जाए, तो पता लग सकता है कि पृथ्वी से एक निश्चित दूरी पर उस तारे का कांतिमान, जिसे खगोलविद **निरपेक्ष कांतिमान** या **परम कांतिमान** कहते हैं, क्या रहेगा।

तारे की संपूर्ण दीप्ति और उसका व्यास मालूम हो, तो फिर उसकी सतह का तापमान भी मालूम हो जाता है। तारे के रंग से भी उसके सतह-तापमान का अनुमान लगाया जा सकता है।[7]

दरअसल, तारे के वर्णक्रमपट (स्पेक्ट्रम) से उसके अनेक भौतिक गुणधर्मों के बारे में जानकारी मिल जाती है। लाखों तारों के वर्णक्रमपट प्राप्त किए गए हैं। इन वर्णक्रमपटों को छह प्रमुख वर्गों (B , A , F , G , K , M) और दस उपवर्गों (0 से 9 तक) में बांटा गया है। सूर्य का स्पेक्ट्रम-वर्ग **G2**, रोहिणी तारे का **K5** और व्याध का **A0** है। इन स्पेक्ट्रम-वर्गों से तारों के तापमानों के बारे में सीधी जानकारी मिल जाती है।

वर्तमान सदी के आरंभ में तारों के वर्गीकरण के बारे में एक अत्यंत महत्वपूर्ण खोज हुई। यह खोज डेनिश खगोलविद एजनार हर्ट्जस्प्रुंग[8] और अमरीकी खगोलविद हेनरी नॉरिस रसेल[9] ने की। इन वैज्ञानिकों ने तारों के स्पेक्ट्रम-वर्गों और उनकी निरपेक्ष कांतियों (दीप्तियों) के आधार पर एक ग्राफ तैयार किया। इस ग्राफ में भुजांक स्पेक्ट्रम-वर्ग (रंग या तापमान) को व्यक्त करता है और कोटि-अंक निरपेक्ष दीप्ति या कांतिमान को। खगोल-विज्ञान में यह ग्राफ अब **हर्ट्जस्प्रुंग-रसेल आरेख** के नाम से प्रसिद्ध है।

इस हर्ट्जस्प्रुंग-रसेल आरेख को देखने से पता चलता है कि अधिकांश तारे ऊपर बाईं ओर के कोने से नीचे दाईं ओर के कोने तक फैले हुए एक पट्टे में स्थित हैं। इसे तारों का **प्रमुख क्रम** कहते हैं। हमारा सूर्य-तारा इस प्रमुख क्रम के लगभग मध्यभाग में है। इस आरेख में सूर्य के दाईं ओर के तारे कम तापमान

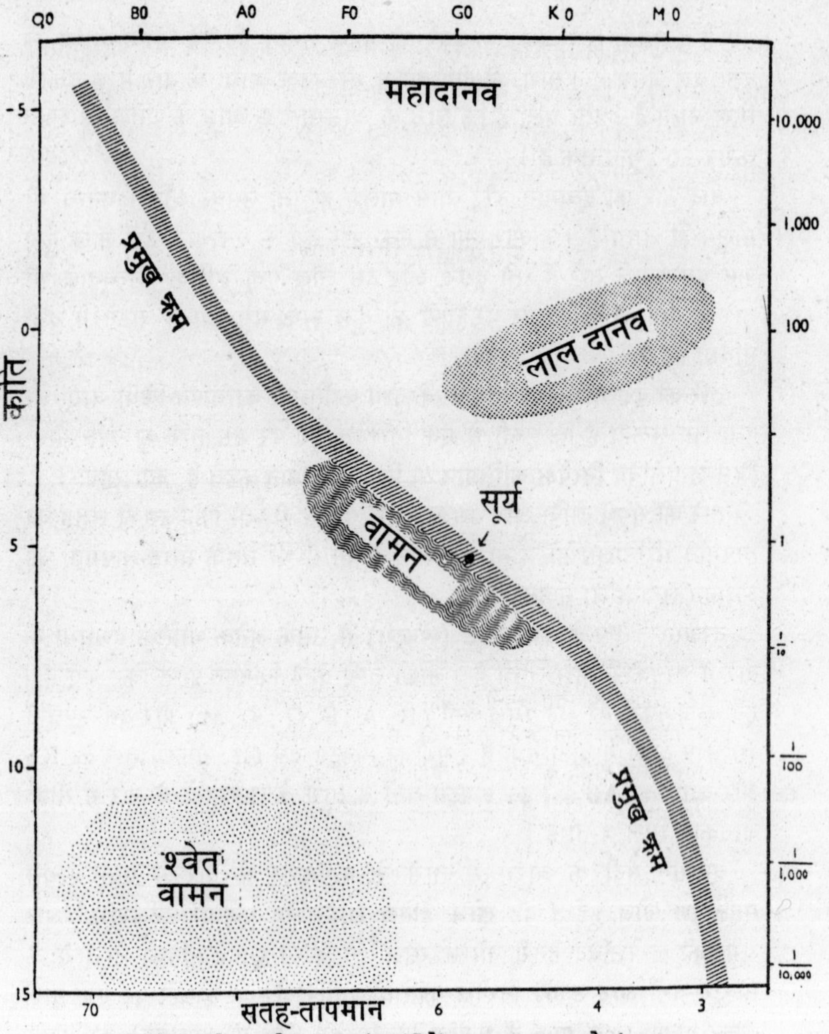

हट्र्जस्प्रुंग-रसेल आरेख : भुजांक (नीचे) सतह-तापमान को (हजार डिग्री में) तथा (ऊपर) स्पेक्ट्रम-वर्ग को व्यक्त करते हैं और कोटि-अंक (बाएं) निरपेक्ष कांतिमान को तथा (दाएं) दीप्ति (सूर्य = 1) को.

वाले और बाईं ओर के तारे ज्यादा तापमान वाले हैं।

तारों के प्रमुख क्रम के अलावा इसके दाईं ओर ऊपर कोने में भी कुछ तारे हैं। इन्हें **लाल दानव** तारे कहते हैं। इनका रंग लाल है और प्रमुख क्रम के हमारे सूर्य-जैसे तारों से ये बहुत बड़े हैं, इसलिए इन्हें लाल दानव कहते हैं। इसी

प्रकार, इस आरेख में नीचे बाईं ओर के कोने में भी अतिसघन किंतु कम दीप्ति वाले कुछ तारे हैं। इन्हें **श्वेत वामन** तारे कहते हैं।

आगे हम देखेंगे कि यह हर्ट्जस्प्रुंग-रसेल आरेख तारों की जीवन-गाथा को समझने में किस प्रकार उपयोगी सिद्ध हुआ है।

संदर्भ और टिप्पणियां

1. *नृमिथुनं सगदं सवीणम्* — **बृहज्जातक**, 1.5.

2. मोनियर-विलियम्स, *ए संस्कृत-इंग्लिश डिक्शनरी*, पृ. 816। मूल शब्द **मिथ्** का अर्थ है—जुड़ना, युगल, जोड़ी। बाद में नग्न स्त्री-पुरुष की जोड़ी को मिथुन राशि के प्रतीक के रूप में अपनाया गया। देखिए, प्रथम अध्याय में भारतीय राशियों का चित्रांकन।

3. शं. बा. दीक्षित, **भारतीय ज्योतिष**, पृ. 77.। **ऋग्वेद** (10.19.1) की प्रार्थना है : *अग्निषोमाओ पुनर्वसू । अस्मे धारयतं रयिम् ॥* (हे सहकारी अग्निषोमाओ, हमें धन प्रदान करो।) यहां 'पुनर्वसू' शब्द द्विवचन में है, मगर संभवतः नक्षत्र-वाचक नहीं है।

4. विलियम हर्शेल (1738-1822) हानोवर (जर्मनी) के एक बैंड के सदस्य थे। सन् 1757 में वे इंग्लैंड आकर वहां स्थायी रूप से बस गए। वाद्ययंत्रों के ध्वनि-सिद्धांत का अध्ययन करते हुए उनकी पहले गणित में और बाद में खगोल-विज्ञान में दिलचस्पी बढ़ी। हर्शेल ने स्वयं अपनी दूरबीनें बनाईं और उनकी सहायता से तारों का गहन अध्ययन किया। सन् 1781 में उन्होंने एक नए ग्रह यूरेनस की खोज की।

   हर्शेल ने मेसिए की करीब सौ नीहारिकाओं की सूची को करीब 2000 तक विस्तृत किया। उन्होंने 800 जुड़वां तारों की भी एक सूची प्रकाशित की। आकाशगंगा की रचना का अध्ययन करनेवाले हर्शेल प्रथम खगोलविद थे। उनकी बहन केरोलिन ने वेधकार्य में उन्हें भरपूर सहयोग दिया। उनके बेटे योहान हर्शेल (1792-1871) ने भी एक खगोलविद के रूप में ख्याति अर्जित की।

5. **ऋग्वेद** (10.14. 10-12) में सरमा के दो श्वानों (श्वानौ) का उल्लेख है। प्रार्थना है : *यौ ते श्वानौ यम रक्षितारौ पथिरक्षी नृचक्षसौ* (हे प्रेतरक्षक यमराज, तुम अपने गृहरक्षक, चतुर्नेत्रयुक्त और मार्गदर्शक दो श्वानों की मदद से प्रेतों को निर्मल बनाओ)।

6. फ्रेडरिक विलेहल्म बेस्सेल (1784-1846) जर्मनी के एक निर्धन परिवार में पैदा हुए थे। बाद में वे कोनिग्सबर्ग वेधशाला के अध्यक्ष बने और उन्होंने खगोल-विज्ञान के क्षेत्र में महत्वपूर्ण खोजकार्य किया। उन्होंने 9वें कांतिमान तक के 50,000 तारों की स्थितियां निर्धारित करके उनकी एक सारणी तैयार की। उन्होंने हंस (सिग्नस्) मंडल के संख्यांक 61 के तारे का लंबन (पैरेलेक्स) ज्ञात करके उसकी दूरी (लगभग ग्यारह प्रकाश-वर्ष) मालूम की।

कई साल तक व्याध की लहरदार निजगति का अध्ययन करके बेस्सेल 1844 ई. में निष्कर्ष पर पहुंचे कि इस तारे को प्रभावित करनेवाला इसका एक अदृश्य साथी-तारा होना चाहिए। व्याध के उस अदृश्य साथी-तारे को अमरीकी खगोलविद अलवान क्लार्क ने दूरबीन की सहायता से 1862 ई. में खोज निकाला। बेस्सेल ने प्रोसियोन (लघुश्वान-मंडल) के साथी-तारे के बारे में भी ऐसी ही भविष्यवाणी की थी। प्रोसियोन का वह साथी-तारा दूरबीन से 1895 ई. में खोजा गया।

बेस्सेल की गणित के क्षेत्र की गवेषणाएं भी काफी महत्वपूर्ण हैं।

7. सफेद-नीले तारों का सतह-तापमान 10,000° से. से 30,000° से. तक रहता है। अपवाद रूप में कुछ ऐसे भी तारे हैं जिनका सतह-तापमान 1,00,000° से. तक है। हमारे सूर्य-जैसे पीतवर्ण तारों का सतह-तापमान 6000° से. के आसपास रहता है। सबसे ठंडे लाल रंग के तारों का सतह-तापमान 2000° से. से कम ही रहता है। मगर तारों के केंद्रभाग में तापमान एक करोड़ डिग्री सेल्सियस से भी अधिक रहता है।

8. एजनार हर्ट्‌जस्प्रुंग (1873-1967) ने कोपनहेगन से रसायन इंजीनियरी की डिग्री हासिल की। वे पहले सेंट पीटर्सबर्ग वेधशाला में और बाद में पच्चीस साल तक लीडेन वेधशाला में कार्यरत रहे।

हर्ट्‌जस्प्रुंग ने तारों की निरपेक्ष कांतियां ज्ञात करने की विधियां खोज निकालीं। उन्होंने सिद्ध किया कि तारों का रंग सफेद से पीले और लाल में बदलता है, तो उनकी कांति भी घटती है। इस तरह हर्ट्‌जस्प्रुंग ने तारों के दो प्रमुख वर्ग खोजे—उच्चकांति दानव एवं महादानव तारे और मंदकांति वामन एवं प्रमुख क्रम के तारे। उन्होंने 1905-1907 ई. में अपना यह खोजकार्य प्रकाशित किया। मगर आरंभ में उनके इस अनुसंधान-कार्य को व्यापक प्रसिद्धि नहीं मिली।

अमरीकी खगोलविद रसेल ने भी वैसे ही परिणाम प्राप्त किए और 1913 ई. में अपना आरेख प्रकाशित किया। इसलिए इनके संयुक्त कार्य को अब **हर्ट्‌जस्प्रुंग–रसेल आरेख** के नाम से जाना जाता है।

हर्ट्‌जस्प्रुंग ने सैफियरी चरकांति तारों की दूरियां ज्ञात करने में योग दिया और उनकी सहायता से दक्षिणी खगोल के छोटे **मैजेल्लानी मेघ** की दूरी निर्धारित की।

9. हेनरी नॉरिस रसेल (1877-1957) का अध्ययन प्रिंसटन में हुआ और बाद में वे वहां खगोल-विज्ञान के प्राध्यापक और वेधशाला के अध्यक्ष रहे। उन्होंने माउंट विल्सन वेधशाला में भी कार्य किया।

रसेल ने 1913 ई. में अपना वह कार्य प्रकाशित किया जिसे हम **हर्ट्‌जस्प्रुंग-रसेल आरेख** के नाम से जानते हैं। इस आरेख के जरिए तारों के विकासक्रम को जानना संभव हुआ।

रसेल ने भारतीय वैज्ञानिक मेघनाद साहा द्वारा 1921 ई. में प्रकाशित आयनीकरण समीकरणों का उपयोग करके सौर-स्पेक्ट्रम का अन्वेषण किया और सूर्य में मौजूद तत्वों का पता लगाया।

अध्याय 4

मार्च माह

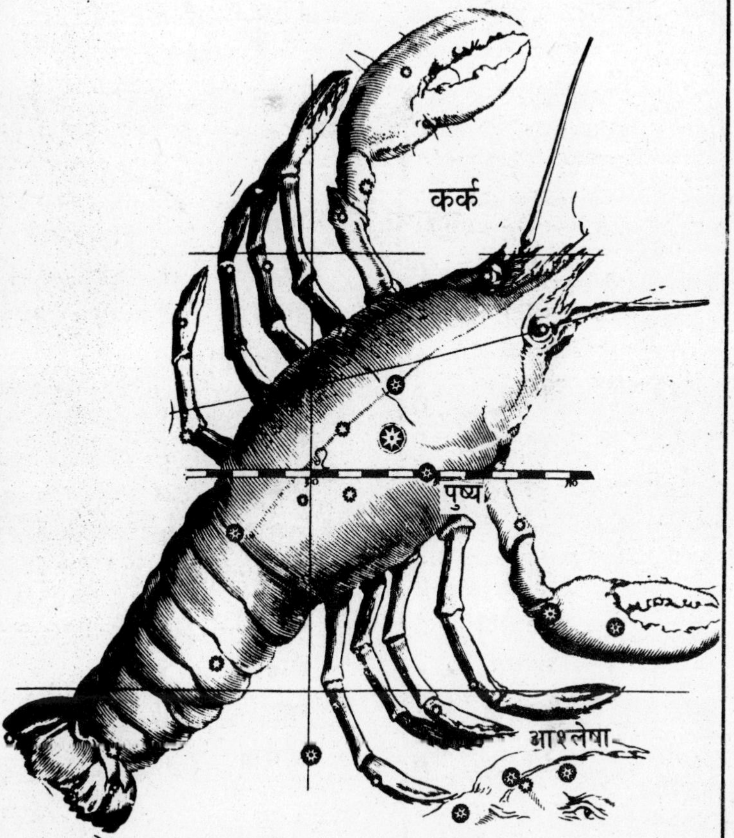

कर्क : पुष्य और आश्लेषा नक्षत्र

अंटार्कटिका के आकाश का अनोखा नजारा

दक्षिणी खगोल का देदीप्यमान अगस्त्य नक्षत्र

महाब्रह्मांड में अरबों द्वीपविश्व

संदर्भ और टिप्पणियां

यूनानी वर्णमाला

अल्फा	α	न्यू	ν
बीटा	β	क्साइ	ξ
गामा	γ	ओमिक्रोन	o
डेल्टा	δ	पाइ	π
इप्सिलोन	ϵ	रो	ρ
जीटा	ζ	सिग्मा	σ
इटा	η	टाउ	τ
थीटा	θ	अप्साइलोन	υ
आयोटा	ι	फाइ	ϕ
काप्पा	κ	खाइ	χ
लांबडा	λ	प्साइ	ψ
म्यू	μ	ओमेगा	ω

कर्क : पुष्य और आश्लेषा नक्षत्र

राशिचक्र में मिथुन की पूर्व दिशा में कर्क मंडल के नक्षत्र हैं। कर्क राशि में पुनर्वसु (एक-चौथाई), **पुष्य** (पूर्ण) और **आश्लेषा** (पूर्ण) नक्षत्रों का समावेश होता है। आकाश में कर्क मंडल के तारे ज्यादा स्पष्ट नहीं हैं। इस मंडल का कोई भी तारा चतुर्थ कांतिमान से अधिक चमकीला नहीं है, इसलिए मिथुन और सिंह के बीच में कर्क की स्थिति ज्ञात न हो, तो इसे सहज ही नजरअंदाज कर दिया जा सकता है।

परंतु भारतीय ज्योतिष-परंपरा में पुष्य और आश्लेषा नक्षत्रों का काफी महत्व रहा है। आधुनिक खगोल-विज्ञान के अन्वेषण के लिए भी यह मंडल कुछ दिलचस्प नजारे प्रस्तुत करता है, इसलिए इसकी पहचान जरूरी है। आजकल रात को करीब दस बजे कर्क राशि के तारे लगभग शिरोबिंदु पर पहुंच जाते हैं।

कर्क या **कर्कट** का अर्थ है, केकड़ा। इसका पाश्चात्य नाम **कैंसर** है। हिप्पार्कस और तालेमी ने इसके लिए **कर्किनस्** शब्द का प्रयोग किया था। इस राशि के लिए प्रोक्लुस (ईसा की पांचवीं सदी) द्वारा प्रयुक्त **कोलौरस्** शब्द के आधार पर वराहमिहिर ने **कुलीर** शब्द बनाया था।

कर्क राशि (मंडल) के दक्षिण में लघु श्वान और सर्प (हाइड्रा) मंडल हैं। कर्क और सर्प के बारे में एक यूनानी आख्यान भी है। इस जलवासी सर्प के नौ सिर थे और इसने आर्गोस प्रांत में तबाही मचाकर आतंक फैला रखा था। इस सर्प का एक सिर काट देने पर उसके स्थान पर तुरंत दूसरा सिर निकल आता था। इससे सर्प को मारने में बड़ी कठिनाई हो रही थी।

मगर हर्क्यूलीज ने इसका एक उपाय खोज निकाला। एक सिर काट देने पर उसे तत्काल लोहे की एक तप्त सरिया से दाग दिया जाता। सर्प का नौवां सिर अमर था, इसलिए हर्क्यूलीज ने उसे एक चट्टान के नीचे दबा दिया। जूनो को हर्क्यूलीज की शक्ति और ख्याति से ईर्ष्या थी। उसने इस संघर्ष के दौरान, हर्क्यूलीज के पैर को काट खाने के लिए, एक केकड़ा (कर्क) भेजा। मगर

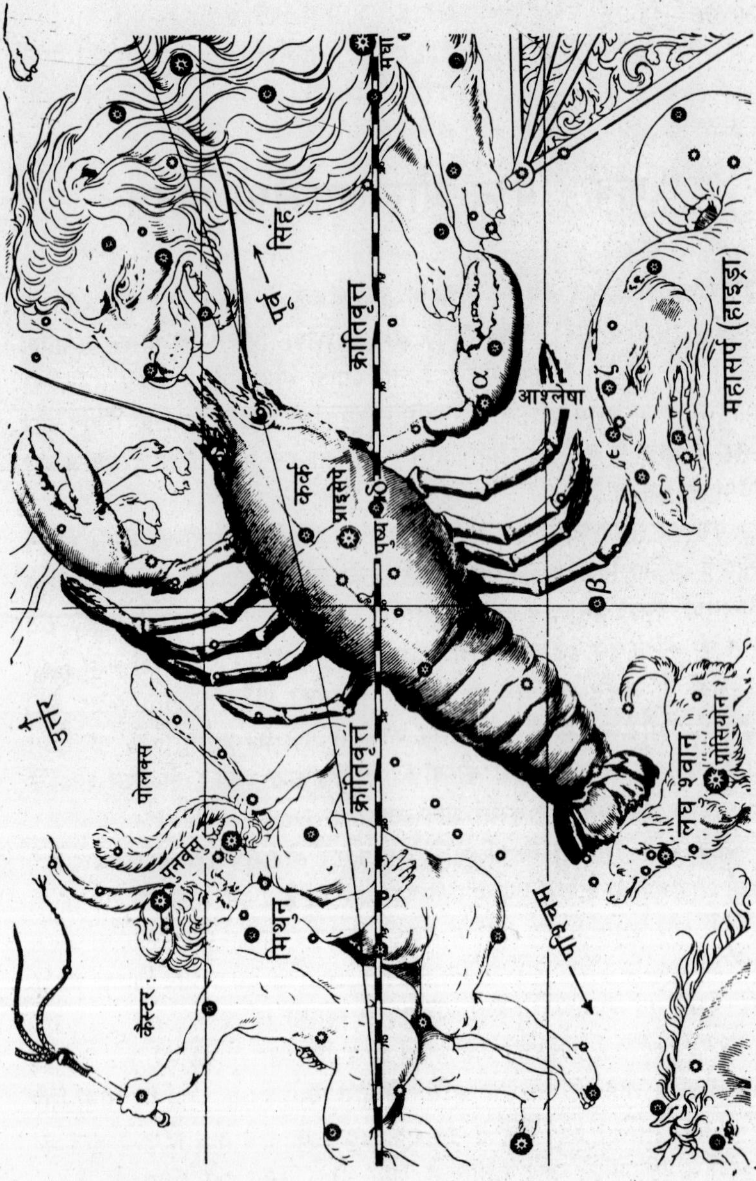
उत्तर
पोलक्स
कैस्टर
पुनर्वसु
मिथुन
क्रांतिवृत्त
कर्क
प्राइसेपे
पुष्य
δ
पूर्व
सिंह
मघा
क्रांतिवृत्त
α
आश्लेषा
β
महासर्प (हाइड्रा)
लघु श्वान
प्रोसियान
पश्चिम

हर्क्यूलीज ने सर्प और कर्क, दोनों को मार डाला। तब जूनो ने सर्प (हाइड्रा) और कर्क (कैंसर), दोनों को आकाश के नक्षत्रों में स्थापित कर दिया।

खल्दियावासियों और प्लेटोवादियों की मान्यता थी कि यह कर्क मंडल 'मानव द्वार' है। उनकी कल्पना थी कि स्वर्ग की आत्माएं इसी द्वार से होकर पृथ्वी पर पहुंचती हैं और नवजात शिशुओं के शरीर में प्रवेश करती हैं!

भारतीय परंपरा में कर्क के बारे में कोई प्राचीन आख्यान नहीं है, क्योंकि खल्दियाई-यूनानी मूल के इन राशिनामों को भारत में काफी बाद में अपनाया गया। मगर कर्क राशि के वैदिककालीन नक्षत्रों के नाम बड़े सुखद और सार्थक हैं। जैसा कि हम पहले बता चुके हैं, **पुनर्वसु** का अर्थ है, पुनः धनवान होना। **पुष्य** का अर्थ है, पुष। पुष्यगुप्त, पुष्यमित्र, पुष्यपुर आदि नामों में इस पुष्य शब्द का प्राचीन भारत में खूब उपयोग हुआ है। **ऋग्वेद** में पुष्य को **तिष्य** भी कहा गया है। **तिष्य** का अर्थ है, शुभ या मांगलिक। बौद्ध जातकों में 'तिस्स' काफी प्रचलित नाम है।

पुष्य नक्षत्र के आधार पर ही पौष या पूस का महीना अस्तित्व में आया था।

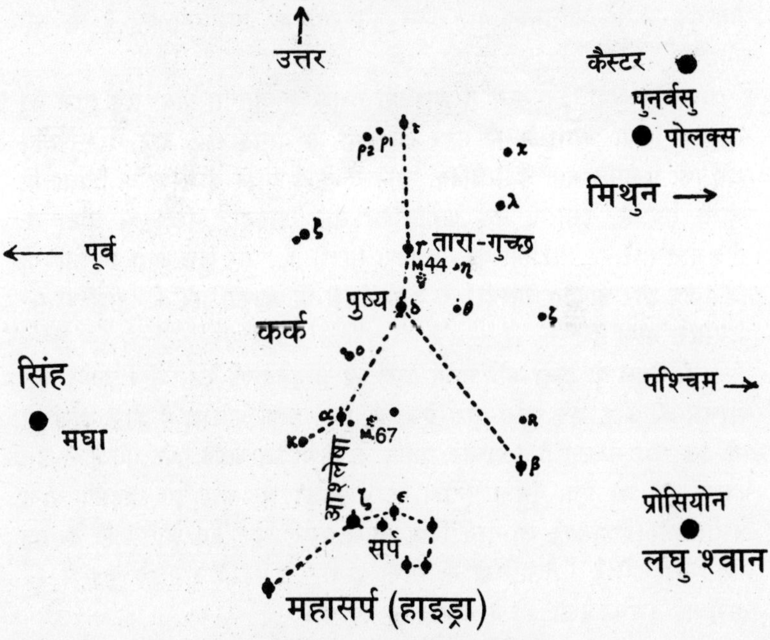

कर्क मंडल : पुष्य और आश्लेषा नक्षत्र.

स्त्रीलिंग और बहुवचन में प्रयुक्त **आश्लेषा** शब्द का अर्थ है, आलिंगनकर्त्री ।

ये सभी नक्षत्र-संज्ञाएं सार्थक हैं । महामहोपाध्याय डा. पांडुरंग वामन काणे अपने **धर्मशास्त्र का इतिहास** में लिखते हैं : ''पुनर्वसु का संभवतः यह नाम इसलिए पड़ा कि धान एवं जौ के अनाज, जो भूमि में पड़े थे, अब नए धान के रूप में अंकुरित हुए । पुष्य नाम इसलिए पड़ा कि नए अकुंर बढ़े और फलित-पोषित हुए । आश्रेषा या आश्लेषा नाम इसलिए पड़ा कि धान या जौ के पौधे इतने बढ़ गए कि वे एक-दूसरे का आलिंगन करने लगे ।''[1] डा. काणे आगे लिखते हैं : ''पाणिनि के समय में पुष्य नक्षत्र शुभ माना जाता था, उसे उन्होंने **सिद्ध्य** नाम से पुकारा है । किंतु इन प्रारंभिक युगों में कोई ऐसे नियम नहीं बन पाए थे जिनसे ग्रहों का किसी नक्षत्र में प्रभाव जाना जा सके और न कुंडलियां ही बनती थीं, जिनमें ग्रहों, नक्षत्रों एवं राशियों के घर आदि बने हों ।''[2]

कर्क राशि के नक्षत्र मंदकांति के हैं, इसलिए इन्हें स्वच्छ और चांदनीरहित आकाश में ही आसानी से पहचाना जा सकता है । पुनर्वसु नक्षत्र (मिथुन मंडल) का परिचय हम दे चुके हैं । स्थितिचित्र में कर्क मंडल के **डेल्टा, गामा** और **थीटा** तारे पुष्य नक्षत्र के द्योतक माने जाते हैं । इनमें **डेल्टा** तारा पुष्य नक्षत्र का योगतारा है ।[3] कांतिमान 4.3 वाले इस तारे की विशेषता यह है कि यह क्रांतिवृत्त पर स्थित है ।

भारतीय ज्योतिष-परंपरा में **आश्लेषा** नक्षत्र के अंतर्गत प्रायः छह तारों का समावेश किया जाता है ।[4] मगर आश्लेषा के योगतारे के बारे में भारतीय ज्योतिषी एकमत नहीं हैं । वैदिक साहित्य के अनुसार आश्लेषा के देवता या स्वामी सर्प हैं, इसलिए कई खगोलविद सर्प (हाइड्रा) मंडल के **जीटा** या **इप्सिलोन** तारे को आश्लेषा का योगतारा मानते हैं, मगर कुछ अन्य ज्योतिषियों (केतकर और बापूदेव शास्त्री) ने कर्क मंडल के **अल्फा** तारे को आश्लेषा का योगतारा माना है ।

कर्क मंडल के **डेल्टा** और **गामा** तारों को जोड़नेवाली रेखा के बीच में, कुछ पश्चिम की ओर, एक खुला तारा-गुच्छ है, जिसे साफ आकाश में कोरी आंखों से भी देखा जा सकता है । प्राचीन यूनान के हिप्पार्कस आदि ज्योतिषियों ने इस प्रकाश-पुंज को एक नेबुला (नीहारिका) समझा था और इसे **प्राइसेपे** यानी छत्ताधानी (बीहाइव) का नाम दिया था । मगर आज हम जानते हैं कि यह नीहारिका नहीं है । गैलीलियो ने अपनी दूरबीन से पहली बार इस पुंज में 36 तारों का जमघट देखा, तो वे चकित रह गए थे ।

आज हम जानते हैं कि यह प्रकाश-पुंज वस्तुतः तीन-चार सौ तारों का,

कृत्तिकाओं की तरह का, एक खुला तारा-गुच्छ है, जिसे आधुनिक खगोल-विज्ञान में **एम 44** के नाम से जाना जाता है। इसके अधिकांश तारे अतितप्त श्वेत-दानव हैं और कुछ तारे हमारे सूर्य-जैसे भी हैं। यह तारा-गुच्छ हमसे करीब 500 प्रकाश-वर्ष दूर है।

कर्क मंडल के अल्फा तारे के पास एक और खुला तारा-गुच्छ (**एम** 67) है, जो हमसे करीब 2700 प्रकाश-वर्ष दूर है। कर्क मंडल का एक और अद्भुत नजारा है, मंदकांति **जीटा** तारा। दूरबीन से देखने पर स्पष्ट होता है कि यह तारा वस्तुतः पांच तारों की एक संयुक्त योजना है!

अंटार्कटिका के आकाश का अनोखा नजारा

कल्पना कीजिए कि आप भारत के अंटार्कटिका अभियान-दल के सदस्य हैं और गोवा से दक्षिण-गंगोत्री तक की समुद्र-यात्रा करते हैं। जैसे-जैसे आप दक्षिण की ओर आगे बढ़ेंगे, वैसे-वैसे आकाश का नजारा बदलता जाएगा। आपके सामने एक अपरिचित आकाश का उद्‌घाटन होगा। आकाश में नए तारे नजर आएंगे। मृग, कन्या, सिंह, वृश्चिक आदि परिचित मंडल आपको उलटे नजर आएंगे, दाएं से बाएं जाते हुए दिखाई देंगे। दक्षिण-गंगोत्री या मैत्री केंद्र में पूरे सालभर निवास करने पर भी सप्तर्षि, शर्मिष्ठा तथा उत्तरी खगोल के कई अन्य मंडल आपको आकाश में दिखाई नहीं देंगे!

प्राचीन काल के ज्योतिषियों को दक्षिणी खगोल के अधिकांश तारों की जानकारी नहीं थी। उत्तरी यूरोप और कनाडा के निवासी वृश्चिक, वैतरणी आदि कई मंडलों को पूरा-पूरा नहीं देख सकते। उसी प्रकार, आस्ट्रेलिया, दक्षिण अफ्रीका और दक्षिण अमरीका के निवासी सप्तर्षि, शर्मिष्ठा आदि उत्तरी मंडलों को नहीं देख सकते।

संसार की सभी प्राचीन सभ्यताओं का विकास उत्तरी गोलार्ध में हुआ है, इसलिए प्राचीन काल के ज्योतिषियों को दक्षिणी खगोल के अधिकांश तारों की जानकारी नहीं थी।

पंद्रहवीं सदी के उत्तरार्ध से यूरोप के साहसी नाविक नए देशों की खोज में दक्षिणी गोलार्ध के सागरों में पहुंचने लगे, तभी से दक्षिणी खगोल के तारों के बारे में जानकारी मिलने लगी। खगोलविद भी पीछे नहीं रहे। न्यूटन के तरुण मित्र **एडमंड हेली** (1656-1742 ई.) ने ऑक्सफोर्ड में अपनी पढ़ाई छोड़ दी, अपने धनी पिता से इजाजत ली और पहुंच गए सेंट हेलेना द्वीप (अफ्रीका के पश्चिम में करीब 16 दक्षिणी अक्षांश पर)। बाद में सेंट हेलेना में निर्वासित

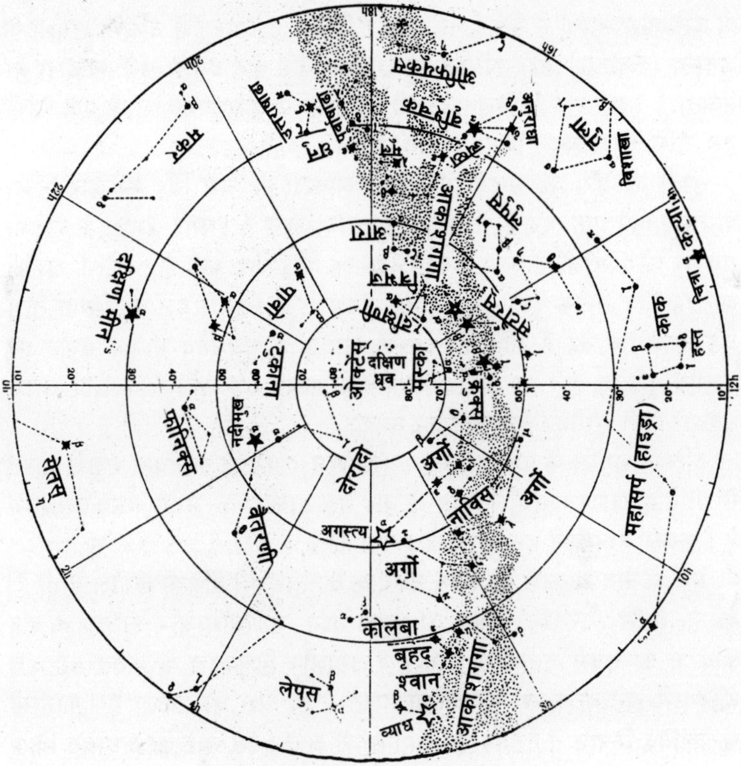

दक्षिणी खगोल के तारा-मंडल.

नेपोलियन के जीवन से भी अधिक सूनेपन का जीवन गुजारकर हेली ने वहां 18 महीनों तक दक्षिणी खगोल के तारों का अध्ययन किया और 341 तारों की स्थिति-सारणी तैयार करके वापस लौटे।

सिकंदरिया के प्रख्यात ज्योतिषी **तालेमी** (ईसा की दूसरी सदी) ने करीब 40 तारा-मंडलों की जानकारी दी थी। अब समूचे खगोल को 88 तारा-मंडलों में विभक्त करके इनकी सीमाएं निर्धारित कर दी गई हैं। इनमें से अनेक मंडल दक्षिणी खगोल में आधुनिक काल में निर्धारित किए गए और इन्हें मनमाने नए नाम दिए गए। उदाहरण के लिए, दक्षिणी खगोल के अध्येता फ्रांसीसी खगोलविद **लकाइल** ने 1752 ई. में तारा-मंडलों के अपने एटलस में दक्षिणी खगोल के 14 नए मंडलों का समावेश किया।[5]

दक्षिणी खगोल ऐसे कई दिलचस्प नजारे प्रस्तुत करता है जिन्हें उत्तरी गोलार्ध

के अधिकांश स्थानों से देख पाना संभव नहीं है । हां, भारत से दक्षिणी खगोल के **अगस्त्य** (कैनोपस) और **नदीमुख** (आखरनार) जैसे कुछ प्रमुख तारों को देखा जा सकता है । कावलूर (तमिलनाडु) की वेधशाला से दक्षिणी खगोल के एक काफी बड़े हिस्से का अध्ययन किया जा सकता है ।

पृथ्वी की धुरी का उत्तरी सिरा आज आकाश के जिस बिंदु की ओर निर्देश करता है वहां एक तारा है, जिसे हम ध्रुवतारा कहते हैं । मगर खगोल के दक्षिणी ध्रुव पर कोरी आंखों से स्पष्ट दिखाई देनेवाला कोई तारा नहीं है । दक्षिणी खगोल का ध्रुव-बिंदु **अष्टक** (ओक्टेंस) नामक मंडल में है । इस मंडल का **सिग्मा** तारा छठे कांतिमान का है और यह दक्षिणी खगोल के ध्रुव-बिंदु से 54 सेकंड की कोणीय दूरी पर है । मगर मंदकांति होने के कारण यह नाविकों के लिए उत्तरी ध्रुवतारे जैसी भूमिका अदा नहीं कर सकता ।

दक्षिणी खगोल के प्रसिद्ध अगस्त्य (कैनोपस) तारे को आजकल उत्तरी भारत से भी देखा जा सकता है । व्याध के बाद यह आकाश का सबसे चमकीला तारा है । इसकी जानकारी हम अगले लेख में दे रहे हैं ।

सूर्य के बाद आकाश का सबसे नजदीक का तारा भी दक्षिणी खगोल में ही है। यह है, **सेंटौर** (नरतुरंग) मंडल का **अल्फा** तारा, जो व्याध और अगस्त्य के बाद आकाश का सबसे चमकीला तारा है । खगोलीय विषुववृत्त के करीब 60 अंश दक्षिण में होने के कारण इसे दक्षिण भारत से ही देखा जा सकता है । फ्रांसीसी खगोलविद **रिचाउ** ने 1689 ई. में पांडिचेरी आकर इस तारे का अध्ययन किया था और पहली बार पता लगाया था कि यह अल्फा-सेंटौरी तारा वस्तुतः एक जुड़वां तारा है ।[6]

इंग्लैंड के खगोलविद **हेंडरसन** ने आशा-अंतरीप जाकर पहली बार 1839 ई. में पता लगाया था कि यह **अल्फा-सेंटौरी** तारा हमसे करीब साढ़े-चार प्रकाश-वर्ष दूर है । तुलना में सूर्य हमसे सिर्फ साढ़े-आठ प्रकाश-मिनट (करीब 15 करोड़ कि. मी.) दूर है । सूर्य हमसे जितनी दूर है, उससे अल्फा-सेंटौरी 2,75,000 गुना अधिक दूर है । 1916 ई. में अल्फा-सेंटौरी का एक और नन्हा साथी-तारा खोजा गया । यह हमसे कुछ अधिक नजदीक है, आकाश के सभी तारों में सबसे नजदीक है, इसलिए इसे **प्रोक्सिमा-सेंटौरी** का नाम दिया गया । करीब 4.3 प्रकाश-वर्ष दूर के इस प्रोक्सिमा (सबसे नजदीक के) तारे के दर्शन के लिए खगोलविद बड़े लालायित रहते हैं ।

उसी प्रकार, दक्षिणी खगोल के दो **मेजल्लानी मेघों** के अध्ययन का भी खगोलविदों के लिए बड़ा महत्व है । 1519-22 ई. में पहली बार पृथ्वी-परिक्रमा

मेजल्लानी मेघ : नीचे बाईं ओर बड़ा और दाईं ओर छोटा.
ऊपर दाईं ओर चमकीला नदीमुख (आख़रनार) तारा.

करनेवाले नाविक फर्डिनांड मेजल्लान के सहयात्री और जीवनी-लेखक पिगाफेट्टा ने दक्षिणी खगोल के इन धुंधले प्रकाश-पुंजों के बारे में जानकारी दी थी, इसलिए इन्हें मेजल्लानी मेघों के नाम से जाना जाता है। इनमें एक **बड़ा मेजल्लानी मेघ** कहलाता है और दूसरा **छोटा मेजल्लानी मेघ**। दोनों मेघों को कोरी आंखों से पहचाना जा सकता है।

मगर ये पुंज गैसीय मेघ या नीहारिकाएं नहीं हैं। ये हमारी आकाशगंगा के बाहर की सबसे नजदीक की दो छोटी मंदाकिनियां हैं। पहली बार 1912 ई. में इनके तारों की दूरियां मालूम करना संभव हुआ। बड़ा मेजल्लानी मेघ दक्षिणी खगोल के **दोरादो** मंडल में है और हमसे करीब 1,25,000 प्रकाश-वर्ष दूर है। छोटा मेजल्लानी मेघ भी लगभग उतनी ही दूर है और इसे **टुकाना** मंडल में देखा जा सकता है। बड़े मेघ में करीब डेढ़ अरब तारे और छोटे मेघ में करीब एक अरब तारे हैं। सन् 1987 में बड़े मेजल्लानी मेघ के एक तारे में सुपरनोवा विस्फोट देखा गया था।

कुछ खगोलविदों का मत है कि ये मेजल्लानी मेघ वस्तुतः हमारी आकाशगंगा से टूटकर अलग हुई दो नन्ही उप-मंदाकिनियां हैं। जो भी हो, इनके तारों के अध्ययन का खगोलविदों के लिए बड़ा महत्व है। आकाशगंगा के बाहर की इन दो मेजल्लानी मंदाकिनियों और देवयानी मंदाकिनी को ही हम कोरी आंखों से देख सकते हैं।

दक्षिणी खगोल में और भी कई दिलचस्प नजारे हैं। उदाहरणार्थ, आकाश की सबसे बड़ी नीहारिका दक्षिणी खगोल के **दोरादो** मंडल में है और इस नीहारिका से घिरा हुआ एक तारा (एस-दोरादुस) आकाश का सबसे अधिक दीप्ति (सूर्य से दस लाख गुना) वाला तारा है!

दक्षिणी खगोल का देदीप्यमान अगस्त्य नक्षत्र

व्याध हमारे आकाश का सबसे चमकीला नक्षत्र है । व्याध के लगभग 35 अंश दक्षिण में आकाश का दूसरा सबसे चमकीला नक्षत्र **अगस्त्य** है । दक्षिणी खगोल का यह देदीप्यमान नक्षत्र खगोल के विषुववृत्त से करीब 53 अंश दक्षिण में है, इसलिए इसे 37 उत्तरी अक्षांश के ऊपर के स्थानों से नहीं देखा जा सकता। मगर मार्च महीने में लगभग समूचे भारत से अगस्त्य नक्षत्र को दक्षिणी क्षितिज के ऊपर सबसे चमकीले तारे के रूप में आसानी से पहचाना जा सकता है । प्राचीन भारतीय परंपरा में इस अगस्त्य तारे का बड़ा महत्त्व रहा है ।

अगस्त्य का पाश्चात्य नाम **कैनोपस** है और दक्षिणी खगोल के जिस मंडल में यह नक्षत्र स्थित है उसका पुराना पाश्चात्य नाम **अर्गो नाविस** है । यूनानी आख्यान के अनुसार, अर्गो 50 डांडोंवाली एक नौका थी । स्वर्णिम ऊन (गोल्डन फ्लीस) प्राप्त करने के लिए 50 साहसी खेवैयों ने इस नौका में यात्रा की थी । अभियान की समाप्ति के बाद इस नौका (अर्गो नाविस) को आकाश में स्थापित कर दिया गया ।

आकाशस्थ नौका (दैवी नाव) का उल्लेख **ऋग्वेद** में भी आया है ।[7] **अथर्ववेद** में इसे सुवर्ण नौका कहा गया है (**हिरण्मयी नौचरद्धिरण्यबंधना दिवि**) । शंकर बालकृष्ण दीक्षित का मत है कि यह वेदोक्त नौ ही संभवतः यूनानी नाविस (नौका) है ।[8]

अगस्त्य ऋषि के बारे में कई आख्यान प्रसिद्ध हैं । एक आख्यान यह है कि अगस्त्य ऋषि उस **अर्घा** नामक नौका के खेवैया थे जिसमें प्रलय के समय सूर्य देवता ने यात्रा की थी । कुछ विद्वानों का मत है कि यूनानी **अर्गो** और संस्कृत **अर्घा** या **अर्घ** मूलतः एक ही शब्द हैं ।

अगस्त्य नक्षत्र के बारे में प्राचीन संस्कृत साहित्य में एक उल्लेख यह है कि

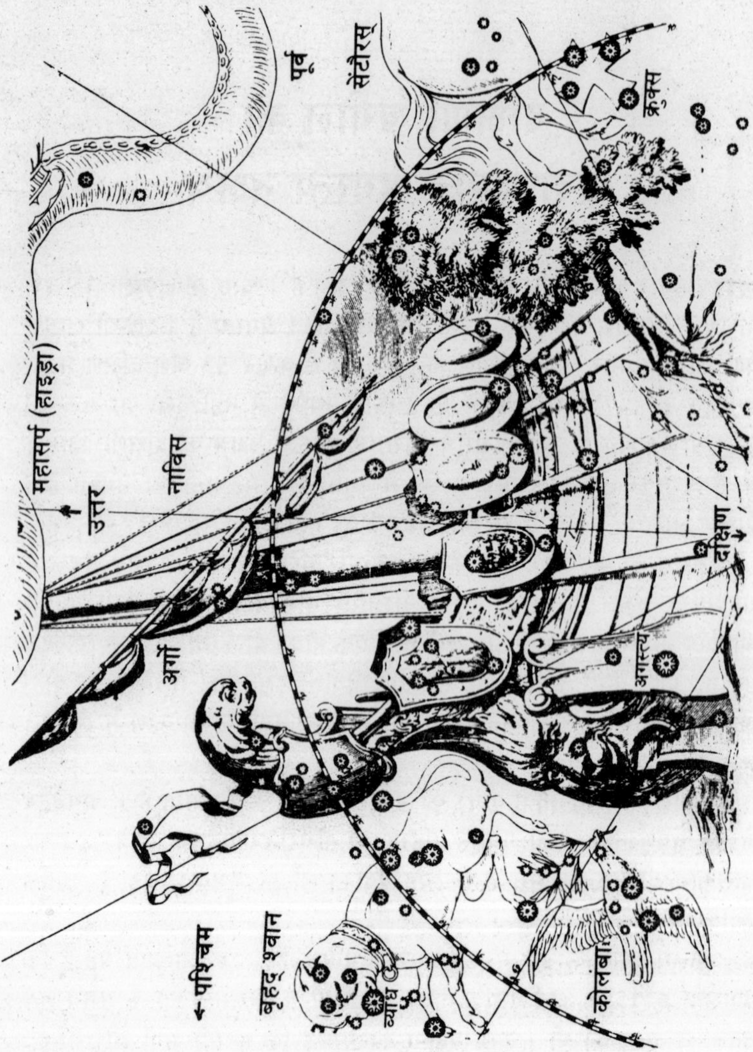
पूर्व
सेंटौरस्
क्रुक्स
महासर्प (हाइड्रा)
नाविस
उत्तर
दक्षिण
अर्गो
अगस्त्य
पश्चिम
बृहद् श्वान
व्याध
कोलंबा

ऋषि अगस्त्य :
चिदंबरम् के नटराज मंदिर के गोपुरम् से (लगभग 13वीं सदी).

जब इसका उदय सूर्य के साथ होता है, तब वर्षा ऋतु का अंत होकर शरद ऋतु का आरंभ होता है। इसी के आधार पर अगस्त्य ऋषि की जल-शोषक शक्ति की कथा चल पड़ी होगी। अगस्त्य नक्षत्र दक्षिणी समुद्र की ओर होने से या अगस्त्य ऋषि द्वारा दक्षिणी सागर की यात्रा किए जाने के कारण इनके बारे मे समुद्र-शोषण की कथा चल पड़ी होगी। तुलसीदास ने भी किष्किंधाकांड में लिखा है : **बरषा बिगत सरद रितु आई···।। उदित अगस्ति पंथ जल सोषा। जिमि लोभहि सोषइ संतोषा।।** प्रसिद्ध है कि विंध्य पर्वत ने झुककर अगस्त्य ऋषि के लिए दक्षिणापथ का रास्ता खोल दिया था और फिर वे कभी वापस नहीं लौटे। अगस्त्य ऋषि की मूर्तियां न केवल दक्षिण भारत में, अपितु श्रीलंका और जावा तथा सुमात्रा में भी मिली हैं।

अगस्त्य नक्षत्र को प्राचीन मिस्र में **काहिनूब** (सुनहली धरती) कहा जाता था

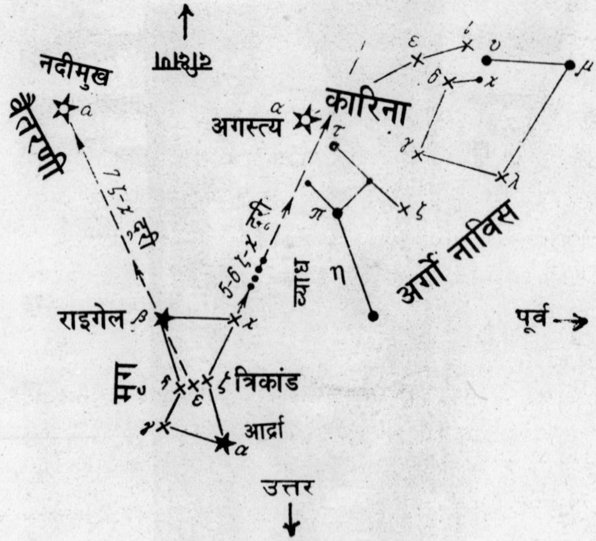

अर्गो नाविस मंडल : अगस्त्य नक्षत्र.

और वहां इसकी पूजा की जाती थी। यूनानी इसे **कैनोबस** कहते थे, जो अरबी में अनूदित होकर आज का **कैनोपस** बना। वैसे, अरबी में इस तारे का प्रचलित नाम **सुहेल** था, जिसे बाद में यूरोप में भी अपनाया गया था। प्राचीन चीन में यह अगस्त्य नक्षत्र **लाओउ जिन** (वृद्ध आदमी) कहलाता था और इसकी पूजा होती थी।

अगस्त्य नक्षत्र जिस अर्गो नाविस मंडल में है वह काफी विस्तृत है, इसलिए आधुनिक काल में इस आकाशस्थ नौका को चार मंडलों में बांटा गया है — **कारिना** (नौतल), **पप्पिस** (नाव का पिच्छल), **वेला** (पाल) और **पाइक्सिस** (नाविक का कुतुबनुमा)। अगस्त्य नक्षत्र कारिना मंडल में है, इसलिए इसे **अल्फा-कारिनी** के नाम से भी जाना जाता है।

व्याध से उत्तर की ओर जितनी दूरी पर आर्द्रा या प्रोसियान के तारे हैं, उससे कुछ अधिक दूरी पर, दक्षिण की ओर, अगस्त्य तारा है। आजकल रात के करीब आठ बजे व्याध के दक्षिण में, क्षितिज के ऊपर, इस चमकीले नक्षत्र को आसानी से पहचाना जा सकता है। दक्षिणी सागरों की यात्रा करनेवाले नाविकों के लिए, और अब अंतरिक्षयात्रियों के लिए, अगस्त्य (कैनोपस) तारे की पहचान परमावश्यक है।

अगस्त्य –0.9 कांतिमान का तारा है, यानी रोहिणी-जैसे प्रथम कांतिमान के तारे से पांच-छह गुना अधिक चमकीला तारा । अगस्त्य हमसे करीब 180 प्रकाश-वर्ष दूर है । पीले रंग के इस विशाल तारे का सतह-तापमान 7600 डिग्री सेल्सियस है । इसका व्यास सूर्य के व्यास से 85 गुना अधिक है । इसकी दीप्ति सूर्य की दीप्ति से 1900 गुना अधिक है ।

ऐतिहासिक दृष्टि से अगस्त्य नक्षत्र का तो महत्व है ही, मगर आधुनिक खगोल-विज्ञान की दृष्टि से अधिक महत्व का है कारिना (अर्गो नाविस) मंडल का **इटा** तारा । यह एक **अनियमित चरकांति** तारा है । बेबीलोनी कीलाक्षर लेखों में भी इस तारे का उल्लेख है । प्राचीन चीन में इस तारे को 'स्वर्ग की वेदी' कहा गया था ।

हेली के समय (1677 ई. में) यह **इटा-कारिनी** तारा चतुर्थ कांतिमान का था । मगर जोन हर्शेल ने 1838 ई. में इसे प्रथम कांतिमान से भी अधिक चमकीला देखा था । उसके बाद इसकी कांति पुनः घटी और पुनः बढ़ी । अपनी महत्तम कांति में यह अगस्त्य की तरह चमकीला बन गया । उसके बाद इसकी कांति पुनः घटी और यह आंखों से ओझल हो गया । 1886 ई. से पुनः इसकी कांति बढ़ती गई । अब यह करीब पांचवें कांतिमान का तारा है । आधुनिक खगोल-विज्ञान में ऐसे अनियमित चरकांति तारे के अन्वेषण का बड़ा महत्व है ।

कारिना मंडल में दो चमकीले खुले तारा-गुच्छ भी हैं । इनमें से प्रथम में 160 तारे और दूसरे में 130 तारे हैं । दोनों ही तारा-गुच्छ हमसे करीब 1300 प्रकाश-वर्ष दूर हैं ।

यूरोप के देशों से दक्षिणी खगोल के अध्ययन में भले ही कठिनाइयां हो, मगर हमारे देश की कावलूर (तमिलनाडु) की वेधशाला से दक्षिणी खगोल के काफी बड़े हिस्से का अध्ययन किया जा सकता है ।

महाब्रह्मांड में अरबों द्वीपविश्व

आकाश में दिखाई देनेवाले सभी तारे हमारी आकाशगंगा-मंदाकिनी के सदस्य हैं। लगभग पहिए के आकार-प्रकार की यह विशाल योजना एक लाख प्रकाश-वर्ष विस्तृत है और इसमें 100 अरब से भी ज्यादा तारे हैं।

लेकिन आकाशगंगा के बाहर क्या है? ब्रह्मांड कितना बड़ा है?

इन सवालों के सही उत्तर प्राप्त करना वर्तमान सदी में ही संभव हुआ है। सन् 1900 ई. तक कोई नहीं जानता था कि आकाशगंगा के बाहर के ब्रह्मांड में क्या है। लेकिन 1924 ई. में सभी खगोलविदों को इसकी जानकारी मिल गई। आज हम जानते हैं कि हमारी आकाशगंगा ब्रह्मांड की अकेली मंदाकिनी (गैलेक्सी) नहीं है। महाब्रह्मांड में ऐसे अरबों **द्वीपविश्व** हैं।

आकाश में तारों के अलावा कहीं-कहीं धुंधले प्रकाश-पुंज भी दिखाई देते हैं। जानकारी मिलती है कि सर्वप्रथम फारस के ज्योतिषी **अल-सूफी** (दसवीं सदी) ने देवयानी (एंड्रोमेडा) नक्षत्र-मंडल में ऐसा एक धुंधला प्रकाश-पुंज देखा था। प्रसिद्ध पुर्तगाली नाविक मेजल्लान ने भी सोलहवीं सदी में दक्षिणी खगोल में दो धुंधले प्रकाश-पुंज पहचाने थे। खगोल-विज्ञान में आज इन्हें छोटे और बड़े **मेजल्लानी मेघों** के नाम से जाना जाता है।

दूरबीन की खोज (1609 ई.) होने के बाद आकाश में नए-नए धुंधले प्रकाश-पुंजों की खोज होने लगी। इन्हें **नीहारिका** (नेबुला) का नाम दिया गया। सत्रहवीं सदी में मृग-मंडल में भी एक नीहारिका खोजी गई। फिर तारों से इन नीहारिकाओं को पृथक रूप में पहचानने के लिए इनकी सूचियां बनने लगीं। नीहारिकाओं की ऐसी एक सूची फ्रांस के खगोलविद **शार्ल मेसिए** ने 1784 ई. में तैयार की थी। उनकी सूची का आज भी उपयोग होता है। मेसिए की सूची के आधार पर देवयानी मंडल की नीहारिका को **एम 31** के नाम से और मृग-मंडल की नीहारिका को **एम** 42 के नाम से जाना जाता है। पिछली सदी के अंत तक आकाश में खोजी गई नीहारिकाओं की संख्या दस हजार से ऊपर पहुंच गई थी!

फिर भी 1920 ई. तक यकीन के साथ कोई भी खगोलविद नहीं जानता था कि ये नीहारिकाएं क्या हैं और हमसे कितनी दूर हैं । अमरीका के विल्सन पर्वत-शिखर पर 1917 ई. में 100-इंच व्यास की भव्य दूरबीन स्थापित होने के बाद ही इन नीहारिकाओं का स्वरूप स्पष्ट हुआ । खगोलविद **एडविन हब्बल** ने 1924 ई. में देवयानी नीहारिका **(एम 31)** की दूरी खोज निकाली । पता चला कि यह नीहारिका हमसे 7,50,000 प्रकाश-वर्ष दूर है ।

वस्तुतः हब्बल द्वारा खोजी गई देवयानी नीहारिका की यह दूरी सही नहीं थी । 1952 ई. में ही यह स्पष्ट हुआ कि देवयानी मंडल में दिखाई देनेवाला वह धुंधला प्रकाश-पुंज हमसे करीब 20,00,000 प्रकाश-वर्ष दूर है !

स्पष्ट हुआ कि देवयानी नीहारिका हमारी अकाशगंगा के सभी तारों से बहुत दूर है । मेजल्लानी मेघ भी हमारी आकाशगंगा के बाहर हैं । मगर जिन नीहारिकाओं की सूचियां बनाई गई थीं वे सभी आकाशगंगा के बाहर नहीं हैं । पता चला कि मृग-नीहारिका **(एम 42)** धूल और गैसों का एक विशाल मेघ है, और यह हमारी आकाशगंगा के भीतर ही है । आकाशगंगा में धूल और गैसों के ऐसे अनेक मेघ हैं । इन्हीं से नए तारों का जन्म होता है ।

अब खगोल-विज्ञान में **नीहारिका** (नेबुला) शब्द का प्रयोग धूल और गैसों के उन मेघों के लिए होता है जो हमारी आकाशगंगा के भीतर हैं । आकाशगंगा के बाहर अरबों तारों की जो विशाल योजनाएं हैं उनके लिए **मंदाकिनी** (गैलेक्सी) शब्द का प्रयोग होता है ।

करीब बीस लाख प्रकाश-वर्ष दूर की देवयानी मंदाकिनी हमारी आकाशगंगा के आकार-प्रकार की करीब 100 अरब तारों की एक विशाल योजना है, एक स्वतंत्र 'द्वीपविश्व' है । देवयानी मंदाकिनी के जिस धुंधले प्रकाश-पुंज को आज हम देखते हैं वह 20 लाख साल पहले अपने स्रोत-स्थान से निकला था । फिर भी यह एक काफी नजदीक की मंदाकिनी है । दोनों मेजल्लानी मेघ भी आकाशगंगा के परे की मंदाकिनियां हैं, मगर काफी छोटी । ये मेजल्लानी मेघ हमसे करीब 1,20,000 प्रकाश-वर्ष दूर हैं । इनमें से प्रत्येक में एक अरब से ज्यादा तारे हैं । सन् 1987 में इनमें से एक मेजल्लानी मेघ में एक **सुपरनोवा** विस्फोट देखा गया था ।

यह स्पष्ट हो जाने के बाद कि आकाशगंगा के बाहर देवयानी मंदाकिनी-जैसे स्वतंत्र द्वीपविश्वों का अस्तित्व है, पिछले करीब सात दशकों में महाब्रह्मांड में करोड़ों-अरबों मंदाकिनियों की खोज हुई है । आज खगोलविद करीब पंद्रह अरब प्रकाश-वर्ष दूर की मंदाकिनियों को पहचानने में समर्थ हैं । अर्थात्, पंद्रह अरब

विभिन्न आकार-प्रकार की मंदाकिनियां.

प्रकाश-वर्ष दूर की जिस मंदाकिनी के प्रकाश को आज हम धरती पर ग्रहण कर रहे हैं वह अपने स्रोत-स्थान से उस समय चला था जब अभी पृथ्वी और सूर्य का जन्म भी नहीं हुआ था !

महाब्रह्मांड की सभी मंदाकिनियां एक ही आकार-प्रकार की नहीं हैं । कई मंदाकिनियां हमारी आकाशगंगा की तरह सर्पिल आकार की हैं । कई अंडाकार हैं । कई अनियमित आकार की हैं, मेजल्लानी मेघों की तरह । यह भी पता चला है कि तारों की तरह मंदाकिनियां भी समूह बनाती हैं । हमारी आकाशगंगा एक ऐसे मंदाकिनी-समूह की सदस्या है जिसमें देवयानी और मेजल्लानी मेघों सहित करीब 20 मंदाकिनियां हैं । ब्रह्मांड में कुछ ऐसे भी समूह हैं जिनमें कई हजार मंदाकिनियां हैं !

आज खगोलविद महाब्रह्मांड में करीब 15 अरब प्रकाश-वर्ष दूर की मंदाकिनियों या **क्वासर** नामक तेजोमय पुंजों को पहचानने में समर्थ हैं । यह भी पता चला है कि अतिदूर की मंदाकिनियां हमसे निरंतर दूर भाग रही हैं ।

संदर्भ और टिप्पणियां

1. **धर्मशास्त्र का इतिहास**, चतुर्थ भाग, द्वितीय संस्करण, लखनऊ, 1984, पृ. 255.

2. वही, पृ. 262.

   पाणिनि ने पुष्य को सिद्ध्य भी कहा है। **अष्टाध्यायी** का सूत्र है — **पुष्यसिद्ध्यौ नक्षत्रे,** 3.1.116.

3. **तैत्तिरीय संहिता** में तिष्य (पुष्य) नक्षत्र का प्रयोग पुल्लिंग-एकवचन में हुआ है। **अथर्ववेद** के अनुसार भी पुष्य अकेला नक्षत्र है (**एकः पुष्यः**)।

4. **तैत्तिरीय संहिता** में आश्लेषा नक्षत्र का प्रयोग स्त्रीलिंग-बहुवचन में हुआ है। **अथर्ववेद** के अनुसार इस नक्षत्र में छह तारे हैं (**षड् आश्लेषा**)।

5. फ्रांसीसी खगोलविद निकोल लुई द लकाइल (1713-1762 ई.) फ्रांसीसी योम्योत्तर का मापन करने के लिए 1751 ई. में दक्षिण अफ्रीका गए थे। वहां उन्होंने करीब 10,000 तारों का अवलोकन किया और उनमें से 2000 तारों की एक सारणी प्रकाशित की, जो 'दक्षिणी आकाश की तारा-सारणी' के नाम से 1763 ई. में प्रकाशित हुई।

   लकाइल ने दक्षिणी आकाश में जिन 14 तारामंडलों का निर्धारण किया उनके नाम पुराणकथाओं पर आधारित नहीं हैं। वे मनमर्जी के नाम हैं; जैसे, टेलेस्कोपियम (टेलिस्कोप), माइक्रोस्कोपियम (माइक्रोस्कोप), पाइक्सिस (कंपास, कुतुबनुमा), पिक्टोर (चित्रकार), होरोलोजियम (घड़ी) आदि।

6. फ्रांसीसी खगोलविद फादर जे. रिचाउ (1633-1693 ई.) एक फ्रांसीसी मंडली के 'खगोलविद-सदस्य' बनकर स्याम (थाईलैंड) पहुंचे थे। वहां से 1687 ई. में वे पांडिचेरी आए और अपनी 12 फुट की दूरबीन से आकाश का अध्ययन आरंभ कर दिया। वहां रिचाउ ने दिसंबर 1689 का धूमकेतु देखा, 4 अप्रैल 1689 के चंद्र-ग्रहण की ठीक-ठीक भविष्यवाणी की, अल्फा-सेंटौरी तथा अल्फा-कुइस् तारों के जुड़वां होने की खोज की और मेजल्लानी मेघों (लघु मंदाकिनियों) का अध्ययन किया। उन्होंने माइलापुर के जेसुइट स्कूल में खगोल-विज्ञान भी पढ़ाया।

   भारत की धरती पर दूरबीन का इस्तेमाल करनेवाले रिचाउ संभवतः पहले खगोलविद थे।

7. *दैवीं नावं स्वचरित्रामनागसमस्रवन्तीमारूहेमा स्वस्तये।*

   ऋग्वेद, 10.63.10

   भावार्थ — कल्याणार्थ और देवत्वप्राप्त्यर्थ हम स्वर्गरूपी देवनौका में चढ़ते हैं।

8. **भारतीय ज्योतिष**, लखनऊ, 1963, पृ. 83.

अध्याय 5

अप्रैल माह

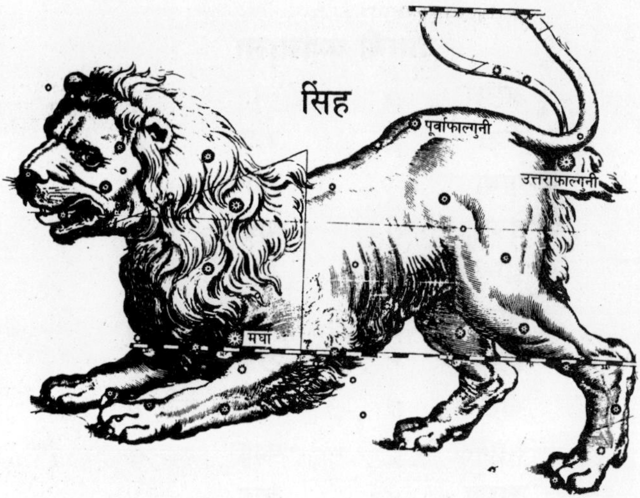

सिंह : मघा और फल्गुनी नक्षत्र

सप्तर्षि मंडल

जुड़वां तारों का अनोखा संसार

संदर्भ और टिप्पणियां

यूनानी वर्णमाला

अल्फा	α	न्यू	ν
बीटा	β	क्साइ	ξ
गामा	γ	ओमिक्रोन	o
डेल्टा	δ	पाइ	π
इप्सिलोन	ϵ	रो	ρ
जीटा	ζ	सिग्मा	σ
इटा	η	टाउ	τ
थीटा	θ	अप्साइलोन	υ
आयोटा	ι	फाइ	ϕ
काप्पा	κ	खाइ	χ
लांबडा	λ	प्साइ	ψ
म्यू	μ	ओमेगा	ω

सिंह : मघा और फल्गुनी नक्षत्र

राशिचक्र में कर्क की पूर्व दिशा में सिंह राशि के नक्षत्र हैं। सिंह राशि में **मघा** (पूर्ण), **पूर्वाफल्गुनी** (पूर्ण) और **उत्तराफल्गुनी** (एक-चौथाई) नक्षत्रों का समावेश होता है। सिंह के दक्षिण-पूर्व में कन्या राशि के हस्त और चित्रा नक्षत्र हैं। सिंह की उत्तर दिशा में, कुछ दूरी पर, सुपरिचित सप्तर्षि मंडल है।

सिंह राशि के तारे काफी स्पष्ट हैं, इसलिए आकाश में इन्हें आसानी से पहचाना जा सकता है। सिंह का सबसे चमकीला **मघा** नक्षत्र लगभग क्रांतिवृत्त (रविपथ) पर स्थित है। सप्तर्षि के तारों की सहायता से भी सिंह की स्थिति को जाना जा सकता है। सप्तर्षि के सामने के दो तारें—क्रतु (अल्फा) और पुलह (बीटा)—को जोड़नेवाली सीधी रेखा को उत्तर की ओर बढ़ाया जाए तो ध्रुवतारा मिलता है, और यदि दक्षिण की ओर बढ़ाया जाए तो वह सिंह के मध्य में पहुंचती है। आजकल रात के करीब नौ बजे सिंह राशि के तारे मध्याकाश में पहुंच जाते हैं।

अधिकतर प्राचीन सभ्यताओं में इस तारा-मंडल को सिंह के रूप में ही पहचाना गया था और इसका संबंध सूर्य से जोड़ा गया था। सूर्य जब सिंह राशि में पहुंचता है, तो खूब गरमी पड़ती है। इसलिए प्राचीन काल से ही सिंह राशि को आग और ताप का प्रतीक माना जाता रहा है। बेबीलोनवासियों ने भी इस तारा-मंडल को सिंह के रूप में ही पहचाना था और इसे **अरू** नाम दिया था। प्राचीन मिस्रवासी सिंह राशि के तारों की पूजा करते थे। यह भी कहा जाता है कि मिस्र के भव्य **स्फिंक्स** वस्तुतः आकाशस्थ सिंह के शरीर और समीप की कन्या के सिर का प्रतिनिधित्व करते हैं। प्राचीन फारस में सिंहपीठस्थ सूर्य को राजचिह्न के रूप में स्वीकार किया गया था।

यूनानी आख्यान के अनुसार, यह खूंखार सिंह नीमिया के जंगलों में रहता था। हर्क्यूलीज ने इसे मार डाला। बाद में ज्यूपिटर ने इसे आकाश में स्थान दिलाया।

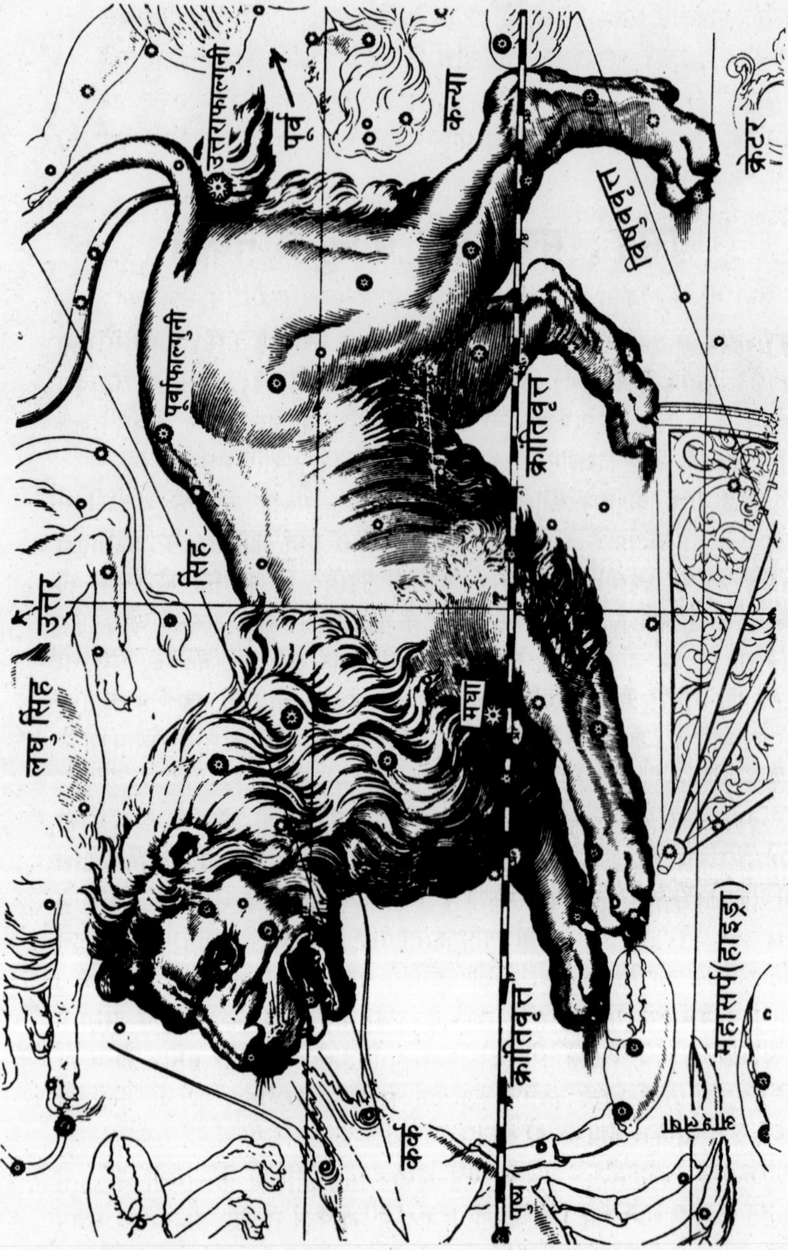
लघु सिंह
उत्तर
सिंह
पूर्वाफाल्गुनी
उत्तराफाल्गुनी
पूर्व
कन्या
क्रेटर
विषुववृत्त
क्रांतिवृत्त
मघा
क्रांतिवृत्त
महासर्प(हाइड्रा)
कर्क
पुष्य

प्राचीन भारत में सिंहाकृतियों को तो महत्व दिया गया (जैसे, सिंहशीर्षयुक्त अशोक-स्तंभ), मगर आकाशस्थ सिंह राशि के बारे में कहीं कोई आख्यान नहीं है। यूनानी में सिंह राशि के लिए प्रयुक्त **लियोन्** शब्द के अनुकरण पर वराहमिहिर ने संस्कृत में **लेय** शब्द गढ़ा था। मगर अंततः इस राशि के लिए सिंह शब्द ही रूढ़ हो गया।

वैदिक वाङ्मय में राशियों के नाम भले ही न हों, मगर नक्षत्रों के जो नाम हैं वे सार्थक हैं और उनके बारे में कुछ अनुश्रुतियां भी हैं। सिंह राशि के प्रमुख नक्षत्र **मघा** को ऋग्वेद में **अघा** भी कहा गया है।[1] मघा (स्त्रीलिंग, बहुवचन) शब्द का मूल रूप **मघ** है, जिसका अर्थ है—धन या धनदान (**मघमिति धननामधेयं महतेर्दानकर्मणः — निरुक्त, यास्क**)। अतः मघा नाम इसलिए पड़ा कि वैदिक काल में सूर्य जब इस नक्षत्र में पहुंचता था, तो धान और अन्य पौधों की फसल काटने के लिए तैयार हो जाती थी, यानी धन बन जाती थी। वस्तुतः धन या धनदातृत्व के अर्थ में **मघ** शब्द वैदिक भाषा में पहले से मौजूद रहा है।

बेबीलोन में मघा नक्षत्र को **शरू** (स्वर्ग का राजा) कहा जाता था। अनुकरण करते हुए तालेमी (लगभग 150 ई.) ने इस नक्षत्र को **बेसिलिस्कस्** (राजा) कहा। यूरोप में **रेगिया, रेक्स** आदि नाम भी प्रचलित रहे। अंततः कोपर्निकस (1473-1543 ई.) ने रेक्स के आधार पर **रेगुलस्** (राजा) शब्द बनाया, जो आज भी मघा नक्षत्र के लिए पाश्चात्य ज्योतिष में प्रयुक्त होता है। मघा नक्षत्र सिंह के लगभग हृदय-स्थान पर है, इसलिए रोमवासी इस तारे को **कोर-लेओनिस्** (सिंह-हृदय) कहते थे। अनुकरण करते हुए अरबवासियों ने भी इस नक्षत्र को **अल्-कल्ब अल्-असद** (सिंह का हृदय) नाम दिया था।

सिंह राशि का **मघा** (रेगुलस या अल्फा) तारा नीले-सफेद रंग का है। समूचे आकाश में सबसे चमकीले जो बीस तारे हैं उनमें मघा का स्थान बीसवां है। मघा 1.3 कांतिमान का तारा है और यह हमसे करीब 85 प्रकाश-वर्ष दूर है।

मघा एक काफी बड़ा तारा है। इसका व्यास सूर्य के व्यास से करीब तीन गुना अधिक है। सूर्य का सतह-तापमान करीब 6000 डिग्री से. है, तो मघा का सतह-तापमान 14,000 डिग्री से. है।

मघा वास्तव में एक युग्म अथवा जुड़वां तारा है। इसका साथी-तारा हमारे सूर्य की तरह का है। खगोलविदों ने इस जोड़ी का एक और साथी-तारा खोजा है। इस प्रकार, मघा और उसके दो साथी-तारे एक संयुक्त भौतिक योजना में एक-दूसरे के साथ आबद्ध हैं। सिंह राशि में और भी कुछ जुड़वां तारे हैं।

सिंह राशि के **उत्तराफल्गुनी** (या उत्तरफल्गुनी) नक्षत्र का पाश्चात्य नाम

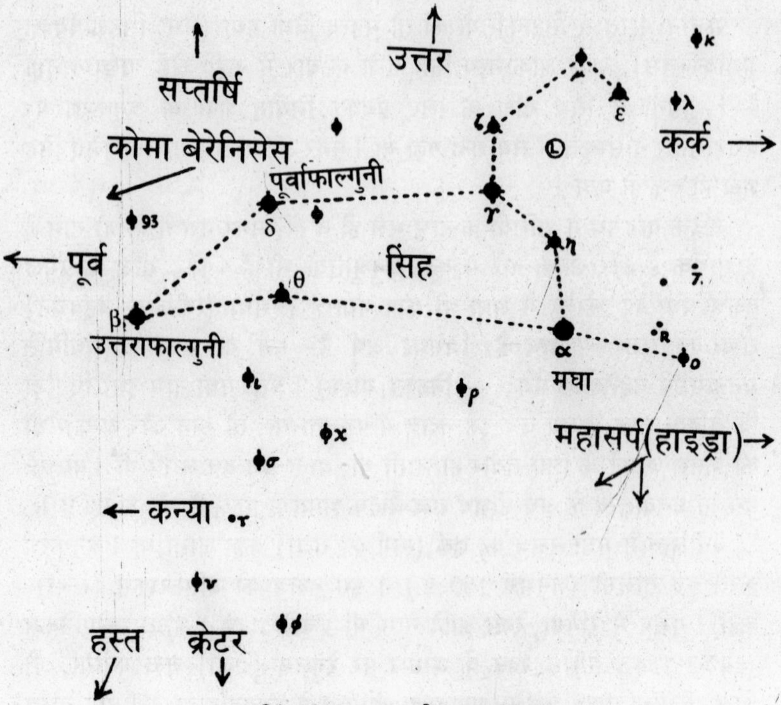

सिंह मंडल : मघा और फल्गुनी नक्षत्र.

देनेबोला या **देनब** (बीटा लिओनिस्) है । यह तारा सिंह की पूंछ में स्थित होने के कारण अरबवासी इसे **अल्-धनब अल्-असद** (सिंह की पूंछ) कहते थे । इसी अरबी नाम से देनब या देनेबोला शब्द बना है । उत्तराफल्गुनी द्वितीय कांतिमान का नक्षत्र है ।

सिंह राशि के **डेल्टा** तारे का भारतीय नाम **पूर्वाफल्गुनी** (या पूर्वफल्गुनी) है। पूर्व क्षितिज पर पहले उदित होनेवाले नक्षत्र को पूर्वाफल्गुनी और बाद में उदित होनेवाले नक्षत्र को उत्तराफल्गुनी नाम दिया गया । पूर्वाफल्गुनी नक्षत्र सिंह के पुट्ठे पर स्थित है । जैसा कि हम पहले बता चुके हैं, दो फल्गुनी (अर्जुनी) का उल्लेख ऋग्वेद में भी है ।

वस्तुत: सिंह राशि के तारों को दो भागों में बांटा जा सकता है । सिंह के पिछले हिस्से के तीन प्रमुख तारे (उत्तराफल्गुनी, पूर्वाफल्गुनी और थीटा) एक समकोण त्रिभुज बनाते हैं । यह समकोण **थीटा** तारे पर बनता है ।

सिंह के आगे के हिस्से के मघा (अल्फा) और पांच अन्य तारे (इटा, गामा, जीटा, म्यू और इप्सिलोन) एक हँसिये या दराँती-जैसी आकृति बनाते हैं । दराँती की आकृति के ये तारे सिंह के वक्ष, गर्दन और मुंह को दर्शाते हैं । सिंह की गर्दन पर स्थित करीब 2.5 कांतिमान का **गामा** तारा एक जुड़वां तारा है, और यह हमसे करीब 550 प्रकाश-वर्ष दूर है ।

सिंह राशि में कई मंदाकिनियां हैं, मगर उन्हें बड़ी दूरबीनों से ही देखा जा सकता है । वे मंदाकिनियां हमारी आकाशगंगा-मंदाकिनी से बहुत-बहुत दूर हैं । दूसरी तरफ, सिंह राशि के सभी तारे हमारी आकाशगंगा-मंदाकिनी के सदस्य हैं और वे भी हमसे समान दूरी पर नहीं हैं ।

खगोल-विज्ञान में सिंह राशि अपनी **उल्का-वृष्टि** के लिए विशेष रूप से प्रसिद्ध है । सिंह की गर्दन के पास **जीटा** अक्षरांकित एक तारा है । इस तारे के समीप के एक बिंदु से नवंबर के मध्य में उल्काओं की बौछार होती दिखाई देती है । हर 33 या 34 साल बाद यह उल्का-वृष्टि महत्तम होती है । पिछली बार सिंह राशि से महत्तम उल्का-वृष्टि 1965 ई. में हुई थी ।

मगर इस उल्का-वृष्टि का सिंह राशि के तारों से कोई संबंध नहीं है । एक धूमकेतु की विच्छिन्न पूंछ के द्रव्य-कण एक निश्चित कक्षा में सूर्य की परिक्रमा कर रहे हैं । पृथ्वी नवंबर महीने में जब उन द्रव्य-कणों की कक्षा से गुजरती है, तब आकाश (सिंह राशि) के एक स्थान से वायुमंडल में उल्काओं की बौछार होने का नजारा देखने को मिलता है ।

आकाश के इस काल्पनिक सिंह का दृश्य बड़ा स्पष्ट और आकर्षक है । रविपथ पर स्थित मघा को प्राचीन काल से ही धन और शक्ति प्रदान करनेवाला नक्षत्र माना जाता रहा है । मघा से माघ और फल्गुनी से फाल्गुन महीने अस्तित्व में आए हैं ।

सप्तर्षि मंडल

नक्षत्र-मंडलों में सबसे सुपरिचित सप्तर्षि मंडल है। गरमी के दिनों में उत्तरी आकाश में सप्तर्षि का नजारा बड़ा स्पष्ट और आकर्षक होता है। सप्तर्षि की सहायता से आकाश के अन्य कई मंडलों को सुगमता से पहचाना जा सकता है। इसलिए तारों का प्रारंभिक परिचय प्रायः सप्तर्षि से ही शुरू होता है।

संसार के लगभग सभी प्राचीन समाज सप्तर्षि मंडल से भलीभांति परिचित रहे हैं। सप्तर्षि के बारे में कई मजेदार अनुश्रुतियां हैं। आकाश का संभवतः यही अकेला मंडल है जिसके सबसे अधिक (करीब 20) तारों को स्वतंत्र नाम दिए गए। यह मंडल आधुनिक खगोल-विज्ञान के अन्वेषण के लिए भी अनेक आकर्षक नजारे प्रस्तुत करता है। इसलिए सप्तर्षि का अध्ययन ऐतिहासिक और वैज्ञानिक, दोनों दृष्टियों से महत्वपूर्ण है।

सप्तर्षि को पाश्चात्य ज्योतिष में **उरसा मेजर** या बड़ी भालू के तारे कहते हैं। आरंभिक वैदिक काल में सप्तर्षि के तारों को **ऋक्षा** कहते थे। **ऋग्वेद** में केवल एक स्थान पर **ऋक्ष** शब्द का प्रयोग हुआ है, और वहां इसका अर्थ है भालू या रीछ।[2] **ऋग्वेद** में अन्यत्र (1.24.10) **ऋक्ष** के बहुवचन **ऋक्षा** का उल्लेख है : **अमी य ऋक्षा निहितास उच्चा नक्तं ददृशे कुहचिद्दिवेयुः** (यह जो भालू रात के समय ऊंचे आकाश में दिखाई देते हैं वे दिन में कहां चले जाते हैं)। ऋक्षा शब्द के बारे में **शतपथ-ब्राह्मण** (2.1.2.4) का स्पष्टीकरण है : **सप्तर्षीनु ह स्म वै पुरर्क्षा इत्याचक्षते** (प्राचीनकाल में सप्तर्षियों को ऋक्षा कहते थे)। वैदिक 'ऋक्षा' और यूनानी 'उरसा' का मूल संभवतः एक ही रहा है।

मगर जो **ऋक्षा** थे वे **ऋषि** कैसे बन गए? जान पड़ता है कि ऋग्वैदिक काल में **ऋक्ष** शब्द का, रीछ के अलावा, एक और अर्थ था—'चमकीला' या 'तारा'। ब्राह्मण-ग्रंथों के काल तक ऋग्वेद के अनेक शब्दों के मूल अर्थ बदल गए थे। **ऋक्ष** के 'चमकीला' अर्थ को आधार बनाकर और ध्वनि-साम्य का सहारा लेकर इस शब्द को नया अर्थ दिया गया—ऋषि। **महाभारत** के समय तक उत्तराकाश

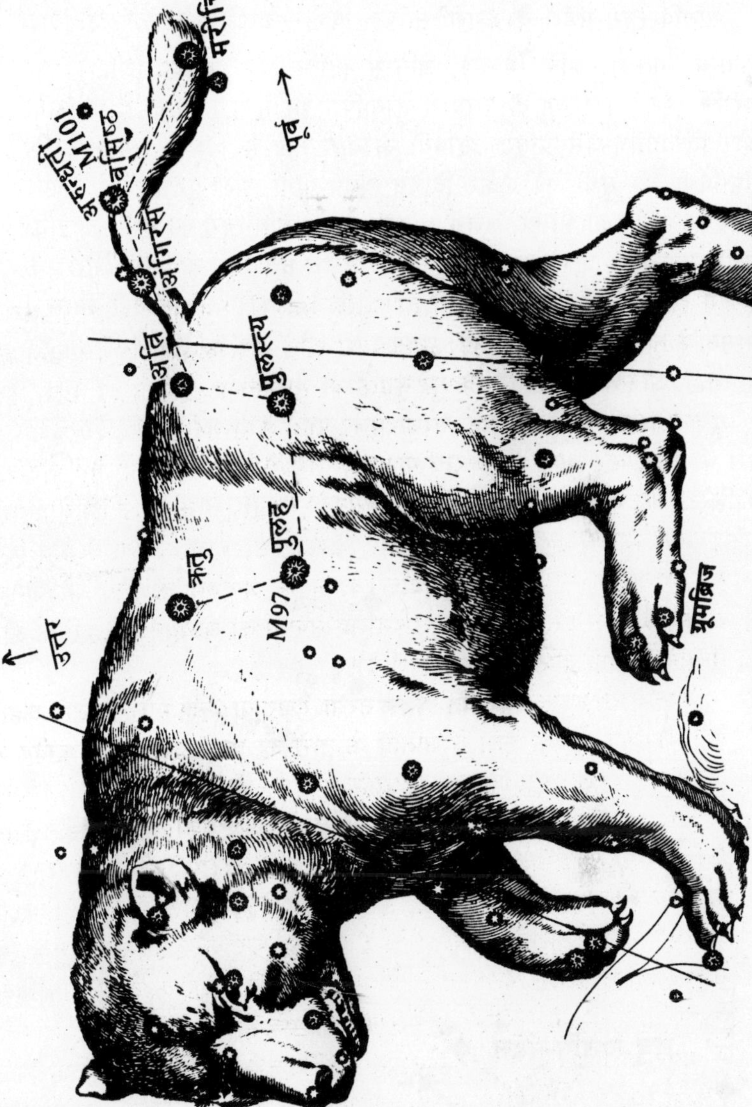

बड़ा भालू (सप्तर्षि).

के सात तारों के लिए 'सप्तर्षि' शब्द लगभग रूढ़ हो गया था।

सप्तर्षि तारा-मंडल के क्रमशः सात ऋषि हैं—**क्रतु** (अल्फा), **पुलह** (बीटा **पुलस्त्य** (गामा), **अत्रि** (डेल्टा), **अंगिरस्** (इप्सिलोन), **वसिष्ठ** (जीटा) और **मरीचि** (इटा)। पुराणों के समय में सुस्थापित इस सूची में भरद्वाज, जमदग्नि और विश्वामित्र-जैसे प्रसिद्ध ऋषियों के नाम नहीं हैं। अतः लगता है कि सप्तर्षियों की सूची को लेकर विविध ऋषि-गोत्रों वाले पुरोहितों में काफी दलबंदी चली। जो भी हो, उत्तरी आकाश के इन सात तारों को संसार के प्रायः सभी समाजों ने, ऋग्वैदिक समाज ने भी, उत्तरी ध्रुव-प्रदेश के प्राणी (रीछ) के रूप में ही पहचाना था, हालांकि ये तारे रीछ-जैसी कोई आकृति नहीं बनाते। सामने के चार तारे (क्रतु, पुलह, पुलस्त्य व अत्रि) एक समलंब-जैसी आकृति बनाते हैं, और शेष तीन तारे एक मुड़े हुए हैंडल-जैसी।

यूनानी आख्यान के अनुसार, **उरसा मेजर** पहले **कालिस्टा** नामक एक सुंदर परी थी। ज्यूपिटर उससे प्रेम करता था, पर ज्यूपिटर की पत्नी हेरा ने ईर्ष्यावश कालिस्टा को मादा भालू बना दिया। ज्यूपिटर ने उस भालू को आकाश में

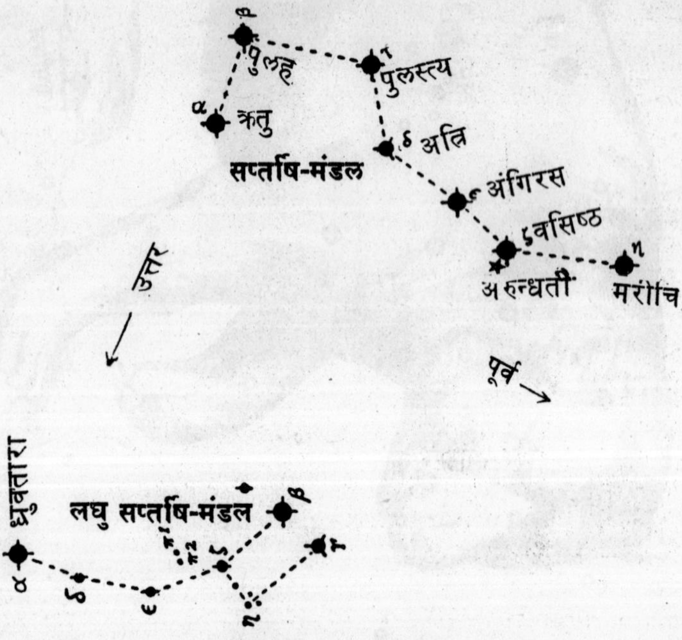

सप्तर्षि और लघु सप्तर्षि मंडल.

भेजकर एक सुंदर नक्षत्र-मंडल बना दिया। साथ ही, कालिस्टा के प्यारे कुत्ते को **उरसा माइनर** (लघु-सप्तर्षि) में बदल डाला।

सप्तर्षि के सामने के दो तारों — **क्रतु** (अल्फा) और **पुलह** (बीटा) — में 5 अंशों का अंतर है। क्रतु और पुलह को जोड़नेवाली रेखा को क्रतु की ओर, यानी उत्तर की ओर, आगे बढ़ाया जाए तो यह क्रतु से करीब 29 अंशों की दूरी पर ध्रुवतारे से जाकर मिलती है। ध्रुवतारा **लघु-सप्तर्षि मंडल** (उरसा माइनर) का सदस्य है। भारत से तो नहीं, मगर कनाडा और उत्तरी यूरेशिया के देशों से सप्तर्षि के तारे ध्रुवतारे का पूरा चक्कर लगाते हुए दिखाई देते हैं।

सप्तर्षि के पाश्चात्य नाम अरबी नामों पर आधारित हैं। **क्रतु** (अल्फा), जिसका अरबी पर आधारित पाश्चात्य नाम **दुभे** है, द्वितीय कांतिमान का एक जुड़वां तारा है। **पुलह** (बीटा) का नाम **मेराक** है और यह 2.5 कांतिमान का तारा है। पुलस्त्य (गामा) जिसका पाश्चात्य नाम **फक्द** है, 2.5 कांतिमान का है। सप्तर्षियों में सबसे मंदकांति (3.6) है **अत्रि** (डेल्टा), जिसका पाश्चात्य नाम **मेगरेज** है। **अंगिरस्** (इप्सिलोन, अलिओथ) लगभग द्वितीय कांतिमान का तारा है। **वसिष्ठ** (जीटा), जिसका पाश्चात्य नाम **मिजार** है, द्वितीय कांतिमान का एक जुड़वां तारा है। **मरीचि** (इटा) जिसका पाश्चात्य नाम **बेनतनाश** है, लगभग द्वितीय कांतिमान का चमकीला तारा है।

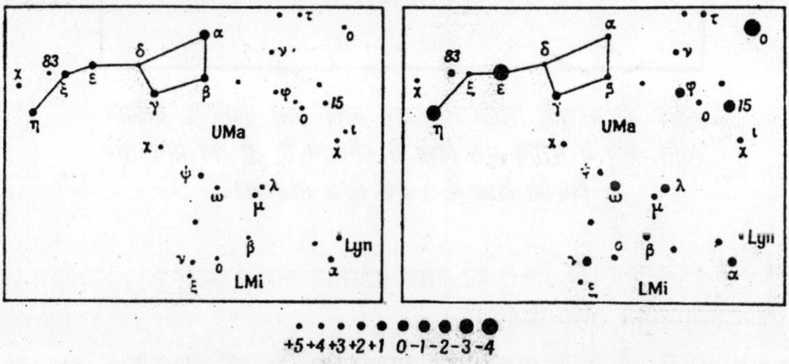

सप्तर्षि के तारों की दृश्य कांति (बाएं) और निरपेक्ष कांति (दाएं). नीचे बीच में तारा-कांतिमान का पैमाना.

धरातल से सप्तर्षि के तारे हमें समान दूरी पर दिखाई देते हैं, मगर ऐसा नहीं है। सबसे दूर के अंगिरस् सबसे नजदीक के मरीचि से चार गुना अधिक दूर हैं। सप्तर्षि के तारे भौतिक गुणधर्मों में भी एक-से नहीं हैं। क्रतु को छोड़कर शेष

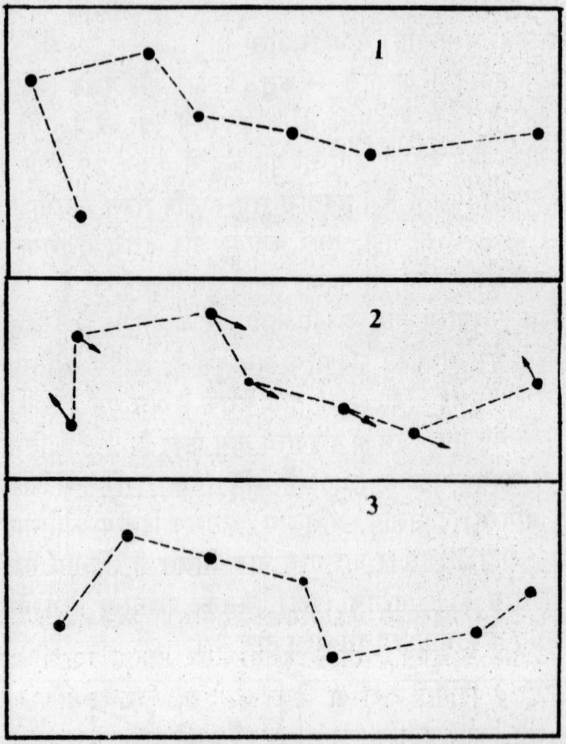

सप्तर्षि की बदलती स्थिति : 1. एक लाख साल पहले, 2. वर्तमान स्थिति—क्रतु व मरीचि एक दिशा में गतिमान हैं, तो शेष पांच तारे विपरीत दिशा में, 3. एक लाख साल बाद.

तारे तप्त श्वेत-दानव हैं। क्रतु का सतह-तापमान 5000 डिग्री है, तो मरीचिका सतह-तापमान 18,000 डिग्री !

सभी तारों की तरह सप्तर्षि भी आकाशगंगा में गतिशील हैं। क्रतु और मरीचि एक दिशा में गतिमान हैं, तो शेष पांच तारे विपरीत दिशा में । परिणामतः सप्तर्षियों की आकृति धीरे-धीरे निरंतर बदलती रही है । सप्तर्षि मंडल के **ग्रूमब्रिज** नामक तारे की निजगति तो बहुत ही ज्यादा है ।[3] यह तारा 98 किलोमीटर प्रति-सेकंड के वेग से हमारी ओर आ रहा है और अंतरिक्ष में इसका अपना वेग करीब 300 किलोमीटर प्रति-सेकंड है । इस वेग से यह तारा आगे के 12,000 वर्षों में सिंह राशि में पहुंच जाएगा ![4]

तात्पर्य यह कि, प्राचीन काल की यह मान्यता सही नहीं है कि आकाश के तारे अटल हैं। इसी प्रकार, तारों के बारे में और भी कई पुरातन मान्यताएं सच नहीं हैं। सप्तर्षि मंडल के **वसिष्ठ** (जीटा, मिजार) तारे को लीजिए। इसके समीप कोरी आंखों से एक मंदकांति तारे को देखा जा सकता है, जिसका भारतीय नाम **अरुंधती** (वसिष्ठ की पत्नी) और अरबी पर आधारित पाश्चात्य नाम **अलकौर** है। भारत में विवाह-संस्कार के बाद वर-वधू के जोड़े को वसिष्ठ-अरुंधती के जोड़े के दर्शन कराने की प्रथा रही है। यूरोप में अरुंधती तारे को पहचानने का मतलब था, अच्छी दृष्टि का प्रमाणपत्र प्राप्त करना!

मगर आकाश का यह वसिष्ठ-अरुंधती जोड़ा, नजदीक दिखाई देने पर भी एक-दूसरे से बहुत दूर है। पति-पत्नी के रूप में कल्पित इन दो तारों में 25,50,00,00,00,000 किलोमीटर अंतर है!

मजे की बात यह है कि, नई खोज के अनुसार दो अन्य तारे वसिष्ठ के, अरुंधती से भी, अधिक नजदीक हैं और उसकी परिक्रमा कर रहे हैं। इस प्रकार वसिष्ठ के परिवार में दो नहीं, चार सदस्य हैं!

दूरबीन से सप्तर्षि मंडल में कई नीहारिकाओं[5] और मंदाकिनियों[6] को देखा जा सकता है। इस मंडल की एक प्रसिद्ध नीहारिका, जिसे **एम 97** या **उलूक नीहारिका** के नाम से जाना जाता है, हमसे करीब 8000 प्रकाश-वर्ष दूर है। चमकीली गैसों से निर्मित उल्लू की शक्ल-जैसी यह विशाल नीहारिका, इतनी दूर होने पर भी, हमारी आकाशगंगा की ही सदस्या है।

मगर सप्तर्षि मंडल में बड़ी दूरबीनों से जो अनेक मंदाकिनियां दिखाई देती हैं वे आकाशगंगा की सीमा से बहुत-बहुत दूर की स्वतंत्र तारक-योजनाएं हैं। उदाहरण के लिए, वसिष्ठ के पास **एम 101** नामक जो मंदाकिनी है वह हमसे 80 लाख प्रकाश-वर्ष दूर है। उस मंदाकिनी के जिस प्रकाश को आज हम देख रहे हैं वह अपने स्रोत से तब चला था जब धरती पर मानव का नामो-निशान भी नहीं था!

तारों की तरह मंदाकिनियां भी समूह बनाती हैं। सप्तर्षि मंडल में तीन मंदाकिनी-समूह खोजे गए हैं। इनमें से करीब 300 मंदाकिनियों का एक बड़ा समूह 15,000 किलोमीटर प्रति-सेकंड के वेग से हमसे दूर भाग रहा है। विश्व का निरंतर विस्तार हो रहा है।

जुड़वां तारों का अनोखा संसार

बहुतों को पहली बार यह जानकर आश्चर्य होगा कि आकाश में जुड़वां तारों की संख्या बहुत ज्यादा है। खगोलविदों का अनुमान है कि आकाश का हर तीसरा या चौथा तारा वस्तुतः युग्म-तारा है। ऐसे कुछ युग्म-तारों को कोरी आंखों से भी पहचाना जा सकता है। पर हजारों युग्म-तारों को केवल दूरबीन से ही पृथक पहचाना जा सकता है। हजारों ऐसे भी युग्म-तारे हैं जिन्हें केवल वर्णक्रम-विश्लेषण से ही खोजा जा सकता है।

आकाश में कई तारे हमें एक-दूसरे के काफी नजदीक दिखाई देते हैं। मगर जरूरी नहीं कि वे जुड़वां तारे ही हों। संभव है कि उनमें एक तारा हमसे काफी नजदीक हो और दूसरा उससे सैकड़ों प्रकाश-वर्ष दूर हो। ऐसे तारे धरती से देखने पर ही एक-दूसरे के निकट नजर आते हैं और वस्तुतः युग्म-तारे नहीं होते। जो तारे नजदीक से एक-दूसरे की परिक्रमा करते रहते हैं उन्हें ही जुड़वां या युग्म-तारे कहते हैं।

सप्तर्षि मंडल के **वसिष्ठ** नामक तारे को लीजिए। वसिष्ठ (मिजार) के नजदीक कोरी आंखों से भी एक मंदकांति तारा दिखाई देता है, जिसे वसिष्ठ की पत्नी **अरुंधती** का नाम दिया गया है। हमारे देश में नवविवाहित दम्पति को इस वसिष्ठ-अरुंधती जोड़े के दर्शन कराने की प्रथा रही है। मगर आकाश का यह वसिष्ठ-अरुंधती जोड़ा, पास-पास दिखाई देने पर भी, वस्तुतः एक-दूसरे से करीब 2550 अरब किलोमीटर दूर है! संभव है कि वसिष्ठ और अरुंधती भौतिक दृष्टि से सचमुच ही युग्म हों, मगर फिलहाल यकीन के साथ कुछ नहीं कहा जा सकता।

परंतु खगोलविदों ने पता लगाया है कि वसिष्ठ स्वयं एक युग्म-तारा है। गैलीलियो के समय में ही खगोलविदों ने दूरबीन की सहायता से खोज लिया था कि वसिष्ठ में वस्तुतः दो अतितप्त तारे हैं—**वसिष्ठ-अ** और **वसिष्ठ-ब**। दोनों तारे एक उभय-गुरुत्वकेन्द्र की करीब 20 हजार वर्षों में एक परिक्रमा पूरी करते

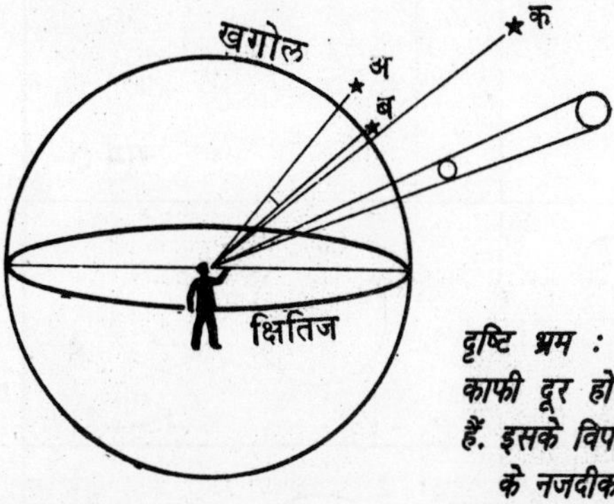

दृष्टि भ्रम : तारे ब और क एक-दूसरे से काफी दूर होने पर भी नजदीक नजर आते हैं. इसके विपरीत, तारे अ और ब एक-दूसरे के नजदीक हैं, मगर दूर नजर आते हैं.

हैं। वसिष्ठ दूरबीन से खोजा गया पहला युग्म-तारा था। छोटी-बड़ी दूरबीनों से आकाश में खोजे गए ऐसे युग्म-तारों की संख्या अब 60 हजार से ऊपर पहुंच गई है। इनमें से 10 प्रतिशत युग्मों की कक्षा-गति और एक प्रतिशत की कक्षाएं निर्धारित की जा चुकी हैं। जब कक्षा का आकार तथा परिक्रमा-काल ज्ञात हो जाता है, तो फिर युग्म-तारे की द्रव्यराशि भी मालूम हो जाती है। जुड़वां योजनाओं से तारों की गतियों और उनके भौतिक गुणधर्मों के बारे में बड़ी उपयोगी जानकारी मिलती है।

ऊपर हमने बताया है कि वसिष्ठ वस्तुतः दो तारों का जोड़ा है—वसिष्ठ-अ और वसिष्ठ-ब। लेकिन इतना ही नहीं, स्वयं वसिष्ठ-अ भी दो तारों का जोड़ा है। मगर ये तारे एक-दूसरे के इतने नजदीक हैं कि इन्हें शक्तिशाली दूरबीन से भी पृथक रूप में नहीं पहचाना जा सकता। ऐसे युग्म-तारों को इनके वर्णक्रम से ही खोजा जा सकता है। जब ऐसे दो तारे एक उभय-गुरुत्वकेंद्र की परिक्रमा करते हैं, तो वे धरती के क्रमशः नजदीक आते हैं और दूर जाते हैं। तब **डॉपलर प्रभाव** के अंतर्गत उनकी यह गति उनके वर्णक्रमों के विस्थापन में स्पष्ट होती है। इन वर्णक्रम-रेखाओं के आधार पर उन युग्म-तारों की कक्षाएं निर्धारित की जाती हैं। खगोलविदों ने आकाश में कई हजार वर्णक्रम-युग्म-तारे खोजे हैं। ऐसे युग्म-तारे चंद घंटों से लेकर चंद वर्षों में एक-दूसरे की एक परिक्रमा पूरी कर लेते हैं।

मिथुन (जेमिनी) राशि के दो प्रमुख तारों—कैस्टर और पोलक्स—का उदाहरण लीजिए। मिथुन का अर्थ है जोड़ा। जेमिनी का भी अर्थ है जुड़वां बच्चे। प्राचीन काल में प्रायः सभी देशों में इन दो तारों की कल्पना जुड़वां बच्चों के रूप में ही की गई थी। मगर प्रकृति मानव के कल्पित आख्यानों का अनुसरण

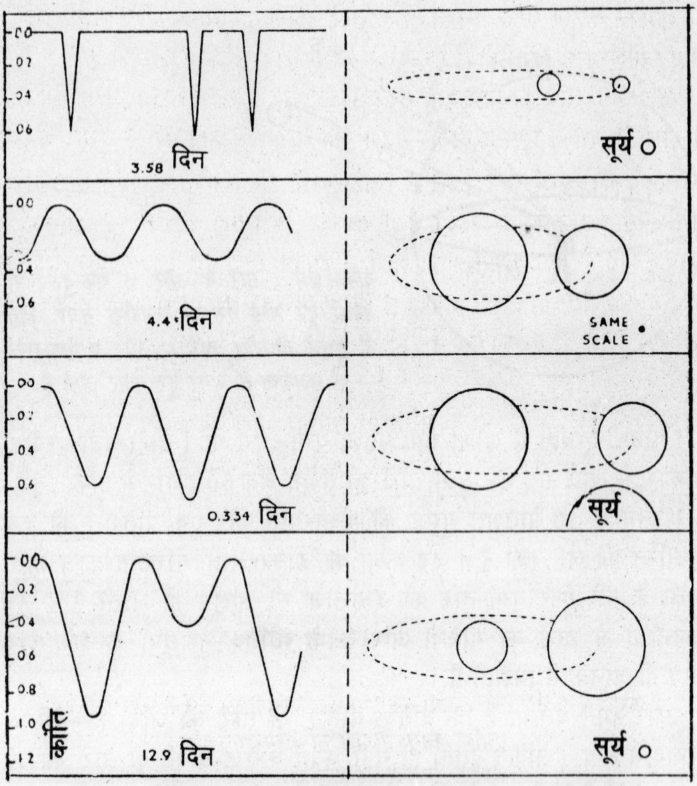

कुछ ग्रहणकारी जुड़वां तारे और उनके प्रकाश के ग्राफ. दाईं ओर नीचे उसी पैमाने में सूर्य के आकार को दर्शाया गया है.

नहीं करती। कैस्टर और पोलक्स भौतिक दृष्टि से नितांत भिन्न किस्म के तारे हैं और दोनों में करीब दस प्रकाश-वर्ष की दूरी है। पोलक्स एक सामान्य तारा है, तो कैस्टर आकाश का एक सर्वाधिक विलक्षण तारा है।

दूरबीन से देखने पर **कैस्टर** एक युग्म-तारा प्रकट होता है। कैस्टर के ये दो तारे एक-दूसरे से 76 खगोलीय इकाइयां (करीब 11 अरब किलोमीटर) दूर हैं और इनका परिक्रमा-काल 341 साल है। इतना ही नहीं, इस संयुक्त योजना में एक और तारा भी है। इस प्रकार, इस जुड़वां संसार में तीन प्रमुख तारे हैं—कैस्टर-अ, कैस्टर-ब और कैस्टर-क। इन्हें दूरबीन से पहचाना गया है।

लेकिन कैस्टर के बारे में सबसे दिलचस्प बात यह है कि इसके तीन तारों में से प्रत्येक तारा एक जुड़वां तारा है! इन्हें इनके वर्णक्रमों से पहचाना गया है।

इस प्रकार कैस्टर तारा वस्तुतः छह तारों की एक संयुक्त भौतिक योजना है। कैस्टर योजना में तीन जोड़े एक-दूसरे की निरंतर परिक्रमा कर रहे हैं!

जब एक-दूसरे की परिक्रमा करनेवाले दो तारों का कक्षातल हमारी दृष्टिरेखा में होता है, तो वे एक-दूसरे को ग्रहण लगाते हुए दिखाई देते हैं। ऐसे जुड़वांओं को **ग्रहणकारी युग्म-तारे** कहते हैं। ग्रहणकारी युग्म-तारे की कांति एक निश्चित अवधि में घटती-बढ़ती रहती है। **ययाति** (पर्सेयूस्) मंडल का **अलगूल** तारा इसका बढ़िया उदाहरण है। आकाश में खोजा गया यह पहला ग्रहणकारी तारा था। करीब तीन दिनों की अवधि में इस युग्म-तारे की कांति घटती-बढ़ती रहती है। खगोलविदों ने आकाश में ऐसे दो हजार से भी ज्यादा ग्रहणकारी युग्म-तारे खोजे हैं।

सचमुच, अद्‌भुत है आकाश के इन जुड़वां तारों का संसार। जुड़वां तारों में हमारे पृथ्वी-जैसे ग्रहों की क्या दशा हो सकती है, इसकी केवल कल्पना ही की जा सकती है। गनीमत है कि हमारा सूर्य एक जुड़वां तारा नहीं है।

संदर्भ और टिप्पणियां

1. **ऋग्वेद** (10.85.13) में मघा को अघा और फल्गुनी को अर्जुनी कहा गया है—

सूर्याया वहतुः प्रागात् सवितायमवासृजत् ।
अघासु हन्यन्ते गावोर्जुन्योः पर्युह्यते ॥

अर्थात्, सूर्य ने सूर्या को (विवाह में) जो दहेज दिया वह पहले ही आगे गया। अघा (मघा) नक्षत्र में गायों को मारते हैं। अर्जुनी (फल्गुनी) नक्षत्र में (कन्या) ले जाते हैं। कई पंडितों ने 'हन्यन्ते' का अर्थ 'गायों को हांककर या पीटकर ले जाना' किया है। यहा अघा शब्द बहुवचन में और अर्जुनी शब्द द्विवचन में प्रयुक्त हुआ है। **यजुर्वेद** में भी मघा और फल्गुनी शब्द क्रमशः इसी प्रकार प्रयुक्त हुए हैं।

2. **ऋग्वेद** 5.56.3.

3. खगोलविद ग्रूमब्रिज ने इस तारे की विशेषताओं का अन्वेषण किया था, इसलिए इसे यह नाम दिया गया है। कांतिमान 6.5 का यह तारा, जिसे बायनेक्यूलर से पहचाना जा सकता है, भालू के सामने के पंजे और पीछे के पंजे के लगभग बीच में है। यह हमारे सूर्य से काफी छोटा एक पीतवर्ण तारा है।

4. प्राचीनकाल में लोगों का यह विश्वास था कि आकाश के तारे अपने स्थान नहीं बदलते, कि तारा-मंडलों की आकृतियां यथावत् बनी रहती हैं। **हिप्पार्कस** (ईसा पूर्व दूसरी

सदी) ने करीब 1000 तारों की स्थितियां निर्धारित करके, अपने से पहले के प्रेक्षणों से उनकी तुलना करके, जाना था कि तारे अपने स्थान से विचलित होते हैं, और यह **अयन-चलन** का, यानी पृथ्वी की धुरी की दिशा बदलने का, परिणाम है।

हिप्पार्कस के करीब अठारह सौ साल बाद **एडमंड हेली** ने 1718 ई. में पहली बार सिद्ध किया कि तारों की अपनी निजी गतियां भी होती हैं। उन्होंने कुछ तारों की अपने समय की स्थितियों की हिप्पार्कस द्वारा दी गई स्थितियों से तुलना करके प्रमाणित किया कि रोहिणी, व्याध और स्वाति नक्षत्र अपने स्थानों से विचलित हुए हैं। स्पष्ट हुआ कि आकाश के नक्षत्र अक्षय और अटल नहीं हैं। गुरुत्वाकर्षण का सिद्धांत भी यही बताता है कि विश्व की हर वस्तु अवश्य गतिशील होनी चाहिए।

तारे हमसे बहुत दूर हैं, इसलिए उनकी निजी गतियों को अथवा तारा-मंडलों की आकृतियों में होनेवाले परिवर्तनों को कई सदियों के अंतराल के बाद ही जाना जा सकता है।

अधिकांश तारों की निजी गतियां काफी कम हैं, किंतु करीब 200 तारों की निजी गतियां काफी अधिक हैं। मगर सभी तारे अपनी स्थितियां थोड़ी-बहुत निरंतर बदलते रहते हैं। इस विश्व में अटल या शाश्वत कुछ भी नहीं है।

5. **नीहारिका** : संस्कृत के **नीहार** शब्द का एक अर्थ है 'कुहरा'। इसलिए आकाश में कुहरे या धुएं की तरह नजर आनेवाले प्रकाश-पुंज को नीहारिका कहा गया। नीहारिका के लिए पाश्चात्य ज्योतिष का पुराना लैटिन शब्द है **नेबुला**, जिसका मूल अर्थ है 'मेघ'। जानकारी मिलती है कि तारा-मानचित्र तैयार करनेवाले फारस के ज्योतिषी **अल्-सूफी** (903-986 ई.) ने पहली बार देवयानी (एंड्रोमेडा) मंडल में ऐसे एक प्रकाश-पुंज को पहचाना था। दूरबीन के आविष्कार के बाद आकाश में ऐसे अनेक प्रकाश-पुंज खोजे गए।

अठारहवीं सदी के उत्तरार्ध में फ्रांसीसी खगोलविद **शार्ल मेसिए** (1730-1817 ई.) आकाश में धूमकेतुओं की खोज करने में जुटे हुए थे। आकाश के धुंधले प्रकाश-पुंज (नेबुला या नीहारिका) उनकी उस खोज में बाधक बन रहे थे। इसलिए मेसिए ने 1784 ई. में ज्ञात नीहारिकाओं की एक सारणी बना डाली। उस सारणी में देवयानी नीहारिका **एम 31** (मेसिए 31) है और मृग नीहारिका **एम 42** है। मगर इन दो प्रकाश-पुंजों में जो बहुत बड़ा बुनियादी अंतर है वह 1920 ई. के बाद ही स्पष्ट हुआ।

अमरीका की एक बड़ी दूरबीन का उपयोग करके **एडविन हब्बल** (1889-1953 ई.) ने 1924 ई. में पहली बार प्रमाणित किया कि देवयानी नीहारिका (एम 31) वस्तुतः हमारी आकाशगंगा से बहुत दूर की एक स्वतंत्र तारा-योजना (मंदाकिनी, गैलेक्सी) है, मगर मृग नीहारिका (एम 42) आकाशगंगा के भीतर ही धूल व गैसों का एक अतिविशाल मेघ है।

तब से **नीहारिका** (नेबुला) शब्द को नया सीमित अर्थ मिला—आकाशगंगा में स्थित धूल व गैसों का अतिविशाल मेघ। और, आकाशगंगा के बाहर की विशाल तारा-योजना को **गैलेक्सी** (मंदाकिनी) कहा गया। आकाशगंगा भी एक मंदाकिनी ही

है । नीहारिका और मंदाकिनी शब्द अलग-अलग अर्थों के द्योतक बन गए, फिर भी कभी-कभी दोनों अर्थों में नीहारिका (नेबुला) शब्द का प्रयोग आज भी होता है ।

खगोल-विज्ञान में नीहारिकाओं के अध्ययन का बड़ा महत्व है, क्योंकि इनकी गैसीय द्रव्यराशि से ही नए तारें का सृजन होता है । मृग नीहारिका (दूरी : 1300 प्रकाश-वर्ष) में आज भी नए तारे जन्म ले रहे हैं ।

कुछ नीहारिकाएं अपने नजदीक के तारें के परावर्तित प्रकाश के कारण चमकती हैं। कुछ नीहारिकाएं नजदीक के तारें की अवशोषित ऊर्जा को प्रकाश के रूप में प्रसारित करके चमकती हैं । जिन नीहारिकाओं के धूलिकण अपने पीछे के तारों के प्रकाश को रोक देते हैं उन्हें **काली नीहारिकाएं** कहा जाता है ।

6. **मंदाकिनी** : अब यह शब्द अरबों-खरबों तारें की उस योजना के लिए प्रयुक्त होता है जिसे पाश्चात्य ज्योतिष में **गैलेक्सी** कहते हैं । आकाशगंगा भी एक मंदाकिनी है । आकाशगंगा के बाहर अथाह विश्व में अरबों मंदाकिनियां हैं ।

विश्व में तरह-तरह की मंदाकिनियां हैं । कुछ मंदाकिनियां सर्पिल आकार की हैं, तो कुछ अंडाकार । कुछ मंदाकिनियां अनियमित आकार की भी हैं ।

हमारी आकाशगंगा-मंदाकिनी सर्पिल आकार की है । इसका व्यास 1,00,000 प्रकाश-वर्ष है और इसमें करीब 100 अरब तारे हैं ।

तारें की तरह मंदाकिनियों के भी अपने समूह हैं । इनके एक समूह में कई हजार मंदाकिनियां हो सकती हैं । सिंह राशि में करीब 300 मंदाकिनियों का एक समूह है । हमारी आकाशगंगा जिस **स्थानीय समूह** की सदस्या है उसमें करीब 20 मंदाकिनियां हैं। आकाशगंगा के बाहर की सबसे नजदीक की देवयानी मंदाकिनी हमसे करीब 20 लाख प्रकाश-वर्ष दूर है । खगोलविदों ने विश्व में कई हजार मंदाकिनी-समूहों की खोज की है ।

पता चला है कि सभी मंदाकिनियां हमसे दूर भाग रही हैं । दूर की मंदाकिनियां अधिक तेजी से, प्रकाश के तीन-चौथाई वेग से भी अधिक तेजी से, दूर भाग रही हैं । खगोलविदों ने करीब 15 अरब प्रकाश-वर्ष दूर की मंदाकिनियों की खोज की है । जो मंदाकिनियां प्रकाश के वेग (3,00,000 कि.मी. प्रति-सेकंड के वेग) से दूर भाग रही होंगी उन्हें हम कभी भी देख नहीं पाएंगे !

अध्याय 6

मई माह

कन्या : चित्रा नक्षत्र

आकाश में है एक महासर्प

सबसे नजदीक का नक्षत्र : प्रोक्सिमा सेंटौरी

ध्रुव नहीं है ध्रुवतारा

अयन-चलन

संदर्भ और टिप्पणियां

यूनानी वर्णमाला

अल्फा	α	न्यू	ν
बीटा	β	क्साइ	ξ
गामा	γ	ओमिक्रोन	o
डेल्टा	δ	पाइ	π
इप्सिलोन	ϵ	रो	ρ
जीटा	ζ	सिग्मा	σ
इटा	η	टाउ	τ
थीटा	θ	अप्साइलोन	υ
आयोटा	ι	फाइ	ϕ
काप्पा	κ	खाइ	χ
लांबडा	λ	प्साइ	ψ
म्यू	μ	ओमेगा	ω

कन्या : चित्रा नक्षत्र

राशिचक्र में सिंह की पूर्व दिशा में कन्या राशि के नक्षत्र हैं। कन्या राशि में **उत्तराफाल्गुनी** (तीन-चौथाई), **हस्त** (पूर्ण) और **चित्रा** (आधा) नक्षत्रों का समावेश होता है। वैदिक काल से ही इन नक्षत्रों को बड़ा महत्त्व दिया जाता रहा है। **अथर्व-संहिता** में प्रार्थना है : दोनों पूर्व फाल्गुनियां, हस्त, चित्रा और स्वाति मेरे लिए सुखकारी हों *(पुण्यं पूर्वा फल्गुन्यौ चात्र हस्तश्चित्रा शिवा स्वाति सुखो मे अस्तु)*।[1]

सिंह की पूंछ में स्थित उत्तराफाल्गुनी नक्षत्र की चर्चा हम पहले कर चुके हैं। भारतीय ज्योतिष-परंपरा में हस्त नक्षत्र को कन्या राशि (मंडल) में शामिल किया गया है, मगर पाश्चात्य ज्योतिष में हस्त के तारों का समावेश जिस तारा-मंडल में होता है उसका नाम **कोर्वुस्** (काक) है। यह काक मंडल कन्या के दक्षिण में है।

वैदिक साहित्य में हस्त को आकाशस्थ प्रजापति का हाथ और चित्रा को शिर कहा गया है *(यो वै नक्षत्रियं प्रजापति वेद। ··· हस्त एवास्य हस्तः। चित्रा शिरः। –* ***तैत्तिरीय ब्राह्मण*****)**। हस्त नक्षत्र के पांच प्रमुख तारों के आधार पर इसमें हाथ (पंजे) की कल्पना की गई होगी।

भारतीय ज्योतिष में **चित्रा** नक्षत्र का प्राचीन काल से ही बड़ा महत्व रहा है। यह चमकीला नक्षत्र लगभग क्रांतिवृत्त पर स्थित है। **ऋग्वेद** में चित्रा और मघा शब्दों का प्रयोग प्रायः साथ-साथ हुआ है और जान पड़ता है कि 'विचित्र' के अर्थ में **चित्रा** शब्द वैदिक भाषा में पहले से मौजूद रहा है। बाद में इसी चित्रा नक्षत्र के आधार पर वर्ष के प्रथम महीने को **चैत्र** नाम दिया गया।

आधुनिक काल में यह चित्रा नक्षत्र काफी वाद-विवाद का भी विषय बना है। आज से करीब सत्रह सौ साल पहले शरद-विषुव इसी तारे के पास होता था। अर्थात्, उसके बाद सूर्य दक्षिणी गोलार्ध में जाता था, यानी दक्षिणायन का

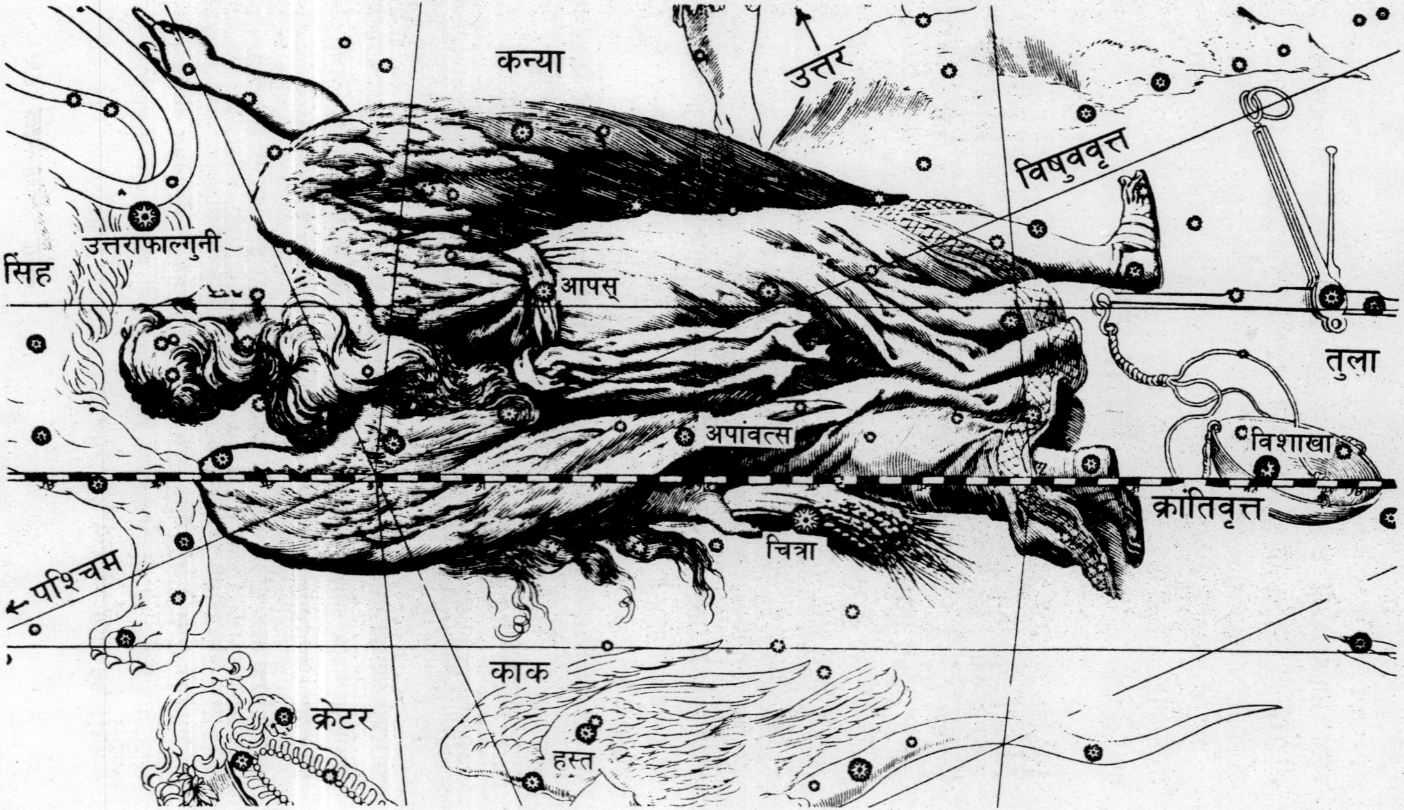

कन्या
उत्तर
विषुववृत्त
उत्तराफाल्गुनी
सिंह
आपस्
तुला
अपांवत्स
विशाखा
क्रांतिवृत्त
चित्रा
पश्चिम
काक
क्रेटर
हस्त

आरंभ होता था । तब, ठीक-ठीक कहें तो 285 ई. में, चित्रा से 180 अंश की दूरी पर स्थित बिंदु पर जब सूर्य पहुंचता था, तब वसंत-विषुव होता था । अर्थात्, उत्तरायण का आरंभ होता था ।[2]

मगर अयन-चलन के कारण अब स्थिति बदल गई है । वसंत-विषुव और शरद-विषुव, दोनों ही बिंदु, क्रांतिवृत्त पर करीब 24 अंश पश्चिम की ओर सरक गए हैं ।

जैसा कि हम पहले बता चुके है, बेबीलोनी-यूनानी मूल के राशि-नामों को अपनाकर उनके साथ भारतीय परंपरा के 27 नक्षत्रों का संबंध स्थापित करने के प्रयास ईसा की आरंभिक सदियों में हुए । बेबीलोनी **की** और यूनानी **विरगो** शब्द **कन्या** के ही द्योतक हैं । प्राचीन जगत में कन्या मंडल के बारे में कई प्रकार की कथाएं प्रचलित रही हैं । मेसोपोटामिया में इसे देवी **ईश्तर**, मिस्र में गेहूं की फली

अरबों की कन्या.

धारण करनेवाली देवी **आइसिस** और यूनान में न्याय की तुला धारण करनेवाली देवी **एस्ट्रा** माना गया था। फारस में कन्या को **खोशा** (अनाज की बाली) कहा गया और चीन में इसे एक ऐसी स्त्री के रूप में चित्रित किया गया जिसके एक हाथ में गेहूं की बाली है और जो नौका में बैठी हुई है।

वराहमिहिर (ईसा की छठी सदी) ने यूनानी शब्द **पार्थेनोस्** के आधार पर कन्या राशि के लिए **प्राथोन** या **पाथोन** शब्द गढ़ा था। उन्होंने अपने **बृहज्जातक** में कन्या का चित्रण किया है – नौका में बैठी हुई कन्या के एक हाथ में अनाज की बाली और दूसरे हाथ में अग्नि है *(ससस्यदहना प्लवगा च कन्या)*।

भारतीय ज्योतिषियों ने 12 राशियों को अपनाकर प्रत्येक राशि के लिए राशिचक्र में 30 अंशों का (सवा-दो नक्षत्रो का) विस्तार सुनिश्चित कर दिया है। इसलिए पाश्चात्य ज्योतिष के तारा-मंडलों और भारतीय राशियों के विस्तारों में अंतर है। जैसे, पाश्चात्य ज्योतिष का कन्या (विरगो) मंडल राशिचक्र का सबसे लंबा (52 अंश) मंडल है, मगर इसमें भारतीय हस्त तथा उत्तराफाल्गुनी नक्षत्रों का समावेश नहीं होता। पाश्चात्य ज्योतिष में हस्त के तारों का समावेश एक स्वतंत्र मंडल (कोर्वुस्=काक) में किया गया है। चूंकि हस्त के तारों को अलग से स्पष्ट पहचाना जा सकता है, इसलिए इनकी चर्चा हम अलग से करेंगे। उत्तराफाल्गुनी का परिचय हम सिंह राशि के अंतर्गत दे चुके हैं।

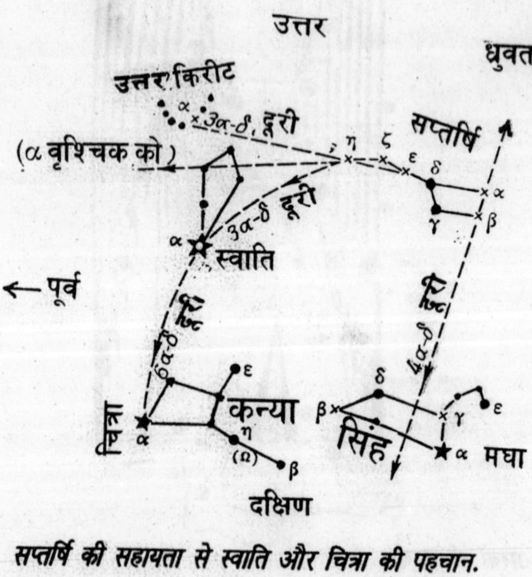

सप्तर्षि की सहायता से स्वाति और चित्रा की पहचान.

आजकल रात को करीब नौ बजे कन्या मंडल के तारे लगभग मध्याकाश में पहुंच जाते हैं। इसके पश्चिम में सिंह राशि है, पूर्व में तुला राशि है, उत्तर में स्वाति नक्षत्र है और दक्षिण में हस्त नक्षत्र तथा पाश्चात्य ज्योतिष का महासर्प (हाइड्रा) मंडल है।

कन्या मंडल के सबसे चमकीले **चित्रा** नक्षत्र को आसानी से पहचाना जा सकता है। कांतिमान 1.2 का यह शुद्ध श्वेत तारा लगभग क्रांतिवृत्त पर (वस्तुतः दो अंश नीचे) स्थित है। सप्तर्षि मंडल के अत्रि, अंगिरस्, वसिष्ठ और मरीचि तारों से बननेवाले वक्र को उसी तरह दक्षिण की ओर बढ़ाया जाए, तो 30 अंश की दूरी पर नारंगी रंग का **स्वाति** नक्षत्र मिलता है और आगे लगभग उतनी ही दूरी पर चित्रा का श्वेत तारा है।

चित्रा का पाश्चात्य नाम **स्पाइका** है, जिसका अर्थ है गेहूं की बाली। कन्या के चित्र के बाएं हाथ में दिखाई गई गेहूं की बाली के स्थान पर यह चित्रा तारा स्थित है।

चित्रा तारा मघा से अधिक दूर, अधिक तप्त और अधिक चमकीला है। यह हमसे करीब 160 प्रकाश-वर्ष दूर है। चित्रा तारा छह सौ सूर्यों के बराबर विकिरण उत्सर्जित करता है। चित्रा की तुलना में हमारा सूर्य एक बहुत छोटा और नगण्य तारा है।

चित्रा का एक छोटा साथी-तारा भी है, जो केवल चार दिनों में इसकी एक परिक्रमा पूरी कर लेता है। इस दौरान छोटा तारा चित्रा को ग्रहण लगाता है, जिससे उसकी कांति कुछ घट जाती है। इसलिए आधुनिक खगोल-विज्ञान में चित्रा को **ग्रहणशील चरकांति** कहते हैं। कन्या मंडल में कई जुड़वां तारे हैं।

प्राचीन भारतीय ज्योतिष-ग्रंथों में प्रमुख 27 या 28 नक्षत्रों के अलावा बहुत थोड़े तारों के लिए निजी नाम देखने को मिलते हैं। मगर **सूर्य-सिद्धांत** में कन्या मंडल के चित्रा नक्षत्र के अलावा दो और तारों की स्थितियां बताई गई हैं। ये दो तारे हैं – **आपस्** (जल) और **अपांवत्स** (जलपुत्र)। आप या आपस् (डेल्टा) तारा कन्या की कमर पर स्थित है और अपांवत्स (थीटा) तारा चित्रा और आपस् के बीच में है।[3]

कन्या मंडल का **गामा** तारा वस्तुतः एक युग्म-तारा है। दोनों जुड़वां तारे लगभग एक-से हैं, हमसे करीब 32 प्रकाश-वर्ष दूर हैं और 172 वर्षों में एक-दूसरे की एक परिक्रमा पूरी करते हैं।

कन्या मंडल के इप्सिलोन, डेल्टा, गामा, इटा, बीटा और ओमिक्रोन तारों से घिरे हुए स्थान में बहुत सारी मंदाकिनियां हैं। बड़ी दूरबीनों से आकाश के इस

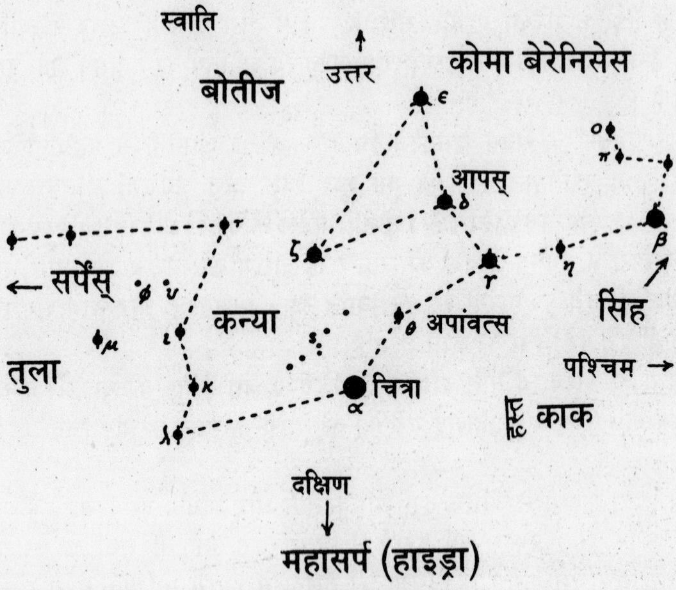

कन्या मंडल : चित्रा नक्षत्र.

स्थान में करीब ढाई हजार मंदाकिनियों के एक विशाल समूह को देखा जा सकता है । इस मंदाकिनी-समूह का केंद्र हमसे करीब एक करोड़ तीस लाख प्रकाश-वर्ष दूर है, और द्वीप-विश्वों का यह समूचा समूह 1200 किलोमीटर प्रति सेकंड के वेग से हमसे दूर भाग रहा है!

आकाश में है एक महासर्प

कर्क, सिंह और कन्या मंडलों के दक्षिण में एक लंबा तारा-मंडल है, जिसका पाश्चात्य नाम **हाइड्रा** (जलवासी महासर्प) है। इस सर्प मंडल के तारे सुस्पष्ट नहीं हैं, मगर कन्या राशि के हस्त तथा चित्रा नक्षत्र और सिंह राशि के मघा नक्षत्र इसके समीप हैं, इसलिए आकाश में इसकी स्थिति को समझना जरूरी है। पहले हम बता चुके हैं कि कर्क राशि का आश्लेषा नक्षत्र संभवतः इस सर्प के सिर में ही स्थित है।

कृत्तिका से आरंभ होनेवाली वैदिक नक्षत्र-सूची में सातवें आश्लेषा नक्षत्र का देवता या स्वामी सर्प है। सर्प मंडल का **जीटा** या **इप्सिलोन** तारा ही संभवतः आश्लेषा का योगतारा है। जल-रोधक महासर्प **वृत्र** का दमन करनेवाले इंद्र (चित्रा नक्षत्र का देवता) अर्थात् सवितृ (सूर्य) का वैदिक आख्यान प्रसिद्ध है। सर्प मंडल के समीप के हस्त नक्षत्र का देवता सविता ही है। सितंबर-अक्तूबर में सूर्य जब हस्त नक्षत्र में पहुंचता है, तब जो वर्षा होती है उसे देहातों के लोग आज भी **हथिया** (हस्त) की वर्षा कहते हैं। किसानों के लिए इस वर्षा का विशेष महत्व है, क्योंकि इस समय धान में फूल निकलते हैं और रबी की फसल के लिए जमीन तैयार की जाती है।

तात्पर्य यह कि, आकाश की भौतिक घटनाओं के बारे में गढ़े गए आख्यानों का संबंध तत्कालीन समाज के लौकिक जीवन से रहा है। वृत्र का एक अर्थ बादल है और इंद्र यानी सूर्य वृत्रघ्न है। इसलिए इंद्र को वर्षा का देवता भी माना जाता है। भारतीय आख्यान के अनुसार वृत्र का दमन इंद्र ने किया था, तो यूनानी आख्यान के अनुसार नौ सिरोंवाले इस जलवासी महासर्प (हाइड्रा) का दमन हर्क्यूलीज ने किया था।

समूचा सर्प-मंडल क्रांतिवृत्त के दक्षिण में स्थित है और इस आकाशस्थ सर्प का केवल सिर ही खगोलीय विषुवत-रेखा के ऊपर है। यह आकाश का सबसे लंबा मंडल है और पश्चिम से पूर्व की ओर करीब 100 अंशों तक फैला हुआ है।[4]

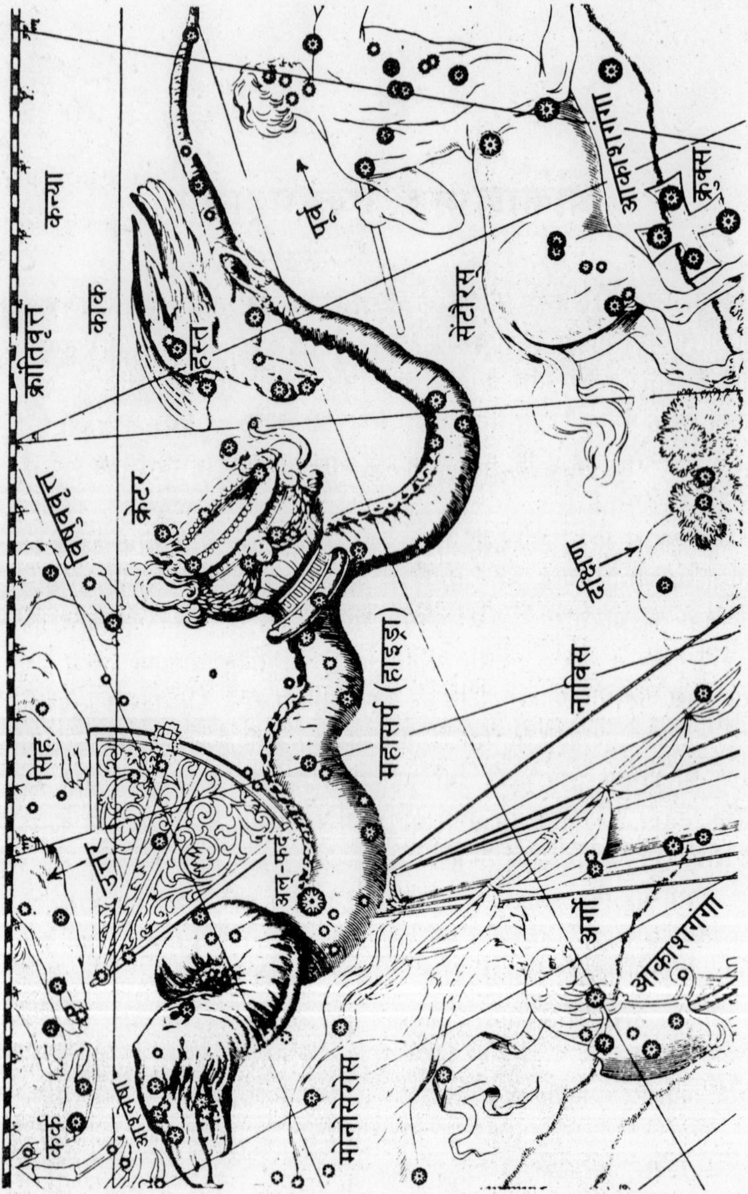
क्रांतिवृत्त
कन्या
काक
हस्त
पूर्व
सेंटौरस
आकाशगंगा
क्रक्स
विषुववृत्त
क्रेटर
दक्षिण
महासर्प (हाइड्रा)
नाविस
सिंह
उत्तर
अल-फर्द
अर्गो
आकाशगंगा
कर्क
आश्लेषा
मोनोसेरोस

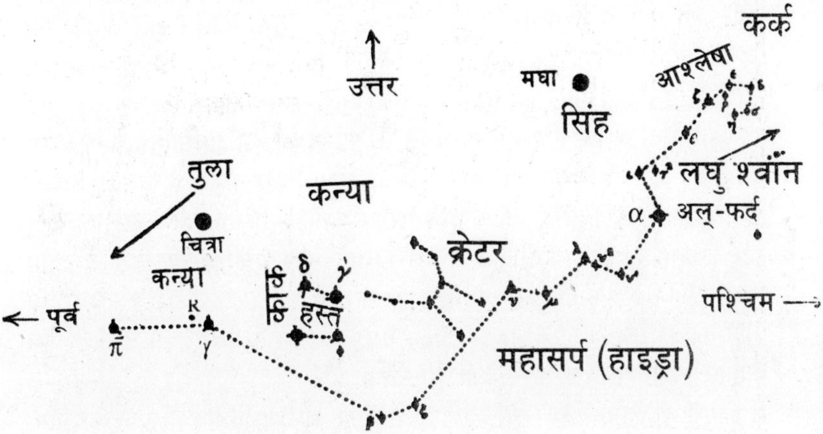

महासर्प (हाइड्रा) मंडल : हस्त नक्षत्र.

इस आकाशस्थ सर्प के सिर के पास, पश्चिम की ओर, कर्क और लघुश्वान मंडल हैं। उसके बाद यह मंडल कुछ दक्षिण की ओर मुड़ता है और फिर पूर्व की ओर तुला राशि तक पहुंचता है।

सर्प-मंडल के उत्तर में क्रांतिवृत्त पर, पश्चिम से पूर्व की ओर, क्रमशः कर्क, सिंह तथा कन्या राशियों के नक्षत्र हैं। सर्प के सिर पर कर्क राशि का आश्लेषा नक्षत्र है। सर्प की गर्दन के उत्तर में सिंह राशि का प्रसिद्ध मघा नक्षत्र है। सर्प की पूंछ के **गामा** तारे के 10 अंश उत्तर में कन्या मंडल का चमकीला चित्रा तारा है। आजकल रात को करीब नौ-दस बजे यह चित्रा तारा मध्याकाश में पहुंच जाता है।

चित्रा के दक्षिण-पश्चिम में, सर्प की पूंछ के ऊपर, **हस्त** नक्षत्र के तारे हैं। हम बता चुके हैं कि यह पाश्चात्य ज्योतिष का कोर्वुस् (काक) मंडल और वैदिक प्रजापति का पंजा (पांच तारे) है। मगर इसके चार प्रमुख तारों से बननेवाली चतुर्भुज की आकृति को ही दक्षिणाकाश में सहजता से पहचाना जा सकता है। हस्त का तीसरे कांतिमान का **डेल्टा** तारा एक जुड़वां तारा है। इस छोटे-से मंडल का सबसे चमकीला **गामा** तारा एक अतितप्त श्वेत-दानव है। ये दोनों ही तारे हमसे करीब 130 प्रकाश-वर्ष दूर हैं। हस्त नक्षत्र के योगतारे के बारे में भारतीय ज्योतिषी एकमत नहीं हैं। कुछ ज्योतिषी डेल्टा-हस्त को योगतारा मानते हैं, तो कुछ गामा-हस्त को !

सर्प-मंडल का द्वितीय कांतिमान का सबसे चमकीला **अल्फा** तारा सर्प की गर्दन पर स्थित है। इस तारे के आसपास आकाश खाली दिखाई देता है, इसलिए अरबी ज्योतिषियों ने इसे **अल्-फर्द** (अकेला) नाम दिया था। यह लाल रंग का तारा है, इसलिए चीनी ज्योतिषियों ने इसे 'लाल पक्षी' कहा था।

आधुनिक खगोल-विज्ञान की दृष्टि से सर्प-मंडल का सबसे महत्वपूर्ण तारा **गामा** है, जो सर्प की पूंछ में स्थित है। यह तारा चित्रा नक्षत्र के करीब 10 अंश ठेठ दक्षिण में है। इस गामा-सर्प के समीप कभी-कभी एक अन्य तारे को देखा जा सकता है, जिसे आधुनिक खगोल-विज्ञान में **आर-हाइड्री** के नाम से जाना जाता है। यह एक **दीर्घकालिक चरकांति तारा** है। 387 दिनों की अवधि में इस तारे का कांतिमान 11 से बढ़कर 3.5 पर पहुंच जाता है। अतः इसे साल के कुछ दिनों तक ही कोरी आंखों से देखा जा सकता है।

तारों की दुनिया बड़ी विचित्र है। आधुनिक खगोल-विज्ञान ने स्पष्ट कर दिया है कि तारे न अटल हैं, न अक्षय हैं, न ही स्थिरकांति हैं।

सबसे नजदीक का नक्षत्र : प्रोक्सिमा सेंटौरी

सभी प्राचीन सभ्यताओं का उदय उत्तरी गोलार्ध में हुआ, इसलिए उत्तरी खगोल के तारों के बारे में हमें ज्यादा ऐतिहासिक जानकारी मिलती है। दक्षिणी खगोल के कुछ प्रमुख तारों के बारे में प्राचीन मिस्र के सिकंदरिया-जैसे विद्याकेंद्रों से ही थोड़ी-बहुत जानकारी हासिल की गई थी। आज भी यूरोप और अमरीका से प्रकाशित होनेवाले तारा-मानचित्र-विवरणों में दक्षिणी खगोल के सेंटौरस्, क्रुक्स, एरिदानस् (वैतरणी), दक्षिण मीन, और अर्गो नाविस (अगस्त्य नक्षत्र) जैसे महत्वपूर्ण तारा-मंडलों के बारे में नहीं के बराबर जानकारी रहती है।

मगर अमरीका और यूरोप के देशों के खगोलविद दक्षिणी खगोल के नक्षत्रों के दर्शन और अध्ययन के लिए लालायित रहते हैं, और इसके लिए वे दक्षिण अमरीका, दक्षिण अफ्रीका तथा आस्ट्रेलिया में स्थापित वेधशालाओं में पहुंचते हैं। भारत की मद्रास वेधशाला (स्थापना : 1792 ई.) ने दक्षिणी खगोल के अन्वेषण में महत्वपूर्ण भूमिका अदा की है।[5] अब उसका स्थान आधुनिक उन्नत यंत्रोपकरणों से सुसज्ज कावलूर (तमिलनाडु) की वेधशाला ने ले लिया है।

पिछले कुछ शतकों से दक्षिणी खगोल के जिस तारा-मंडल में खगोलविदों की सबसे ज्यादा दिलचस्पी रही, वह है **सेंटौरस्**। सूर्य के बाद आकाश का सबसे नजदीक का तारा इसी मंडल में स्थित है। यह मंडल चित्रा नक्षत्र और सर्प (हाइड्रा) की पूंछ के दक्षिण में है। सेंटौरस् मंडल काफी विस्तृत (60 अंशों से भी कुछ अधिक चौड़ा) है और इसका मध्यभाग चित्रा तारे से करीब 50 अंश दक्षिण में है।

यूनानियों ने इस मंडल को **केंटौरस्** नाम दिया था, जिससे **सेंटौरस्** शब्द बना है। सेंटौरस् एक ऐसा कल्पित प्राणी है जिसके शरीर का ऊपरी आधा भाग पुरुष का है और निचला आधा भाग अश्व का है। बेबीलोनवासियों ने इस तारा-मंडल की कल्पना एक सांड के रूप में की थी। अरबी ज्योतिषियों ने यूनानी नाम को

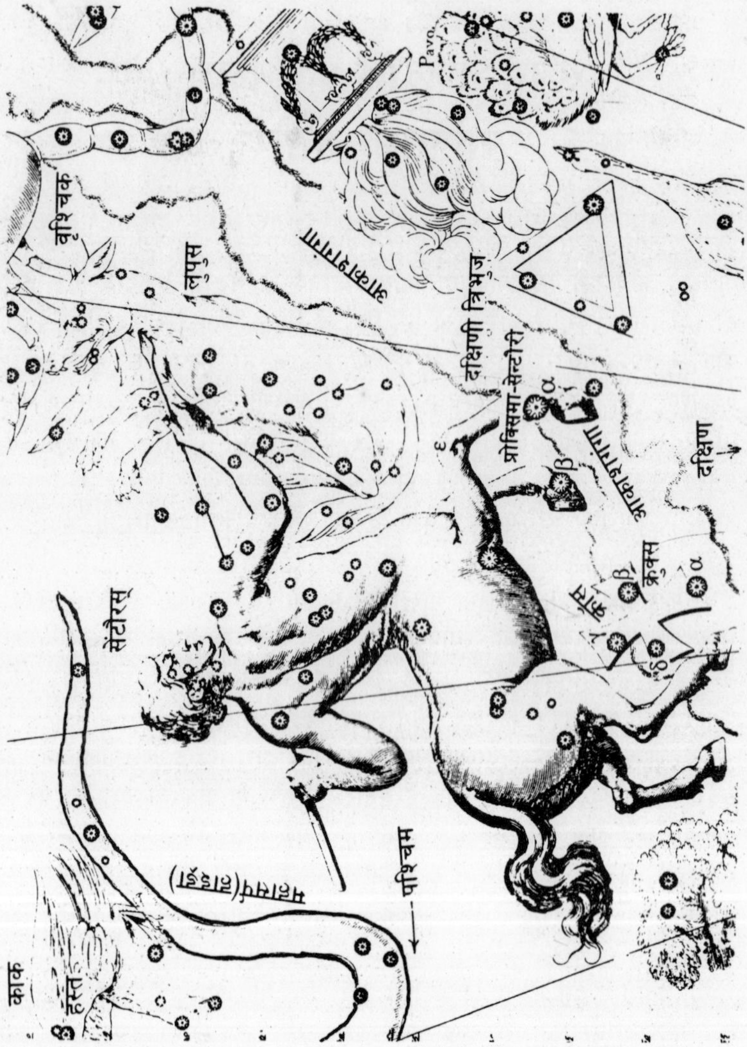
काक
हस्त
महासर्प (हाइड्रा)
पश्चिम
सेंटोरस्
वृश्चिक
लूपुस
आकाशगंगा
दक्षिणी त्रिभुज
प्रोक्सिमा-सेन्टोरी
आकाशगंगा
क्रूक्स
दक्षिण
Pavo

सैंटारस (नरतुरंग).

अपनाकर इस मंडल को **अल् केंटौरस्** नाम दिया। रोमवासी भी इस मंडल को सेंटौरस् के नाम से ही जानते थे।

यूनानी पुराणकथाओं के अनुसार, सेंटौरस् हिंसक वनवासी थे और वे अपोलो की संतान थे। आधे पुरुष और आधे घोड़े के शरीरवाले ये प्राणी बड़े झगड़ालू और भोग-विलासी थे। मगर इनमें से **चाइरोन** (या खाइरोन) नामक एक सेंटौर बड़ा सुशील और बुद्धिमान था, इसलिए समकालीन यूनानी वीर अपने पुत्रों को उसके पास अध्ययन के लिए भेजते थे। चाइरोन अमरत्व-प्राप्त अकेला सेंटौर था, फिर भी अनजाने में हर्क्यूलीज के हाथों उसकी मृत्यु हो गई!

चाइरोन की मृत्यु की कथा भी बड़ी दिलचस्प है। हर्क्यूलीज के आग्रह करने पर उसके सेंटौर-मित्र फोलुस् ने उसके लिए मदिरा लाकर दी। मगर वह मदिरा सेंटौर-समाज की सामूहिक सम्पत्ति थी, इसलिए दूसरे सेंटौरों ने विरोध व्यक्त किया। सेंटौरों और हर्क्यूलीज में युद्ध छिड़ गया। उसमें हर्क्यूलीज का एक विषयुक्त बाण संयोगवश चाइरोन को लगा, हालांकि चाइरोन ने उस युद्ध में भाग नहीं लिया था। चाइरोन अमर था, फिर भी हर्क्यूलीज ने उसे मरने की अनुमति दे दी और अंततः उसे नक्षत्रों में स्थापित कर दिया।

सेंटौरस् मंडल को भारत में कभी **किन्नर**, तो कभी **नरतुरंग** कहा जाता है, मगर प्राचीन भारतीय साहित्य में इस दक्षिणी मंडल का या इसके प्रमुख नक्षत्र का कहीं कोई उल्लेख देखने को नहीं मिलता, हालांकि दक्षिण भारत से इस समूचे मंडल को मजे में देखा जा सकता है।

सेंटौरस् मंडल का प्रमुख **अल्फा** तारा इस कल्पित प्राणी के सामने के दाएं पाद पर स्थित है और यह व्याध और अगस्त्य के बाद आकाश का तीसरा सबसे चमकीला तारा है। यह **अल्फा-सेंटौरी** तारा 0.1 कांतिमान का है, यानी यह मृग मंडल के आर्द्रा तारे से करीब दो गुना अधिक चमकीला है। पीले रंग का यह अल्फा-सेंटौरी तारा हमसे करीब 4.3 प्रकाश-वर्ष दूर है।

वस्तुतः सबसे पहले आकाश के जिन तीन तारों की दूरियां मालूम की गई थीं उनमें से एक यह अल्फा-सेंटौरी तारा था (शेष दो तारे थे **हंस-61** और **अभिजित्**)। आंग्ल खगोलविद थॉमस हेंडरसन ने 1832 ई. में आशा अंतरीप (दक्षिण अफ्रीका) पहुंचकर वहां अल्फा-सेंटौरी तारे का लंबन (पैरेलॅक्स) ज्ञात किया था। इंग्लैंड वापस लौटकर वे प्राप्त लंबन के आधार पर अल्फा-सेंटौरी की दूरी के बारे में पुनः-पुनः गणनाएं करते रहे। जर्मन खगोलविद बेस्सेल ने 1838 ई. में हंस-61 की दूरी से संबंधित आंकड़े प्रकाशित किए, तभी जाकर हेंडरसन ने भी अल्फा-सेंटौरी के बारे में अपने परिणाम प्रस्तुत किए। पता चला कि

आकाश में सूर्य के सबसे नजदीक का तारा अल्फा-सेंटौरी है ।

अल्फा-सेंटौरी तारा खगोलीय विषुववृत्त के 60 अंश दक्षिण में आकाशगंगा के पट्टे में स्थित है । इसलिए इसे 29 उत्तरी अक्षांश (लगभग नई दिल्ली के अक्षांश) से अधिक उत्तर के स्थानों से देख पाना संभव नहीं है ।

फ्रांसीसी खगोलविद रिचाउ ने 1689 ई. में पांडिचेरी आकर पहली बार पता लगाया था कि अल्फा-सेंटौरी एक जुड़वां तारा है । छोटा साथी-तारा नारंगी रंग का और 1.7 कांतिमान का है । आकार और द्रव्यमान में दोनों तारे लगभग हमारे सूर्य-जैसे हैं और करीब 80 वर्षों में एक-दूसरे की एक परिक्रमा पूरी करते हैं ।

मगर महत्व की बात यह है कि अल्फा-सेंटौरी का एक और साथी-तारा है ।[6] यह तीसरा तारा मुख्य तारे की अपेक्षा हमसे करीब 2400 खगोलीय इकाइयां (पृथ्वी और सूर्य के बीच की करीब 15 करोड़ कि. मी. दूरी को **खगोलीय इकाई** कहते हैं), यानी करीब 36,000 करोड़ कि. मी. अधिक नजदीक है, इसलिए इसे **प्रोक्सिमा** (निकटतम) सेंटौरी नाम दिया गया ।

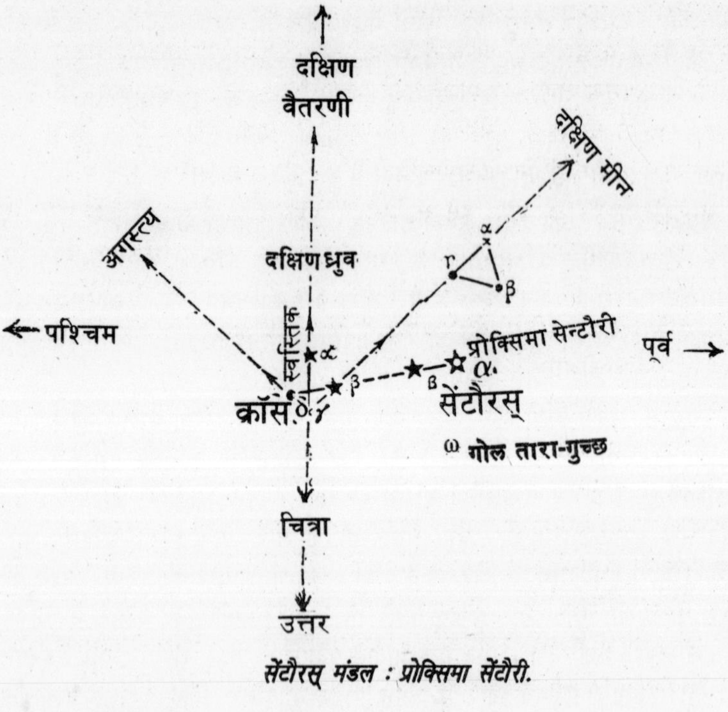

सेंटौरस् मंडल : प्रोक्सिमा सेंटौरी.

प्रोक्सिमा-सेंटौरी एक शीतल लाल-बौना तारा है । इसका कांतिमान 10.5 है और यह हमारे सूर्य से 20,000 गुना कम प्रकाश उत्सर्जित करता है । इस तारे को अपनी मुख्य जोड़ी की एक परिक्रमा पूरी करने में कई हजार साल लगते हैं।[7]

सेंटौरस् मंडल का **बीटा** तारा नीले रंग का और 0.9 कांतिमान का है । अर्थात्, आकाश के सर्वाधिक चमकीले 20 तारों में इसका नंबर 10वां है । यह अतितप्त श्वेत-दानव तारा हमसे करीब 200 प्रकाश-वर्ष दूर है । इसका सतह-तापमान 22,500 डिग्री सेल्सियस है और यह हमारे सूर्य से करीब 800 गुना अधिक प्रकाश उत्सर्जित करता है ।

सेंटौरस् मंडल का **इप्सिलोन** तारा इस नरतुरंग प्राणी की सामने की दाईं जंघा के मोड़ पर स्थित है । इस मंडल के अल्फा, बीटा और इप्सिलोन तारे एक आकर्षक त्रिभुज का निर्माण करते हैं ।

अल्फा-सेंटौरी के 18 अंश पश्चिमोत्तर में **ओमेगा** नामक एक गोल तारा-गुच्छ है, जिसे कोरी आंखों से भी देखा जा सकता है । यह गुच्छ हमसे करीब 20,000 प्रकाश-वर्ष दूर है और इसमें करीब एक लाख तारे हैं । यह आकाश का सबसे नजदीक का और सबसे चमकीला गोल गुच्छ है ।

सेंटौरस् मंडल के दक्षिण में अपेक्षाकृत छोटा **क्रुक्स** (क्रॉस या सलीब) मंडल है । इसके चार प्रमुख तारे – अल्फा, बीटा, गामा और डेल्टा – एक क्रॉस या सलीब की आकृति बनाते हैं, इसीलिए इस मंडल को 16वीं सदी में क्रुक्स नाम दिया गया था । प्राचीन यूनान के खगोलविदों ने इस मंडल के बारे में कोई स्पष्ट जानकारी नहीं दी है । वे प्रायः इसे सेंटौरस् में शामिल करते थे । अल्बेरूनी जानकारी देते हैं कि दक्षिणी खगोल में दिखाई देनेवाले एक तारा-मंडल को भारत में **शूल** कहा जाता है, जो शायद सलीब का द्योतक है । जो भी हो, दक्षिण अमरीका और दक्षिण अफ्रीका के निवासी सेंटौरस् और क्रुक्स मंडलों के इन चमकीले तारों से भलीभांति परिचित रहे हैं ।

क्रुक्स मंडल आकाशगंगा की एक पतली धारा में स्थित है । भारत में इस मंडल को **त्रिशंकु** या **स्वस्तिक** के नाम से भी जाना जाता है । इसे **दक्षिणी क्रॉस** भी कहते हैं । इस मंडल का **अल्फा** तारा 1.1 कांतिमान का है और यह तीन तारों की एक संयुक्त योजना है । यह 'त्रिमूर्ति' हमसे करीब 218 प्रकाश-वर्ष दूर है । यह तारा भी बीटा-सेंटौरी की तरह एक अतितप्त श्वेत-दानव है ।

क्रुक्स मंडल के **अल्फा** तथा **गामा** तारे दक्षिण-उत्तर दिशाएं दर्शाते हैं और इसके **डेल्टा** तथा **बीटा** तारे लगभग पश्चिम-पूर्व दिशाएं दर्शाते हैं । क्रुक्स के डेल्टा और बीटा तारों को जोड़नेवाली रेखा को पूर्व की ओर आगे बढ़ाया जाए,

तो वह सेंटौरस् के क्रमशः बीटा और अल्फा तारों में से गुजरती है। क्रुक्स मंडल के ये तारे दक्षिण सागरों की यात्रा करनेवाले नाविकों के लिए कुतुबनुमे की भूमिका अदा करते रहे हैं।

क्रुक्स (क्रॉस) के दक्षिण-पूर्व में, आकाशगंगा के बीच, तारों से रहित एक काला धब्बा है, जिसे **कोयले की गठरी** (कोल-सैक) कहा जाता है। वस्तुतः यह धूल व गैस की काली नीहारिका है, जो आकाश में एक 'छेद' की तरह प्रतीत होती है।

सेंटौरस् और क्रुक्स मंडलों में खगोलविदों के अध्ययन के लिए और भी कई आकर्षक नजारे हैं।

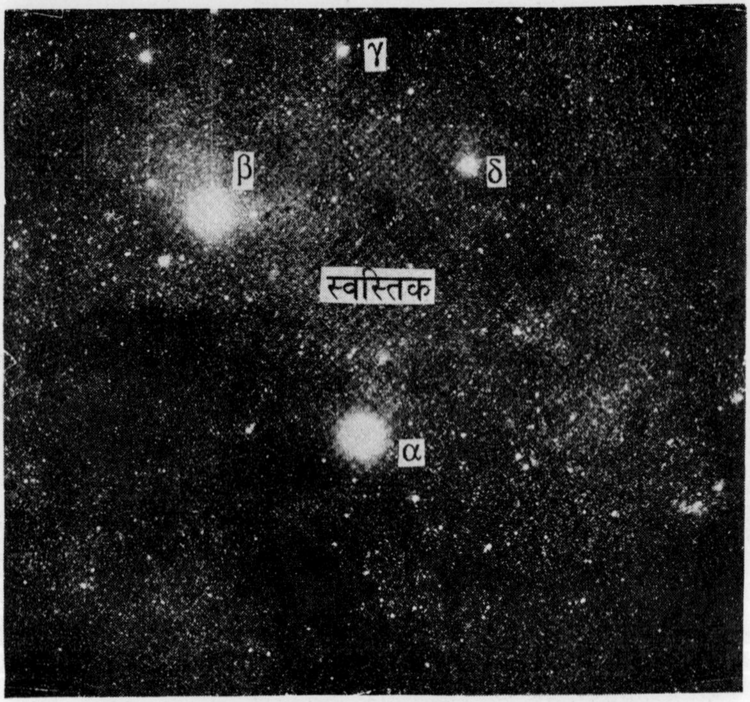

दक्षिणी खगोलार्ध में आकाशगंगा के बीच क्रुक्स (क्रॉस, स्वस्तिक) मंडल के आसपास का नजारा : इस मंडल के दो तारे लाल रंग के हैं, इसलिए चित्र में मंदकांति दिखाई देते हैं. 'कोयले की गठरी' (कोल सैक) का काला धब्बा क्रुक्स के दक्षिण-पश्चिम में है.

ध्रुव नहीं है ध्रुवतारा

हमारा एक पुराना विवाह संस्कार है – ध्रुव-दर्शन । वर कुछ मंत्र पढ़ते हुए वधू को ध्रुवतारा दिखाता है । आशय यह होता है कि वधू पति के घर में ध्रुवतारे की भांति अचल रहकर सुख भोगेगी ।

बालक ध्रुव की पौराणिक कथा से सभी परिचित हैं । ध्रुव की घोर तपस्या से प्रसन्न होकर विष्णु ने उसे आकाश में एक स्थिर तारे का स्थान प्रदान किया । ध्रुवतारे की स्थिरता को देखकर ही यह आख्यान गढ़ा गया होगा ।

पृथ्वी अपनी धुरी पर पश्चिम से पूर्व की ओर चक्कर काटती रहती है, इसलिए आकाश के तारे हमें पूर्व से पश्चिम की ओर जाते दिखाई देते हैं । ऐसी स्थिति में पृथ्वी की धुरी की उत्तरी (दक्षिणी भी) दिशा में खगोल पर कोई तारा हो तो वह हमें स्थिर दिखाई देगा । धुरी की उत्तरी दिशा में आज ऐसा एक तारा है । इसे ही हम **ध्रुवतारा** कहते हैं । सप्तर्षि के तारे इसकी परिक्रमा करते दिखाई देते हैं । सप्तर्षि के सामने के दो तारों – **क्रतु** और **पुलह** – को जोड़नेवाली रेखा को क्रतु की ओर, यानी उत्तर की ओर, आगे बढ़ाया जाए, तो वह क्रतु से करीब 29 अंश की दूरी पर ध्रुवतारे से जाकर मिलती है ।

ध्रुव को पहचानने का एक और तरीका है । जो स्थान जितने उत्तरी अक्षांश पर होगा, उतने अंश क्षितिज के ऊपर उत्तरी दिशा में आकाश की ओर देखा जाए तो ध्रुवतारा दिखाई देगा । जैसे, यदि आप 25 उत्तरी अक्षांशवाले किसी स्थान पर खड़े हैं, तो वहां से उत्तरी क्षितिज के 25 अंश ऊपर आकाश में ध्रुवतारा दिखाई देगा । प्राचीन काल में नाविकों तथा यात्रियों को दिशा-ज्ञान कराने में ध्रुवतारे ने बड़े महत्व की भूमिका अदा की है ।

भारतीय आख्यानों में उत्तर ध्रुव का स्थान अत्यंत महत्वपूर्ण माना गया है । आधुनिक ध्रुवतारा जिस मंडल में है उसे पाश्चात्य ज्योतिष में **उरसा माइनर** अथवा लघु ऋक्ष (छोटी भालू, या लघुसप्तर्षि) कहते हैं । वस्तुतः इस तारा-मंडल का नियोजन यूनानी दार्शनिक थेलस् ने 600 ई. पू. के आसपास

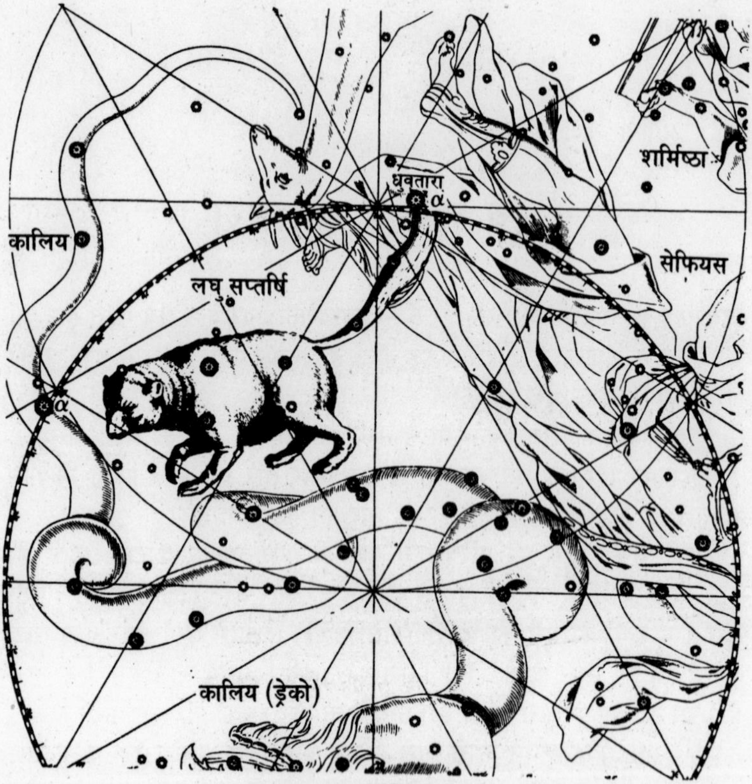

छोटी भालू (लघु सप्तर्षि).

किया था और इसे **फोइनिस्** नाम दिया था ।

हमारे पुराणों में इस तारा-मंडल के लिए **शिशुमार चक्र** नाम भी देखने को मिलता है । जल में रहनेवाले एक विशिष्ट जंतु को शिशुमार कहते हैं । उत्तरी भारत से शिशुमार चक्र को ध्रुवतारे का पूर्ण चक्कर लगाते हुए देखा जा सकता है ।

ध्रुवतारा लघुसप्तर्षि मंडल या शिशुमार चक्र का प्रमुख (अल्फा) तारा है । द्वितीय कांतिमान का यह तारा हमसे 472 प्रकाश-वर्ष दूर है । ध्रुवतारा हमारे सूर्य से काफी बड़ा है । इसका व्यास हमारे सूर्य के व्यास से 120 गुना अधिक है। इसका सतह-तापमान भी ज्यादा है । मगर ध्रुवतारे के बारे में विशेष बात यह है

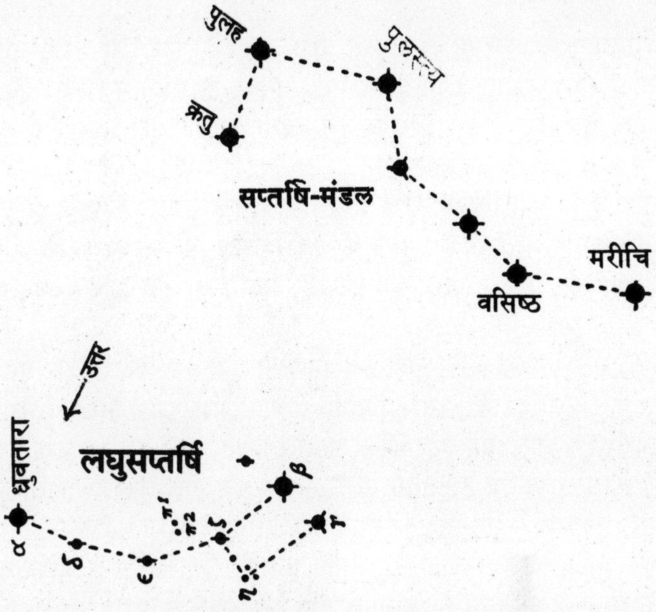

कालिय (ड्रेको)

लघु सप्तर्षि मंडल : ध्रुवतारा.

कि चार दिन की कालावधि में इसका आयतन नियमित रूप से घटता-बढ़ता रहता है। साथ ही, इसका तापमान और इसकी कांति भी घटती-बढ़ती जाती है। तात्पर्य यह कि, आधुनिक खगोल-विज्ञान की शब्दावली में कहें तो ध्रुवतारा एक **सेफाइड** या सैफियरी अर्थात् **स्पंदी तारा** है। इस तारे के बारे में दूसरी महत्व की बात यह है कि यह हमारे सूर्य से करीब 10,000 गुना अधिक प्रकाश और ताप उत्सर्जित करता है। ध्रुवतारा संभवतः एक युग्म-तारा है।

ध्रुवतारे को हमने स्थिरता का प्रतीक मान लिया है। शब्दकोशों के अनुसार भी ध्रुव के अर्थ हैं – स्थिर, अचल, अटल, नित्य, शाश्वत, एकरूप इत्यादि। मगर तथ्य यह है कि ध्रुवतारा ध्रुव नहीं है। पहली बात तो यही है कि आज का ध्रुवतारा खगोल के ठीक उत्तरी ध्रुव-बिंदु पर नहीं है। यह तारा वास्तविक ध्रुव-बिंदु से करीब एक अंश दूर है और चौबीस घंटों में एक छोटा-सा वृत्त बनाता है। वस्तुतः एक और तारा ध्रुव-बिंदु के अधिक नजदीक है, मगर वह

6.4 कांतिमान का होने के कारण उसे कोरी आंखों से नहीं देखा जा सकता। वर्तमान ध्रुवतारा 2102 ई. में वास्तविक ध्रुव-बिंदु के सबसे नजदीक रहेगा। उसके बाद ध्रुव-बिंदु से इस तारे की दूरी बढ़ती जाएगी और भविष्य में कोई दूसरा ही तारा ध्रुवतारा कहलाएगा।

अतीत में भी यही स्थिति रही है। आज से दो हजार साल के पहले दूसरे ही तारे ध्रुवतारे माने जाते रहे हैं। पृथ्वी की एक विशिष्ट गति के कारण ही खगोल के ध्रुव-बिंदु की, और इसलिए ध्रुवतारे की, स्थिति बदलती रही है, बदलती रहेगी।

पृथ्वी पूर्णतः एक गोल पिंड नहीं है। यह दोनों ध्रुवों पर चपटी है और भूमध्य रेखा पर कुछ फूली हुई है। इसलिए पृथ्वी के अपनें अक्ष-घूर्णन और सूर्य-चंद्र के गुरुत्वाकर्षण के कारण यह लट्टू की तरह डोलती भी रहती है। इस तरह पृथ्वी की धुरी का सिरा करीब 25,800 सालों में एक पूरा गोल चक्कर लगाता है। परिणामतः आकाश में ध्रुव-बिंदु का स्थान बदलता रहता है।

पिछले करीब दो हजार वर्षों से वर्तमान ध्रुवतारे (लघुसप्तर्षि के **अल्फा** तारे को) ध्रुवतारा माना जाता है, हालांकि ईसा की आरंभिक सदियों में वर्तमान ध्रुवतारा वास्तविक ध्रुव-बिंदु से काफी दूर रहा है। बुद्ध और महावीर के समय में ध्रुव-बिंदु के पास ऐसा कोई स्पष्ट तारा नहीं था जिसे ध्रुवतारा कहा जा सके। ईसा पूर्व चौथी सदी के यूनानी नाविक व खगोलविद पाइथियास् ने लिखा भी है कि ध्रुव-बिंदु के पास कोई तारा नहीं है।

ईसा पूर्व 1000 के आसपास लघुसप्तर्षि मंडल का द्वितीय कांतिमान का **बीटा** तारा ध्रुव-बिंदु के नजदीक था। उस समय कई देशों में इस बीटा-लघुसप्तर्षि को ही ध्रुवतारा माना जाता था। इसके लिए प्रमाण भी मौजूद हैं। प्राचीन यूनानी खगोलविदों ने इस बीटा तारे को **पोलोस्** (ध्रुव) कहा है। चीन के प्राचीन ग्रंथों में इस बीटा तारे को **राज-नक्षत्र** कहा गया है। प्राचीन अरबी में इस बीटा तारे के लिए **कुतुब-अल्-शुमाली** नाम मिलता है, जिसका अर्थ है – उत्तर का तारा।

आज से करीब 4,700 साल पहले (2,700 ई. पू. के आसपास, जब हड़प्पा संस्कृति अपने शैशव-काल में थी) **कालिय** (पाश्चात्य **ड्रेको**) मंडल का **अल्फा** तारा ध्रुव-बिंदु के एकदम नजदीक था। हड़प्पा संस्कृति की उन्नतावस्था में भी यही **अल्फा-कालिय** ध्रुवतारा रहा होगा। अक्कद के शासक सारगोन-प्रथम के समय (लगभग 2,350 ई. पू.) यही तारा ध्रुवतारा था और कीलाक्षर अभिलेखों में इसे **तीर्-आन्-ना** (स्वर्ग का जीवन) कहा गया है।

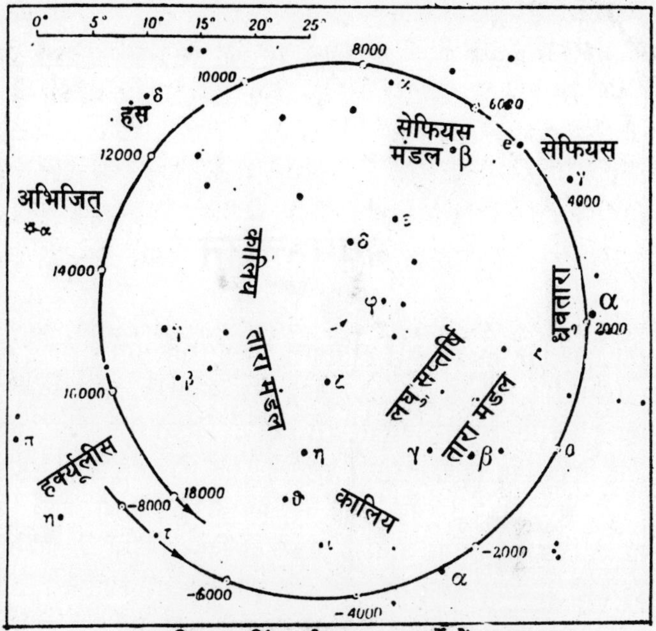

वास्तविक ध्रुव-बिंदु करीब 26,000 वर्षों में आकाश का एक पूरा गोल चक्कर लगाता है.

आज से करीब 13,000 साल पहले वीणा (लायरा) मंडल का खूब चमकीला **अभिजित्** (वेगा) नक्षत्र ध्रुव-बिंदु के नजदीक था। इसी प्रकार, आज से करीब 13,000 साल बाद खगोल का ध्रुव-बिंदु, करीब 26,000 सालों का एक चक्कर पूर्ण करके, पुनः अभिजित् नक्षत्र के नजदीक पहुंच जाएगा।

सारांश यह कि, इस विश्व में ध्रुव, नित्य या शाश्वत कुछ भी नहीं है, ध्रुवतारा भी नहीं। आकाश का प्रत्येक तारा निरंतर अपनी स्थिति बदलता रहता है। पृथ्वी की धुरी, डोलते हुए, करीब 26,000 सालों में क्रांतिवृत्त के ध्रुव (कदंब) का एक चक्कर लगाती है, इसलिए आकाश का ध्रुव-बिंदु भी निरंतर अपना स्थान बदलता रहता है। इतना ही नहीं, पृथ्वी की धुरी की इसी विशिष्ट गति के कारण क्रांतिवृत्त पर संपात या विषुव बिंदुओं (जिन दो बिंदुओं पर क्रांतिवृत्त और खगोलीय विषुवत-वृत्त एक-दूसरे को काटते हैं) के स्थान भी पूर्व से पश्चिम की ओर सरकते रहते हैं और करीब 26,000 सालों में एक चक्र पूरा करते हैं। संपात या विषुव बिंदुओं के इस स्थित्यंतरण को **विषुव-अयन** अथवा **अयन-चलन** कहते हैं। खगोल-विज्ञान में अयन-चलन की जानकारी का बड़ा महत्व है।

अयन-चलन

खगोल का विषुवत-वृत्त और क्रांतिवृत्त एक-दूसरे के साथ करीब 23.5 अंशों का (ठीक-ठीक कहें तो 23^0. 27 का) कोण बनाते हैं, जो सदैव स्थिर बना रहता है। क्रांतिवृत्त और विषुवत-वृत्त जिन दो बिंदुओं में एक-दूसरे को काटते हैं उन्हें **विषुव-बिंदु** (इक्विनोक्सेस) कहते हैं। एक को **वसंत विषुव** कहते हैं और दूसरे को **शरद विषुव**। वसंत विषुव को **मेष** के चिह्न से और शरद विषुव को **तुला** के चिह्न से दर्शाया जाता है। इन दो विषुव-बिंदुओं के धीरे-धीरे पीछे सरकने को ही **अयन-चलन** (प्रिसेशन ऑफ इक्विनोक्सेस) कहते हैं।

इस घटना का एक भौतिक कारण है। हमारी पृथ्वी दोनों ध्रुवों पर कुछ चपटी है और भूमध्यरेखा पर कुछ फूली हुई है। अन्य शब्दों में, पृथ्वी एक गोल नहीं, बल्कि **गोलाभ** है। दूसरी बात यह है कि भूमध्यरेखा पृथ्वी का मुख्य तल है, मगर सूर्य तथा चंद्र क्रांतिवृत्त के तल में यात्रा करते हैं – अपवाद हैं तो केवल दो बिंदु : वसंत विषुव-बिंदु और शरद विषुव-बिंदु।

उपर्युक्त स्थितियों में सूर्य और चंद्र का गुरुत्वाकर्षण भूमध्यरेखा (विषुवत-वृत्त) और क्रांतिवृत्त के तलों को एक-दूसरे से मिलाने के प्रयास में रहता है, मगर पृथ्वी का अक्ष-घूर्णन ऐसा नहीं होने देता। क्रांतिवृत्त और विषुवत-वृत्त के तलों में करीब 23.5 अंशों का कोण सदैव कायम रहता है।

परिणाम यह होता है कि, पृथ्वी ही अपनी धुरी पर चक्कर लगाते हुए लट्टू की तरह डोलती भी रहती है। पृथ्वी की धुरी का सिरा क्रांतिवृत्त के ध्रुव (कदंब) का 23.5 अंशों के अंतर से धीरे-धीरे चक्कर लगाता रहता है। इस प्रकार, पृथ्वी की धुरी का सिरा करीब 25,800 वर्षों में कदंब का एक पूर्ण चक्कर लगाता है। यही वजह है कि पृथ्वी की धुरी का सिरा आकाश के जिस ध्रुव-बिंदु की ओर निर्देश करता है वह धीरे-धीरे अपना स्थान बदलते हुए करीब 25,800 वर्षों में एक पूर्ण चक्कर लगाता है।

सूर्य व चंद्र के गुरुत्वाकर्षण के कारण पृथ्वी के लट्टू की तरह डोलने का

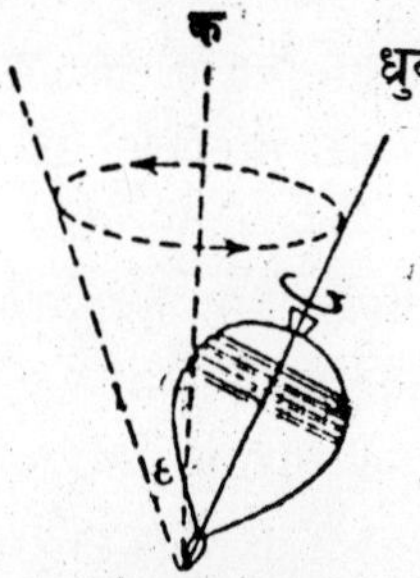

पृथ्वी लट्टू की तरह डोलती भी है.

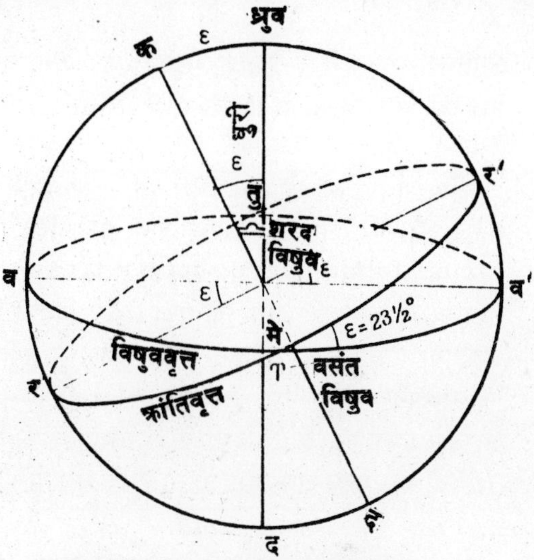

अयन-चलन के कारण विषुव-बिंदु क्रांतिवृत्त पर पीछे पश्चिम की ओर सरकता रहता है.

दूसरा परिणाम यह होता है कि, विषुव-बिंदु धीरे-धीरे क्रांतिवृत्त पर पीछे, सूर्य की वार्षिक गति की विपरीत दिशा में, सरकते रहते हैं, मगर क्रांतिवृत्त और विषुवत-वृत्त के बीच 23.5 अंशों का कोणीय अंतर कायम रहता है। विषुव-बिंदुओं के इसी पश्चगमन को **अयन-चलन** कहते हैं।

अयन-चलन के अंतर्गत विषुव-बिंदु एक साल में 50″.3 (करीब 50 कोणीय सेकंड) पीछे सरकते हैं। अर्थात्, वसंत विषुव-बिंदु से आरंभ करके सूर्य एक पूर्ण चक्कर लगाकर पुनः वसंत विषुव-बिंदु पर पहुंचता है, तो उसे हर साल करीब 50 कोणीय सेकंड का कम फासला तय करना पड़ता है। अन्य शब्दों में, सूर्य हर साल 20 मिनट और 24 सेकंड पहले वसंत विषुव-बिंदु पर पहुंचता है। परिणामतः **सायन-वर्ष** (ट्रॉपिकल ईयर) **नाक्षत्र-वर्ष** (साइडरियल ईयर) से 20 मिनट और 24 सेकंड छोटा होता है। सायन-वर्ष 365.2422 दिनों का होता है, और नाक्षत्र-वर्ष 365.2564 दिनों का।

विषुव-बिंदु क्रांतिवृत्त पर प्रतिवर्ष 50″.3 कोणीय अंतर पीछे सरकता है, इसलिए पूरे 360 अंश (= 1296000″) पीछे सरकने के लिए उसे करीब 25,800 साल लगते हैं। अतः अयन-चलन के कारण आकाश के तारा-मंडलों में उत्तरी ध्रुव-बिंदु और विषुव-बिंदु, दोनों के स्थान बदलते रहते हैं। चूंकि

क्रांतिवृत्त पर तारों के रेखांश (लांगिच्यूड) प्रायः वसंत विषुव-बिंदु को केंद्र या मूल बिंदु मानकर व्यक्त किए जाते हैं, इसलिए तारों के रेखांश भी बदलते रहते हैं।

अयन-चलन की खोज का श्रेय यूनानी खगोलविद **हिप्पार्कस** (ईसा पूर्व दूसरी सदी) को दिया जाता है। एक अन्य खगोलविद ने उनके डेढ़ सौ साल पहले तारों की जो स्थितियां दी थीं, उनकी तुलना अपने समय की तारों की स्थितियों से करके हिप्पार्कस ने जाना कि शरद विषुव-बिंदु से **चित्रा** नक्षत्र का अंतर 2 अंश बढ़ गया है। इस अवलोकन से हिप्पार्कस ने सही निष्कर्ष निकाला कि चित्रा नक्षत्र अपने स्थान से नहीं सरका है, बल्कि विषुव-बिंदु ही क्रांतिवृत्त पर पश्चिम की ओर सरक गया है।[8] हिप्पार्कस ने गणना करके अयन-चलन की गति प्रतिवर्ष 36″ दी थी, मगर आज हम जानते हैं कि यह गति प्रतिवर्ष करीब 50″ है।

प्राचीन भारत के ज्योतिषियों को अयन-चलन की जानकारी काफी बाद में मिली, मगर वे इसकी शुद्ध गणना करके इस महत्वपूर्ण आविष्कार का सही इस्तेमाल कभी नहीं कर पाए। आर्यभट प्रथम, भास्कर प्रथम और ब्रह्मगुप्त ने अयन-चलन की पूर्ण उपेक्षा की। अधिकांश भारतीय ज्योतिषी यही मानते रहे कि विषुव-बिंदु (क्रांतिपात) स्थिर बिंदुओं (मेष और तुला) से पूर्व और पश्चिम की ओर ±27 अंश दोलन करते रहते हैं। आर्यभट द्वितीय ने तो यह दोलन ±24 अंशों का ही माना है। सब ज्योतिषियों की दोलन की रफ्तार भी समान नहीं है। वस्तुतः दोलन की यह कल्पना ही अवैज्ञानिक है।

पता चलता है कि ज्योतिषी **मुंजाल** (932 ई.) अयन-चलन की वास्तविकता को भलीभांति समझ गए थे। उन्होंने अयन-चलन की गति का लगभग सही मान दिया है। भास्कर द्वितीय (1150 ई.) को भी अयन-चलन की वास्तविकता का पता चल गया था, क्योंकि उन्होंने अपने **सिद्धांत-शिरोमणि** के 'गोलाध्याय' में मुंजाल की मान्यता का उल्लेख किया है।[9]

मगर परंपरागत भारतीय ज्योतिषी **सूर्य-सिद्धांत** का अनुकरण करते हुए विषुव-बिंदु के दोलन की अवैज्ञानिक मान्यता से ही चिपके रहे और **अयनांश** का सहारा लेकर पंचांग बनाते रहे।[10]

संदर्भ और टिप्पणियां

1. यह पंक्ति **अथर्व-संहिता** के 19वें कांड के 7वें सूक्त की है। यह और अगला 8वां सूक्त

ऋषि गार्ग्य की रचना है । इन दोनों सूक्तों में नक्षत्रों की जानकारी है । गार्ग्य ने कृत्तिका से आरंभ होनेवाले 28 नक्षत्रों की जो सूची दी है उसमें चित्रा का स्थान 12वां और स्वाति का 13वां है ।

2. खगोलीय विषुववृत्त और क्रांतिवृत्त (रविपथ) जिन दो बिंदुओं में एक-दूसरे को काटते हैं, उन्हें **विषुव** (इक्विनोक्सेस) कहते हैं (भारतीय ज्योतिष-ग्रंथों में इनके लिए **क्रांतिपात** शब्द का भी प्रयोग हुआ है) । सूर्य जब इन विषुव-बिंदुओं पर पहुंचता है, तब रात व दिन समान होते हैं ('इक्विनोक्स' का अर्थ ही है – समान दिन व रात) । वसंत विषुव-बिंदु (मीन राशि) से सूर्य उत्तरायण में पहुंचता है, और शरद विषुव-बिंदु (कन्या राशि) से दक्षिणायन में अग्रसर होता है ।

3. *अपांवत्सस्तु चित्राया उत्तरेंऽशैश्च पंचभिः ।*
वृहत्किंचिदतो भागैरापष्षड्भिस्तथोत्तरे ।।

—सूर्य-सिद्धांत, नक्षत्रग्रहयुत्यधिकार ।। 21 ।।

अर्थात्, चित्रा से 5 अंश उत्तर की ओर अपांवत्स तारा है, जिससे 6 अंश उत्तर कुछ बड़ा आपस् नामक तारा है ।

4. वस्तुतः सर्प (हाइड्रा) आकाश का सबसे बड़ा (क्षेत्रफल : 1300 वर्ग-अंश) मंडल है । दूसरा बड़ा मंडल कन्या (विरगो) है (क्षेत्रफल : 1290 वर्ग-अंश) ।

5. ईस्ट इंडिया कंपनी ने मद्रास वेधशाला की स्थापना 1792 ई. में की थी । करीब सौ साल के दौर में यूरोप के कई खगोलविदों ने यहां महत्वपूर्ण वेधकार्य किया । उन्नीसवीं सदी के उत्तरार्ध में नॉर्मन रॉबर्ट पोगसन ने, भारतीय खगोलविद चिंतामणि रघुनाथाचार्य के सहयोग से, यहां कुछ नए चरकांति तारे खोजे और इनकी एक सारणी तैयार की । इन्होंने 1872 ई. में यहां से बीएला धूमकेतु को भी देखा । रघुनाथाचार्य ने मद्रास वेधशाला से दो नए चरकांति तारे खोजे । मद्रास वेधशाला के निदेशक थॉमस टेलर ने यहां 18 साल वेधकार्य करके 11015 तारों की जो सारणी तैयार की, वह **मद्रास जनरल कैटेलॉग ऑफ 11015 स्टार्स** के नाम से 1844 ई. में प्रकाशित हुई थी ।

6. अल्फा-सेंटौरी के इस साथी-तारे की खोज 1916 ई. में आंग्ल खगोलविद आर. टी. ए. इन्नेस ने जोहन्सबर्ग (दक्षिण अफ्रीका) से की थी ।

7. प्रोक्सिमा तारा मुख्य अल्फा-सेंटौरी से करीब 0.15 प्रकाश-वर्ष दूर है और संभवतः 3,00,000 से भी अधिक वर्षों में उसकी एक परिक्रमा पूरी करता है।

8. हिप्पार्कस के समय में वसंत विषुव-बिंदु मेष में था और शरद विषुव-बिंदु तुला में । मगर अब ये बिंदु करीब 30^0 पश्चिम की ओर सरककर क्रमशः मीन और कन्या में पहुंच गए हैं!

9. *विषुवत्क्रांतिवलयोः सम्पातः क्रांतिपातः स्यात् ।*
तद्‌भगणाः सौरोक्ता व्यस्ता अयुतत्रयं कल्पे ।। 17 ।।
अयनचलनं यदुक्तं मुंजालाद्यैः स एवायम् ।
तत्पक्षे तद्‌भगणाः कल्पे गोऽङ्गर्तुनन्दगोचंद्राः ।। 18 ।।

सिद्धांत-शिरोमणि, गोलबंधाधिकार

अर्थात्, विषुवत-वृत्त और क्रांतिवृत्त के काट-बिंदु (संपात) को क्रांतिपात (वसंत विषुव) कहते हैं । सूर्य-सिद्धांत के अनुसार क्रांतिपात विलोम चलकर एक कल्प में 3,00,000 चक्कर लगाता है । मुंजाल भी उसी तरह के अयन-चलन का उल्लेख करते हैं, परंतु एक कल्प में क्रांतिपात के भगणों (चक्करों) की संख्या 1,99,669 बताते हैं ।

10. डॉ. मेघनाद साहा की अध्यक्षता में तैयार हुई भारतीय पंचांग संशोधन समिति की रिपोर्ट में जनवरी-आरंभ 1955 ई. के अयनांश $23^{0}15''$ को स्थिर मानकर आगे के लिए अयन-चलन के एक शुद्ध मान को स्वीकार किया गया है । समिति ने 21 मार्च (लीप ईयर में 22 मार्च) को आरंभ होनेवाले **सायन शक वर्ष** को स्वीकार किया और तदनुसार राष्ट्रीय पंचांग भी तैयार हो रहे हैं, मगर पंचांग बनानेवाले परंपरागत ज्योतिषियों ने इस नई वैज्ञानिक पद्धति को स्वीकार नहीं किया !

अध्याय 7

जून माह

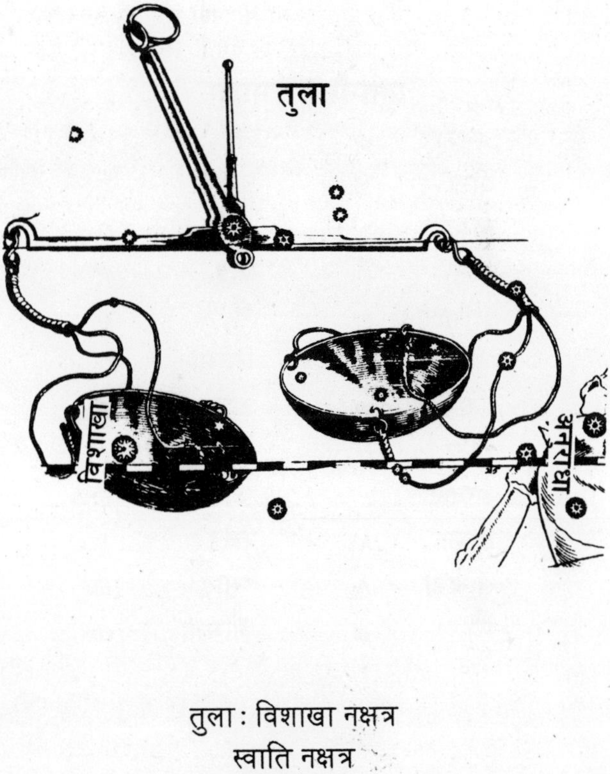

तुला : विशाखा नक्षत्र

स्वाति नक्षत्र

कालिय मंडल

कितनी दूर हैं तारे ?

तारों के अरीय वेग

संदर्भ और टिप्पणियां

यूनानी वर्णमाला

अल्फा	α	न्यू	ν
बीटा	β	क्साइ	ξ
गामा	γ	ओमिक्रोन	o
डेल्टा	δ	पाइ	π
इप्सिलोन	ϵ	रो	ρ
जीटा	ζ	सिग्मा	σ
इटा	η	टाउ	τ
थीटा	θ	अप्साइलोन	υ
आयोटा	ι	फाइ	ϕ
काप्पा	κ	खाइ	χ
लांबडा	λ	प्साइ	ψ
म्यू	μ	ओमेगा	ω

तुला : विशाखा नक्षत्र

राशिचक्र में कन्या की दक्षिण-पूर्व दिशा में तुला राशि के नक्षत्र हैं। भारतीय परंपरा के अनुसार तुला राशि में चित्रा (आधा), स्वाति (पूर्ण) और विशाखा (तीन-चौथाई) नक्षत्रों का समावेश होता है। इन नक्षत्रों का वैदिक काल से ही बड़ा महत्व रहा है। कृत्तिका से आरंभ होनेवाली वैदिककालीन नक्षत्र-सूची में चित्रा, स्वाति और विशाखा का स्थान क्रमशः बारहवां, तेरहवां और चौदहवां रहा है। वैदिक साहित्य में कृत्तिका से विशाखा तक के नक्षत्र **देवनक्षत्र** माने गए हैं : इन नक्षत्रों में किया गया कार्य शुभ दिन (पुण्याह) में किया गया कार्य माना जाता था।[1]

जैसा कि हमने पहले भी बताया है, राशिनाम बेबीलोनी मूल के हैं। बेबीलोन में तुला को **नुरु** कहते थे। अधिकांश राशिनाम प्राणियों (मेष, वृषभ, सिंह, कर्क आदि) से संबंधित हैं, इसलिए तुला नाम को लेकर मन में सहज ही एक प्रकार का कुतूहल पैदा होता है। राशिचक्र के अर्थ में प्रयुक्त होनेवाले पाश्चात्य 'जोडियक' शब्द का अर्थ है, 'पशु-पथ'। मगर 'तुला' इसका एकमात्र अपवाद है।

क्रांतिवृत्त की 12 राशियों में से एक को प्राचीन काल में तुला नाम क्यों दिया गया ? इस राशि के नक्षत्र (तारे) तुला (तराजू) जैसी कोई आकृति नहीं बनाते, फिर क्या वजह है कि इस राशि में किसी प्राणि-विशेष की कल्पना न करके तुला-जैसे एक नितांत लौकिक साधन की कल्पना की गई ?

प्राचीन काल के ज्योतिषियों ने काफी सोच-समझकर ही इस राशि को तुला नाम दिया है। इस नामकरण के पीछे कोई कल्पना या अंधविश्वास नहीं है। यह तुला नाम प्राचीन काल में आकाश के इस स्थान पर घटित होनेवाली एक वास्तविक घटना पर आधारित है।

खगोल का क्रांतिवृत्त या रविमार्ग खगोल के विषुववृत्त को जिन दो बिंदुओं पर काटता है उन्हें **विषुव-बिंदु** कहते हैं। जब सूर्य इन दो बिंदुओं पर रहता है,

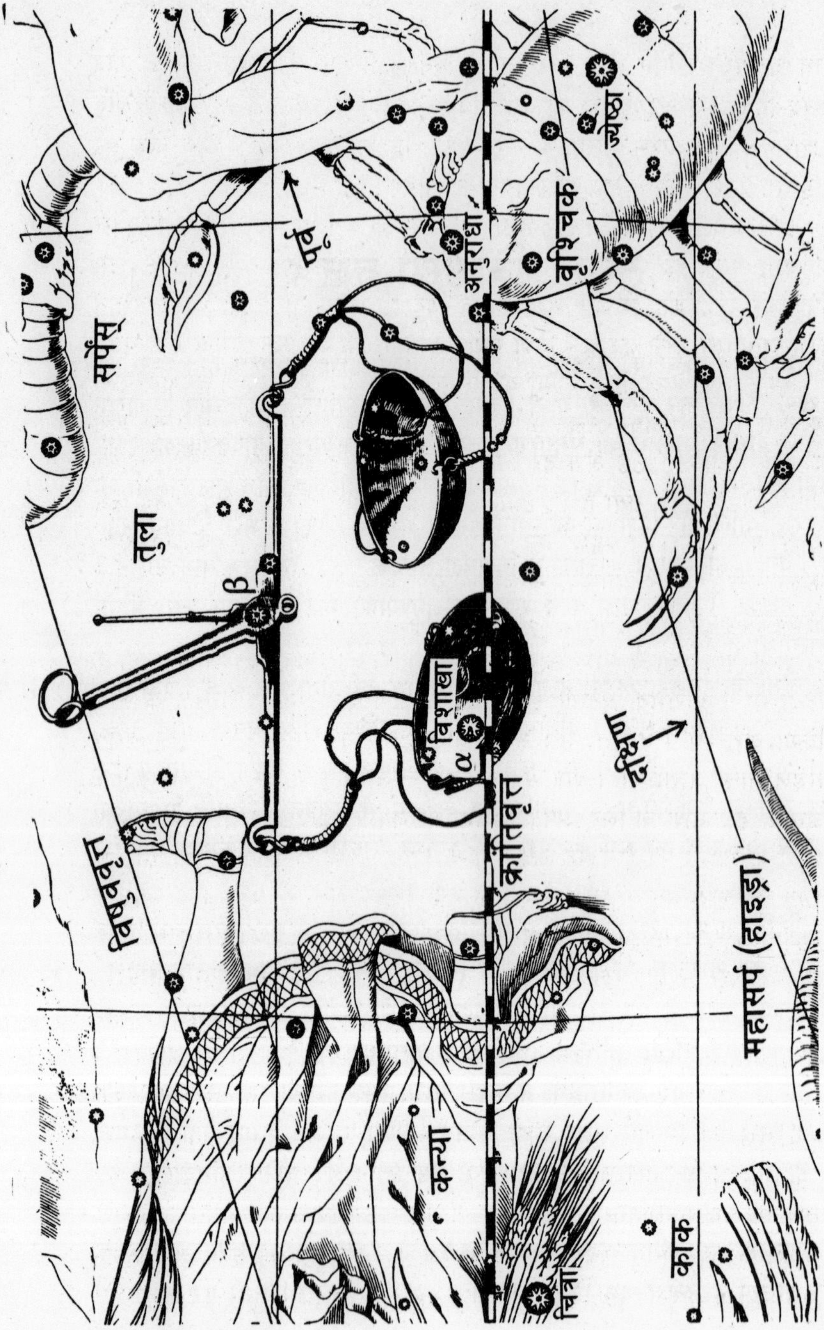
सर्पेस्
पूर्व
अनुराधा
ज्येष्ठा
वृश्चिक
तुला
β
विशाखा
α
क्रांतिवृत्त
दक्षिण
विषुववृत्त
महासर्प (हाइड्रा)
कन्या
काक
चित्रा

तब रात-दिन समान होते हैं। इन दो बिंदुओं के नाम हैं : **वसंत-विषुव** और **शरद-विषुव**। सूर्य 21 मार्च को वसंत विषुव-बिंदु पर पहुंचता है और उसके बाद उत्तरायण का आरंभ होता है। सूर्य 22 सितंबर को शरद विषुव-बिंदु पर पहुंचता है और उसके बाद दक्षिणायन का आरंभ होता है।

प्राचीन काल में, करीब ढाई हजार साल पहले, जब सूर्य शरद विषुव-बिंदु पर पहुंचता था, तब रात-दिन समान होते थे। इसलिए राशिचक्र के उस विभाजन-खंड को, जिसमें शरद विषुव-बिंदु विद्यमान था, तुला यानी समान दिन-रातवाली राशि का नाम दिया गया। स्पष्ट है कि यह एक सार्थक नाम था।

मगर आज शरद विषुव-बिंदु की स्थिति बदल गई है। यह बिंदु अब तुला राशि में नहीं है। **अयन-चलन** के कारण यह बिंदु अब कन्या मंडल में सरक गया है। उसी प्रकार, 180 अंश दूर का वसंत विषुव-बिंदु अब मेष में नहीं, बल्कि मीन राशि में सरक गया है। 2600 ई. के आसपास यह वसंत विषुव-बिंदु कुंभ राशि की सीमा में प्रवेश कर जाएगा। मगर, वस्तुस्थिति के विपरीत, फलित-ज्योतिष की पोथियां आज भी यही मानकर चलती हैं कि ये दोनों विषुव-बिंदु मेष और तुला राशियों में ही मौजूद हैं!

तुला का पाश्चात्य नाम **लिब्रा** है। इस राशि को यह लिब्रा नाम रोमनों ने दिया था। आरंभिक यूनानी इस राशि के तारों का समावेश वृश्चिक के साथ किया करते थे। वस्तुतः उस समय वृश्चिक के पंजों (नखों) को एक स्वतंत्र मंडल माना जाता था। बाद में यूनानियों ने लैटिन शब्द **जुगुम** (तुलादंड) के अनुरूप इस राशि के लिए अपने **जिकोस** या **जुगोस** शब्द बनाए। इन्हीं यूनानी शब्दों के आधार पर ईसा की छठी सदी के आरंभ में **वराहमिहिर** ने तुला राशि के लिए **जूक** शब्द बनाया था, मगर चला नहीं। तुला राशि के लिए अन्य प्रचलित शब्द हैं : तौलि, वणिज् और तुलाधर। तुला राशि के भारतीय चित्रांकन में एक घुटने के बल बैठे हुए पुरुष को हाथ में तराजू धारण किए हुए दिखाया गया है।

तुला राशि के नक्षत्र इन दिनों रात्रि को करीब नौ बजे दक्षिण-पश्चिम आकाश में सर्वोच्च स्थान पर पहुंच जाते हैं। प्राचीन काल में खगोल के विषुववृत्त और क्रांतिवृत्त का मिलाप तुला राशि के मध्य में होता था, मगर आज पाश्चात्य ज्योतिष का समूचा तुला (लिब्रा) मंडल खगोलीय विषुववृत्त के दक्षिण में है। तुला के दक्षिण-पूर्व में वृश्चिक राशि के नक्षत्र हैं। पाश्चात्य ज्योतिष के तुला मंडल के तारे ज्यादा स्पष्ट नहीं हैं, परंतु इस राशि की भारतीय व्यवस्था के अंतर्गत जिन चित्रा, स्वाति और विशाखा नक्षत्रों का समावेश किया गया है उन्हें

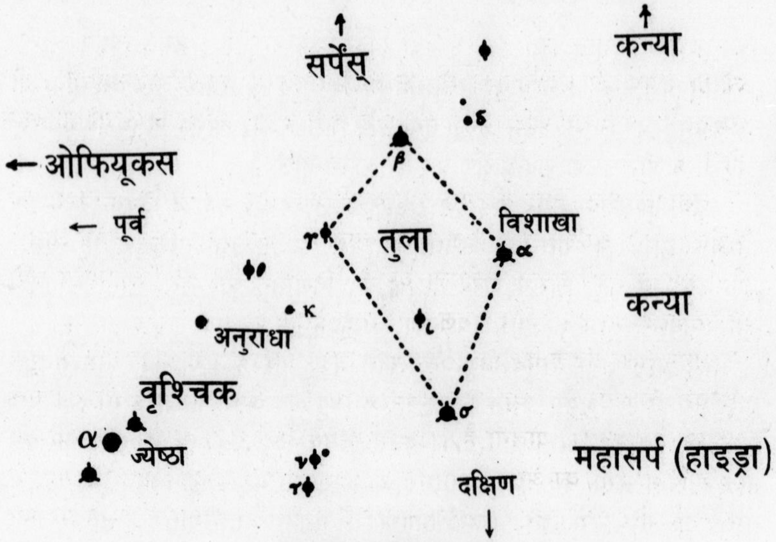

तुला मंडल : विशाखा नक्षत्र.

पहचानने में कोई कठिनाई नहीं है। इनमें से चित्रा की व्यापक चर्चा हम पहले कन्या राशि के अंतर्गत कर चुके हैं। स्वाति नक्षत्र को बड़ा महत्व दिया जाता रहा है, इसलिए इसकी जानकारी यहां हम अलग से दे रहे हैं। यहां हम प्रमुख रूप से विशाखा नक्षत्र का ही परिचय देंगे।

वैदिक साहित्य में **विशाखा** का उल्लेख स्त्रीलिंग और द्विवचन में हुआ है (**द्वे विशाखे**)। विशाखा नक्षत्र के देवता या स्वामी **इंद्राग्नि** बताए गए हैं। मगर विशाखा के योगतारे के बारे में खगोलविद एकमत नहीं हैं। कुछ ज्योतिषी तुला मंडल के **अल्फा** तारे को विशाखा का योगतारा मानते हैं, तो कुछ अन्य ज्योतिषी इस मंडल के **काप्पा** तारे को।

तुला मंडल का **अल्फा** तारा तराजू के पश्चिमी पलड़े में लगभग क्रांतिवृत्त पर स्थित है। वस्तुतः यह एक जुड़वां तारा है। इस जोड़ी का कांतिमान 2.8 का प्रमुख नीला तारा हमसे करीब 72 प्रकाश-वर्ष दूर है। उसका साथी तारा 5.3 कांतिमान का और पीले रंग का है। कभी-कभी इन जुड़वां तारों को स्वच्छ आकाश में कोरी आंखों से भी पहचाना जा सकता है।

तुला मंडल का सबसे चमकीला कांतिमान 2.7 का तारा **बीटा** है, जो तुलादंड के मध्य में स्थित है। जानकारी मिलती है कि प्राचीन काल में यह तारा अधिक चमकीला था। ज्योतिषी **तालेमी** (150 ई.) ने वृश्चिक राशि के रक्तवर्ण

ज्येष्ठा नक्षत्र की कांति तुला के इस बीटा नक्षत्र के बराबर बतलाई है । हो सकता है इस दौरान **बीटा-तौलि** की कांति घटी न हो, बल्कि ज्येष्ठा की ही बढ़ी हो ।

तुला के बीटा तारे की एक महत्वपूर्ण विशेषता यह है कि आकाश का संभवतः यही अकेला तारा है जो कोरी आंखों से गहरे हरे रंग का नजर आता है । इस तारे की दूसरी विशेषता यह है कि यह करीब 10 किलोमीटर प्रति सेकंड के वेग से हमारे सौर-मंडल की ओर गतिमान है ।

मगर तुला मंडल का सबसे दिलचस्प तारा है **डेल्टा**, जो बीटा तारे के कुछ पश्चिम की ओर है । यह एक जुड़वां तारा है । ठीक-ठीक कहें तो यह एक **ग्रहणकारी चरकांति** योजना है । इस जोड़ी के दोनों तारों में केवल करीब 90 लाख किलोमीटर का अंतर है। ये तारे 2.33 दिनों में एक-दूसरे की परिक्रमा पूरी करते हैं और एक-दूसरे को ग्रहण लगाते हैं । इसलिए धरती से देखने पर इस डेल्टा तारे का कांतिमान 4.8 से 5.9 तक घटता जाता है । इस ग्रहणकारी चरकांति तारे की खोज 1859 ई. में हुई थी ।

तुला वस्तुतः एक कृत्रिम तारा-मंडल है । सूर्य के शरद विषुव-बिंदु पर पहुंचने यानी रात-दिन के समान होने की भौतिक घटना को प्रदर्शित करने के लिए तुला मंडल (राशि) का निर्माण हुआ था । आज वह घटना कन्या राशि में घटित होती है और यह प्रमाणित करती है कि आकाश की घटनाएं स्थिर या अटल नहीं होतीं ।

स्वाति नक्षत्र

ईसा की आरंभिक सदियों में भारतीय ज्योतिषियों ने बेबीलोनी मूल की तुला राशि में जिस स्वाति नक्षत्र का समावेश किया वह **कृत्तिका** से आरंभ होने वाली वैदिक नक्षत्र-सूची का 13वां नक्षत्र है। बाद में नक्षत्र-सूची का आरंभ **अश्विनी** से हुआ, तो स्वाति 15वां नक्षत्र बन गया।

भारतीय ज्योतिष के अनुसार स्वाति नक्षत्र का समावेश तुला राशि में होता है, मगर पाश्चात्य ज्योतिष में तुला एक स्वतंत्र मंडल है और स्वाति नक्षत्र जिस तारा-मंडल में है उसका पाश्चात्य नाम **बोतीज** है। यह मंडल तुला के पश्चिमोत्तर में है।

स्वाति को वैदिक काल से ही एक महत्वपूर्ण नक्षत्र माना जाता रहा है। **अथर्व-संहिता** का कथन है : **स्वातिः सुखो मे अस्तु** (स्वाति मेरे लिए सुखकारी हो)। भारतीय लोककथा के अनुसार, ग्रीष्म ऋतु में स्वाति को देखकर चातक पक्षी इतना मुग्ध होता है कि जब तक सूर्य इस नक्षत्र में पहुंचकर वर्षा नहीं कराता, तब तक वह प्यासा ही रहता है।

हमारे यहां यह मान्यता भी प्रचलित रही है कि स्वाति में होनेवाली वर्षा की बूंदें जब सागर की सीपियों में पहुंचती हैं, तब उनमें बढ़िया मोती जन्म लेते हैं। **भर्तृहरि** के **नीतिशतक** की एक पंक्ति है : **सागरशुक्तिसंपुटगतं सन्मौक्तिकं जायते।**

वैदिक साहित्य में **स्वाति** शब्द का प्रयोग स्त्रीलिंग-एकवचन में हुआ है और **वायु** को इस नक्षत्र का देवता बताया गया है।[2] स्वाति का एक अर्थ खड्ग या तलवार भी है, मगर भारतीय परंपरा में इसे एक मणि, रत्न या मोती के रूप में ही चित्रांकित किया गया है।

स्वाति एक खूब चमकीला नक्षत्र है, इसलिए इसकी पहचान में कोई कठिनाई नहीं है। यह नक्षत्र क्रांतिवृत्त या रविमार्ग के काफी उत्तर में है, खगोलीय विषुववृत्त के भी उत्तर में है, इसलिए वैदिक साहित्य में स्वाति को **निष्ट्या** भी कहा गया है।[3] निष्ट्या का अर्थ है, निष्कासित या दूर फेंकी हुई।

बोतीज (भूतेश).

इन दिनों रात्रि को करीब नौ बजे स्वाति नक्षत्र लगभग मध्याकाश में पहुंच जाता है । इसे आकाश में पहचानने का एक आसान तरीका है । पहले उत्तराकाश में सप्तर्षि-मंडल को पहचानिए । सप्तर्षि के अत्रि, अंगिरस, वशिष्ठ और मरीचि तारों से बननेवाले हैंडलनुमा वक्र को उसी तरह दक्षिण की ओर बढ़ाया जाए, तो करीब 30 अंश की दूरी पर नारंगी रंग का चमकीला स्वाति नक्षत्र मिलता है और आगे लगभग उतनी ही दूरी पर चित्रा का श्वेत तारा है ।

स्वाति जिस नक्षत्र-मंडल में है उसे पाश्चात्य ज्योतिष में **बोएतीज** या **बोतीज** कहते हैं । **होमर** के महाकाव्य **औडेसी** में भी इस शब्द का उल्लेख है । इसलिए यह तारा-मंडल कम-से-कम करीब तीन हजार साल तो पुराना है ही । एक कथा

के अनुसार, बोतीज हल का आविष्कारक है और वह ध्रुवतारे के इर्द-गिर्द लगातार चक्कर लगा रहा है। एक अन्य कथा के अनुसार, बोतीज एक गड़रिया है और वह अपने दो कुत्तों को लेकर भालू (ऋक्षा, सप्तर्षि) को लगातार खदेड़ रहा है। भारतीय ज्योतिष में बोतीज मंडल को प्रायः ईश (भूतेश अथवा भूतप) के नाम से जाना जाता है।

बोतीज एक काफी विस्तृत तारा-मंडल है और इसके प्रमुख तारे पूंछवाली एक उड़ती पतंग जैसी आकृति बनाते हैं। स्वच्छ आकाश में कोरी आंखों से इस मंडल में करीब 80 तारों को पहचाना जा सकता है।

बोतीज (भूतेश) मंडल के प्रमुख स्वाति तारे (योगतारे) का पाश्चात्य नाम **आर्कत्यूरस** है। आर्कत्यूरस (अल्फा-बोतीज) यानी स्वाति नक्षत्र गहरे नारंगी रंग का 0.2 कांतिमान का तारा है। आकाश में कोरी आंखों से सबसे अधिक चमकीले नजर आनेवाले जो 20 तारे हैं उनमें स्वाति का स्थान छठा है। यह आकाश का पहला नक्षत्र है जिसे 1635 ई. में एक दूरबीन के जरिए दिन के समय भी देखा गया था।

सूर्य की तुलना में स्वाति एक विशाल तारा है। स्वाति का व्यास सूर्य के व्यास से करीब 25 गुना अधिक है। मगर यह कुछ ठंडा है। स्वाति का सतह-तापमान 5000 डिग्री से. के आसपास है, जबकि सूर्य का सतह-तापमान 6000 डिग्री से. के आसपास है। स्वाति नक्षत्र अपेक्षाकृत हमसे काफी नजदीक है, केवल करीब 36 प्रकाश-वर्ष दूर है, और काफी बड़ा है, इसीलिए यह अधिक चमकीला नजर आता है।

बड़े दर्पणवाली दूरबीन के साथ सूक्ष्मग्राही ताप-वैद्युत युग्मों (थर्मोकपल्स) को जोड़कर स्वाति नक्षत्र से धरती पर प्राप्त होनेवाली ऊष्मा का सीधा मापन किया गया है। पता चला है कि स्वाति से उतनी ही ऊष्मा प्राप्त होती है, जितनी कि करीब 8 किलोमीटर दूर रखी गई एक मोमबत्ती से मिल सकती है ! इस परिणाम से यह भी स्पष्ट हो जाता है कि आकाशीय पिंडों के अन्वेषण के लिए आज के खगोलविदों ने कितने सूक्ष्म और शक्तिशाली साधन जुटाए हैं।

प्राचीन काल से ही लोगों का विश्वास रहा है कि नक्षत्र अपने स्थान पर स्थिर रहते हैं। **निरुक्त** (3.20.) का निरूपण : **नक्षत्राणि नक्षतेर्गतिकर्मणः**, यानी जो अपने स्थान से क्षत या गतिमान नहीं होते वे नक्षत्र हैं। मगर आज हम जानते हैं कि इस विश्व में स्थिर कुछ भी नहीं है, नक्षत्र भी नहीं।

स्वाति (आर्कत्यूरस) आकाश का पहला तारा है जिसके बारे में स्पष्ट जानकारी मिली थी कि यह अपने स्थान से विचलित हो रहा है, यानी इसकी

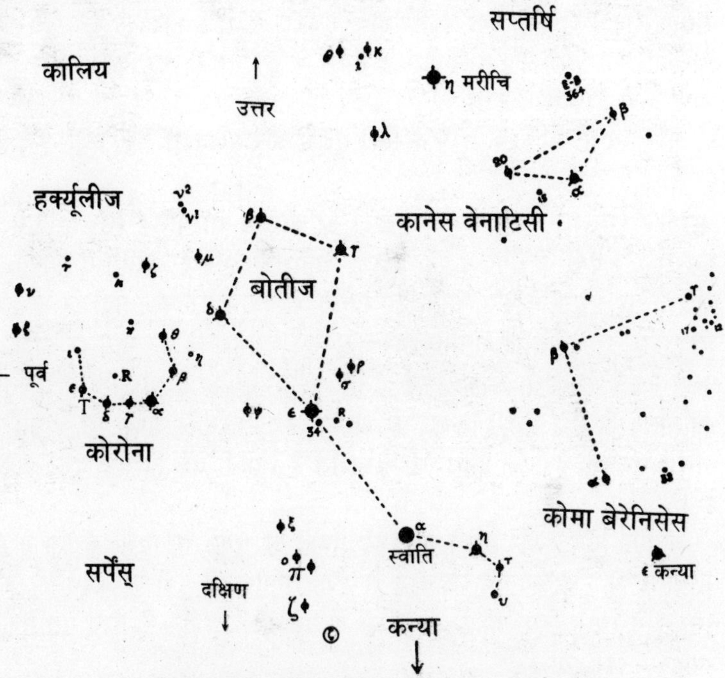

बोतीज (स्वाति नक्षत्र), कोरोना, कोमा और कानेस मंडल.

अपनी निजी गति है । इस तारे की निजी गति की खोज महान न्यूटन के मित्र **एडमंड हेली** ने 1717 ई. में की थी । चूंकि उस समय तक यूरोप में तारों को स्थिर माना जाता था, इसलिए हेली की इस खोज ने, न केवल वैज्ञानिक जगत में तहलका मचाया, बल्कि दार्शनिक विचारधाराओं को भी बड़ा प्रभावित किया। स्वाति नक्षत्र का पिछली करीब आठ सदियों में आकाश में चंद्र के दृश्य-व्यास के बराबर स्थानांतरण हुआ है ।

बोतीज मंडल में कई दिलचस्प जुड़वां तारे हैं । **इप्सिलोन** तारा वस्तुतः तीन तारों की एक संयुक्त योजना है । चमकीले पीले रंग का प्रमुख तारा तीसरे कांतिमान का है और नीले रंग का इसका साथी-तारा छठे कांतिमान का है । प्रमुख तारे के निकट एक और तारा है ।

पाइ अक्षर से निर्देशित तारा दो तप्त नीले तारों की संयुक्त योजना है । इतना ही नहीं, इनमें से प्रत्येक तारा एक जुड़वां तारा है । इस प्रकार, **पाइ** चार तारों की एक संयुक्त योजना है ।

जीटा अक्षर से दर्शाया गया तारा भी वस्तुतः दो तप्त नीले तारों का जुड़वां संसार है। ये दो तारे एक लंबी अंडाकार कक्षा में 123 सालों में एक-दूसरे की परिक्रमा पूरी करते हैं। मगर बोतीज मंडल के इन जुड़वां तारों को दूरबीन से ही स्पष्ट देखा जा सकता है।

परंतु स्वाति का दर्शन सभी के लिए सुलभ और सुखकारी है।

बोतीज (भूतेश) मंडल के पूर्व में छोटा-सा **कोरोना बोरियलिस** (उत्तरी किरीट) मंडल है। एक कोरोना मंडल दक्षिणी खगोल में भी है, इसीलिए उत्तरी व दक्षिणी का यह भेद किया गया है। स्वाति के करीब 20 अंश पूर्वोत्तर में देखा जाए, तो उत्तरी किरीट के सात तारे एक छोटे अर्धवृत्त के रूप में नजर आएंगे। इनमें सबसे चमकीला **अल्फा** तारा द्वितीय कांतिमान का है और शेष तारे चतुर्थ कांतिमान के हैं। उत्तरी किरीट का **अल्फा** तारा, जिसका अरबी पर आधारित नाम **अलफक्का** है, एक ग्रहणकारी चरकांति है, यानी एक विशिष्ट युग्म-तारा है।

यूनानी, रोमन और यहूदी लोग इस मंडल को मुकुट या माला के रूप में ही पहचानते थे। आख्यान है कि क्रीट के राजा मिनोस की पुत्री एरिअद्ने को जब थेसेयूस् ने त्याग दिया तो देवता बैकस ने उसे सांत्वना देने के लिए यह मुकुट उपहार में दिया था।

यह उत्तरी किरीट मंडल आधुनिक खगोल-विज्ञान के अध्ययन के लिए दो दिलचस्प नजारे प्रस्तुत करता है। इनमें एक है, **इप्सिलोन** तारे के निकट का T अक्षर से निर्देशित तारा। यह एक ऐसा चरकांति है जो एक नोवा (नवतारा) की विशेषताएं व्यक्त करता है। सन् 1866 ई. में इसकी दीप्ति एकाएक द्वितीय कांतिमान पर पहुंच गई थी। फिर नौ दिन तक इसकी कांति घटती गई और यह तारा 9.5 कांतिमान पर पहुंचकर आंखों से ओझल हो गया। अस्सी साल बाद 1946 ई. में यह तारा पुनः एकाएक भड़क उठा और इसका कांतिमान 3 पर पहुंच गया। उसके बाद इसकी कांति घटती गई, और अब यह दसवें कांतिमान का तारा है। खगोलविदों का मत है कि यह एक विशिष्ट प्रकार का नोवा-चरकांति तारा है।

किरीट के अर्धवृत्त के बीच में एक और अनियमित चरकांति तारा है जिसे रोमन अक्षर R से दर्शाया गया है। यह तारा अधिकतर लगभग छठे कांतिमान पर रहता है। मगर कभी-कभी यह एकाएक 10-12 कांतिमान पर उतर आता है। उत्तरी किरीट के ये दोनों तारे, T और R, खगोलविदों के लिए आज भी

पहेली बने हुए हैं । इस मंडल में कई जुड़वां तारे हैं ।

बोतीज के पूर्व में उत्तरी किरीट मंडल है, तो पश्चिम की ओर **कानेस वेनाटिसी** (शिकारी कुत्ते) मंडल है । आकाश के पुराने पाश्चात्य चित्रांकनों में शिकारी बोतीज को रस्सियों से दो कुत्तों को थामे भालू (ऋक्षा, सप्तर्षि) का शिकार करते हुए दर्शाया गया है । इस मंडल के प्रमुख **अल्फा** तारे को एडमंड हेली ने 1725 ई. में इंग्लैंड के राजा चार्लेस-द्वितीय के सम्मान में **कोर कारोली** (चार्लेस का हृदय) नाम दिया था ।

यह **अल्फा** या **कोर कारोली** तारा एक अद्‌भुत जुड़वां संसार है । इसका प्रमुख तप्त नीला तारा 2.3 कांतिमान का है और पीला साथी-तारा 5.4 कांतिमान का है । दिलचस्प बात यह है कि इन दोनों तारों के अपने-अपने साथी-तारे हैं, जिन्हें वर्णक्रम-विश्लेषण से पहचाना जा सकता है । इस प्रकार, कोर कारोली वस्तुतः चार तारों की एक संयुक्त योजना है । मगर सबसे विलक्षण बात यह है कि कोर कारोली एक चुंबकीय चर तारा है । अन्य शब्दों में, इस तारे का शक्तिशाली चुंबकीय क्षेत्र घटता-बढ़ता रहता है ।

खगोलविद जब मंदाकिनियों की चर्चा करते हैं तो प्रायः देवयानी और कानेस वेनाटिसी मंडलों की मंदाकिनियों के चित्र प्रस्तुत करते हैं । कानेस वेनाटिसी मंडल में सप्तर्षि के मरीचि तारे के करीब 3 अंश दक्षिण में एक मंदाकिनी (गैलेक्सी) को देखा जा सकता है । **एम 51** द्वारा निर्दिष्ट यह मंदाकिनी आकाश में खोजी गई पहली सर्पिल मंदाकिनी थी । इसे **भंवर नीहारिका** (व्हिर्लपूल नेबुला) के नाम से भी जाना जाता है । इस मंदाकिनी की एक भुजा के सिरे पर द्रव्यराशि का जमाव देखने को मिलता है । कुछ खगोलविदों का मत है कि यहां दो मंदाकिनियां एक सर्पिल भुजा के जरिए एक-दूसरे से जुड़ी हुई हैं ।

इस मंडल के **बीटा** तारे के करीब 6 अंश पूर्व में एक गोलाकार तारा-गुच्छ **(एम 3)** है, जिसे चांदनी-रहित स्वच्छ आकाश में कभी-कभी कोरी आंखों से भी देखा जा सकता है । इस गुच्छ में करीब 30,000 तारे हैं और यह हमसे करीब 45,000 प्रकाश-वर्ष दूर है । यह तारा-गुच्छ 150 किलोमीटर प्रति सेकंड के वेग से हमारी ओर आ रहा है ।

कानेस वेनाटिसी के दक्षिण में और सिंह के पूर्व में छोटा **कोमा बेरेनिसेस** (बेरेनिस के केश) मंडल है । बेरेनिस मिस्र के शासक तालेमी इवरगेतेस् की तरुण रानी थी । एक बार तालेमी असीरियावालों से युद्ध करने गया, तो बेरेनिस

ने प्रण किया कि उसका पति सकुशल लौट आए तो वह अपने सुंदर केश सौंदर्य की देवी वीनस को अर्पित कर देगी। तालेमी सकुशल लौट आया और बेरेनिस ने अपना प्रण पूरा किया। मगर दूसरे दिन पता चला कि वीनस के मंदिर से बेरेनिस के केश गायब हो गए हैं। राजा ने मंदिर के पुरोहित-रक्षकों को मृत्युदंड देने का फैसला किया। मगर यूनानी राजज्योतिषी कोनोन ने मामले को संभाल लिया और राजा से कहा कि वीनस ने उन केशों को आकाश में स्थानांतरित कर दिया है। उसने राजा को स्वाति नक्षत्र के पश्चिम में कई मंदकांति-तारों के जमाव का वह स्थान भी दिखा दिया। तालेमी ने विश्वास कर लिया; मंदिर के रक्षकों को मुक्ति मिल गई।

कन्या और सिंह मंडलों की तरह कोमा बेरेनिसेस मंडल भी अपने मंदाकिनी-समूह के लिए प्रसिद्ध है। ज्योतिषी कोनोन ने आकाश के जिस स्थान पर तालेमी को बेरेनिस के बालों का गुच्छा दिखाया था वहां आज शक्तिशाली दूरबीन से मंदाकिनियों के एक विशाल समूह को देखा जा सकता है। इस समूह में 1000 से भी ज्यादा मंदाकिनियां हैं। यह मंदाकिनी-समूह हमसे करीब 8 करोड़ प्रकाश-वर्ष दूर है और 7400 किलोमीटर प्रति सेकंड के वेग से दूर भाग रहा है।

इस मंडल का **अल्फा** तारा पांचवें कांतिमान का है। इस तारे के नजदीक छोटी दूरबीन से भी एक गोलाकार तारा-गुच्छ **एम 53** को देखा जा सकता है। यह तारा-गुच्छ 20,000 प्रकाश-वर्ष दूर है और 100 किलोमीटर प्रति सेकंड के वेग से हमसे दूर जा रहा है।

इस प्रकार, हम देखते हैं कि स्वाति नक्षत्र के आसपास का आकाश आधुनिक खगोल-विज्ञान के अन्वेषण के लिए अनेक दिलचस्प नजारे प्रस्तुत करता है।

कालिय मंडल

उत्तरी खगोल में लघु-सप्तर्षि मंडल (जिसमें ध्रुवतारा है) को तीन तरफ घेरे हुए कालिय (ड्रेको) नामक एक काफी प्राचीन और विस्तृत तारा-मंडल है। उत्तरी यूरोप के स्थानों से इस मंडल को, सप्तर्षि की तरह, ध्रुवतारे का पूरा चक्कर लगाते हुए देखा जा सकता है, मगर भारत से गरमी के दिनों में इसे लगभग पूरा देखा जा सकता है। इस मंडल के तारे ज्यादा स्पष्ट नहीं हैं, मगर इसका ऐतिहासिक महत्व है। स्थितिचित्र की मदद से इस मंडल को पहचानने में कोई कठिनाई नहीं होनी चाहिए।

सर्वप्रथम कालिय (ड्रेको) के सिर के **बीटा**, **गामा**, **क्साइ** और **न्यू** अक्षरांकित तारों को पहचानिए। कालिय की पूंछ के सिरे का **लांबडा** तारा सप्तर्षि के **क्रतु** नामक तारे के नजदीक है। कालिय का प्रसिद्ध **अल्फा** तारा, जिसका नाम **थुबान** है, सप्तर्षि के **वसिष्ठ** तारे के नजदीक है। कालिय के **टाउ**, **इप्सिलोन** व **रो** अक्षरांकित तारे सेफियस मंडल के **अल्फा** व **बीटा** तारों के नजदीक हैं।

यमुनावासी कालिय का बालकृष्ण द्वारा मर्दन किए जाने की दंतकथा से हम परिचित हैं। एक यूनानी दंतकथा के अनुसार, हेस्पेरिदेस् के बाग के स्वर्णिम सेबों के रक्षक ड्रेको (कालिय) का मर्दन हर्क्यूलीज ने किया था। एक अन्य कथा के अनुसार, यह ड्रेगन एक पवित्र जल-स्रोत का संरक्षक था और काद्मुस् ने इसे मार डाला। काद्मुस् ने इस ड्रेगन के दांत उखाड़कर उन्हें एक खेत में गाड़ दिया। तब वे दांत तुरंत अंकुरित हो गए और उनसे योद्धाओं की एक सेना तैयार हो गई। अंत में पांच योद्धा जीवित रहे, जिन्होंने बोयोतिया नगर की स्थापना में काद्मुस् को सहयोग दिया।

इस मंडल को खल्दियाई, रोमन और यूनानी ज्योतिषियों ने ड्रेगन के रूप में ही पहचाना था। प्राचीन भारत में इस मंडल को संभवतः **शिशुमार** के नाम से भी जाना जाता था।

कालिय मंडल का **अल्फा** (थुबान) तारा आज से करीब 4700 साल पहले

अरबों का ड्रेको (ड्रैगन).

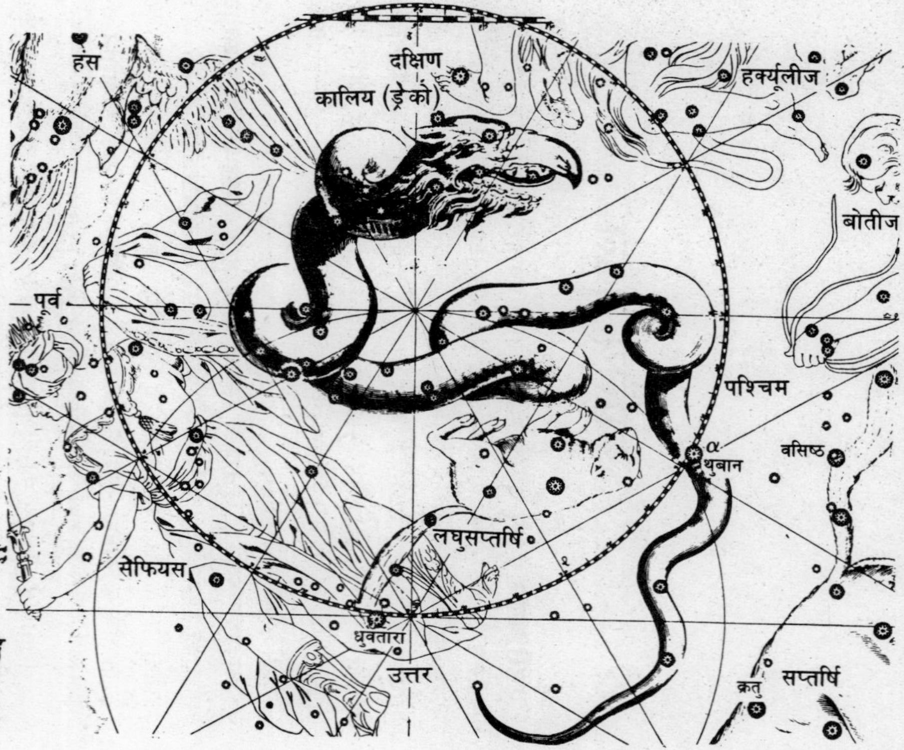

कालिय (ड्रेको) मंडल और ध्रुव-बिंदु की करीब 26,000 वर्षों की आकाश-परिक्रमा का वृत्त.

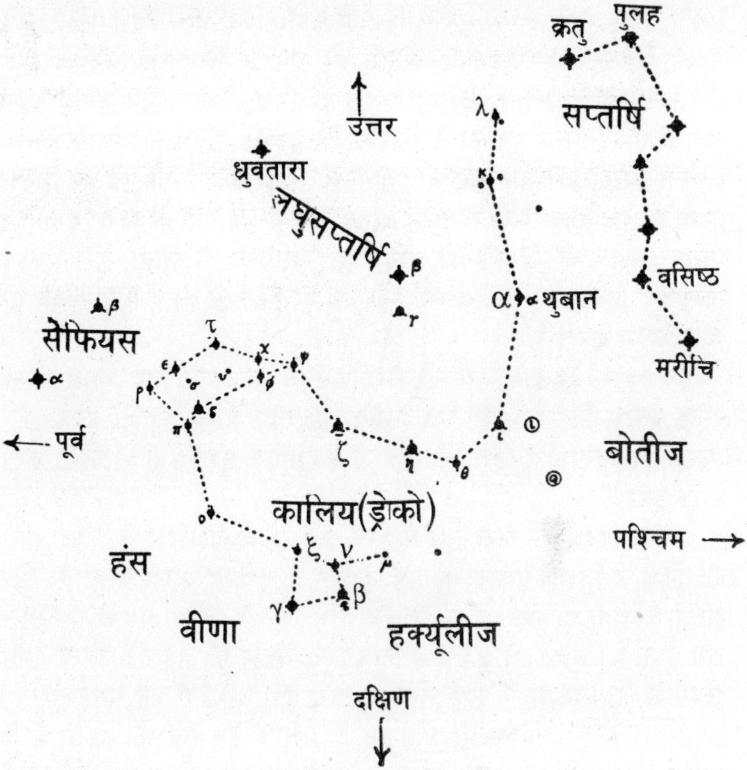

कालिय मंडल (थुबान तारा).

उत्तरी ध्रुवतारा था। मिस्र के आरंभिक पिरामिडों के निर्माण के समय या हड़प्पा संस्कृति की उन्नतावस्था के दौरान यही तारा ध्रुवतारा था। फिराउन खुफु के महान पिरामिड की तलहटी से, एक छिद्र में से झांकने पर, उस समय इस थुबान नक्षत्र को रात-दिन सतत देखा जा सकता था। चूंकि उत्तरी ध्रुव-बिंदु करीब 26,000 सालों में तारों की पृष्ठभूमि में आकाश का एक चक्कर पूरा करता है, इसलिए करीब 21,000 साल बाद खुफु के पिरामिड की तलहटी से पुनः थुबान को सीधे देख पाना संभव होगा, बशर्ते कि तब तक प्राचीन मिस्र का यह भव्य स्मारक टिका रहे।

कालिय का सबसे चमकीला तारा **अल्फा** (थुबान) नहीं, बल्कि **गामा** है, जो ड्रेगन के मस्तक पर स्थित है। कई सदियों से यूरोप के खगोलविद इस तारे का गहराई से अवलोकन करते आ रहे हैं। आंग्ल-वैज्ञानिक रॉबर्ट हुक ने 1669 ई. में इस तारे का लंबन ज्ञात करने का प्रयास किया था, मगर उन्हें सफलता नहीं

मिली । फिर ऑक्सफोर्ड में खगोल-विज्ञान के प्राध्यापक जेम्स ब्रैडले ने 1725 ई. में कोपर्निकस के सूर्यकेंद्रवादी सिद्धांत की पुष्टि के लिए इस तारे का लंबन (पैरेलेक्स) ज्ञात करने का प्रयास किया । यह तारा ऑक्सफोर्ड के याम्योत्तर पर ठीक शिरोबिंदु पर से गुजरता है । ब्रेडले को, दूरबीन से इस तारे का अवलोकन करने पर, लंबन की जानकारी तो नहीं मिली, मगर उन्होंने एक नई प्रकाशिकीय घटना का उद्घाटन किया । उन्होंने जाना कि पृथ्वी की गति के कारण दूरबीन के भीतर प्रकाश की किरणों का यत्किंचित् विस्थापन हो जाता है । **प्रकाश-विपथन** (एबरेशन) की इस घटना से यह भी सिद्ध हो जाता है कि पृथ्वी सूर्य की परिक्रमा करती है ।

इस प्रकार, ब्रेडले ने न केवल कोपर्निकस के सिद्धांत के लिए प्रमाण खोजा, बल्कि प्रकाश-विपथन की एक अत्यंत महत्वपूर्ण घटना की भी खोज की । उसके बाद आकाश में तारों की स्थितियों को अधिक सूक्ष्मता से निर्धारित करना संभव हुआ ।[4]

कालिय मंडल के **जीटा** तारे के पास एक ग्रहीय नीहारिका है । यह पहली नीहारिका है जिसके प्रकाश का वर्णक्रमदर्शी से अन्वेषण करके आंग्ल-वैज्ञानिक हगिंस ने जाना था कि यह प्रकाश-पुंज तारों से नहीं, बल्कि चमकीली गैसों से बना हुआ है । आज हम जानते हैं कि इस नीहारिका की चहुंओर फैलती गैसीय द्रव्यराशि के केंद्रभाग में एक अतितप्त तारा है । उस तारे का सतह-तापमान 57,000 डिग्री सेल्सियस के आसपास है । आज हम यह भी जानते हैं कि कालिय मंडल की यह ग्रहीय नीहारिका हमसे करीब 3260 प्रकाश-वर्ष दूर है, अंतरिक्ष में करीब 7000 खगोलीय एककों तक विस्तृत है और यह निरंतर फैलती जा रही है ।

कालिय मंडल में कई जुड़वां तारे हैं । इनमें ड्रेगन के मुंह में स्थित **न्यू** तारा एक विशेष प्रकार का जुड़वां तारा है । स्वच्छ आकाश में इस जोड़ी को यदि आप पृथक रूप में पहचान लेते हैं, तो समझ लीजिए कि आपकी दृष्टि बहुत अच्छी है !

कितनी दूर हैं तारे ?

प्राचीन काल के प्रायः सभी ज्योतिषियों की मान्यता रही कि तारे आकाश के गोल पर स्थिर हैं और तारों का यह खगोल या भगोल पृथ्वी की परिक्रमा करता रहता है। **आर्यभट** (499 ई.) पहले भारतीय ज्योतिषी थे जिन्होंने स्पष्ट शब्दों में कहा था कि तारों का खगोल नहीं घूमता, बल्कि पृथ्वी ही अपनी धुरी पर चक्कर लगाती है। मगर दूसरे अनेक भारतीय ज्योतिषियों ने सदियों तक आर्यभट की इस सही मान्यता को स्वीकार नहीं किया।

पुराने जमाने के ज्योतिषी खगोल पर तारों की स्थिति और प्रत्यक्ष दैनंदिन गति जानने में समर्थ थे, मगर कोई नहीं जानता था कि तारे हमसे कितनी दूर हैं। **कोपर्निकस** (1473-1543 ई.) के बाद यूरोप के कई खगोलविदों ने तारों की दूरियां जानने के प्रयास किए, पर उन्हें सफलता नहीं मिली। पहली बार 1838 ई. में एक तारे की दूरी जानना संभव हुआ। उसके बाद ही पिछले करीब डेढ़ सौ वर्षों में आकाशगंगा के तारों की और अन्य मंदाकिनियों की दूरियों के बारे में हमें सही जानकारी मिली है। तारों की दूरियां जानने के बाद ही उनके भौतिक गुणधर्मों के बारे में व्यापक विवरण प्राप्त करना संभव हुआ है।

दूर की किसी वस्तु की दूरी ज्ञात करने के लिए सर्वेयर अक्सर **त्रिभुजन** (ट्राएंगुलेशन) की विधि का उपयोग करते हैं। एक लंबी **आधार-रेखा** ली जाती है और उसके दोनों सिरों के बिंदुओं से दूर की उस वस्तु के साथ बननेवाले कोण मापे जाते हैं। तब पता लग जाता है कि दूर की वह वस्तु आधार-रेखा के साथ कितने अंशों का कोण बनाती है। उसके बाद **त्रिकोणमिति** की सहायता से उस वस्तु की दूरी जानी जाती है।

मगर तारे हमसे बहुत-बहुत दूर हैं। धरातल पर चाहे कितनी भी लंबी **आधार-रेखा** क्यों न ली जाए, उसके दोनों सिरों से देखने पर कोई भी तारा एक ही स्थान पर नजर आएगा, उसमें कोई विस्थापन नजर नहीं आएगा। इसलिए खगोलविदों ने एक काफी बड़ी आधार-रेखा के बारे में सोचा। हमारी पृथ्वी

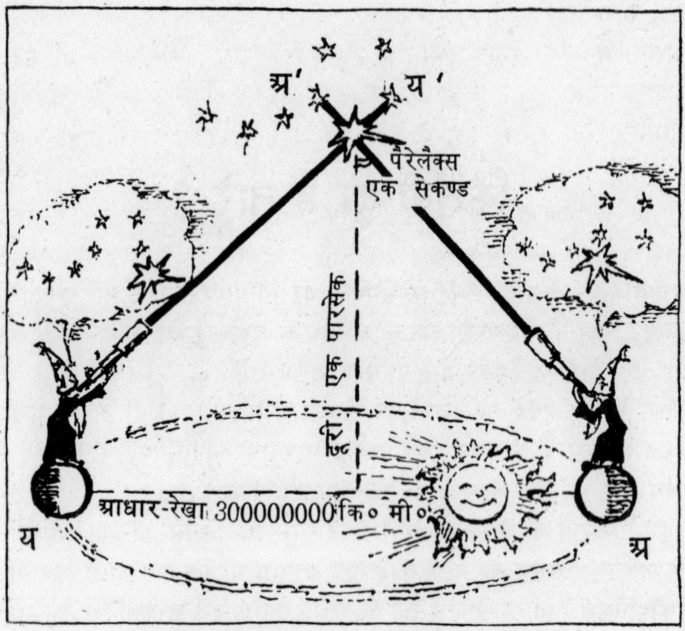

तारे की दूरी का मापन : लंबन (पैरेलेक्स) की विधि.

औसतन 15 करोड़ किलोमीटर की दूरी से एक साल में सूर्य का एक चक्कर लगाती है। अर्थात्, पृथ्वी के कक्षापथ का व्यास करीब 30 करोड़ किलोमीटर है। तारों की दूरियां जानने के लिए खगोलविदों ने पृथ्वी की कक्षा के इसी 30 करोड़ किलोमीटर व्यास को आधार-रेखा के रूप में चुना।

मान लीजिए कि हम आज आकाश के एक अपेक्षाकृत नजदीक के तारे को देखते हैं। छह महीने बाद, जब पृथ्वी करीब 30 करोड़ किलोमीटर दूर दूसरे सिरे पर चली जाती है, उसी तारे को पुनः देखते हैं। तब, अधिक दूरी के तारों की पृष्ठभूमि में, वह तारा हमें थोड़ा सरका हुआ (विस्थापित) दिखाई देगा। तात्पर्य यह कि, वह तारा 30 करोड़ किलोमीटर लंबी आधार-रेखा के साथ एक छोटा-सा कोण बनाता है। उस कोण की जानकारी मिल जाने पर त्रिकोणमिति की सहायता से उस तारे की दूरी ज्ञात हो जाती है।

पिछली सदी के चौथे दशक में जर्मनी के गणितज्ञ-खगोलविद **फ्रेडरिख बेस्सेल**, रूस के **व. या. स्त्रूवे** और इंग्लैंड के **थॉमस हैंडरसन** ने इसी विधि से पहली बार तारों की दूरियां खोज निकालीं। बेस्सेल ने सबसे पहले, 1838 ई. में, अपने

निष्कर्ष प्रकाशित किए।

बेस्सेल ने अपने अन्वेषण के लिए **हंस** (सिग्नस) तारा-मंडल के **नं. 61** के तारे को चुना था। पता चला कि यह तारा छह महीनों के अंतर पर 30 करोड़ किलोमीटर लंबी आधार-रेखा के साथ एक बहुत छोटा कोण बनाता है। पृथ्वी की कक्षा के अर्धव्यास (करीब 15 करोड़ किलोमीटर) के साथ तारा जो कोण बनाता है उसे उस तारे का **लंबन** (पैरेलेक्स) कहते हैं। बेस्सेल ने पता लगाया कि **हंस-61** तारे का लंबन केवल एक-तिहाई कोणीय सेकंड (एक डिग्री में 60 मिनट और एक मिनट में 60 सेकंड होते हैं) है। इस कोण की लघुता का अनुमान इसी से लग जाएगा कि कोट का एक बटन हमसे 15 किलोमीटर की दूरी पर हो तो वह लगभग इतना ही कोण बनाएगा।

तारे का लंबन ज्ञात हो जाने पर उसकी दूरी सहज मालूम हो जाती है। बेस्सेल ने गणना करके जाना कि हंस-61 तारा हमसे करीब 11 प्रकाश-वर्ष दूर है। यह दूरी 10,80,00,00,00,00,000 किलोमीटर के बराबर है। जो तारा एक कोणीय सेकंड का लंबन दर्शाता है वह एक **पारसेक** (पैरेलेक्स-सेकंड) दूर होता है। एक पारसेक दूरी का अर्थ है 3.26 प्रकाश-वर्ष दूरी। लंबन यदि आधा सेकंड होगा, तो तारा दो पारसेक दूर होगा। लंबन यदि एक-चौथाई सेकंड होगा, तो वह तारा चार पारसेक दूर होगा।

लगभग उसी समय स्त्रूवे ने लंबन की विधि से प्रसिद्ध **अभिजित्** (वेगा) नक्षत्र की दूरी ज्ञात की (करीब 26 प्रकाश-वर्ष)। हैंडरसन ने दक्षिणी खगोल के **अल्फा-सेंटौरी** तारे की दूरी मालूम की। आकाश का यह तारा हमसे करीब सवा चार प्रकाश-वर्ष दूर है। उसके बाद लंबन की विधि से आकाश के अनेक तारों की दूरियां मालूम की गईं। आकाश के विस्तार के बारे में पहली बार हमें सही जानकारी मिलने लगी।

परंतु लंबन की विधि से सभी तारों की दूरियां जानना संभव नहीं है। इस विधि से अधिक से अधिक 150 पारसेक तक की दूरियां जानी जा सकती हैं। अनेक तारे हमसे हजारों प्रकाश-वर्ष दूर हैं। आकाशगंगा के बाहर की अनेकानेक मंदाकिनियां हमसे लाखों-करोड़ों प्रकाश-वर्ष दूर हैं। वर्तमान सदी में इनकी दूरियों के लिए कई नई विधियां खोजी गईं। विशेष किस्म के **चरकांति** तारों के जरिए 1924 ई. के बाद अतिदूर के तारों की और मंदाकिनियों की दूरियां जानना संभव हुआ। तारों और मंदाकिनियों की दूरियां जानने के बाद ही हमें ब्रह्मांड के वास्तविक स्वरूप और विस्तार के बारे में सही जानकारी मिलने लगी है।

तारों के अरीय वेग

पुराने जमाने के ज्योतिषियों का विश्वास था कि तारे खगोल के अपने-अपने स्थानों पर सुस्थिर रहते हैं। मगर आज हम जानते हैं कि भौतिक विश्व में स्थिर कुछ भी नहीं है, तारे भी नहीं। करीब तीन सौ साल पहले आंग्ल- खगोलविद एडमंड हेली ने पहली बार पहचाना था कि तारे अपने स्थानों से विचलित होते हैं और नक्षत्र-मंडलों की आकृतियां सदियों बाद बदल जा सकती हैं। उदाहरण के लिए, आज से एक लाख साल पहले सप्तर्षि मंडल की आकृति काफी भिन्न थी और आगे भी यह बदलती जाएगी। इसी तरह, आकाश के अन्य अनेक तारों की, अल्प किंतु स्पष्ट, निजी गतियों को पहचानना संभव हुआ है।

यदि कोई तारा आकाश के गोल पर दाएं-बाएं या ऊपर-नीचे सरकता है, तो उसके निर्देशांकों की मदद से उसकी इस निजी गति का मापन किया जा सकता है। फोटोग्राफी से भी तारे की निजी गति ज्ञात हो जाती है।

मगर यदि कोई तारा सीधे आपकी ओर पहुंच रहा हो या सीधे दूर सरकता जा रहा हो, तो उसकी इस अरीय (रेडियल) गति को किस प्रकार पहचाना जाएगा ? तारे हमसे इतने अधिक दूर हैं कि यदि वे हमारी ओर आते हैं या हमसे दूर जाते रहते हैं तो उनकी कांति में कोई फर्क नजर नहीं आएगा। फिर भी खगोलविदों ने हमारी दृष्टिरेखा में तारों में होनेवाले स्थित्यंतरों को मापने का एक अद्भुत तरीका खोज लिया है।

तारों के बारे में हमारी तमाम जानकारी धरती पर पहुंचनेवाले उनके विकिरण के अध्ययन पर आधारित है। जिस प्रकार सूर्य के प्रकाश को प्रिज्म से गुजारने पर इंद्रधनुष के विविध रंग प्राप्त होते हैं, उसी प्रकार दूरस्थ तारों या मंदाकिनियों के प्रकाश के वर्णक्रम (स्पेक्ट्रम) प्राप्त किए जा सकते हैं। इस वर्णक्रम में एक सिरे से दूसरे सिरे तक, नीले से लेकर लाल तक, रंग होते हैं और कई सफेद तथा काली रेखाएं भी रहती हैं। वर्णक्रम के ये अलग-अलग रंग अलग-अलग तरंगदैर्घ्यों के द्योतक होते हैं। वर्णक्रमों से तारों के अनेक भौतिक

गुणधर्मों की जानकारी मिल जाती है। वर्णक्रम पर 'डॉपलर प्रभाव' का सिद्धांत लागू करके जाना जा सकता है कि कौन-सा तारा किस रफ्तार से हमारी ओर आ रहा है या हमसे दूर भाग रहा है।

डॉपलर प्रभाव को समझने के लिए कल्पना कीजिए कि आप रेल के किसी प्लेटफॉर्म पर खड़े हैं और रेलगाड़ी का इंजन सीटी बजाता हुआ प्लेटफॉर्म की ओर आ रहा है। तब आप पाएंगे कि निकट आते उस इंजन की सीटी ज्यादा तीखी सुनाई देगी और प्लेटफॉर्म से दूर जा रहे इंजन की सीटी अधिकाधिक मंद सुनाई देगी। अन्य शब्दों में, नजदीक आ रहे ध्वनि-स्रोत की तरंगें घनीभूत होकर

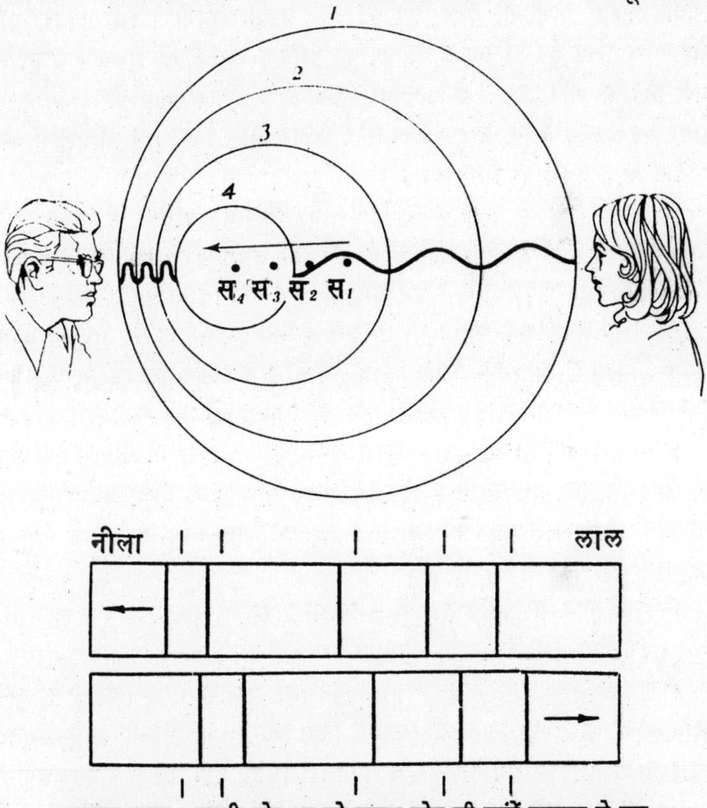

डापलर प्रभाव : हमारी ओर आ रहे प्रकाश-स्रोत की तरंगें सामान्य से कम लंबाई की होंगी और हमसे दूर जा रहे प्रकाश-स्रोत की तरंगें सामान्य से अधिक लंबाई की होंगी. (नीचे) नजदीक आ रहे प्रकाश-स्रोत की सभी वर्णक्रम-रेखाएं थोड़ी नीले सिरे की ओर सरक जाएंगी और दूर जा रहे प्रकाश-स्रोत की सभी वर्णक्रम-रेखाएं थोड़ी लाल सिरे की ओर सरक जाएंगी.

कम-कम लंबाई की और उच्चतर आवृत्ति की हो जाती हैं। दूसरी ओर, दूर जाते ध्वनि-स्रोत की तरंगें अधिकाधिक लंबाई और न्यूनतर आवृत्ति की हो जाती हैं। ऑस्ट्रियाई वैज्ञानिक क्रिस्तियन डॉपलर द्वारा 1842 ई. में खोजा गया यह नियम 'डॉपलर प्रभाव' के नाम से जाना जाता है और सभी किस्म की तरंगों पर लागू होता है, प्रकाश-तरंगों पर भी।[5]

अब किसी तारे के वर्णक्रम पर विचार कीजिए। यदि वह तारा हमारी ओर आ रहा है तो उसकी प्रति सेकंड ज्यादा प्रकाश-तरंगें हम तक पहुंचेंगी, यानी उसकी प्रकाश-तरंगों की आवृत्ति बढ़ जाएगी। तब उस तारे की सभी वर्णक्रम-रेखाएं थोड़ी-सी नीले सिरे की ओर सरक जाएंगी। इसी प्रकार, यदि कोई तारा हमसे दूर जा रहा है, तो उसकी वर्णक्रम-रेखाओं का सरकाव थोड़ा-सा लाल सिरे की ओर होगा। वर्णक्रमपट में रेखाओं के इस सरकाव का मापन करके जाना जा सकता है कि आकाश का कोई प्रकाश-स्रोत किस गति से हमारी ओर आ रहा है या हमसे दूर भाग रहा है।

इस विधि से सबसे पहले आंग्ल खगोलविद **विलियम हगिंस** ने 1868 ई. में व्याध तारे की गति का मापन किया था।[6] उसी समय जर्मन खगोलविद **हरमान फोगेल** (1842-1907 ई.) ने इस गति के सूक्ष्म मापन के नए तकनीक खोज निकाले। तबसे, पिछले करीब सौ वर्षों में अनेक तारों की अरीय गतियां जानी गई हैं। व्याध तारा 8 किलोमीटर प्रति सेकंड के वेग से हमसे दूर जा रहा है। श्रवण नक्षत्र (अल्तायर) 27 किलोमीटर प्रति सेकंड की गति से हमारी ओर आ रहा है। आर्द्रा और रोहिणी नक्षत्र क्रमशः 21 तथा 54 किलोमीटर प्रति सेकंड के वेग से हमसे दूर भाग रहे हैं। डॉपलर प्रभाव से तारे के घूर्णन के बारे में भी जानकारी मिल जाती है। यह भी पता चलता है कि युग्म तारे किस गति से एक-दूसरे की परिक्रमा कर रहे हैं।

सन् 1920 ई. में खगोलविद वेस्तो स्लिफेर (1875-1969 ई.) ने खोज की कि दूर की सभी 'नीहारिकाओं' (मंदाकिनियों) के वर्णक्रमों की रेखाएं लाल सिरे की ओर सरक जाती हैं, यानी वे हमसे दूर भाग रही हैं। यह चकित कर देने वाली खोज थी। इस लाल विस्थापन (रेड शिफ्ट) की पहेली का समाधान अमरीकी खगोलविद एडविन हब्बल (1889-1953 ई.) और उनके सहयोगी मिल्टन हुमासन (1891-1972 ई.) के अनुसंधानों से हुआ। इन अनुसंधानों से 1924 ई. के बाद स्पष्ट होता गया कि अधिक दूर की मंदाकिनियों का प्रकाश अधिक लाल विस्थापन दर्शाता है, यानी वे अधिक तेजी से दूर भाग रही हैं। साथ ही, यह भी स्पष्ट हुआ कि जो मंदाकिनी ज्यादा दूर होती है वह ज्यादा

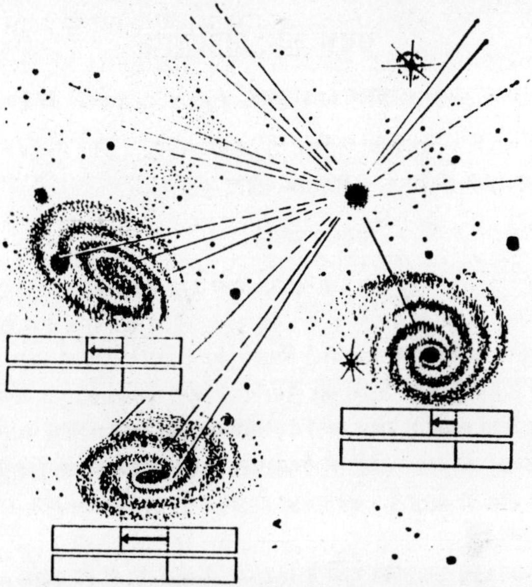

अधिक दूर की मंदाकिनियां अधिक लाल विस्थापन (रेड शिफ्ट) दर्शाती हैं : ब्रह्मांड का विस्तार हो रहा है.

रफ्तार से दूर जा रही है। उदाहरण के लिए सप्तर्षि-मंडल का एक मंदाकिनी-समूह, जो 70 करोड़ प्रकाश-वर्ष दूर है, करीब 42,000 किलोमीटर प्रति सेकंड के वेग से दूर भाग रहा है।

दूसरे महायुद्ध के बाद अतिदूर की ऐसी कई मंदाकिनियों का पता चला जो प्रकाश-तुल्य वेग से दूर भाग रही हैं। सहसा यकीन नहीं होता कि बोतीज (भूतेश) मंडल की एक मंदाकिनी 1,50,000 किलोमीटर प्रति सेकंड के वेग से दूर भाग रही है (प्रकाश का वेग प्रति सेकंड 3,00,000 किलोमीटर है)। पिछले कुछ वर्षों में ब्रह्मांड की अतिदूर की सीमाओं में ऐसे भी कुछ 'क्वासर' स्रोत खोजे गए हैं जो प्रकाश के 90 प्रतिशत वेग से दूर भाग रहे हैं। सारांश यह कि, ब्रह्मांड का प्रकाश-तुल्य वेग से विस्तार हो रहा है। यदि ब्रह्मांड की सीमा का कोई पिंड प्रकाश की महत्तम गति से दूर भाग रहा है, तो वह हमारे लिए अदृश्य ही बना रहेगा।

संदर्भ और टिप्पणियां

1. डॉ. पां. वा. काणे, **धर्मशास्त्र का इतिहास**, चतुर्थ भाग, लखनऊ, 1984, पृ. 261.

2. *एका स्वातिः* — **अथर्ववेद**, परिशिष्ट 1, नक्षत्रकल्प, 2.
स्वाती नक्षत्रं वायुर्देवता — **तैत्तिरीय संहिता**, 4.4.10.

3. *वायोर्निष्ट्या व्रततिः* — **तैत्तिरीय ब्राह्मण**, 1.5.1.

4. प्रकाश-विपथन (एबरेशन) के आविष्कारक जेम्स ब्रेडले (1693-1762) ऑक्सफोर्ड में खगोल-विज्ञान के प्राध्यापक थे। सन् 1742 ई. में वे एडमंड हेली के उत्तराधिकारी के रूप में इंग्लैंड के राजज्योतिषी नियुक्त हुए। उन्होंने तारों के लंबन ज्ञात करने का कार्य 1725 ई. में ही आरंभ कर दिया था। किसी आकाशस्थ पिंड के पर्याप्त अंतराल के दो भिन्न स्थानों से प्रेक्षण करने पर उसमें प्रकट होनेवाले कोणीय स्थित्यंतर को **लंबन** (पैरेलेक्स) कहते हैं। पृथ्वी की कक्षा-गति के कारण एक ही स्थान से प्रेक्षण करने पर लंबन ज्ञात हो जाता है। लंबन ज्ञात हो जाता है, तो फिर उस पिंड की दूरी भी ज्ञात हो जाती है।

डेनमार्क के खगोलविद रोमर ने 1675 ई. में खोज की थी कि प्रकाश का वेग परिमित (3,00,000 किलोमीटर प्रति सेकंड) है। इसलिए ब्रेडले इस निष्कर्ष पर पहुंचे थे कि तारे में प्रकट होनेवाला लंबन पृथ्वी की कक्षा-गति (औसतन 29.27 किलोमीटर प्रति सेकंड) और प्रकाश-वेग के अनुपात पर आश्रित होना चाहिए। उन्होंने सोचा कि इस प्रकार वे पृथ्वी की कक्षा-गति को प्रमाणित करके कोपर्निकस के सूर्यकेंद्रवाद के लिए उदाहरण प्रस्तुत कर देंगे।

ब्रेडले ने अपने अन्वेषण के लिए कालिय (ड्रेको) मंडल के द्वितीय कांतिमान के **गामा** तारे को चुना, क्योंकि यह तारा ऑक्सफोर्ड के याम्योत्तर पर प्रतिदिन शिरोबिंदु से गुजरता है और इसलिए इसके अध्ययन में वायुमंडल का व्यवधान न्यूनतम रहता है।

ब्रेडले ने गामा-कालिय तारे में स्थित्यंतर की तो खोज की, मगर काफी विचार करने

तारे के प्रकाश का विपथन : तारा न के सापेक्ष पृथ्वी यदि स्थिर होती तो उसका प्रकाश दूरबीन के अक्ष के साथ सीधे स स्थान पर पहुंचता, मगर पृथ्वी की कक्षा-गति के कारण वह स' स्थान पर पहुंचता है, जिससे पृथ्वी की कक्षा-गति की दिशा में तारे का विपथन होता है (न').

पर उन्हें स्पष्ट हो गया कि यह लंबन के कारण नहीं, बल्कि पृथ्वी की कक्षा-गति के कारण है। उन्होंने जाना कि प्रकाश का वेग परिमित है, इसलिए दूरबीन के भीतर की दूरी लांघने के लिए प्रकाश को एक निश्चित समय लगता है, भले ही वह बहुत कम हो। प्रकाश को दूरबीन के ऊपरी सिरे से निचले सिरे तक पहुंचने में जितना समय लगता है, उतने समय में पृथ्वी अपनी कक्षा-गति के कारण थोड़ी आगे सरक जाती है। परिमाणतः तारे का बिंब थोड़ा विस्थापित हो जाता है।

यह एक नई खोज थी। ब्रेडले ने पृथ्वी की कक्षा-गति से होनेवाले वार्षिक प्रकाश-विपथन के लिए 20″ और 20″.5 के बीच का मान प्राप्त किया (वार्षिक विपथन के स्थिरांक का सही मान 20″.49 है)। इस प्रकार, ब्रेडले ने प्रकाश-विपथन की खोज करके पृथ्वी की कक्षा-गति और प्रकाश के परिमित वेग के लिए भी प्रमाण प्रस्तुत कर दिया।

ब्रेडले ने यह भी जाना कि चंद्र की कक्षा क्रांतिवृत्त के साथ 5° का कोण बनाती है, इसलिए पृथ्वी की धुरी थोड़ी डगमगाती रहती है। इस अक्ष-विचलन (न्यूटेशन) का स्थिरांक 9″.22 है।

प्रकाश-विपथन और अक्ष-विचलन की खोज के बाद तारों की अतिसूक्ष्म सारणियां तैयार करना संभव हुआ।

5. क्रिस्तियन डॉपलर (1803-1853 ई.) एक संगतराश के बेटे थे। उन्होंने विएना में गणित का अध्ययन किया और प्राग में वे इस विषय के अध्यापक रहे।

आरंभ में 'डॉपलर प्रभाव' का इस्तेमाल ध्वनि-तरंगों के स्रोतों के लिए हुआ। फिर 1848 ई. में फ्रांसीसी वैज्ञानिक अरमांद फीजो (1819-1896 ई.) ने प्रमाणित किया कि 'डॉपलर प्रभाव' प्रकाश-तरंगों पर भी लागू होता है। इसलिए तरंगदैर्घ्यों में होने वाले परिवर्तन को कभी-कभी 'डॉपलर-फीजो विस्थापन' भी कहते हैं।

6. विलियम हगिंस (1824-1910 ई.) का अधिकतर अध्ययन घर पर ही हुआ। कुछ साल व्यापार-व्यवसाय में गुजारने के बाद वे वैज्ञानिक अनुसंधान की ओर मुड़े। उन्होंने तारों का वर्णक्रम-अध्ययन आरंभ कर दिया, जिसमें उनकी पत्नी ने भी उन्हें भरपूर सहयोग दिया।

हगिंस ने सर्वप्रथम यह प्रमाणित किया कि तारों में भी वही तत्व मौजूद हैं जो कि सूर्य और पृथ्वी में पाए जाते हैं। फिर उन्होंने 'नीहारिकाओं' के वर्णक्रम प्राप्त करके सिद्ध किया कि इनमें कई नीहारिकाएं गैसों से निर्मित हैं। यह एक महत्वपूर्ण खोज थी।

फिर 1868 ई. में हगिंस ने व्याध तारे का वर्णक्रम प्राप्त करके उसमें लाल-विस्थापन (रेड-शिफ्ट) को पहचाना। चूंकि यह लाल-विस्थापन तारे के पलायन-वेग के समानुपात में होता है, इसलिए हगिंस ने गणना करके व्याध का पलायन-वेग प्राप्त किया — 8 किलोमीटर प्रति सेकंड। उसके बाद उन्होंने अन्य कई तारों के अरीय वेग निर्धारित किए।

हगिंस और उनकी पत्नी मार्गरेट की तारों के वर्णक्रमों से संबंधित महत्वपूर्ण कृति 1899 ई. में प्रकाशित हुई। हगिंस 1900 ई. से 1905 ई. तक रॉयल सोसायटी के अध्यक्ष रहे।

अध्याय 8

जुलाई माह

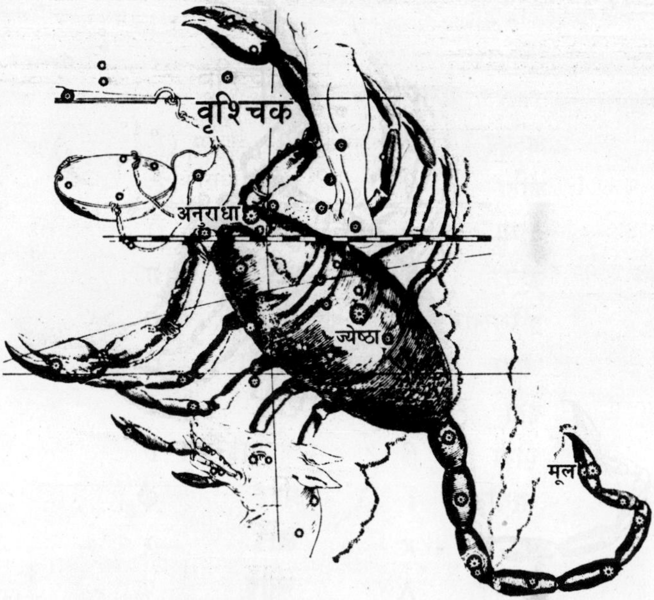

वृश्चिक : ज्येष्ठा और मूल नक्षत्र

हर्क्यूलीज मंडल

सर्प और सर्पधर

तारों की भी हैं छोटी-बड़ी बस्तियां

तारे में जब विस्फोट होता है

तारों में जन्म लेते हैं भारी तत्व

संदर्भ और टिप्पणियां

यूनानी वर्णमाला

अल्फा	α	न्यू	ν
बीटा	β	क्साइ	ξ
गामा	γ	ओमिक्रोन	o
डेल्टा	δ	पाइ	π
इप्सिलोन	ϵ	रो	ρ
जीटा	ζ	सिग्मा	σ
इटा	η	टाउ	τ
थीटा	θ	अप्साइलोन	υ
आयोटा	ι	फाइ	ϕ
काप्पा	κ	खाइ	χ
लांबडा	λ	प्साइ	ψ
म्यू	μ	ओमेगा	ω

वृश्चिक : ज्येष्ठा और मूल नक्षत्र

बारिश से आसमान धुल जाए, चांद गायब रहे और, जैसा कि अक्सर होता है, बिजली भी चली जाए, तो शहरों से भी तारे काफी साफ-साफ दिखाई देते हैं। इन दिनों रात के नौ-दस बजे यदि आप दक्षिणी खगोल में क्षितिज के करीब 45 अंश ऊपर देखें, तो वृश्चिक (बिच्छू) राशि के नक्षत्रों को आसानी से पहचान सकते हैं। उत्तरी यूरोप, कनाडा और अमरीका आदि देशों के निवासियों को बड़ा अफसोस होता है कि वे दक्षिणी खगोल के इस मनोरम नक्षत्र-मंडल को पूरा देख नहीं पाते। मगर भारतभूमि से आकाश का यह बिच्छू पूरा दिखाई देता है, दक्षिण भारत से तो और भी अधिक स्पष्ट।

भारतीय ज्योतिष के अनुसार वृश्चिक राशि में **विशाखा** (एक-चौथाई), **अनुराधा** (पूर्ण) और **ज्येष्ठा** (पूर्ण) नक्षत्रों का समावेश होता है। बिच्छू के डंक के द्योतक **मूल** नक्षत्र की गणना धनु राशि में की जाती है।

ऐसा क्यों ? वृश्चिक के डंक का अगली राशि में क्यों समावेश करना पड़ा ?

भारत में वैदिक काल से ही क्रांतिवृत्त को 27 या 28 नक्षत्रों में बांटने की परंपरा चली आ रही थी। जब भारतीय ज्योतिषियों ने, ईसा की आरंभिक सदियों में, बेबीलोनी-यूनानी परंपरा के राशि-विभाजन को अपना लिया, तो 27 नक्षत्रों का 12 राशियों के साथ मेल बिठाना जरूरी हो गया। इस तरह प्रत्येक राशि में, कृत्रिम रूप से, सवा-दो नक्षत्रों का समावेश करना पड़ा। इससे भी यही प्रमाणित होता है कि राशि-विभाजन विदेशी मूल का है।

भारतीय व्यवस्था की वृश्चिक राशि में **मूल** नक्षत्र का भले ही समावेश न होता हो, मगर बेबीलोनी-यूनानी-रोमन परंपरा पर आधारित आधुनिक वृश्चिक (स्कोर्पियो) तारा-मंडल में डंक (मूल) सहित समूचे बिच्छू का समावेश होता है। इसलिए हम वृश्चिक के अंतर्गत ही मूल नक्षत्र की चर्चा करेंगे। विशाखा नक्षत्र का परिचय हम तुला के अंतर्गत दे चुके हैं।

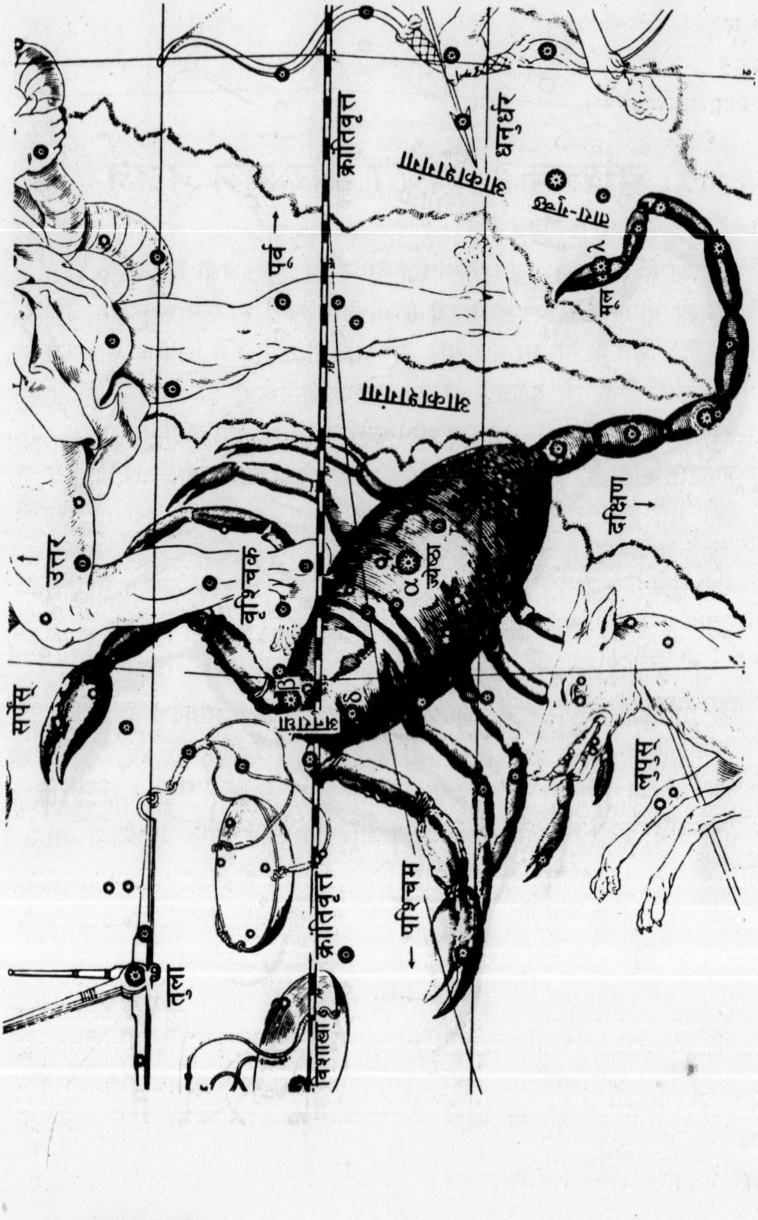
उत्तर
वृश्चिक
ज्येष्ठा
दक्षिण
पूर्व
क्रांतिवृत्त
धनुर्धर
आकाशगंगा
आकाशगंगा
मूल
सर्पस्
अनुराधा
विशाखा
तुला
पश्चिम
क्रांतिवृत्त
लुपुस्

ईसा के पहले वृश्चिक राशि का विस्तार काफी अधिक था । आरंभिक यूनानी ज्योतिषी, प्राचीन बेबीलोनी परंपरा का अनुकरण करते हुए, विशाखा नक्षत्र (तुला मंडल) का समावेश वृश्चिक में ही करते थे । अतः जान पड़ता है कि बहुत प्राचीन काल में चंद्रमार्ग या रविमार्ग को केवल छह राशियों में ही विभाजित किया गया था ।

वृश्चिक के अन्य भारतीय नाम **आलि, कौर्प्य** और **कौर्पि** हैं । यह कौर्प्य शब्द वराहमिहिर ने यूनानी **स्कोर्पियो** के आधार पर बनाया था । अरबी में इस राशि का नाम **अल्-अक़रब** (बिच्छू) है । प्राचीन बेबीलोनवासियों ने भी इसे बिच्छू के रूप में ही पहचाना था । उस प्राचीन काल में शरद संपात-बिंदु वृश्चिक में ही था । अयन-चलन के कारण बाद में यह बिंदु पश्चिम की ओर सरक गया, तो समान दिन-रात (शरद संपात-बिंदु) की द्योतक तुला राशि का निर्माण हुआ । अब यह शरद संपात-बिंदु कन्या राशि में पहुंच गया है !

प्राचीन चीन में, कुङ् फु-त्से (कन्फ्यूसियस) के समय (लगभग 500 ई. पू.) में, ज्येष्ठा नक्षत्र को **ता हू** (महाग्नि) कहते थे, क्योंकि यह तारा लाल रंग का है । चीन में इस राशि को **तिएन हे** (स्वर्ग का बिच्छू) नाम जेसुइट शिक्षा के प्रभाव में आने के बाद 16वीं सदी में दिया गया ।

एक यूनानी आख्यान के अनुसार, इस आकाशस्थ बिच्छू का संबंध महाव्याध ओरायन से है । ओरायन अपने को संसार का सबसे कुशल शिकारी समझने लगा, तो उसका दर्प दूर करने के लिए देवताओं ने उसके पास एक बिच्छू भेजा । बिच्छू ने ओरायन के पैर को काट खाया, जिससे उसकी मृत्यु हो गई । तब डायाना ने ओरायन (हमारे मृग) को बिच्छू (वृश्चिक) के ठीक विपरीत, 180 अंश की दूरी पर, आकाश में स्थापित कर दिया, ताकि वह सुरक्षित रहे !

यह आख्यान वस्तुस्थिति पर आधारित है । पूर्वी क्षितिज पर जब वृश्चिक का उदय होता है, तब ओरायन पश्चिमी क्षितिज में छिप जाता है । उपर्युक्त आख्यान इसी भौतिक घटना को व्यक्त करता है । स्वयं वृश्चिक भी इसके पूर्व के धनुर्धर (मंडल) के बाण से भयभीत है । तारों के पुराने पाश्चात्य एटलसों में धनुर्धर को वृश्चिक का निशाना साधते हुए दिखाया गया है ।

वृश्चिक के नक्षत्रों को प्राचीन काल से ही प्रायः अशुभ माना जाता रहा है । इन्हें कलह और युद्ध का जनक कहा गया, क्योंकि वृश्चिक को मंगल ग्रह का जन्मस्थान समझा जाता था । भारत में भी प्राचीन काल से ही ज्येष्ठा और मूल नक्षत्रों को अशुभ, उग्र और क्रूर माना जाता रहा है । मगर रससिद्ध (कीमियागर) वृश्चिक को बड़ा महत्व देते थे । उनकी मान्यता थी कि जब सूर्य

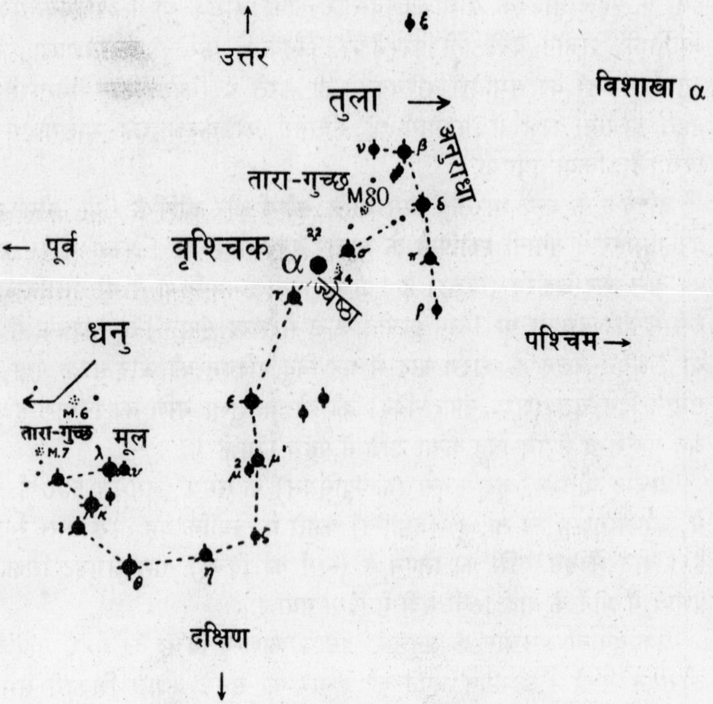

वृश्चिक मंडल : अनुराधा, ज्येष्ठा और मूल नक्षत्र.

वृश्चिक में रहता है, तभी लोहे का स्वर्ण में तत्वांतरण संभव होता है। वृश्चिक मंडल रविपथ के इतने अधिक दक्षिण में है कि इसके उत्तरी भाग को सूर्य नवंबर के आखिरी केवल नौ दिनों में ही पार कर जाता है।[1] प्राचीन काल में वृश्चिक में कई नवतारे (नोवा) प्रकट हुए, इसलिए भी इसे अशुभ माना गया।

मगर आधुनिक खगोल-विज्ञान के अन्वेषण के लिए वृश्चिक मंडल कई अद्‌भुत नजारे प्रस्तुत करता है। वृश्चिक में कई सारे तारा-गुच्छ हैं, कई सारे जुड़वां तारे हैं।

वृश्चिक का सबसे प्रकाशमान (कांतिमान 1.2) **ज्येष्ठा** नक्षत्र लाल रंग का है, इसलिए इसे आसानी से पहचाना जा सकता है। पाश्चात्य ज्योतिष में इस नक्षत्र का नाम **एंटारेस** है। यह तारा रंग में मंगल ग्रह की तरह लाल है, इसीलिए इसे **एंट-आरेस** नाम दिया गया था।[2] यूनानी भाषा में मंगल को **आरेस** कहते थे, और **एंट** का मतलब है – प्रतिद्वंद्वी। यह तारा बिच्छू के हृदय-स्थान में है, इसलिए अरबवासियों ने इसे **कल्ब अल्-अक़रब** (वृश्चिक का हृदय) कहा।

इसके लाल रंग के कारण चीनवासी इसे **ता हू** (महाग्नि) कहते थे ।

वृषभ मंडल का प्रसिद्ध रोहिणी (अल्दबरान) नक्षत्र लाल रंग का है । ज्येष्ठा नक्षत्र रोहिणी के लगभग विपरीत दिशा में यानी 180 अंशों की दूरी पर है । संभवतः इसीलिए ज्येष्ठा के लाल तारे को वैदिक काल में **रोहिणी** के नाम से भी जाना जाता था । एक रोहिणी नक्षत्र (वृषभ) पश्चिमी क्षितिज में डूबता था, तो दूसरा रोहिणी नक्षत्र (ज्येष्ठा) पूर्वी क्षितिज पर उदित होता था । रोहिणी का अर्थ है, लाल रंग की । वैदिक साहित्य में ज्येष्ठा को **ज्येष्ठघ्नी** भी कहा गया है ।

ज्येष्ठा (अल्फा-वृश्चिक) एक महादानव तारा है । इसका व्यास सूर्य के व्यास से करीब 400 गुना अधिक है । ज्येष्ठा को यदि सूर्य के स्थान पर स्थापित किया जाए, तो पृथ्वी और मंगल की कक्षाएं भी इसके उदर में समा जाएंगी ! यह तारा हमसे करीब 173 प्रकाश-वर्ष दूर है । ज्येष्ठा का नीले रंग का एक साथी-तारा भी है ।

भारतीय ज्योतिष के अनुसार, वृश्चिक के नख **विशाखा** नक्षत्र, मुंह **अनुराधा** नक्षत्र, हृदय **ज्येष्ठा** नक्षत्र और डंक **मूल** नक्षत्र कहलाते हैं । वृश्चिक के मुंह के **बीटा** और **डेल्टा** तारे अनुराधा नक्षत्र के द्योतक हैं । इनमें से **बीटा-वृश्चिक** वस्तुतः चार जुड़वां तारों की योजना है । मगर 2.5 कांतिमान का **डेल्टा-वृश्चिक** ही संभवतः अनुराधा का योगतारा है । **म्यू-वृश्चिक** भी एक जुड़वां तारा है ।

वृश्चिक के डंक पर स्थित 1.7 कांतिमान का और 360 प्रकाश-वर्ष दूर का **लांबडा** तारा भारतीय **मूल** या **मूला** नक्षत्र का द्योतक है । मूल नक्षत्र को वैदिक काल में **विचृत्** और **मूलबर्हणी** के नाम से भी जाना जाता था । लांबडा-वृश्चिक के समीप **अप्साइलोन** अक्षरांकित तारा है । वस्तुतः मूल नक्षत्र के योगतारे के बारे में भारतीय ज्योतिष में बड़ी अस्पष्टता रही है । प्रायः ही **इप्सिलोन** से लेकर **अप्साइलोन** तक के तारे मूल नक्षत्र के द्योतक माने जाते रहे हैं ।

वृश्चिक मंडल में कई तारा-गुच्छ देखे जा सकते हैं । ज्येष्ठा और अनुराधा के बीच में **एम 80** नामक एक गोलाकार तारा-गुच्छ है । इसमें कई हजार तारे हैं और यह हमसे करीब 65,000 प्रकाश-वर्ष दूर है । मूल नक्षत्र (लांबडा-वृश्चिक) के पूर्व में **एम 6** और **एम 7**, दो खूबसूरत खुले तारा-गुच्छ हैं । इनमें से दूसरा तारा-गुच्छ कृत्तिकाओं की तरह का है और हमसे काफी नजदीक है । ये सभी तारा-गुच्छ स्वच्छ आकाश में बाइनेक्यूलर से भी पहचाने जा सकते हैं ।

प्राचीन काल से ही वृश्चिक मंडल में अक्सर नवतारे (नोवा) प्रकट होते रहे हैं । चीन के लोगों ने अनुराधा नक्षत्र के पास 134 ई. पू. में एक नवतारा देखा था । उस नवतारे को उसी साल यूनानी ज्योतिषी हिप्पार्कस (लग. 190-120

ई. पू.) ने भी देखा था। एकाएक प्रकट होकर फिर लुप्त हो जाने वाले ऐसे तारों के कारण ही हिप्पार्कस को आकाश के तारों की एक सारणी तैयार करने का विचार सूझा था। वृश्चिक मंडल में ईसवी सन् 393, 827, 1203 और 1578 में भी नवतारे प्रकट हुए थे। इन नवतारों ने तारों के अक्षय और अटल होने की परंपरागत मान्यता को धक्का पहुंचाया, इसलिए भी वृश्चिक को प्रायः एक अशुभ राशि समझा जाता है।

मगर आज के खगोलविदों के अध्ययन के लिए वृश्चिक मंडल जुड़वां तारों, नवतारों, चरकांति तारों, तारा-गुच्छों आदि के अनेक अद्भुत नजारे प्रस्तुत करता है। आकाशगंगा का केंद्र वृश्चिक के नजदीक ही है, इसलिए खगोल के इस क्षेत्र में तारों का घनत्व बहुत ज्यादा है। हमारा यह सौभाग्य है कि समूचे भारत से दक्षिणी खगोल के इस खूबसूरत तारा-मंडल को हम पूरा-पूरा देख सकते हैं।

हर्क्यूलीज मंडल

हमारी पृथ्वी अपनी धुरी पर घूमती है । यह अपने उपग्रह चंद्र को साथ लेकर सूर्य की परिक्रमा भी करती रहती है । ग्रह, लघुग्रह, धूमकेतु आदि सौर-मंडल के सभी पिंड सूर्य का चक्कर लगाते रहते हैं ।

मगर स्वयं सूर्य, अपने समूचे परिवार सहित, किधर जा रहा है ? यह किसकी परिक्रमा कर रहा है ? जानना जरूरी है, क्योंकि सूर्य की गति के साथ हमारी पृथ्वी और हम भी गतिमान हैं । किंतु किस तरफ ?

हम जानते हैं कि हमारा सूर्य विशाल आकाशगंगा-योजना का एक सामान्य तारा है । यह पहिए के आकार की विशाल आकाशगंगा के केंद्र से करीब 30 हजार प्रकाश-वर्ष दूर है । सूर्य अपने परिवार को साथ लेकर करीब 225 किलोमीटर प्रति सेकंड के वेग से आकाशगंगा के केंद्र की परिक्रमा कर रहा है । आकाशगंगा की एक परिक्रमा पूरी करने में सूर्य को करीब 25 करोड़ साल लगते हैं !

मगर सूर्य की एक और गति है — इसके नजदीक के तारों के सापेक्ष । इसे समझने के लिए कल्पना कीजिए कि आप किसी घने जंगल में यात्रा कर रहे हैं । तब सामने के पेड़ आपको अलग-अलग होते दिखाई देंगे, मगर पीछे छोड़े गए पेड़ एक-दूसरे के नजदीक आते दिखाई देंगे ।

सूर्य के मामले में भी उसके समीप के तारों के बारे में ऐसा ही होता है, हालांकि सभी तारे स्वयं में भी गतिमान हैं । सूर्य (साथ में पृथ्वी और हम) जिस ओर गतिमान हैं उधर के नजदीक के तारे अलग-अलग जाते दिखाई देते हैं और विपरीत दिशा के तारे एक-दूसरे के नजदीक आते प्रतीत होते हैं । इस तरह सूर्य, अपने पूरे परिवार सहित, आकाश के जिस बिंदु की ओर गतिमान है उसे **सौर-अभिबिंदु** (एपेक्स) कहते हैं । हमारा सौर-मंडल सौर-अभिबिंदु की ओर 20 किलोमीटर प्रति सेकंड के वेग से अग्रसर है । अन्य शब्दों में, हम आकाश के उस सौर-अभिबिंदु की ओर एक दिन में करीब 20 लाख किलोमीटर की यात्रा करते

हर्क्यूलीज.

हैं !

मगर वह सौर-अभिबिंदु आकाश में कहां पर है ?

वह बिंदु हर्क्यूलीज तारा-मंडल में है — उत्तरी आकाश के खूब चमकीले **अभिजित्** नक्षत्र के नजदीक, उसके दक्षिण-पश्चिम में । हर्क्यूलीज मंडल वृश्चिक के काफी उत्तर में स्वाति और अभिजित् नक्षत्रों के बीच में है और काफी विस्तृत है । इसमें विभिन्न कांतिमान के अनेक तारे हैं, इसलिए इसकी आकृति ज्यादा सुस्पष्ट नहीं है, मगर इसके प्रमुख तारों को पहचानने में कोई दिक्कत नहीं है । वृश्चिक के उत्तर में **ओफियूकस** तारा-मंडल है और उसके उत्तर में विस्तृत हर्क्यूलीज मंडल है ।

प्राचीन सभ्यताओं में इस तारा-मंडल को विभिन्न रूपों में पहचाना गया । प्राचीन मेसोपोटामिया में इसे सूर्य-देवता **इज्दुबार** के साथ जोड़ा गया था । प्राचीन फिनिशिया के लोग इसे आकाश में समुद्र-देवता **मेलकर्थ** का प्रतिनिधि मानकर इसकी पूजा करते थे ।

प्राचीन यूनान के ज्योतिषियों ने इस तारा-मंडल के बेबीलोनी आख्यान के

आधार पर आरंभ में इसे विभिन्न नाम दिए थे। इस तारा-मंडल को हर्क्यूलीज नाम सर्वप्रथम यूनानी गणितज्ञ-ज्योतिषी **इराटोस्थनीज** (लगभग 276-196 ई. पू.) ने दिया था।[3] आकाशस्थ हर्क्यूलीज के चित्रांकन में उसे एक घुटने के बल झुका हुआ और हाथ में मुद्‌गर धारण किया हुआ दिखाया गया है।

यूनानी आख्यान के अनुसार हर्क्यूलीज ज्यूपिटर के पुत्र हैं। डेल्फी के मंदिर की देववाणी ने हर्क्यूलीज को बारह काम पूरे करने का आदेश सुनाया था और यह भी प्रलोभन दिया था कि यदि वह इन कामों को पूरा करते हैं, तो अमरत्व प्राप्त करेंगे। हर्क्यूलीज ने उन बारह साहसी कार्यों को पूर्ण करने के अलावा स्वर्णिम ऊन (गोल्डन फ्लीस) की खोज में निकले नाविकों (आर्गोनॉट्स) के साथ समुद्र-यात्रा की थी।

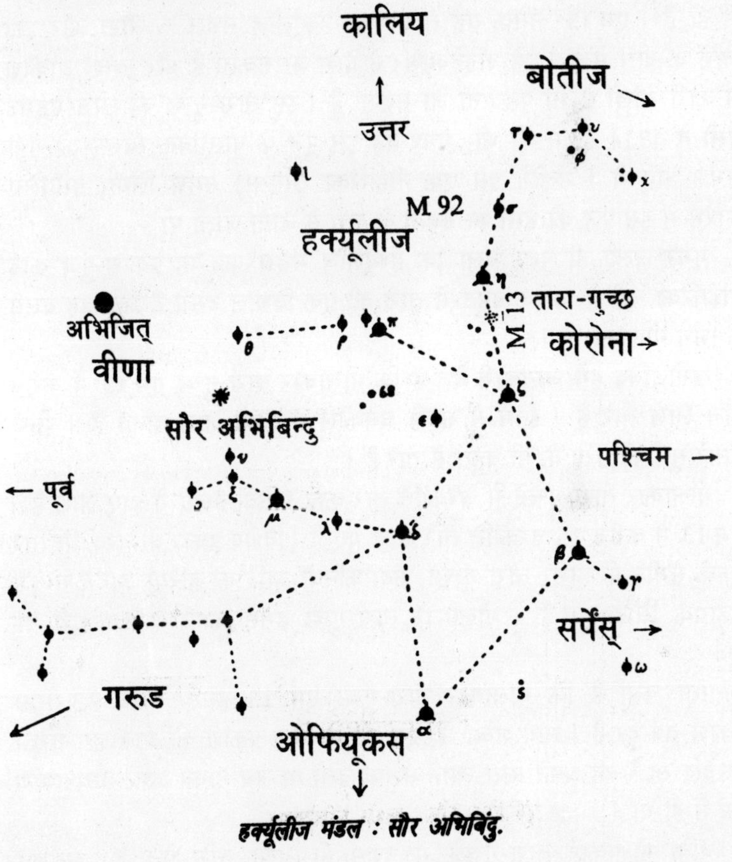

हर्क्यूलीज मंडल : सौर अभिबिंदु.

हर्क्यूलीज मंडल का **अल्फा** तारा, जिसका अरबी पर आधारित पाश्चात्य नाम **रास अलगोथी** है, एक जुड़वां और अर्ध-अनियमित चरकांति तारा है। लाल रंग का यह महादानव तारा मृग-मंडल के आर्द्रा नक्षत्र से भी काफी बड़ा है। इसका व्यास सूर्य के व्यास से 800 गुना अधिक है! अल्फा-हर्क्यूलीज हमसे करीब 460 प्रकाश-वर्ष दूर है।

ऊपर जिस सौर-अभिबिंदु (एपेक्स) की हमने चर्चा की है वह हर्क्यूलीज मंडल की मध्य-पूर्वी सीमा के समीप के **क्साइ** और **न्यू** अक्षरों से अंकित तारों के निकट है। उस स्थान से थोड़े ही अंतर पर, पूर्वोत्तर की तरफ, खूब चमकीला **अभिजित्** (वेगा) नक्षत्र है।

उत्तरी खगोल का सबसे खूबसूरत गोलाकार तारा-गुच्छ भी हर्क्यूलीज मंडल में ही है। **एम 13** नामक यह तारा-गुच्छ हर्क्यूलीज मंडल के **जीटा** और **इटा** तारों के बीच में है। इसे बाइनेक्यूलर से देखा जा सकता है और स्वच्छ आकाश में कोरी आंखों से भी पहचाना जा सकता है। इस तारा-गुच्छ की खोज **एडमंड हेली** ने 1714 ई. में की थी, मगर वह इस पुंज के वास्तविक स्वरूप को नहीं समझ पाए थे। उन्होंने इसे एक नीहारिका (नेबुला) समझ लिया, इसीलिए आरंभ में इस पुंज को **हेली का नेबुला** के नाम से जाना जाता था।

मगर जल्दी ही पता चला कि हर्क्यूलीज मंडल का यह प्रकाश-पुंज कोई नीहारिका नहीं है, बल्कि बहुत-से तारों की एक विशाल बस्ती है और वह बस्ती लगभग गोलाकार है।

खगोलविद हमें जानकारी देते हैं कि गोलाकार तारा-गुच्छ **एम 13** में करीब पांच लाख तारे हैं। इनमें से सबसे चमकीले तारे ठंडे लाल दानव हैं। इसमें हमारे सूर्य की तरह के भी बहुत से तारे हैं।

गोलाकार तारा-गुच्छों में चरकांति तारे कुछ अधिक संख्या में पाए जाते हैं। **एम 13** में करीब 15 चरकांति तारे खोजे गए हैं। विशेष प्रकार के चरकांति तारे उनके समीप के तारों, तारा-गुच्छों, मंदाकिनियों आदि की दूरियां जानने में बड़े सहायक सिद्ध हुए हैं। गोलाकार तारा-गुच्छ हमसे काफी अधिक दूरी पर हैं।

पता चला है कि गोलाकार तारा-गुच्छ **एम 13** हमसे करीब 23,000 प्रकाश-वर्ष दूर है। अन्य शब्दों में, **एम 13** के जिस प्रकाश को आज हम धरती पर देख रहे हैं वह अपने स्रोत-स्थान से तब चला था जब मानव अभी मध्यपाषाण युग में ही था!

चूंकि गोलाकार तारा-गुच्छों में दशसहस्रों-लाखों तारे होते हैं, इसलिए

अंतरिक्ष में इनका विस्तार भी काफी लंबा-चौड़ा होता है। पता चला है कि गोलाकार तारा-गुच्छ 130 से 300 प्रकाश-वर्ष तक लंबे-चौड़े होते हैं। **एम 13** तारा-गुच्छ भी करीब 300 प्रकाश-वर्ष चौड़ा है।

गोलाकार तारा-गुच्छों की एक और विशेषता यह है कि इनके भीतर धूल या गैसों के बादल (नीहारिकाएं) नहीं होते। इसलिए इन गुच्छों को बड़ी दूरबीनों से देखने पर आकाश के एक बड़े विस्तार में शुक्र ग्रह और व्याध नक्षत्र-जैसे चमकीले पुंजों की तरह के अनेकानेक तारों के मनमोहक दृश्य के दर्शन होते हैं।

खगोलविद यकीन के साथ नहीं बता सकते कि इन गोलाकार तारा-गुच्छों का निर्माण किस प्रकार हुआ है। मगर इतना स्पष्ट है कि ये काफी स्थायी योजनाएं हैं और बिना किसी विशेष रद्दोबदल के आगे अरबों सालों तक टिकी रहेंगी। अब तक आकाश में करीब 125 गोलाकार तारा-गुच्छ खोजे गए हैं।

हर्क्यूलीज मंडल में इसके **इटा** और **आयोटा** अक्षरों से अंकित तारों के लगभग मध्यस्थान में एक और गोलाकार तारा-गुच्छ है जिसे **एम 92** के नाम से जाना जाता है। यह **एम 13** से भी अधिक दूरी पर है। इस गुच्छ में अपेक्षाकृत कुछ कम तारे हैं, मगर अंतरिक्ष में इसका विस्तार **एम 13** से भी ज्यादा है। इस गोलाकार तारा-गुच्छ की एक और विशेषता यह है कि इसमें बहुत-से अतितप्त दानव तारे हैं।

प्राचीन काल के ज्योतिषियों ने हर्क्यूलीज मंडल के तारों में विविध मानवाकृतियों की कल्पना की, तदनुसार आख्यान गढ़े, और संभवतः उन्होंने अपनी कोरी आंखों से इसमें गोलाकार तारा-गुच्छ **एम 13** के धूमिल प्रकाश-पुंज को भी देखा होगा, मगर इसके वास्तविक स्वरूप को समझना उनके लिए संभव नहीं था। वे यह भी जान सकने में समर्थ नहीं थे कि **सौर-अभिबिंदु** हर्क्यूलीज मंडल में ही है।

आज के खगोलविदों के लिए हर्क्यूलीज तारा-मंडल का विशेष महत्व इसमें विद्यमान सौर-अभिबिंदु और उत्तरी खगोल के सर्वाधिक सुंदर गोलाकार तारा-गुच्छ **एम 13** के कारण ही है।

सर्प और सर्पधर

समूचे खगोल में चार ऐसे तारा-मंडल हैं जिनमें सर्प की तरह के प्राणियों की कल्पना की गई है। इनमें एक है, उत्तरी खगोल का **कालिय** (ड्रेको)। दूसरा **हाइड्रस** नामक एक छोटा सर्प दक्षिणी खगोल में है। तीसरा सर्प (महासर्प, **हाइड्रा**) कर्क, कन्या और सिंह मंडलों के दक्षिण में है। आकाश का चौथा सर्प (**सर्पेन्स्**), जिसकी यहां हमें चर्चा करनी है, वृश्चिक के उत्तर में और हर्क्यूलीज के दक्षिण में स्थित है।

सर्प (सर्पेन्स्) मंडल की मुख्य विशेषता यह है कि इसे दो पृथक मंडलों में बांटा गया है। बीच में **सर्पधर** (ओफियूकस) है, जो अपने दोनों हाथों से सर्प को पकड़े हुए है। सर्प को जिन दो मंडलों में बांटा गया है उनके नाम हैं–**सर्पेन्स कापुत्** (सर्प का सिर) और **सर्पेन्स काउडा** (सर्प की पूंछ)। सर्पधर के पश्चिम में सर्प का सिर है और पूर्व में सर्प की पूंछ है। खगोल का विषुववृत्त इन सर्प और सर्पधर मंडलों के लगभग मध्यभाग से गुजरता है, और क्रांतिवृत्त सर्पधर मंडल के दक्षिणी सिरे से गुजरता है। फिर भी, सूर्य, चंद्र तथा ग्रहों को सर्पधर (ओफियूकस) मंडल पार करने में, इसके दक्षिण के वृश्चिक मंडल की अपेक्षा, अधिक समय लगता है।[4] अतः सर्पधर को राशिचक्र के मंडलों में शामिल करना अधिक युक्तिसंगत होता।

सर्प और सर्पधर पाश्चात्य ज्योतिष के बहुत पुराने मंडल हैं। ओफियूकस को **सर्पेंटेरियस** (सर्पधर) भी कहा जाता था। यूनानी आख्यान के अनुसार, ओफियूकस वस्तुतः अपोलो के पुत्र और प्रसिद्ध आदिवैद्य **आस्क्लेपियूस** हैं। बताया जाता है कि वे मृत व्यक्ति को भी जीवित करने में समर्थ थे। परिणामतः प्लूटो (यमराज) ने ज्यूपिटर को आदेश दिया कि वे वैद्य आस्क्लेपियूस पर वज्र चलाएं। बाद में ज्यूपिटर ने आस्क्लेपियूस को तारों के बीच स्थापित कर दिया।

सर्पधर मंडल काफी बड़ा है, मगर इसके तारे दूसरे या तीसरे कांतिमान के हैं। इसलिए इन्हें पहचानने में कठिनाई होती है। इस मंडल का द्वितीय

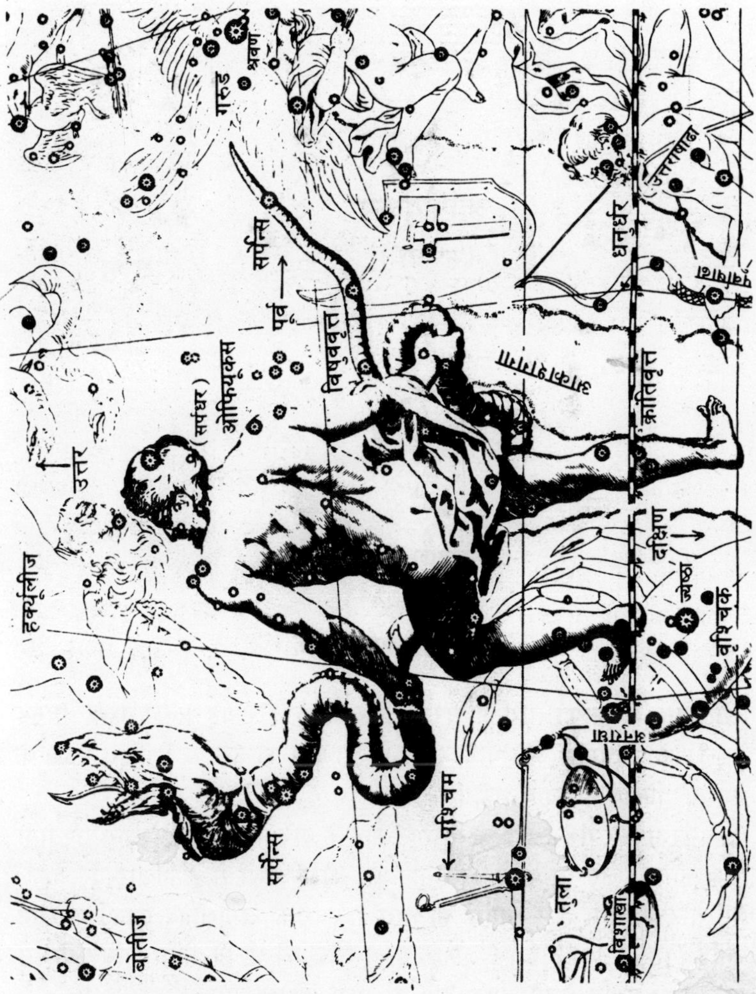

सर्प (सर्पेन्स) और सर्पधर (ओफियूकस).

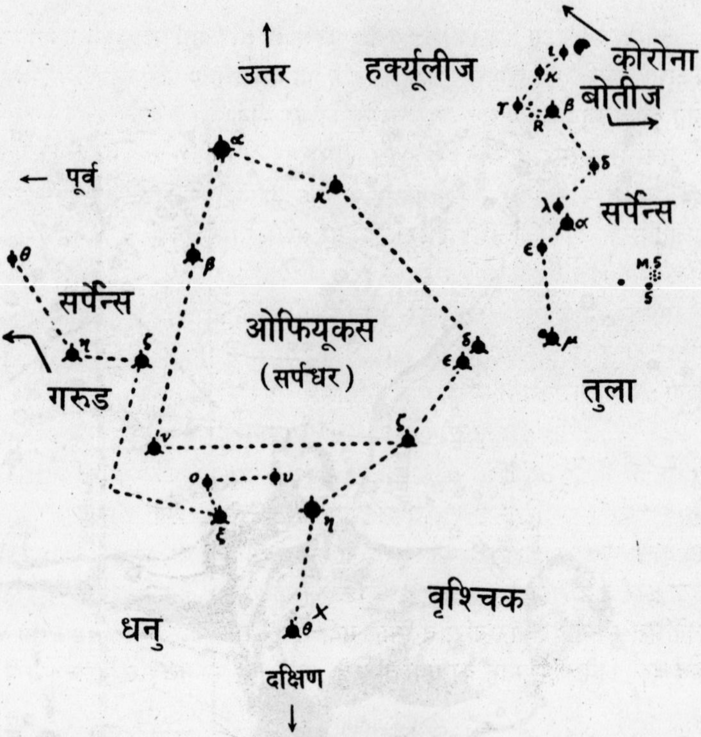

सर्प और सर्पधर मंडल.

कांतिमान का **अल्फा** तारा सर्पधर के सिर पर है और यह श्रवण नक्षत्र (गरुड मंडल) के पश्चिम में और थोड़ा उत्तर में 33 अंश की दूरी पर है। इस मंडल के शेष तारे विशेष महत्व के नहीं हैं।

मगर सर्पधर मंडल के एक विशिष्ट तारे के बारे में जानकारी रखना उपयोगी सिद्ध होगा! लगभग दसवें कांतिमान के, कोरी आंखों से न दिखाई देने वाले, उस तारे का नाम है — **बर्नार्ड का तारा**। अमरीकी खगोलविद **एडवर्ड एमरसन बर्नार्ड** (1857-1923 ई.) ने 1916 ई. में खोज की थी कि सर्पधर मंडल के इस तारे की निजगति सबसे ज्यादा है। यह तारा खगोल पर एक साल में 10″.27 कोणीय दूरी सरकता है, यानी स्थानांतरित होता है। यह 188 वर्षों में चंद्र के दृश्य-व्यास के तुल्य सरकता है। यदि आकाश के सभी तारे इसी तरह अपने स्थानों से सरकते रहते, तो तारा-मंडलों की शक्ल चंद पीढ़ियों में ही बदल

जाती !

बर्नार्ड का तारा एक शीतल लाल बौना है और सूर्य से 2500 गुना कम प्रकाश उत्सर्जित करता है। यही वजह है कि केवल 5.9 प्रकाश-वर्ष की दूरी पर होने के बावजूद यह करीब दसवें कांतिमान का फीका तारा है।

बर्नार्ड के तारे के बारे में 1963 ई. में नई जानकारी यह मिली कि इसके इर्द-गिर्द बृहस्पति के आकार-प्रकार के एक या दो ग्रह चक्कर लगा रहे हैं। हालांकि इस बात को सभी खगोलविदों का समर्थन नहीं मिला है, मगर बर्नार्ड के तारे पर खगोलविद नजर रखे हुए हैं।

सर्पधर मंडल में चार गोलाकार तारा-गुच्छों के दो जोड़े हैं। इनमें से एक जोड़ा (**एम 12** और **एम 10**) इस मंडल के मध्यभाग में है। दूसरा जोड़ा (**एम 62** और **एम 19**) इस मंडल के दक्षिणी छोर पर है।

अतीत में सर्पधर मंडल में कई नोवा (नवतारे) प्रकट हुए हैं। इनमें इस मंडल के **थीटा** तारे के × चिह्नांकित स्थान के पास 10 अक्तूबर, 1604 को केपलर (1571-1630 ई.) के एक शिष्य ने एक नोवा देखा था, जिसे **केपलर का तारा** कहा जाता है। वह तारा एकाएक बृहस्पति से भी अधिक चमकीला हो उठा और कुछ महीनों बाद आंखों से ओझल हो गया। इस मंडल के RS द्वारा निर्देशित स्थान पर बार-बार, वर्तमान सदी में भी तीन बार, नोवा प्रकट हुए हैं। अब वहां 11वें कांतिमान का एक तारा है, मगर उस पर नजर रखना जरूरी है।

सर्पधर के पश्चिम में सर्प का सिर है। **आयोटा**, **काप्पा**, **गामा** तथा **बीटा** तारों का समूह सर्प के सिर को दर्शाता है। इनमें **बीटा** तृतीय कांतिमान का युग्म-तारा है। सर्पधर मंडल के करीब 5 अंश दक्षिण-पश्चिम में एक गोलाकार तारा-गुच्छ (**एम 5**) है, जिसे कभी-कभी कोरी आंखों से भी पहचाना जा सकता है। यह तारा-गुच्छ हमसे करीब 27,000 प्रकाश-वर्ष दूर है और इसमें लगभग 60,000 तारे हैं।

सर्प की पूंछ, सर्पधर की पूर्व दिशा में, **थीटा** तारे तक पहुंचती है। चतुर्थ कांतिमान का यह **थीटा** एक जुड़वां तारा है। इस तारे के पश्चिम में, चार अंश की दूरी पर, एक खुला तारा-गुच्छ है।

आकाशगंगा की पश्चिमी धारा सर्प-सर्पधर मंडलों में पहुंचकर खंडित हो जाती है और विविध प्रकार के द्वीपों तथा तालों का निर्माण करती है!

तारों की भी हैं छोटी-बड़ी बस्तियां

पुराने जमाने के ज्योतिषियों को तारों की दूरियां मालूम नहीं थीं । मान लिया गया था कि सभी तारे हमसे समान दूरी पर हैं, एक गोल (भगोल) पर स्थिर हैं। इसी मान्यता के आधार पर आकाश के विभिन्न तारा-समूहों को मानव तथा पशु-पक्षियों की आकृतियों के रूप में पहचाना गया था ।

मगर आज हम जानते हैं कि किसी भी तारा-मंडल या राशि के सभी तारे हमसे समान दूरी पर नहीं हैं । एक ही तारा-मंडल या राशि का एक तारा हमसे 25 प्रकाश-वर्ष दूर हो सकता है, तो उसके नजदीक का दूसरा तारा हमसे 250 प्रकाश-वर्ष दूर हो सकता है ।

आकाशगंगा में 100 अरब से भी अधिक तारे हैं । अधिकांश तारे एकाकी रह कर ही आकाशगंगा में यात्रा कर रहे हैं । ऐसे तारों के बीच में औसतन तीन-चार प्रकाश-वर्ष की दूरी रहती है । मगर आकाश में ऐसे भी बहुत से तारे हैं जो दो, तीन, चार या छह के जोड़े बनाकर, एक-दूसरे की परिक्रमा करते हुए, आकाशगंगा में विचरण करते रहते हैं । इन्हें **युग्म** या **जुड़वां** (बाइनरी) तारे कहते हैं ।

लेकिन आकाश में ऐसे भी अनेक गुच्छ या समूह हैं जिनमें बहुत-से तारे, आपसी गुरुत्वाकर्षण के कारण, एक-दूसरे से बंधे रहते हैं और इस प्रकार तारों की एक बस्ती का निर्माण करते हैं । ऐसे तारा-गुच्छों के प्रमुखतः दो प्रकार हैं—**खुले तारा-गुच्छ** और **गोलाकार तारा-गुच्छ** ।

खगोलविदों ने आकाशगंगा में करीब 500 खुले तारा-गुच्छ खोजे हैं । ऐसे तारा-गुच्छों में चंद तारों से लेकर कई सौ तारे हो सकते हैं । खुले तारा-गुच्छों के सदस्यों ने आकाश के एक ही स्थान में एक ही समय पर जन्म लिया है और ये एकसाथ एक ही दिशा में यात्रा करते हैं । खुले तारा-गुच्छ आमतौर पर आकाशगंगा की बाहरी सीमाओं में पाए जाते हैं ।[5]

वृषभ राशि में स्पष्ट दिखाई देनेवाला कृत्तिकाओं का पुंज वस्तुतः एक खुला

तारा-गुच्छ है । कोरी आंखों से इसमें छह-सात तारे ही पहचाने जा सकते हैं । वैदिक काल में भी कृत्तिका में केवल सात ही तारे पहचाने गए थे । मगर दूरबीन से इस पुंज में करीब 300 तारे देखे जा सकते हैं । कृत्तिका-पुंज हमसे करीब 450 प्रकाश-वर्ष दूर है । खगोलविदों के अनुसार, कृत्तिकाओं का जन्म करीब 25 लाख साल पहले हुआ था । अर्थात्, कृत्तिकाएं धरती के मानव से बहुत अधिक प्राचीन नहीं हैं !

गोलाकार तारा-गुच्छों में इतने ज्यादा तारे एक-दूसरे के नजदीक सटे रहते हैं कि उन्हें केवल शक्तिशाली दूरबीनों से ही थोड़े पृथक् रूप में पहचाना जा सकता है । एक गोलाकार तारा-गुच्छ में दस हजार से लेकर पांच लाख तक तारे हो सकते हैं । आकाशगंगा में अब तक करीब 125 गोलाकार तारा-गुच्छ खोजे गए हैं । गोलाकार तारा-गुच्छ आकाशगंगा के केंद्रभाग के नजदीक हैं, इसलिए वृश्चिक तथा धनु राशि-मंडलों में इन्हें अधिक संख्या में देखा जा सकता है । सौर-मंडल के धूमकेतुओं की तरह गोलाकार तारा-गुच्छ अनियमित कक्षाओं में आकाशगंगा के केंद्र का चक्कर लगाते रहते हैं ।

गोलाकार तारा-गुच्छ अन्य मंदाकिनियों में भी खोजे गए हैं । देवयानी मंदाकिनी में करीब दो सौ गोलाकार तारा-गुच्छों का पता चला है । गोलाकार

हर्क्यूलीज मंडल में स्थित गोलाकार तारा-गुच्छ M13 (देखिए इसी अध्याय का 'हर्क्यूलीज मंडल' प्रकरण).

गुच्छों के तारों की आयु 10 अरब साल से भी ज्यादा आंकी गई है। इन तारा-गुच्छों में मौजूद विशेष किस्म के चरकांति (**आर-आर-लायरी**) तारों की मदद से इनकी दूरियां जानना संभव हुआ है।

इस प्रकार, आकाश में न केवल अनगिनत एकाकी तारे हैं, बल्कि इनकी छोटी-बड़ी अनेक बस्तियां भी हैं। एक बस्ती या समूह के सभी तारे समान आयु के होते हैं और साथ-साथ यात्रा करते हैं।

तारे में जब विस्फोट होता है

तारे जन्म लेते हैं, जवान होते हैं, बूढ़े होते हैं और अंत में अनेक तारे विस्फोटित होकर ब्रह्मांड में बिखर भी जाते हैं।

घटना 4 जुलाई, 1054 की है। उस दिन चीन के ज्योतिषियों ने वृषभ राशि के एक स्थान पर खूब चमकीला एक नया तारा देखा। एकाएक प्रकट होने वाले ऐसे तारों को वे **अतिथि तारा** कहते थे। वह अतिथि तारा कुछ दिनों तक दिन के उजाले में भी दिखाई दिया। मगर 23 दिन बाद उसकी चमक घटती गई। करीब दो साल बाद वह अतिथि तारा आकाश से लुप्त हो गया!

वृषभ के ठीक उसी स्थान पर यूरोप के खगोलविदों ने 1731 ई. में दूरबीन से एक तारा देखा। फिर 1758 ई. में खगोलविद **शार्ल मेसिए** ने पहचाना कि वह तारा वस्तुतः एक नीहारिका है, और उसे उन्होंने नीहारिकाओं (नेबुला) की अपनी सूची में प्रथम स्थान दिया (**एम 1**)।

वर्तमान सदी के प्रथम चरण में पता चला कि वह नीहारिका करीब 1000 किलोमीटर प्रति सेकंड के वेग से फैल रही है। यह भी स्पष्ट हुआ कि वह नीहारिका 1054 ई. में चीनियों द्वारा देखे गए 'अतिथि तारे' के विस्फोट से पैदा हुई द्रव्यराशि है। चित्र में वह नीहारिका केकड़े के आकार की दिखाई देती है, इसलिए उसे **क्रैब नेबुला** (कर्क नीहारिका) कहते हैं।

कर्क नीहारिका हमसे करीब 6000 प्रकाश-वर्ष दूर है और प्रतिदिन करीब नौ करोड़ किलोमीटर की रफ़्तार से इसका विस्तार हो रहा है। यह प्रकाश-किरणों के अलावा रेडियो, एक्स तथा गामा किरणों का भी उत्सर्जन करती है। अब यह भी पता चला है कि इस नीहारिका के केंद्र में अतिसघन द्रव्य के रूप में एक नन्हा तारा मौजूद है, जिसे आरंभ में **पल्सर** और अब **न्यूट्रान** तारे का नाम दिया गया। न्यूट्रान तारे के एक प्यालाभर द्रव्य का भार लाखों टन हो सकता है।[6]

आकाश के एक तारे में विस्फोट होने से कर्क नीहारिका अस्तित्व में आई है। ऐसे विस्फोटित तारे को **सुपरनोवा** कहते हैं। एक सहस्राब्दी में चंद सुपरनोवा ही

प्रकट होते हैं । टाइको ब्राही ने 1572 ई. में और केपलर ने 1604 ई. में हमारी आकाशगंगा में प्रकट हुए नोवा या सुपरनोवा देखे थे ।

सुपरनोवा हमारी आकाशगंगा में ही नहीं, दूसरी मंदाकिनियों में भी प्रकट होते हैं । देवयानी मंदाकिनी में 1885 ई. में एक सुपरनोवा देखा गया था । हमारे समय में, 1987 ई. में, दक्षिणी खगोल के **बड़े मेजल्लानी मेघ** (नजदीक की एक छोटी उपमंदाकिनी) में एक सुपरनोवा देखा गया । कनाडा के खगोलविद शेल्टन ने इसकी खोज की, इसलिए इसे **शेल्टन-1987** नाम दिया गया।

मेजल्लानी मेघ के जिस तारे में यह सुपरनोवा विस्फोट हुआ वह हमसे करीब 1,70,000 प्रकाश-वर्ष दूर है । अन्य शब्दों में, विस्फोट 1,70,000 साल पहले हुआ था, मगर धरती पर उसकी सूचना अब मिली है ! दक्षिणी गोलार्ध की कई वेधशालाओं से, कावलूर (तमिलनाडु) की वेधशाला से भी, इस नए सुपरनोवा का गहन अध्ययन किया गया ।

सुपरनोवा विस्फोट का मतलब है, तारे की मौत ! विस्फोटित तारा एक सेकंड में उतनी ऊर्जा उत्सर्जित करता है, जितनी कि सूर्य 60 सालों में करता है। इस घटना में तारे की कांति एकाएक दस करोड़ सूर्यों के बराबर हो जाती है और उसकी अधिकांश द्रव्यराशि करीब पांच हजार किलोमीटर प्रति सेकंड के वेग से अंतरिक्ष में फैल जाती है । सुपरनोवा का अवशिष्ट द्रव्य अतिसघन बनकर रेडियो-तरंगों का शक्तिशाली स्रोत बन जाता है ।

जो तारा लगभग पूरी तरह विस्फोटित होता है उसे सुपरनोवा कहते हैं । मगर जो तारा अपने बाह्य कवच की काफी अधिक द्रव्यराशि को अंतरिक्ष में उछालकर एकाएक उद्दीप्त हो उठता है उसे **नोवा** (नवतारा) कहते हैं ।

नोवा वस्तुतः कोई नया तारा नहीं होता । पुराना कोई तारा बूढ़ा होकर, किन्हीं कारणों से, अपनी बाहरी द्रव्यराशि को आकाश में उछाल देता है । तब उस तारे की कांति एकाएक करीब एक लाख गुना बढ़ जाती है और हम उसे एक नवतारे के रूप में देखते हैं । अंततः उस तारे की कांति घट जाती है और वह अपनी पूर्वस्थिति में आ जाता है । नोवा की घटना तारे के जीवन में एक नए दौर की सूचक है । हमारी आकाशगंगा में हर साल करीब 25 नवतारे (नोवा) प्रकट होते हैं ।

नोवा और सुपरनोवा की विप्लवी घटनाएं भी ज्वलंत प्रमाण प्रस्तुत करती हैं कि नक्षत्रलोक में स्थिर या अटल जैसी कोई चीज नहीं है ।

तारों में जन्म लेते हैं भारी तत्व

आज से करीब सौ साल पहले तक कोई भी वैज्ञानिक नहीं जानता था कि सूर्य तथा तारे क्यों चमकते हैं, उनमें कौन-सा ईंधन जलता है और किस तरह जलता है। अब इन प्रश्नों के उत्तर मिल गए हैं। इतना ही नहीं, अब हम वैसी ऊर्जा धरती पर भी पैदा करने में समर्थ हैं, जैसी कि सूर्य और तारों में पैदा होती है।

पिछली सदी के उत्तरार्द्ध में ही इंग्लैंड के वैज्ञानिक लॉर्ड केल्विन (1824-1907 ई.) ने प्रमाणित कर दिया था कि सूर्य यदि कोयले की आग की तरह जलता होता, तो यह चंद हजार वर्षों में राख बनकर बुझ जाता। मगर सूर्य की आयु हमारी धरती की आयु (तकरीबन 4,70,00,00,000 वर्ष) से भी अधिक है।

फिर वैज्ञानिक **लॉकयेर**[7] ने 1890 ई. में विचार प्रस्तुत किया कि आकाश में बिखरी हुई धूल तथा गैस के संघनित होने से तारे अस्तित्व में आते हैं। गुरुत्वाकर्षण के अंतर्गत तारे का द्रव्य उसके केंद्रभाग में संघनित होने लगता है, तो उसका तापमान बढ़ता जाता है और वह चमकने लगता है।

तारों का जन्म लगभग इसी तरह होता है। मगर लॉक्येर की यह मान्यता सही नहीं थी कि गुरुत्वीय संकुचन से तारों में ऊर्जा पैदा होती है। तारों की ऊर्जा वस्तुतः परमाणु ऊर्जा है। यह सुझाव सर्वप्रथम अमरीकी खगोलविद **हेनरी नॉरिस रसेल** ने 1913 ई. में दिया था। मगर आज हम जानते हैं कि तारों में वैसी परमाणु ऊर्जा पैदा नहीं होती जैसी कि रसेल ने सोची थी।

तारों में किस प्रकार की परमाणु ऊर्जा पैदा होती है, इसका सही आभास पहली बार 1925 ई. के आसपास इंग्लैंड के प्रख्यात खगोलविद **आर्थर एडिंगटन** ने दिया[8]। एडिंगटन ने स्पष्ट किया कि तारे की बाह्य सतह का तापमान भले ही चंद हजार डिग्री रहता हो, मगर उसके केंद्रभाग का तापमान एक करोड़ डिग्री से भी अधिक होता है। इतने ऊंचे तापमान पर द्रव्य 'प्लाज्मा' की स्थिति में

रहता है, यानी परमाणुओं के नाभिक और इलेक्ट्रान स्वतंत्र विचरण करते हैं। एडिंगटन ने सुझाया कि सूर्य (या तारे) की केंद्रीय भट्ठी में हाइड्रोजन के नाभिक आपस में जुड़कर हीलियम के नाभिक में बदल जाते हैं। इस प्रक्रिया में जो ऊर्जा पैदा होती है उसे **संगलन** या **संलयन** (फ्यूजन) की ऊर्जा कहते हैं। हाइड्रोजन बम के विस्फोट में इसी प्रकार की ऊर्जा पैदा होती है।

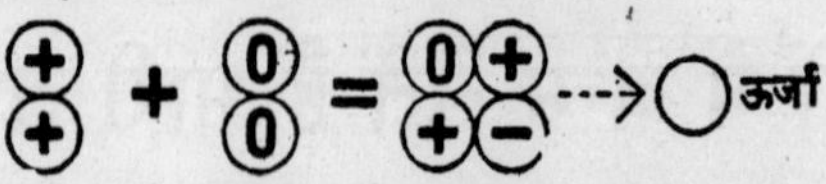

संलयन की ऊर्जा : अति उच्च तापमान में हाइड्रोजन के चार विशिष्ट नाभिक आपस में जुड़कर जब हीलियम के एक नाभिक का निर्माण करते हैं, तब साथ ही ऊर्जा भी पैदा होती है.

एडिंगटन के समय तक अभी परमाणु ऊर्जा की खोज नहीं हुई थी, इसलिए स्पष्ट नहीं हो पाया था कि सूर्य या तारों के केंद्रभाग में ठीक किस तरह और कितनी परमाणु ऊर्जा पैदा होती है। इसकी जानकारी 1938 ई. में जर्मन वैज्ञानिक **कार्ल फोन वाइत्सेकर** (जन्म 1912 ई.) और अमरीकी वैज्ञानिक **हान्स बेथे** (जन्म 1906 ई.) ने दी।[9]

हम जानते हैं कि सूर्य और अन्य तारों का मुख्य द्रव्य हाइड्रोजन गैस है। सूर्य का 80 प्रतिशत से भी अधिक द्रव्य हाइड्रोजन है। सूर्य के केंद्रभाग में जहां तापमान करीब 1,40,00,000 डिग्री सेल्सियस और दाब अति भयंकर है, हाइड्रोजन के नाभिकों की बड़ी विचित्र दशा होती है। वे आपस में जुड़कर हीलियम के नाभिक में बदल जाते हैं। हाइड्रोजन के चार नाभिक हीलियम के एक नाभिक को जन्म देते हैं। इस प्रक्रिया में कुछ द्रव्य ऊर्जा में बदल जाता है। संक्षेप में हम कह सकते हैं कि हाइड्रोजन का जब हीलियम में संगलन होता है, तब इस प्रक्रिया में ऊर्जा पैदा होती है। यही ऊर्जा सूर्य की सतह पर पहुंचकर बाह्य अंतरिक्ष में उत्सर्जित होती रहती है। अन्य तारों में भी इसी प्रकार की ऊर्जा पैदा होती है।

खगोलविद हमें जानकारी देते हैं कि प्रति सेकंड सूर्य का 40 लाख टन द्रव्य पूर्णतः ऊर्जा में बदल जाता है। मगर सूर्य में इतना अधिक द्रव्य है कि यह पिछले करीब 5 अरब सालों से इसी प्रकार अपना ईंधन खर्च करता आ रहा है और आगे के करीब 5 अरब साल तक इसी तरह खर्च करता रह सकता है। आकाश के कुछ बड़े तारे इससे भी अधिक तेजी से अपने द्रव्य को ऊर्जा में बदल रहे हैं।

सूर्य-जैसे तारों में कई अरब साल तक हाइड्रोजन के संगलन की ऊर्जा पैदा

होती रहती है। लेकिन जब तारे की केंद्रीय भट्ठी का सारा हाइड्रोजन हीलियम में रूपांतरित हो जाता है, तब क्या होता है ?

तब कुछ अरसे के लिए तारे के भीतर संगलन की प्रक्रिया रुक जाती है। केंद्रभाग में दाब घट जाता है और तारा सिकुड़ने लगता है। इससे अंततः तारे का केंद्रीय तापमान दस करोड़ डिग्री तक पहुंच जाता है। तब तारे के केंद्र में जमा हुए हीलियम के नाभिकों का संगलन शुरू होता है। हीलियम के तीन नाभिक जुड़कर कार्बन के एक नाभिक में बदल जाते हैं। इस प्रक्रिया में ज्यादा ऊर्जा पैदा होती है और तारा फूलकर काफी बड़ा हो जाता है। करीब 5 अरब साल बाद हमारे सूर्य का भी यही हाल होगा।

इस प्रकार तारे के केंद्रभाग में अधिकाधिक भारी तत्वों के संगलन की प्रक्रियाएं जारी रहती हैं। इन प्रक्रियाओं के अंतर्गत ही तारों के भीतर कार्बन, आक्सीजन, लोहा, निकेल, कोबाल्ट आदि भारी तत्वों का सृजन होता है। इन भारी तत्वों का जन्म ब्रह्मांड की उत्पत्ति के समय नहीं, बल्कि काफी बाद में तारों की केंद्रीय भट्ठियों में हुआ है।

भारी तत्व हमारी धरती में भी पाए जाते हैं। इसका कारण यह है कि सूर्य और सौर-मंडल के पिंडों का निर्माण एक ऐसे तारे की अवशिष्ट द्रव्यराशि से हुआ है जिसमें अरबों साल पहले विस्फोट हुआ था। धरती और इसका समस्त जीव-जगत विश्व के 'उपद्रव्य' से बना है !

संदर्भ और टिप्पणियां

1. यह बात भारतीय वृश्चिक राशि पर नहीं, अपितु पाश्चात्य (आधुनिक) वृश्चिक मंडल पर लागू होती है। वृश्चिक मंडल का उत्तरी सिरा, जिसमें से रविपथ गुजरता है, मुश्किल से करीब 8 अंश चौड़ा है।

2. प्राचीन भारत में मंगल ग्रह को, इसके लाल रंग के कारण, **लोहितांग** कहते थे।

3. इराटोस्थनीज ने अथेन्स में अध्ययन किया और बाद में वे सिकंदरिया में अध्यापक व ग्रंथपाल बने। गणित, ज्योतिष, इतिहास आदि कई विषयों में पारंगत होने के कारण उन्हें **बीटा** (ग्रीक वर्णमाला का दूसरा अक्षर) के नाम से जाना जाता था, क्योंकि वे प्लेटो के बाद दूसरे क्रम के यूनानी विद्वान थे।

   इराटोस्थनीज ने अभाज्य संख्याओं को चुनने का एक तरीका खोज निकाला, जिसे 'इराटोस्थनीज की छलनी' कहते हैं। उन्होंने पृथ्वी के घेरे (परिधि) को मापने की एक अद्भुत विधि खोजी थी और अपनी जानकारी के अनुसार संसार का एक मानचित्र भी तैयार किया था।

4. सूर्य को पाश्चात्य वृश्चिक को पार करने में केवल 9 दिन लगते हैं, मगर ओफियूकस (सर्पधर) मंडल को पार करने में 16 दिन लगते हैं ।

5. खुले तारा-गुच्छों (ओपन क्लस्टर्स) के सदस्य आधुनिक खगोल-विज्ञान में **आबादी I** (पॉपुलेशन I) के नाम से जाने जाते हैं । आबादी I के तारे आकाशगंगा की बाह्य सर्पिल संरचना में रहते हैं और प्रायः अपनी तरुणाई में होते हैं ।

गोलाकार तारा-गुच्छों (ग्लोबुलर क्लस्टर्स) का समावेश आबादी II (पॉपुलेशन II) के अंतर्गत किया जाता है । आबादी II के तारे आकाशगंगा के केंद्रीय भाग में पाए जाते हैं और प्रायः अपनी वृद्धावस्था में होते हैं ।

तारों की इन दो प्रकार की आबादियों की खोज जर्मन-अमरीकी खगोलविद **वाल्तेर बाडे** (1892-1960 ई.) ने 1944 ई. में की थी । बाडे ने अमरीका की विल्सन व पालोमर वेधशालाओं में करीब तीन दशकों तक वेधकार्य किया । उन्होंने 1952 ई. में पहचाना कि मंदाकिनियों की दूरियां गलत आंकी गई हैं और उनकी दूरियां दुगुनी होनी चाहिए । विश्व की सीमाएं एकाएक दुगुनी दूरी पर पहुंच गईं ।

6. अधिक जानकारी के लिए देखिए **अध्याय 10.**

7. आंग्ल खगोलविद **जोसेफ नॉर्मन लॉकयेर** (1836-1920 ई.) ने सूर्य के वर्णक्रम (स्पेक्ट्रम) का गहन अन्वेषण करके 1887 ई. में **सूर्य का रसायन** ग्रंथ प्रकाशित किया । उन्होंने सूर्य के वर्णक्रम में एक नया तत्व पहचाना और उसे **हीलियम** नाम दिया । बाद में इस तत्व को धरती पर **विलियम रामसे** (1852–1916 ई.) ने खोज निकाला । लॉकयेर ने प्राचीन वेधशाला-स्मारकों की पुरातात्विक खोजबीन की और उनके बारे में पुस्तकें लिखीं । लॉकयेर प्रसिद्ध वैज्ञानिक पत्रिका **नेचर** के एक संस्थापक और प्रथम संपादक थे ।

8. आर्थर स्टेन्ली एडिंगटन (1882-1944 ई.) शांतिप्रिय क्वेकर संप्रदाय के अनुयायी थे । उन्होंने मैंचेस्टर व कैम्ब्रिज विश्वविद्यालयों में अध्ययन किया और बाद में कैम्ब्रिज में खगोल-विज्ञान के प्राध्यापक बने । तारों की आंतरिक संरचना के बारे में एडिंगटन ने 1926 ई. में एक ग्रंथ प्रकाशित किया । उसमें उन्होंने प्रतिपादित किया कि तारे के संतुलित बने रहने के लिए भीतर की ओर कार्य करने वाला गुरुत्व-बल बाहर की ओर कार्य करने वाले गैसीय बल और विकिरण-बल, दोनों के तुल्य होना चाहिए ।

एडिंगटन ने 1919 ई. में सूर्य-ग्रहण का अध्ययन किया, उसके फोटो उतारे और आइंस्टाइन के आपेक्षिकता के सिद्धांत की पुष्टि के लिए एक ठोस प्रमाण प्रस्तुत किया ।

एडिंगटन के लिखे हुए कुछ ग्रंथ बड़े लोकप्रिय हुए ।

9. हान्स बेथे को खगोल-भौतिकी के क्षेत्र की गवेषणाओं के लिए 1967 ई. में भौतिकी का नोबेल पुरस्कार मिला ।

सूर्य और तारों के भीतर पैदा होनेवाली संगलन की प्रक्रिया का स्पष्टीकरण करने में जॉर्ज गेमोव (1904-1968 ई.) का भी योगदान रहा ।

अध्याय 9

अगस्त माह

धनु : पूर्वाषाढा और उत्तराषाढा नक्षत्र

वैदिक काल का 28वां नक्षत्र : अभिजित्

विलक्षण है रेडियो-तरंगों का विश्व

तारों का जन्म, यौवन और विनाश

संदर्भ और टिप्पणियां

यूनानी वर्णमाला

अल्फा	α	न्यू	ν
बीटा	β	क्साइ	ξ
गामा	γ	ओमिक्रोन	o
डेल्टा	δ	पाइ	π
इप्सिलोन	ϵ	रो	ρ
जीटा	ζ	सिग्मा	σ
इटा	η	टाउ	τ
थीटा	θ	अप्साइलोन	υ
आयोटा	ι	फाइ	ϕ
काप्पा	κ	खाइ	χ
लांबडा	λ	प्साइ	ψ
म्यू	μ	ओमेगा	ω

धनु : पूर्वाषाढा और उत्तराषाढा नक्षत्र

चांदनी रात का नजारा सचमुच ही बड़ा लुभावना होता है। यदि प्रकृति कुछ अधिक मेहरबान रहती तो रात का आकाश और भी अधिक आकर्षक बन जाता। तब दक्षिण-पश्चिम आकाश में धनु राशि का क्षेत्र इतना अधिक चमकीला बना रहता कि उससे धरातल की वस्तुओं की छायाएं तक दिखाई देतीं। तब यह समझाने में कोई दिक्कत नहीं होती कि आकाशगंगा का केंद्र धनु राशि की दिशा में है।

मगर काली धूल का एक विशाल मेघ आकाशगंगा के केंद्र और हमारे बीच आ गया है। यदि वह काला मेघ बीच में न आता, तो धनु राशि की दिशा में आकाश पूर्णतः पारदर्शी रहता, खूब चमकीला दिखाई देता, और तब यह बताने की आवश्यकता नहीं रह जाती कि आकाशगंगा का केंद्र किस ओर है। तब धनु राशि के शुभाशुभ फल भी शायद कुछ भिन्न तरह से बताए जाते!

प्राचीन काल के ज्योतिषियों को पता नहीं था कि आकाशगंगा वस्तुतः 100 अरब से भी अधिक तारों की, लगभग एक पहिए के आकार की, विशाल योजना है। उन्हें यह भी पता नहीं था कि आकाशगंगा का केंद्रभाग किस दिशा में है।

मगर अब खगोलविदों ने जान लिया है कि आकाशगंगा का केंद्रभाग धनु राशि की दिशा में है। बीच में विशाल काले मेघ के आ जाने के कारण शक्तिशाली प्रकाश-दूरबीनों से भी आकाशगंगा के केंद्रभाग को देख पाना संभव नहीं है। परंतु अवरक्त (इन्फ्रारेड) किरणों में चित्र प्राप्त करके और रेडियो खगोल-विज्ञान के नूतन साधनों का उपयोग करके खगोलविदों ने आकाशगंगा के केंद्रभाग के बारे में काफी जानकारी प्राप्त कर ली है। पता चला है कि आकाशगंगा के (और दूसरी मंदाकिनियों के भी) केंद्रभाग में छोटे आकार के किंतु अत्यंत घने गोलाकार पिंड मौजूद हैं, जिनसे शक्तिशाली रेडियो-किरणों का उत्सर्जन होता है। वे अतिसघन पिंड संभवतः विशाल **कृष्ण-विवर** (ब्लैक

धनुर्धर.

होल) हैं !

धनु की दिशा में आकाशगंगा का केंद्र है, अतिसघन द्रव्यराशि या विशाल कृष्ण-विवर हैं, इसलिए खगोलविद इस राशि के अध्ययन को बड़ा महत्व देते हैं। धनु राशि तारा-गुच्छों और नीहारिकाओं के मामले में भी बड़ी सम्पन्न है। तात्पर्य यह कि आधुनिक खगोल-विज्ञान के लिए धनु राशि बड़े आकर्षक नजारे प्रस्तुत करती है।

धनु राशि में हाल ही (जुलाई 1991) में एक और महत्वपूर्ण पिंड की खोज हुई है। मैंचेस्टर (इंग्लैंड) की जोड्रेल बैंक रेडियो-वेधशाला के दो खगोलविदों ने धनु राशि में दिखाई देनेवाले करीब 30 हजार प्रकाश-वर्ष दूर के एक ऐसे तारे की खोज की है जिसके इर्द-गिर्द पृथ्वी के आकार-प्रकार का, किंतु करीब 12 गुना अधिक भार का, एक ग्रह चक्कर लगा रहा है। उस ग्रह पर जीवन के अस्तित्व के लिए अनुकूल भौतिक परिस्थितियां शायद नहीं हैं, मगर उसकी खोज से स्पष्ट होता है कि आकाशगंगा में लाखों-करोड़ों ग्रह-मंडलों का होना संभव है। ऐसे और भी कुछ तारों की खोज हुई है जिनकी अपनी ग्रह-मालिकाएं

हो सकती हैं ।[1]

धनु राशि का स्थान वृश्चिक के पूर्व में है । धनु के अन्य नाम चाप, धन्वी, हयांग, तौक्षिक या तौक्ष भी हैं । पाश्चात्य ज्योतिष में धनु के लिए लैटिन के जिस **सैजिटेरियस्** शब्द का प्रयोग होता है उसका अर्थ है **धनुर्धर** । यूनानी में इस राशि के लिए **तोजेऊतस्** या **तोजोतस्** शब्द का इस्तेमाल होता था और इसका अर्थ भी धनुर्धर ही था । वराहमिहिर ने इन यूनानी शब्दों की ध्वनि के आधार पर ही **तौक्षिक** शब्द बनाया था । पाश्चात्य ज्योतिष में सैजिटेरियस् (धनुर्धर) को एक ऐसे प्राणी के रूप में चित्रित किया जाता है जिसका वक्ष के नीचे का शरीर घोड़े का है और सिर तथा हाथ आदमी के हैं । **हयांग** यानी घोड़े के शरीरवाला यह प्राणी तने हुए धनुष से ज्येष्ठा (वृश्चिक) की ओर तीर का निशान साधे हुए है ।

क्या वजह है कि यूनानी-रोमन ज्योतिष-परंपरा का **धनुर्धर** भारतीय ज्योतिष में केवल **धनु** रह गया ?

पता चलता है कि बेबीलोनी ज्योतिष में इस राशि के लिए **मुलबान** (धनु का तारा) और **पा** (धनुर्धर) दोनों ही शब्दों का प्रयोग होता था । अतः स्पष्ट है कि यूनानी और भारतीय राशिनामों के स्रोत बेबीलोनी ज्योतिष में हैं ।

धनु राशि में वैदिक परंपरा के जिन **मूल** (पूर्ण), **पूर्वाषाढा** (पूर्ण) और **उत्तराषाढा** (एक-चौथाई) नक्षत्रों का समावेश किया जाता है वह कृत्रिम व्यवस्था है । बिच्छू (वृश्चिक) के डंक के द्योतक मूल नक्षत्र की चर्चा हम पहले कर चुके हैं । मूल के पूर्व में पहले उदित होनेवाले पूर्वाषाढा के नक्षत्र हैं और उनके थोड़े पूर्वोत्तर में बाद में उदित होनेवाले उत्तराषाढा के नक्षत्र हैं । आजकल रात को करीब नौ बजे, स्थितिचित्र की सहायता से, दक्षिण-पश्चिम आकाश में इन दो आषाढाओं के दो चतुर्भुजों को आसानी से पहचाना जा सकता है, बशर्ते कि आकाश साफ हो ।

अषाढा या आषाढा का अर्थ है अपराजित । **अथर्व-संहिता** में इनके लिए प्रार्थना है : पूर्वाषाढा मुझे अन्न दे, उत्तराषाढा मुझे तेज दे (**अन्नं पूर्वा रासतां मे अषाढा ऊर्जं ये द्युत्तर आ वहन्तु**) । वैदिक साहित्य में अषाढा का प्रयोग स्त्रीलिंग और बहुवचन में हुआ है ।

अरबवासी पूर्वाषाढा को **अल् नआम अल् वारिद** (आनेवाला शुतुरमुर्ग) और उत्तराषाढा को **अल् नआम अल् सादिर** (जानेवाला शुतुरमुर्ग) कहते थे । धनु मंडल से आकाशगंगा का पट्टा गुजरता है, इसलिए इन आने-जानेवाले शुतुरमुर्गों की कल्पना की गई होगी । चीन में इन नक्षत्रों (हसीयू) को क्रमशः **कि** (छलनी)

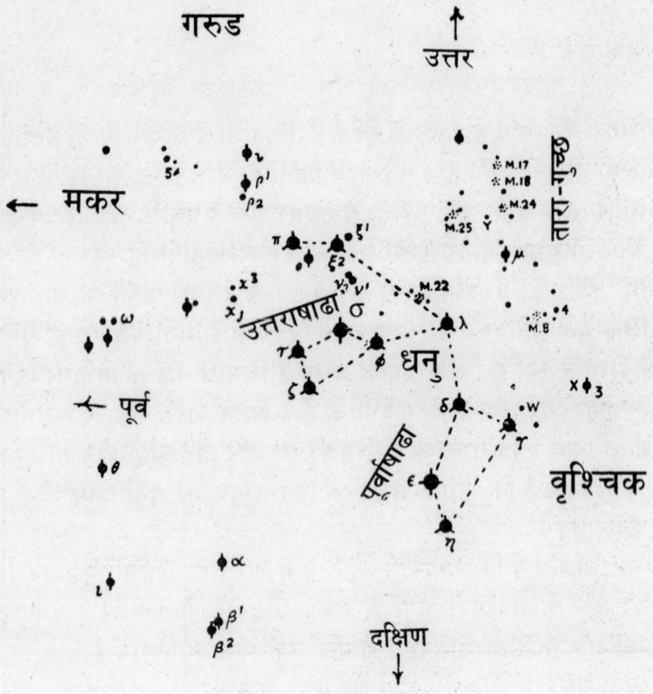

धनु मंडल : आषाढा नक्षत्र.

और **तेव** (कलछी) कहा जाता था।

भारत में राशिनामों का आगमन काफी बाद में हुआ, इसलिए प्राचीन साहित्य में धनु के बारे में कोई कथानक देखने को नहीं मिलता। यूनानी में भी इस तारा-मंडल के बारे में कोई सुस्पष्ट आख्यान नहीं है। यूनानी परंपरा के अनुसार आर्गोनौटों की दक्षिणी सागरों की यात्रा के मार्ग-दर्शन के लिए **खिरोन** ने इस मंडल का सृजन किया था। अमरीका और यूरोप के उत्तरी स्थानों से, वृश्चिक की तरह, धनु मंडल को भी पूर्ण देख पाना संभव नहीं है।

मगर उत्तरी भारत से भी दक्षिण-पूर्व आकाश में धनु के दो चतुर्भुजों को आसानी से पहचाना जा सकता है। धनु के केवल दो ही तारे—**सिग्मा** और **इप्सिलोन**—द्वितीय कांतिमान के हैं। बाकी सब इनसे ज्यादा मंदकांति हैं। भारतीय ज्योतिष-परंपरा के अनुसार **इप्सिलोन, डेल्टा** तथा **लांबडा** तारों का समावेश पूर्वाषाढा में किया जाता है और **टाउ, सिग्मा** तथा **पाइ** तारों का समावेश उत्तराषाढा में किया जाता है। इन नक्षत्रों के योगतारों के बारे में

खगोलविद एकमत नहीं हैं।

धनु मंडल के तारा-गुच्छों और नीहारिकाओं में आज के खगोलविदों की ज्यादा दिलचस्पी है। इस मंडल में खुले और गोलाकार, दोनों ही प्रकार के कई तारा-गुच्छ देखे जा सकते हैं। कभी-कभी कोरी आंखों से भी दिखाई देनेवाला **एम 8** तारा-गुच्छ कुछ-कुछ कृत्तिकाओं की तरह का है और हमसे करीब 1600 प्रकाश-वर्ष दूर है। **एम 4** हमसे सबसे नजदीक का गोलाकार तारा-गुच्छ है। यह हमसे करीब 7600 प्रकाश-वर्ष दूर है। धनु के **लांबडा** तारे के पास का **एम 22** गोलाकार तारा-गुच्छ हमसे करीब 27,000 प्रकाश-वर्ष दूर है, करीब 250 प्रकाश-वर्ष चौड़ा है और उसमें कई लाख तारे हैं। इस मंडल में तीन चमकीली बड़ी नीहारिकाएं भी हैं।

जैसा कि हमने बताया है, आकाशगंगा का केंद्र धनु मंडल की दिशा में है।

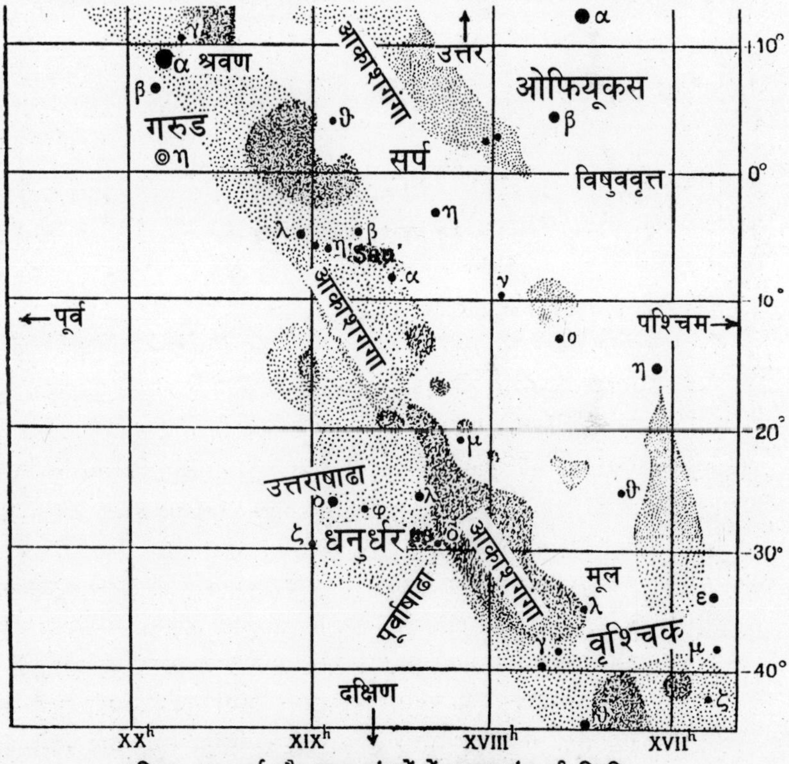

वृश्चिक, धनु, सर्प और गरुड मंडलों में आकाशगंगा की स्थिति.
धनु की दिशा में आकाशगंगा का केंद्र.

यही वजह है कि धनु के आसपास तारों का घनत्व बहुत ज्यादा है । नए अध्ययनों से यह भी पता चला है कि आकाशगंगा के केंद्रभाग में अत्यंत सघन पिंड (विशाल कृष्ण-विवर) और बहुत-से गोलाकार तारा-गुच्छ मौजूद हैं । इन्हीं की संयुक्त आकर्षण शक्ति के कारण आकाशगंगा के शेष तारे (करीब 30,000 प्रकाश-वर्ष की दूरी से हमारा सूर्य भी) इसके केंद्रभाग की निरंतर परिक्रमा करते रहते हैं ।

धनु मंडल की ओर देखने का मतलब है आकाशगंगा के केंद्र की दिशा में देखना—आकाश के एक ऐसे स्थान की ओर देखना जिसका हम सब, सौर-मंडल के सभी पिंड, करीब 220 किलोमीटर प्रति सेकंड की गति से निरंतर चक्कर लगा रहे हैं !

वैदिक काल का 28वां नक्षत्र : अभिजित्

आकाश के चंद्रमार्ग या रविपथ के परंपरागत 27 नक्षत्रों से हम परिचित हैं। इन 27 नक्षत्रों की सूची वैदिक साहित्य में कई स्थानों पर देखने को मिलती है, **वेदांग-ज्योतिष** में भी। मगर **मैत्रायनी-संहिता**, **तैत्तिरीय-ब्राह्मण** और **अथर्व-संहिता** के **नक्षत्रकल्प** में 28 नक्षत्रों की सूची भी देखने को मिलती है। जैन ग्रंथों की नक्षत्र-सूची में भी अभिजित् का समावेश है। ऐसा क्यों ?

चंद्र को, तारों के सापेक्ष, आकाश का एक चक्कर लगाने में 27 दिन और करीब 8 घंटे लगते हैं। निकट की पूर्ण संख्या 27 है। इसलिए वैदिक काल में चंद्रमार्ग के 27 प्रमुख तारों को चुनकर बता दिया जाता था कि आज चंद्र अमुक तारे (नक्षत्र) के पास है।

चूंकि चंद्र आकाश का एक चक्कर 27 दिन और करीब 8 घंटों में लगाता है, इसलिए पूर्ण संख्या 28 लेकर अट्ठाइस नक्षत्रों को चुनने की भी प्राचीन काल में प्रथा रही है। प्राचीन चीनी नक्षत्र (ह्सीयू) भी 28 ही हैं। अरबवासी भी नक्षत्रों (**मनाज़िल** : 'मंजिल' यानी पड़ाव का बहुवचन) की संख्या 28 ही मानते रहे हैं। भारतीय, चीनी और अरबी नक्षत्र-पद्धतियों में से कौन-सी अधिक प्राचीन है, इस बात को लेकर विद्वानों में काफी लंबे समय से वाद-विवाद चला आ रहा है। संभव है कि वैदिक नक्षत्र-पद्धति सिंधु सभ्यता की देन हो।

जो भी हो, वैदिक काल की 28 नक्षत्रों की सूची में जिस अतिरिक्त नक्षत्र का नाम देखने को मिलता है वह **अभिजित्** है। **तैत्तिरीय-ब्राह्मण** में यह भी स्पष्ट कर दिया गया है कि अभिजित् का स्थान अषाढाओं के बाद में और श्रोणा (श्रवण) के पहले है। मगर अभिजित् नक्षत्र क्रांतिवृत्त के करीब साठ अंश उत्तर में है; खगोलीय विषुववृत्त के भी करीब 35 अंश उत्तर में है ! अभिजित् का अर्थ है विजेता। **अथर्व-संहिता** की प्रार्थना भी है : **अभिजिन्मे रासतां पुण्यमेव** (अभिजित् मुझे पुण्यशील बनाए)।

वीणा (लाइरा).

बाद में इस पुण्यशील शुभ नक्षत्र को छोड़ दिया गया और 27 नक्षत्रों की सूची रूढ़ हो गई । यहां तक कि प्रजापति की 27 कन्याओं के साथ चंद्र के विवाह की कथा भी अस्तित्व में आ गई । मगर अभिजित् का महत्व भी बरकरार रहा । भारतीय ज्योतिषी अभिजित् के ध्रुवक और विक्षेप प्रस्तुत करते रहे ।

अभिजित् का अरबी पर आधारित पाश्चात्य नाम **वेगा** है और यह नक्षत्र उत्तरी खगोल के जिस तारा-मंडल में है उसका यूनानी पर आधारित नाम **लाइरा** (वीणा) है । यूनानी आख्यान के अनुसार, इस तंतु-वाद्य का आविष्कार हेर्मेस ने किया था और अपोलो ने इसे ओरफेयूस को प्रदान किया था । ओरफेयूस ने इस वीणा के संगीत से पृथ्वी के सभी प्राणियों को आह्लादित किया था, इसलिए इस साज को आकाश में स्थायी स्थान दिया गया । फारस में इस तारा-मंडल को

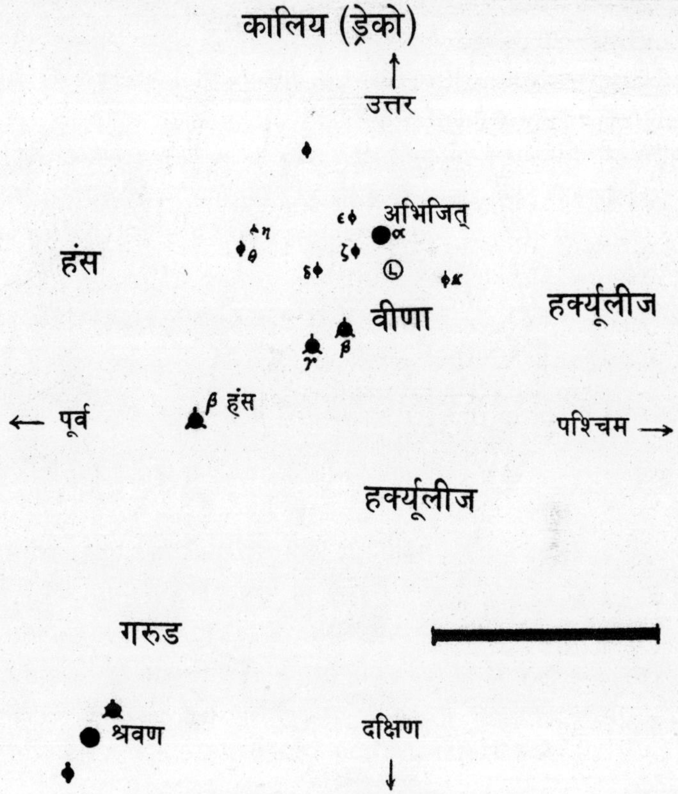

वीणा मंडल : अभिजित् नक्षत्र.

संज-रूमी (रोम की वीणा) कहा गया और अरबों ने इसी से अपना **अल्-संज** शब्द बनाया।

नीले-सफेद रंग का अभिजित् उत्तरी खगोल का खूब चमकीला (कांतिमान 0.1) नक्षत्र है। उत्तरी भारत से देखने पर आजकल यह रात के करीब नौ बजे लगभग शिरोबिंदु पर पहुंच जाता है। अभिजित् के पूर्वोत्तर में, करीब 20 अंश की दूरी पर, **हंस** (सिग्नस्) मंडल का **देनेब** (कांतिमान 1.3) तारा है, और दक्षिण-पूर्व दिशा में करीब 25 अंश की दूरी पर **श्रवण** (अल्तायर : कांतिमान 0.9) नक्षत्र है। आजकल रात के नौ-दस बजे अभिजित्, देनेब और श्रवण लगभग मध्याकाश में पहुंच जाते हैं और तीनों मिलकर एक बड़े त्रिभुज का आकर्षक नजारा प्रस्तुत करते हैं। इस त्रिभुज की सहायता से अन्य अनेक तारों

को पहचानने में बड़ी सुविधा होती है ।

अभिजित् हमसे करीब 26 प्रकाश-वर्ष दूर है । रूसी खगोलविद स्त्रुवे ने 1838 ई. में पहली बार इस तारे की दूरी ज्ञात की थी । अभिजित् का व्यास हमारे सूर्य के व्यास से ढाई गुना अधिक है ।

पहले हम बता चुके हैं कि पृथ्वी की एक विशिष्ट गति के कारण आकाश का ध्रुवबिंदु स्थिर नहीं रहता । आज से करीब 13,000 साल पहले अभिजित् नक्षत्र उत्तरी ध्रुवबिंदु के समीप था । आज से करीब 13,000 साल बाद अभिजित् पुनः ध्रुवतारा होने का गौरव प्राप्त करेगा ।[2]

अभिजित् के नजदीक, पूर्व की ओर, **इप्सिलोन** अक्षर से दर्शाया गया जो तारा है वह वस्तुतः 'युग्म-युग्म', यानी चार तारों की एक संयुक्त योजना है । इनमें से एक युग्म (जोड़ा) बाइनेक्यूलर से स्पष्ट होता है, और दूसरा दूरबीन से । ये चारों नीले रंग के विशाल तारे हैं ।

वीणा मंडल का **बीटा** तारा एक विशेष प्रकार की जुड़वां योजना है । इस जोड़ी के दो तारे आपसी आकर्षण के कारण अंडाकार बन गए हैं । यह एक ग्रहणकारी जोड़ी है, इसलिए करीबं 13 दिनों की अवधि में इनका कांतिमान 3.4 से 4.3 पर पहुंचता रहता है । इससे भी अधिक दिलचस्प बात यह है कि इस जोड़ी के बड़े तारे से निकली गैसों की धाराएं छोटे तारे का चक्कर लगाती हैं और अंशतः एक लंबी कक्षीय पूंछ का निर्माण करती हैं ।

वीणा मंडल अपने एक और अनोखे दृश्य के लिए खगोल-विज्ञान में प्रसिद्ध है । यह है, इस मंडल के **बीटा** और **गामा** अक्षरांकित तारों के बीच में दूरबीन से

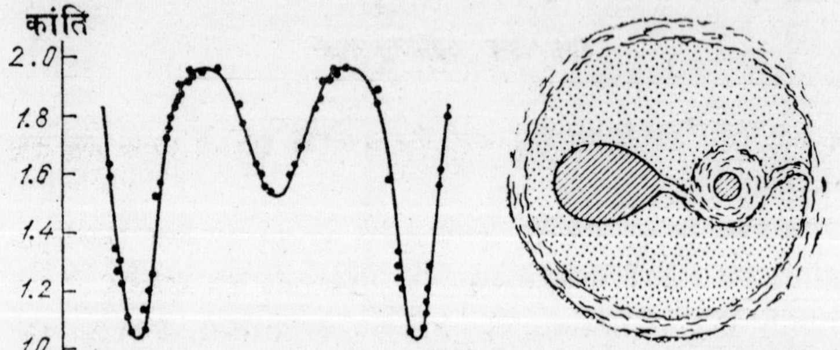

वीणा मंडल के ग्रहणकारी जुड़वां बीटा तारे की करीब 13 दिनों की कालावधि में घटती-बढ़ती कांति का आरेख (बाएं), और इस जोड़ी के अंडाकार बने बड़े तारे से निकली गैसीय धारा द्वारा छोटे तारे का चक्कर (एक तारे से दूसरे तारे में द्रव्य के स्थानांतरण का सबूत) तथा उसी के एक अंश से निर्मित लंबी कक्षीय पूंछ (दाएं).

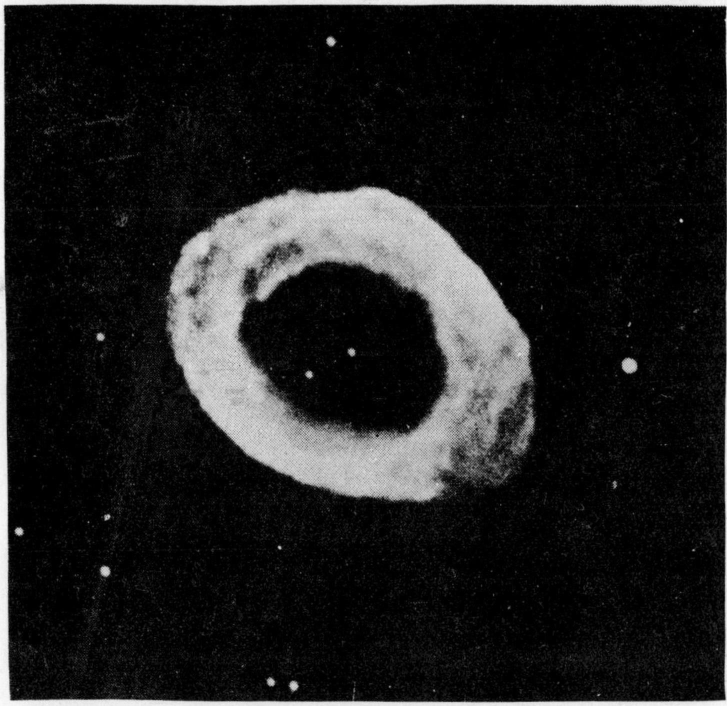

वीणा मंडल की वलयाकार ग्रहीय नीहारिका.

दिखाई देनेवाली **वलयाकार ग्रहीय नीहारिका** (रिंग या प्लैनेटरी नेबुला) । यह नीहारिका हमसे करीब 21,000 प्रकाश-वर्ष दूर है और अंतरिक्ष (दिक्) में हमारे समूचे सौर-मंडल से करीब 700 गुना अधिक स्थान घेरे हुए है ।

वीणा मंडल की इस वलयाकार नीहारिका के केंद्रभाग में एक अतितप्त तारा है, जिसका सतह-तापमान 75,000 डिग्री से. है (सूर्य का सतह-तापमान करीब 6000 डिग्री से. है) । उस केंद्रीय तारे की शक्तिशाली पराबैंगनी किरणों से नीहारिका की गैसीय राशि चमकती है । यह भी पता चला है कि नीहारिका की द्रव्यराशि उस केंद्रीय तारे से 19 कि.मी. प्रति सेकंड के वेग से सभी दिशाओं में फैल रही है । अतः अधिकांश खगोलविदों का मत है कि यह वलयाकार या ग्रहीय नीहारिका इसके केंद्र में स्थित तारे द्वारा उछाली गई गैसीय राशि से बनी है । अन्य शब्दों में, इस नीहारिका का निर्माण **नोवा-विस्फोट** से हुआ है । खगोलविदों ने अब तक आकाश में लगभग 500 वलयाकार ग्रहीय नीहारिकाओं की खोज की है ।[3]

इस प्रकार, अभिजित् और उसके आसपास के आकाश का अन्वेषण खगोलविदों के लिए बड़ा शुभ व लाभकारी सिद्ध हुआ है । सभी प्राचीन सभ्यताओं में अभिजित् को सर्वोच्च स्थान दिया गया था । अक्कदवासी इसे **तिर-अन्ना** (स्वर्ग का जीवन) और असीरियावासी **दयान-सामे** (स्वर्ग का न्यायाधीश) कहते थे । हमें यह भी स्मरण रखना चाहिए कि करीब 13,000 साल पहले अभिजित् ध्रुवतारा था और करीब 13,000 साल बाद यह पुनः ध्रुवतारा बनेगा !

विलक्षण है रेडियो-तरंगों का विश्व

प्रकाश को ग्रहण करने के लिए प्रकृति ने हमें आंखें दी हैं, तो इसकी एक वजह भी है। प्रमुख रूप से सूर्य की प्रकाश-किरणें ही वायुमंडल के कवच को भेद कर सीधे धरातल पर पहुंचती हैं। मगर सूर्य और आकाश के दूसरे पिंडों से कम-ज्यादा लंबाई की अन्य कई किस्म की किरणें भी निकलती हैं। इन सभी प्रकार की किरणों को **विद्युत चुंबकीय विकिरण** कहते हैं।

वायुमंडल हमें भले ही पूर्णतः पारदर्शी प्रतीत होता हो, मगर कई किस्म की किरणों के लिए यह अपारदर्शी है। केवल प्रकाश-किरणें और रेडियो-किरणें ही वायुमंडल को पार करके धरातल तक पहुंचती हैं। अन्य प्रकार की एक्स, गामा, पराबैंगनी, अवरक्त आदि किरणों को वायुमंडल (और आयनमंडल) या तो सोख लेता है या परावर्तित कर देता है। अतः धरातल से आकाश का अवलोकन करने के लिए केवल दो ही **खिड़कियां** खुली हैं : एक है प्रकाश-किरणों की खिड़की और

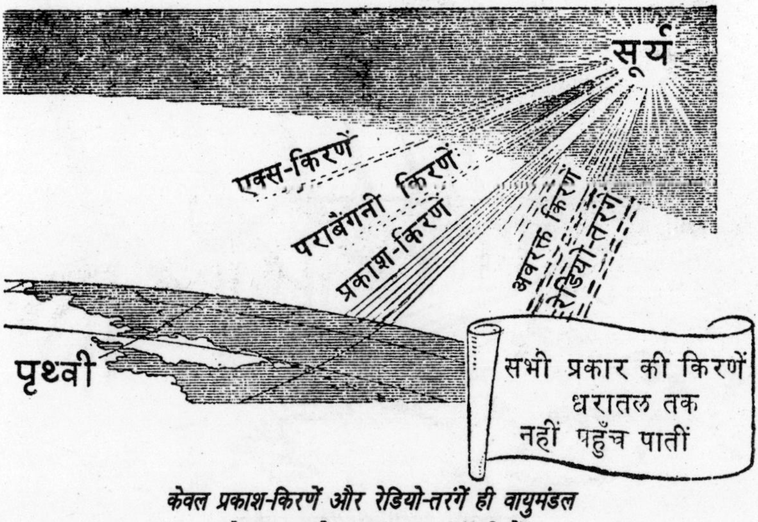

केवल प्रकाश-किरणें और रेडियो-तरंगें ही वायुमंडल को पार करके धरातल पर पहुंचती हैं.

दूसरी है रेडियो-तरंगों की खिड़की।

दूसरे महायुद्ध के समय तक प्रकाश-किरणों की केवल एक ही खिड़की से अंतरिक्ष की गहराई में झांक पाना संभव था। गैलीलियो की पहली दूरबीन (1609 ई.) के बाद जो बड़ी-बड़ी दूरबीनें बनीं वे भी केवल प्रकाश-किरणों की खिड़की से ही आकाश का अवलोकन करने में समर्थ थीं। जाहिर है कि केवल इस एक खिड़की से देखने पर विश्व के स्वरूप के बारे में जो जानकारी मिली थी वह काफी अधूरी थी, एकांगी थी।

रेडियो-तरंगों की दूसरी खिड़की पहली बार 1932 ई. में खुली। उस साल अमरीकी इंजीनियर कार्ल जेन्स्की ने आकाशगंगा से आनेवाली रेडियो-तरंगों को पहली बार धरातल पर ग्रहण किया। यह एक महान खोज थी, मगर इसका व्यापक उपयोग करके **रेडियो खगोल-विज्ञान** को जन्म देना 1946 ई. से ही संभव हुआ। उसके बाद संसार के अनेक देशों में बड़ी-बड़ी रेडियो दूरबीनें बनीं, जिनकी सहायता से एक नए विलक्षण विश्व का उद्घाटन हुआ है।

रेडियो-तरंगों की लंबाई चंद मिलीमीटर से कई सौ मीटर तक होती है। अब दूरसंचार के साधनों में ज्यादा लंबाई की रेडियो-तरंगों का व्यापक इस्तेमाल हो रहा है, इसलिए ऐसी रेडियो-तरंगों की सीमाएं सुनिश्चित कर दी गई हैं। रेडियो दूरबीनों का निर्माण चंद मिलीमीटर से करीब 20 मीटर लंबाई तक की रेडियो-तरंगों को ग्रहण करने के लिए किया जाता है।

उदकमंडलम् (ऊटी) की रेडियो-दूरबीन.

रेडियो-तरंगों को हम आंखों से नहीं देख सकते । इन्हें ग्रहण करने के लिए जो एंटेनाएं बनाई जाती हैं वे प्रायः कटोरे के आकार की होती हैं । एक कतार में परवलय के आकार की कई एंटेनाएं खड़ी करके भी रेडियो-दूरबीनें बनाई जाती हैं । हमारे देश में उदकमंडलम् (ऊटी) में जो रेडियो-दूरबीन है उसकी एंटेनाएं भी इसी प्रकार की हैं । पुणे के करीब 80 कि.मी. उत्तर में नारायणगांव के पास 34 एंटेनाओंवाली एक और बड़ी रेडियो-दूरबीन निर्माणाधीन है, जो मीटर-लंबाई की रेडियो-तरंगों को ग्रहण करने में समर्थ होगी ।

दूसरे महायुद्ध के बाद ब्रह्मांड में बहुत सारे **रेडियो-स्रोत** खोजे गए । इनमें से कई रेडियो-स्रोतों का संबंध ज्ञात तारों, सुपरनोवाओं और मंदाकिनियों से जोड़ पाना संभव हुआ है । जैसे, कर्क नीहारिका (क्रैब नेबुला) एक शक्तिशाली रेडियो-स्रोत है । आकाशगंगा के केंद्रभाग के अन्वेषण में रेडियो-दूरबीनों ने महत्वपूर्ण योग दिया है । दूर की मंदाकिनियां भी रेडियो-तरंगों का उत्सर्जन करती हैं । रेडियो-तरंगों के जरिए मंदाकिनियों के वास्तविक स्वरूप के बारे में बड़े महत्व की जानकारी मिल रही है ।

मगर जिन रेडियो-स्रोतों ने खगोलविदों को सबसे ज्यादा चकित कर दिया है वे हैं **क्वासर** (क्वासी-स्टेलर रेडियो सोर्सेज), जिनकी खोज 1963 ई. में शुरू हुई । क्वासर रेडियो-तरंगों के अत्यंत शक्तिशाली स्रोत हैं, हमसे अरबों प्रकाश-वर्ष दूर हैं और बड़ी तेजी से दूर भाग रहे हैं । वस्तुतः रेडियो-दूरबीनों से ही हमें ब्रह्मांड की अतिदूर की सीमाओं के बारे में नई जानकारी मिल रही है । **पल्सर** नामक अतिसघन पिंडों (न्यूट्रान तारों) को भी उनसे निकलनेवाली रेडियो-तरंगों से ही पहचानना संभव हुआ है ।

अंतरिक्ष में हाइड्रोजन गैस के कई सारे विशाल मेघ भी हैं । उनमें मौजूद हाइड्रोजन के मुक्त परमाणु 21 सेंटीमीटर लंबाई की रेडियो-तरंगे उत्सर्जित करते हैं । उन रेडियो-तरंगों को ग्रहण करके आकाशगंगा में मौजूद हाइड्रोजन गैस के मेघों का मापन करना संभव हुआ है । इस अध्ययन से हाल के वर्षों में आकाशगंगा के वास्तविक स्वरूप के बारे में काफी नई जानकारी मिली है ।

रेडियो-दूरबीनों का उपयोग न केवल सुदूर के स्रोतों से धरातल पर पहुंचने-वाली रेडियो-तरंगों को ग्रहण करने के लिए हो रहा है, अपितु अब इन दूरबीनों से दूर के तारों तक रेडियो-संदेश भी भेजे जा रहे हैं !

तारों का जन्म, यौवन और विनाश

प्राचीन काल में समझा जाता था कि तारों में कोई फेर-बदल नहीं होता, वे अक्षय हैं। **निरुक्त** की व्याख्या है — जो क्षत नहीं होते वे नक्षत्र हैं (**नक्षत्राणि नक्षतेर्गतिकर्मणः**)। मगर आज हम जानते हैं कि तारों का निरंतर विकास होता रहता है। तारे जन्म लेते हैं, जवान होते हैं और अंत में नष्ट भी हो जाते हैं। यह सिलसिला आज भी जारी है।

तारों की अरबों सालों की जीवन-गाथा की तुलना में मनुष्य का जीवनकाल बहुत छोटा है। तब तारों के विकासक्रम को हम कैसे जान सकते हैं ? एक उपाय है। कल्पना कीजिए कि किसी दूसरी दुनिया का कोई प्राणी धरती पर पहुंचता है और वह मानव-जाति की जांच-पड़ताल करता है। वह नवजात शिशुओं, किशोरों, युवकों, प्रौढ़ों, वृद्धों तथा मरते हुए आदमियों को देखकर थोड़े समय में ही मानव के जीवनक्रम को भलीभांति जान ले सकता है। उसी प्रकार आज के खगोलविद भी तारों के विकासक्रम को समझने में समर्थ हैं। **हर्ट्जस्प्रुंग-रसेल आरेख**, जिसकी चर्चा हम पहले कर चुके हैं, इस अध्ययन में बड़ा सहायक सिद्ध हुआ है।[4]

तारों का जन्म अंतरिक्ष में मौजूद गैसों के विशाल मेघों से होता है। जैसे-जैसे मेघ सिकुड़ता जाता है, वैसे-वैसे उसके भीतर दाब व तापमान बढ़ता जाता है। वह चमकने लग जाता है और आरंभ में अवरक्त-किरणें प्रसारित करता है। पता चला है कि मृग नीहारिका (ओरायन नेबुला) में इस प्रकार के नए तारे आज भी जन्म ले रहे हैं।

तारे के अस्तित्व में आने के लिए यह आवश्यक है कि वह अपने भीतर सतत ऊर्जा पैदा करके चमकता रहे। यह तभी होता है जब तारे के केंद्रभाग में तापमान सवा-करोड़ डिग्री सेल्सियस के आसपास पहुंचता है और हाइड्रोजन के संगलन (फ्यूजन) की प्रक्रिया शुरू हो जाती है। इसका मतलब यह है कि हाइड्रोजन का हीलियम में रूपांतरण होता है और इस प्रक्रिया में भयंकर ऊर्जा पैदा होती है। तब तारा हर्ट्जस्प्रुंग-रसेल आरेख में स्थान 1 से **प्रमुख क्रम** में

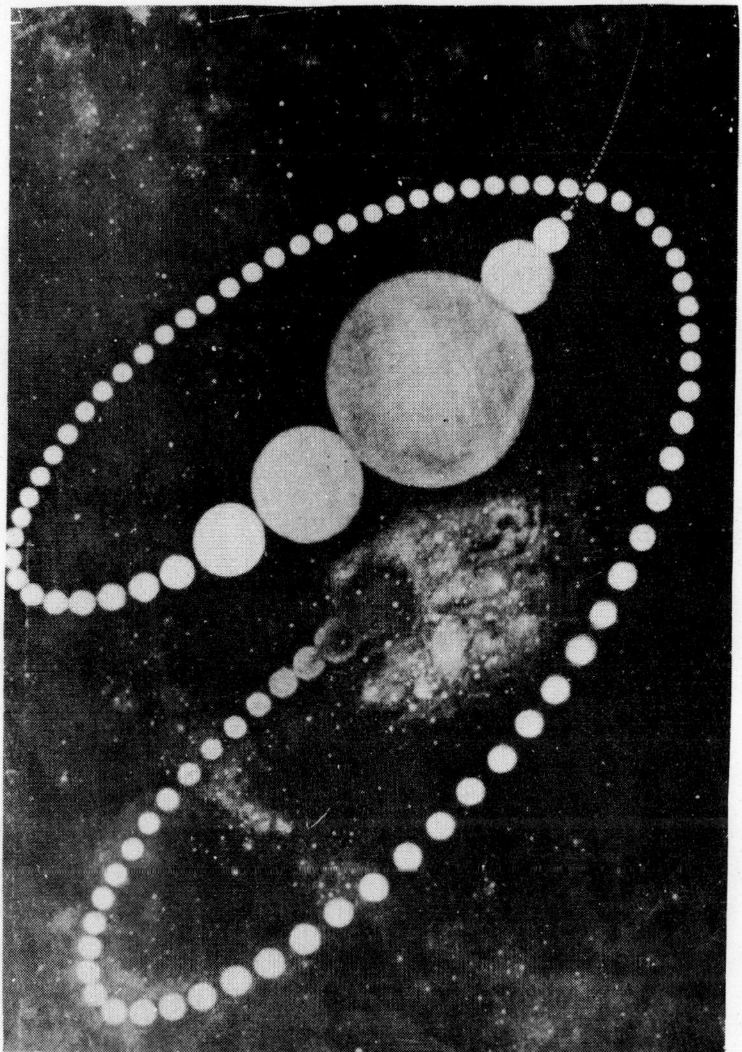

सूर्य-जैसे तारे का विकासक्रम—'जन्म' से लेकर 'मृत्यु' तक.

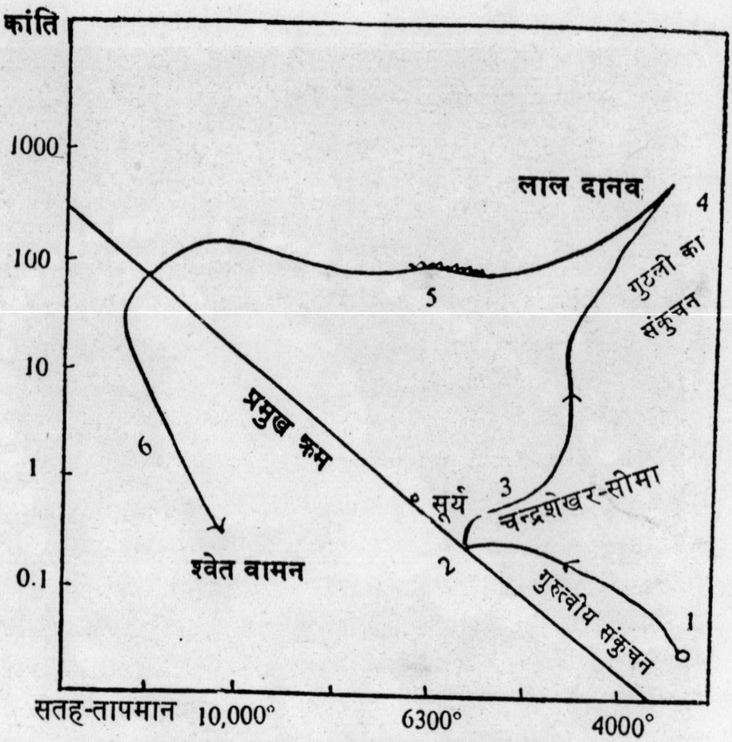

हर्ट्ज़स्प्रुंग-रसेल आरेख में सूर्य-जैसे तारे का विकासक्रम.

स्थान 2 पर पहुंचकर अपना सुस्थिर जीवन आरंभ करता है।

तारों के बारे में सबसे महत्व की बात यह है कि उनका जीवनक्रम उनमें विद्यमान द्रव्यराशि से निर्धारित होता है। यह एक दिलचस्प बात है कि बड़ा तारा बड़ी तेजी से अपनी द्रव्यराशि को ऊर्जा में बदलता है और जल्दी ही अपनी जीवनलीला समाप्त कर देता है। मगर प्रायः सभी तारे अपने जीवन का 90 प्रतिशत हिस्सा **प्रमुख क्रम** में संतुलित अवस्था में ही गुजारते हैं। आज हमारा सूर्य एक प्रौढ़ संतुलित तारा है। प्रमुख क्रम में बड़े तारों का स्थान ऊपर की ओर रहता है।

तारे के केंद्रभाग में लंबे समय तक संगलन की क्रिया जारी रहने से वहां का हाइड्रोजन घटता जाता है। ताजे हाइड्रोजन की तलाश में तारे की केंद्रीय भट्ठी ऊपरी परतों में फैलने लगती है। तारे के केंद्रभाग में हीलियम की अधिकाधिक 'राख' जमा होती जाती है। पता चला है कि जब तारे की सम्पूर्ण द्रव्यराशि का

12 प्रतिशत हिस्सा हीलियम के रूप में उसके केंद्रभाग में जमा होता है, तब उस तारे का सुस्थिर जीवनकाल समाप्त हो जाता है। उसके बाद तारे का केंद्रभाग सिकुड़ने लग जाता है, और सिकुड़न से पैदा होनेवाली ऊर्जा से तारा फैलने लगता है। फैलकर वह एक **दानव तारा** बन जाता है। हर्ट्‌जस्प्रुंग-रसेल आरेख में वह तारा प्रमुख क्रम के अपने स्थान से दाईं ओर के स्थान 4 पर पहुंच जाता है।

नोबेल पुरस्कार-विजेता भारतीय वैज्ञानिक **डॉ. सुब्रह्मण्यम् चंद्रशेखर** ने ही यह सिद्ध किया था कि तारे की 12 प्रतिशत द्रव्यराशि इसके केंद्रभाग में हीलियम की 'राख' के रूप में जमा हो जाने पर उस तारे का संतुलित जीवनकाल समाप्त हो जाता है। खगोल-विज्ञान में तारे के विकासक्रम के इस संधिकाल को **चंद्रशेखर-सीमा** के नाम से जाना जाता है।

तारे के विकासक्रम में उसका न्यूनाधिक द्रव्यमान बड़ी महत्व की भूमिका अदा करता है। तारे का द्रव्यमान काफी ज्यादा होगा, तो वह काफी ज्यादा सिकुड़ेगा। **चंद्रशेखर-सीमा** यह भी निर्धारित करती है कि यदि तारे का द्रव्यमान 1.4 सूर्यों से अधिक हो तो वह श्वेत वामन की सीमा से आगे बढ़कर अधिक घनत्ववाला तारा बन जाएगा।

चंद्रशेखर-सीमा के बाद तारे की ढलती उम्र शुरू हो जाती है। दानव अवस्था पर पहुंचने के बाद तारे के भीतर हीलियम की ऊर्जा पैदा होती है। तारे के फैलने, सिकुड़ने, तापमान बढ़ने और उसके भीतर अधिकाधिक भारी तत्वों के सृजन का यह सिलसिला जारी रहता है। अंत में, तारा यदि सूर्य से पांच-छह गुना ही बड़ा हो तो, उसमें मामूली विस्फोट होकर उसके बाह्य कवच की द्रव्यराशि अंतरिक्ष में फैल जाती है। तब शेष तारा सिकुड़कर **श्वेत वामन** बन जाता है। लगभग पृथ्वी के आकार के ऐसे बौने तारे की द्रव्यराशि का घनत्व बहुत ज्यादा होता है। हर्ट्‌जस्प्रुंग-रसेल आरेख में श्वेत वामन तारों का स्थान प्रमुख क्रम के बाईं ओर नीचे है। श्वेत वामन अंततः अपनी ऊर्जा को समाप्त करके **कृष्ण वामन** बन जाता है। अंत में हमारे सूर्य की भी यही दशा होगी।

लेकिन तारा यदि पांच-छह सूर्यों से ज्यादा बड़ा है, तो अंततः उसमें एक भयंकर विस्फोट होता है और उसकी अधिकांश द्रव्यराशि अंतरिक्ष में फैल जाती है। इसी घटना को **सुपरनोवा** कहते हैं। उस तारे की गुठली तेजी से सिकुड़ती है और यदि उसकी द्रव्यराशि दो सूर्यों से अधिक न हो तो वह अतिसघन **न्यूट्रान तारा** बन जाता है। न्यूट्रान तारे का व्यास करीब बीस किलोमीटर ही होता है। न्यूट्रान तारा पल्सों में लघु रेडियो-तरंगों का उत्सर्जन करता है, इसलिए उसे **पल्सर** भी कहते हैं। ऐसे न्यूट्रान तारे बड़ी तेजी से घूमते हैं।

कुछ विशिष्ट स्थितियों में तारे इतने अधिक सिकुड़ जाते हैं कि उनमें से विकिरण भी बाहर नहीं निकल पाता। ऐसे तारे अदृश्य रहते हैं, इसलिए इन्हें **ब्लैक होल** (कृष्ण विवर) का नाम दिया गया है। इनकी चर्चा हम आगे करेंगे।

संदर्भ और टिप्पणियां

1. वैतरणी (एरिदानुस्) मंडल के **इप्सिलोन** तारे के ईर्द-गिर्द ग्रह-मालिका होने की संभावना है। देखिए अध्याय 13 में लेख – 'वैतरणी में है शायद जीव-जगत'।

2. देखिए अध्याय 6 का लेख — 'ध्रुव नहीं है ध्रुवतारा'।

3. किसी वृत्ताकार या वलयाकार नीहारिका के मध्यभाग में जब कोई अतितप्त तारा होता है, तब उसे ग्रहीय नीहारिका कहते हैं। मध्यस्थ तारे का तापमान पचास हजार से एक लाख डिग्री तक हो सकता है। केन्द्रीय तारे के लघु-तरंगीय विकिरण से नीहारिका की गैसें चमकती हैं।

   खगोलविदों का मत है कि केंद्रीय तारे में नोवा-विस्फोट होने के कारण फैलते कवचों वाली ऐसी ग्रहीय नीहारिकाएं अस्तित्व में आती हैं। अब तक आकाश में करीब 500 ग्रहीय नीहारिकाएं खोजी गई हैं।

4. देखिए अध्याय 3.

5. सुब्रह्मण्यन् चंद्रशेखर का जन्म 19 अक्तूबर, 1910 को लाहौर में हुआ। उस समय उनके पिता च. सुब्रह्मण्यन् अय्यर (1885-1960) रेलवे विभाग में ऊंचे पद पर काम कर रहे थे। नोबेल पुरस्कार-विजेता वैज्ञानिक च. वेंकटरामन (1888-1970) चंद्रशेखर के चाचा थे।

सुब्रह्मण्यम् चंद्रशेखर.
(जन्म : 1910 ई.).

चंद्रशेखर की उच्च शिक्षा मद्रास के प्रेसीडेंसी कालेज में हुई। जब वे विद्यार्थी थे तभी उनका एक शोध-निबंध इंग्लैंड की एक पत्रिका में प्रकाशित हुआ था। उन्हें आगे के शोधकार्य के लिए छात्रवृत्ति मिली और 1930 में वे कैम्ब्रिज के ट्रिनिटी कालेज पहुंच गए। 1933 में उन्हें पी.एच-डी. की डिग्री मिली और वे कालेज फैलो चुने गए। 1935 में उन्होंने 'चंद्रशेखर सीमा' से संबंधित अपना शोधकार्य प्रस्तुत किया, मगर उस समय उसे मान्यता नहीं मिली।

चंद्रशेखर 1936 में भारत लौटे, विवाह किया और अमरीका चले गए। तब से वहां वे शिकागो विश्वविद्यालय और येर्कस वेधशाला से संबंधित रहे। उनका **स्टेलर स्ट्रक्चर** ग्रंथ 1939 में प्रकाशित हुआ। 1952 से 1971 तक उन्होंने **एस्ट्राफिजिकल जर्नल** का सम्पादन किया। 1953 में वे अमरीका के नागरिक बने। उन्हें 1983 में भौतिकी का नोबेल पुरस्कार मिला। उसी साल कृष्ण-विवर (ब्लैक होल) से संबंधित उनका एक ग्रंथ भी प्रकाशित हुआ।

अध्याय 10

सितंबर माह

मकर मंडल

श्रवण और धनिष्ठा नक्षत्र

आकाशगंगा में है एक राजहंस

न्यूट्रान और पल्सर तारे

संदर्भ और टिप्पणियां

यूनानी वर्णमाला

अल्फा	α	न्यू	ν
बीटा	β	क्साइ	ξ
गामा	γ	ओमिक्रोन	o
डेल्टा	δ	पाइ	π
इप्सिलोन	ϵ	रो	ρ
जीटा	ζ	सिग्मा	σ
इटा	η	टाउ	τ
थीटा	θ	अप्साइलोन	υ
आयोटा	ι	फाइ	ϕ
काप्पा	κ	खाइ	χ
लांबडा	λ	प्साइ	ψ
म्यू	μ	ओमेगा	ω

मकर मंडल

धनु राशि के पूर्व में मकर राशि के तारे हैं। यद्यपि मकर के तारे ज्यादा स्पष्ट नहीं हैं, मगर इन्हें पहचानने में कोई कठिनाई नहीं है। अभिजित्, देनेब और श्रवण, इन तीन चमकीले नक्षत्रों से बननेवाले त्रिभुज से अब आप परिचित हैं। अभिजित् से खींची गई सीधी रेखा को श्रवण के छोटे 'त्रिकांड'-जैसे तीन तारों में से गुजारकर दक्षिण की ओर बढ़ाया जाए, तो वह क्रांतिवृत्त के समीप के मकर मंडल के दो सबसे ज्यादा चमकीले (अल्फा व बीटा) तारों पर पहुंचती है।

क्रांतिवृत्त या रविमार्ग, जिसे प्राचीन भारत में **भचक्र** भी कहते थे, मकर मंडल के लगभग मध्यभाग से गुजरता है। मकर मंडल के पूर्वोत्तर में कुंभ राशि और मीन राशि के भाद्रपदा एवं रेवती नक्षत्र हैं। मकर के कुछ दक्षिण-पूर्व में **दक्षिणी मत्स्य मंडल** का चमकीला **फोएमेलो** (मत्स्यमुख) तारा है। यह 'फोएमेलो' शब्द अरबी के **फ़म्म अल् हूत** (मछली का मुंह) शब्दों से बना है।

पाश्चात्य ज्योतिष में मकर मंडल को **कैप्रिकोर्नस्** कहते हैं। कैप्रिकोर्नस् का अर्थ है बकरा या बकरी। मगर प्राचीन काल से ही इस बकरे को एक ऐसे समुद्री प्राणी के रूप में पहचाना गया जिसका सींगोंवाला सिर और आगे का शरीर बकरे का है, परंतु पीछे का शरीरांग मछली का है। बेबीलोन और खल्दियावालों ने इस मंडल को एक समुद्री बकरे के रूप में ही देखा था। बाद में यूनानियों, रोमनों, मिस्रियों और अरबों ने भी इसे एक बकरे के रूप में ही पहचाना। प्राचीन चीन में इस मंडल को सांड या बैल के रूप में पहचाना गया था।

यूनानी विचारक अफलातून (प्लेटो : 427-347 ई.पू.) के अनुयायी मानते थे कि मृत्यु के बाद आदमियों की आत्माएं मकर मंडल से होकर स्वर्ग में पहुंचती हैं, इसलिए वे इस मंडल को **देवताओं का द्वार** समझते थे। उनकी यह भी मान्यता थी कि कर्क मंडल आकाश का **मानव-द्वार** है और स्वर्ग की आत्माएं इसी द्वार से होकर पृथ्वी पर पहुंचती हैं!

कैप्रिकोर्नस् के बारे में कई यूनानी आख्यान हैं। एक आख्यान के अनुसार,

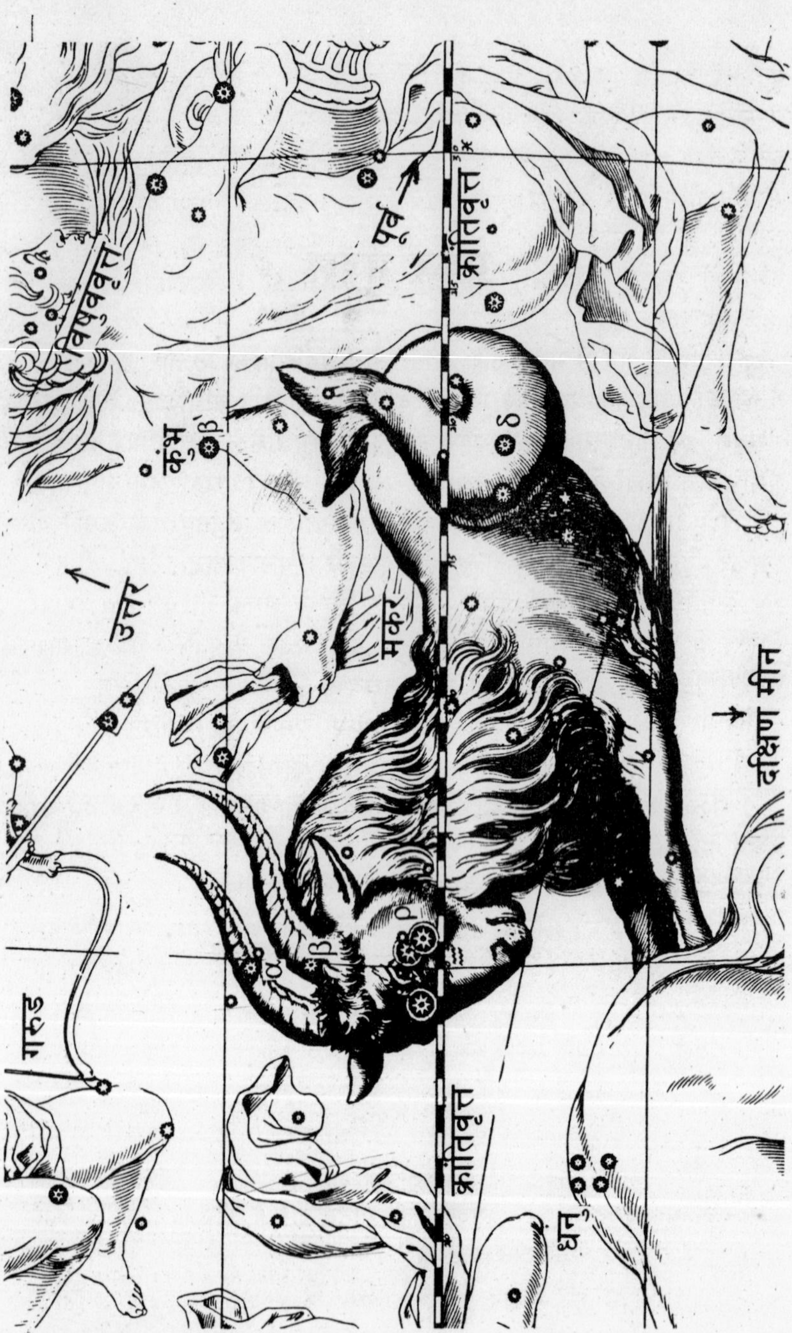

विषुववृत्त
कुंभ
पूर्व
क्रांतिवृत्त
उत्तर
मकर
दक्षिण मीन
गरुड़
क्रांतिवृत्त
धनु

यूनानी देवियां व परियां एक नदी में स्नान कर रही थीं, तो **पैन** देवता को उनका उपहास करने की सूझी। वह एक बकरे का रूप धारण करके नदी में कूदा। तब उसके बदन का पानी में डूबा हुआ भाग मछली के आकार का हो गया और जो भाग पानी के ऊपर था वह बकरे का बना रहा। एक अन्य कथा के अनुसार, ज्यूपिटर को अलमेतिया नामक बकरी का दूध पिलाया गया था, इसीलिए वह बलशाली बना था। कृतज्ञतावश ज्यूपिटर ने उस बकरी को आकाश का एक तारा-मंडल बना दिया।

वराहमिहिर ने कैप्रिकोर्नस् के यूनानी नाम **आइगोकेरौस्** के आधार पर संस्कृत में **आकोकेर** शब्द बनाया था, मगर चला नहीं। इस राशि के लिए भारत में **मकर** शब्द ही रूढ़ हो गया। कभी-कभी इसे **मृग** या **मृगास्य** के नाम से भी जाना जाता है।

संस्कृत के **मकर** शब्द का व्यापक अर्थ है — समुद्री प्राणी या समुद्री दैत्य।[1] मगर आजकल मकर शब्द को प्रायः मगरमच्छ के रूप में ही ग्रहण किया जाता है। भारत में प्रचलित राशियों के नाम बेबीलोनी-यूनानी राशिनामों के आधार पर बने हैं। मगर मकर शब्द कुछ हद तक इसका अपवाद है। पाश्चात्य **बकरा** (कैप्रिकोर्नस्) भारतीय **मगरमच्छ** (मकर) बन गया है !

यह कैसे हो गया? ऐसा संभवतः इसलिए हुआ कि ईसा की आरंभिक सदियों में, जब यूनानी राशिनामों के आधार पर भारतीय राशिनाम गढ़े जा रहे थे, तब भारतीय ज्योतिषियों को कैप्रिकोर्नस् का अर्थ समुद्री बकरा या एक प्रकार का समुद्री प्राणी बताया गया होगा। इसीलिए इस राशि के लिए समुद्री प्राणी के व्यापक अर्थ में प्रयुक्त होनेवाले संस्कृत के मकर शब्द को अपनाया गया।

मगर राशिनाम मकर के बारे में भ्रांति आज भी बरकरार है। पत्र-पत्रिकाओं में छपनेवाले राशिफलों के साथ जो राशिचित्र छपते हैं उनमें कैप्रिकोर्नस् (अंग्रेजी में) को प्रायः एक बकरे से और मकर को (भारतीय भाषाओं में) कभी बकरे से तो कभी मगरमच्छ से दर्शाया जाता है। कभी-कभी हिंदी और अंग्रेजी, दोनों में इस मंडल को बकरे व मछली के जुड़वां शरीरवाले कल्पित प्राणी के रूप में भी चित्रांकित किया जाता है। पता नहीं फलित-ज्योतिषियों के पास इस उलझन का क्या समाधान है !

भारतीय ज्योतिष-परंपरा के अनुसार, मकर राशि में **उत्तराषाढा** (तीन-चौथाई), **श्रवण** (पूर्ण) और **धनिष्ठा** (आधे नक्षत्रों का समावेश होता है। वैदिककालीन 28 नक्षत्रों की सूची में उत्तराषाढा के बाद और श्रवण के पहले अभिजित् नक्षत्र को स्थान दिया गया था।[2]

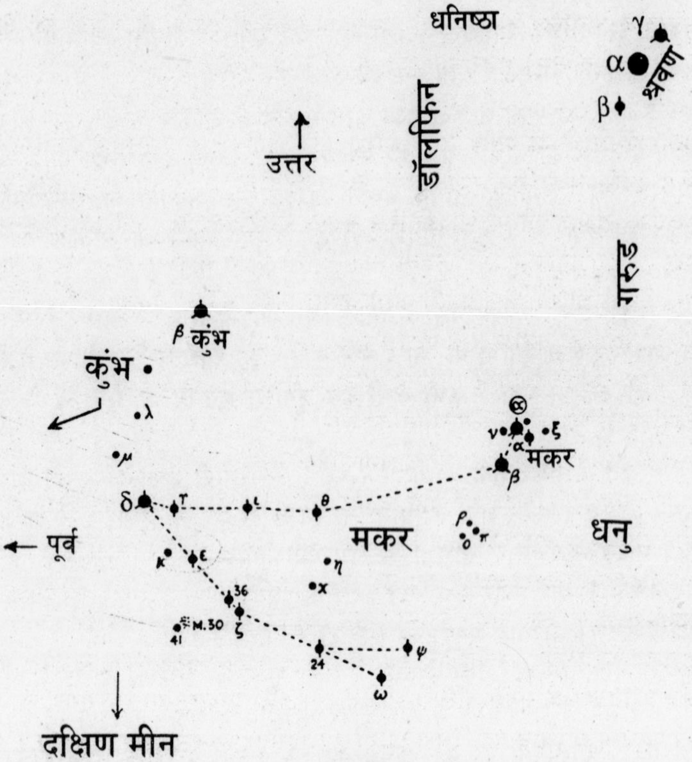

मकर मंडल.

पाश्चात्य ज्योतिष के जिस कैप्रिकोर्नस् मंडल को हम मकर मंडल या राशि के रूप में ग्रहण करते हैं उसकी सीमाएं स्पष्ट हैं। मगर भारतीय मकर राशि का कोई भी नक्षत्र (उत्तराषाढा, श्रवण व धनिष्ठा) पाश्चात्य कैप्रिकोर्नस् मंडल में नहीं है। उत्तराषाढा, जिसकी चर्चा हम पिछले लेख में कर चुके हैं, धनुर्धर (सैजिटेरियस्) मंडल में है। श्रवण नक्षत्र क्रांतिवृत्त के काफी उत्तर में गरुड (एक्विला) मंडल में है, और धनिष्ठा तो और भी अधिक उत्तर में एक स्वतंत्र तारा-मंडल (डॉलफिन) में है। तात्पर्य यह कि, पाश्चात्य परंपरा के कैप्रिकोर्नस् मंडल में, भारतीय परंपरा की मकर राशि में और इस मकर राशि में शामिल किए गए श्रवण, धनिष्ठा तथा उत्तराषाढा नक्षत्रों में वैज्ञानिक दृष्टि से कोई तालमेल नहीं है।

मगर श्रवण और धनिष्ठा नक्षत्रों का ऐतिहासिक और वैज्ञानिक दृष्टि से बड़ा

महत्व है, इसलिए इनकी चर्चा हम आगे अलग से कर रहे हैं। यहां हम केवल मकर (कैप्रिकोर्नस्) मंडल के तारों की ही चर्चा करेंगे।

मकर मंडल के दो प्रमुख तारे, **अल्फा** और **बीटा**, लगभग तृतीय कांतिमान के हैं। **अल्फा-मकर** एक दृश्य-युगल है, यानी धरती से ये दो साथी-तारे काफी नजदीक दिखाई देने पर भी अंतरिक्ष में एक-दूसरे से बहुत दूर हैं। मगर इनमें से एक तारा सचमुच ही एक जुड़वां तारा है, तो दूसरा तारा वस्तुतः तीन तारों की एक संयुक्त योजना है। पहली जोड़ी हमसे करीब 1600 प्रकाश-वर्ष दूर है, तो दूसरी 'त्रिमूर्ति' करीब 108 प्रकाश-वर्ष दूर।

बीटा-मकर भी युग्म-तारा है और हमसे करीब 465 प्रकाश-वर्ष दूर है। **डेल्टा-मकर** भी तीसरे कांतिमान का तारा है। इस तारे के करीब 5 अंश पूर्व में कुंभ मंडल की सीमा के समीप खगोलविद **लवेरिए** ने नए ग्रह **नेपच्यून** का जो स्थान निर्धारित किया था वहां बर्लिन वेधशाला के खगोलविद **गाल्ले** ने 23 सितंबर, 1846 को इसे खोज निकाला।[3]

मकर मंडल के आधार पर ही **मकर-संक्रांति** संज्ञा अस्तित्व में आई है। मकर-संक्रांति का अर्थ है — सूर्य का क्रांतिवृत्त के दक्षिणायनांत या उत्तरायणारंभ बिंदु पर पहुंचना। प्राचीन काल में सूर्य मकर मंडल में प्रवेश करके जब क्रांतिवृत्त के सबसे दक्षिणी छोर के इस दक्षिणायनांत या उत्तरायणारंभ बिंदु पर पहुंचता था, तब वह दिन (21 या 22 दिसंबर) सबसे छोटा होता था।

मगर अब सूर्य जनवरी के मध्य में मकर मंडल में प्रवेश करता है। वजह यह है कि अयन-चलन के कारण दक्षिणायनांत (या उत्तरायणारंभ) बिंदु अब पश्चिम की ओर के धनु मंडल में सरक गया है। अब वास्तविक मकर-संक्रांति (उत्तरायणारंभ या दक्षिणायनांत बिंदु) का आकाश के मकर मंडल से कोई संबंध नहीं रह गया है!

श्रवण और धनिष्ठा नक्षत्र

भारतीय ज्योतिष के नक्षत्रों की सूची में यदि अभिजित् की गणना न की जाए, तो उत्तराषाढा के बाद श्रवण का नंबर आता है । **श्रवण** का अर्थ है कान । वैदिक साहित्य में इस नक्षत्र को **श्रोणा** (लंगड़ा) और **अश्वत्थ** (पीपल) भी कहा गया है ।

श्रवण नक्षत्र जिस तारा-मंडल में है उसका पाश्चात्य नाम **एक्विला** (गरुड या बाज़ पक्षी) है । बेबीलोनवासी इस मंडल को गरुड के रूप में ही पहचानते थे । बाद में यूनानियों, रोमनों, यहूदियों और अरबों ने भी इसे गरुड या बाज़ के रूप में ही देखा । अरबवासी इस मंडल को **अल् उक़ाब** (गिद्ध या गरुड पक्षी) कहते थे । पाश्चात्य ज्योतिष में श्रवण के योगतारे के लिए प्रचलित **अल्तायर** नाम इस मंडल के तीन तारों (अल्फा, बीटा व गामा) को दिए गए अरबी नाम **अल्-नस्र अल्-तायर** (उड़ता गरुड) के आधार पर अस्तित्व में आया है ।

भारतीय ज्योतिष-परंपरा के अनुसार श्रवण नक्षत्र के स्वामी या देवता विष्णु हैं । श्रवण के तीन प्रकाशमान तारे, जो लगभग एक सीधी रेखा में हैं, विष्णु के वामन अवतार के तीन पग माने गए हैं । भारतीय ज्योतिष में भी इस मंडल (एक्विला) के लिए अब गरुड नाम स्वीकार कर लिया गया है । पुराणों में नागों द्वारा बंधक बनाए गए उड़ते गरुड का आख्यान प्रसिद्ध है । गरुड ने देवताओं से अमृत लाकर नागों को दिया और इस प्रकार उनसे अपने को बंधन-मुक्त किया ।

पाश्चात्य ज्योतिष में इस उड़ते गरुड को आकाशगंगा पार करते हुए और दक्षिण-पूर्व की ओर जाते हुए दिखाया गया है । बाद में इस आकाशस्थ गरुड के सामने एक धनुर्धर बालक (ग्यानीमीडे) की कल्पना की गई । एक यूनानी आख्यान के अनुसार, जेउस् (द्यौस्) ने खूबसूरत तरुण ग्यानीमीडे को पकड़कर लाने का काम गरुड को सौंपा था । इस साहसी कार्य के लिए गरुड को आकाश में स्थान मिला । ग्यानीमीडे जेउस् के लिए अमृत का प्याला पेश करता था ।

श्रवण के तीन तारे (तिस्रः श्रवणः) एक छोटे त्रिकांड-जैसी आकृति बनाते हैं

गरुड (एक्विला).

और आजकल रात के करीब नौ बजे लगभग शिरोबिंदु पर पहुंच जाते हैं । उसके बाद इन्हें पश्चिमाकाश में देर तक देखा जा सकता है । हम बता ही चुके हैं कि अभिजित्, देनेब और श्रवण मिलकर तीन चमकीले तारों का एक बड़ा-सा त्रिभुज बनाते हैं, जिसे आजकल मध्याकाश या पश्चिमाकाश में आसानी से पहचाना जा सकता है । अभिजित् से दक्षिण की ओर बढ़ाई गई सीधी रेखा श्रवण के तीन तारों में से गुजरकर मकर मंडल के प्रमुख तारों (अल्फा, बीटा) की ओर पहुंचती है । खगोल की विषुवत-रेखा गरुड मंडल से गुजरती है । अल्तायर यानी श्रवण का योगतारा इस रेखा के करीब 8 अंश उत्तर में है ।

श्रवण नक्षत्र का योगतारा यानी अल्तायर (अल्फा-गरुड) एक अतितप्त नीलवर्ण तारा है । कांतिमान 0.9 का यह तारा हमसे करीब 16 प्रकाश-वर्ष दूर है । इसका व्यास सूर्य के व्यास से करीब दुगुना है । पता चला है कि सूर्य और इस तारे के बीच का अंतर प्रति सेकंड 27 कि.मी. की रफ्तार से कम होता जा रहा है । अल्तायर के उत्तर का **गामा** तारा तृतीय कांतिमान का और दक्षिण का

बीटा तारा चतुर्थ कांतिमान का है ।

अल्तायर के दक्षिण में **इटा-गरुड** एक अद्भुत तारा है, जिसे स्वच्छ आकाश में कोरी आंखों से भी पहचाना जा सकता है । यह एक चरकांति तारा है, जिसे सबसे पहले 1783 ई. में पहचाना गया था । करीब सात दिनों के कालचक्र में इस तारे की कांति निरंतर घटती-बढ़ती रहती है ।

गरुड मंडल में 8 जून, 1918 को एक खूब चमकीला नवतारा (नोवा) प्रकट हुआ था ।

श्रवण के 15 अंश पूर्वोत्तर में **धनिष्ठा** नक्षत्र के पांच मंदकांति तारें का एक समूह है । वैदिक साहित्य में धनिष्ठा (सर्वाधिक धनी) को **श्रविष्ठा** (सर्वाधिक प्रसिद्ध) कहा गया है । यह नक्षत्र जिस तारा-मंडल में है उसका पाश्चात्य नाम

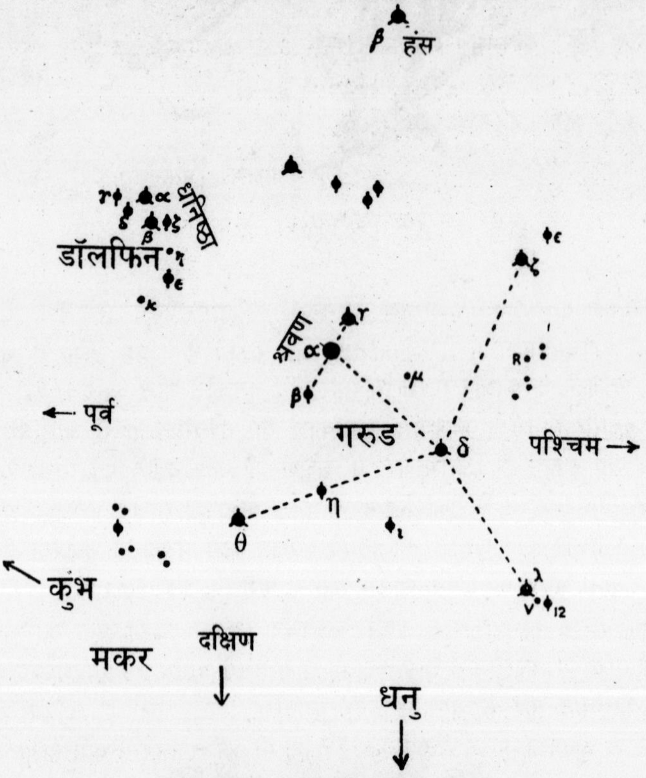

गरुड मंडल : श्रवण और धनिष्ठा नक्षत्र.

डेल्फाइनुस् (डॉलफिन) है । प्राचीन भारत में भी इस छोटे मंडल को **शिशुमार** या **शिंशुमार** (समुद्री प्राणी) के रूप में ही पहचाना जाता था । इस मंडल के पांच प्रमुख तारें (पंच श्रविष्ठा) से एक हीरे या पतंग-जैसी आकृति बनती है । धनिष्ठा या श्रविष्ठा का योगतारा (**अल्फा-डॉलफिन**) तृतीय कांतिमान का है । **गामा-डॉलफिन** एक जुड़वां तारा है और इस जोड़े का प्रमुख पीला तारा हमारे सूर्य-जैसा है ।

वैदिक काल में नक्षत्रों का आरंभ **कृत्तिका** से माना गया था । **वेदांग-ज्योतिष** की नक्षत्र-सूची श्रविष्ठा (धनिष्ठा) से आरंभ होती है[4], मगर **महाभारत** में आरंभिक नक्षत्र **श्रवण** माना गया है ।[5] वेदांग-ज्योतिष के काल में उत्तरायण का आरंभ-बिंदु धनिष्ठा में रहा होगा, मगर अयन-चलन के कारण **महाभारत** के रचना-काल में उत्तरायणारंभ-बिंदु श्रवण में सरक गया होगा ।

जो भी हो, भारतीय परंपरा में श्रवण और धनिष्ठा (श्रविष्ठा) नक्षत्रों का बड़ा महत्व रहा है । **अथर्व-संहिता** में प्रार्थना है — **श्रवणः श्रविष्ठाः कुर्वतां सुपुष्टिम्** (श्रवण और श्रविष्ठा मुझे शक्तिमान बनाएं) ।

आकाशगंगा में है एक राजहंस

शहरों के निवासी आकाश के एक अद्‌भुत नजारे के दर्शन से प्रायः वंचित ही रह जाते हैं। यह नजारा है आकाश में लगभग उत्तर से दक्षिण की ओर जाता हुआ तारों का एक सघन पट्टा, जिसे हम **आकाशगंगा** कहते हैं। देहातों में या पहाड़ों पर रहनेवाले लोग आकाशगंगा के पट्टे को साफ-साफ देख सकते हैं।

आजकल यदि आप उत्तर की ओर मुंह करके आकाशगंगा को देखें तो जहां यह दो धाराओं में विभाजित होती दिखाई देती है, वहां **हंस** (सिग्नस) मंडल के तारों को आसानी से पहचाना जा सकता है। इस मंडल के प्रमुख तारे का नाम **देनेब** है। इसके पश्चिम में चमकीला **अभिजित्** नक्षत्र है, और इन दोनों के दक्षिण में, आकाशगंगा के पट्टे में ही, गरुड (एक्विला) मंडल का प्रसिद्ध **श्रवण** नक्षत्र है। आजकल रात को करीब नौ बजे, लगभग मध्याकाश में, देनेब, अभिजित् और श्रवण नक्षत्रों से जो एक बड़ा-सा त्रिभुज बनता है उसे पहचानने में कोई कठिनाई नहीं है।

हंस मंडल के प्रमुख तारे एक क्रॉस (सलीब) की आकृति बनाते हैं। दक्षिणी खगोल में **क्रुक्स** (क्रॉस) नामक एक प्रसिद्ध तारा-मंडल है (जिसे प्राचीन भारत में संभवतः **शूल** के नाम से जाना जाता था)। इसलिए उत्तरी खगोल के इस हंस (सिग्नस) मंडल को प्रायः **उत्तरी क्रॉस** भी कहा जाता है। मगर पाश्चात्य ज्योतिष में इस मंडल का अधिक प्रचलित नाम **सिग्नस** (हंस) ही है, हालांकि खल्दियाई और आरंभिक यूनानी ज्योतिषी इसे महज एक पक्षी के रूप में पहचानते थे।

आकाश के इस हंस के बारे में कई यूनानी-रोमन आख्यान हैं। एक कथा यह है कि स्पार्टा के राजा की रानी लेदा का शीलभंग करने के इरादे से ज्यूपिटर ने राजहंस का रूप धारण किया था। दूसरे आख्यान के अनुसार, यह संगीतज्ञ ओरफेयूस है, जिसे मृत्यु के बाद, उसकी वीणा (लाइरा) के समीप आकाश में स्थान दिया गया।

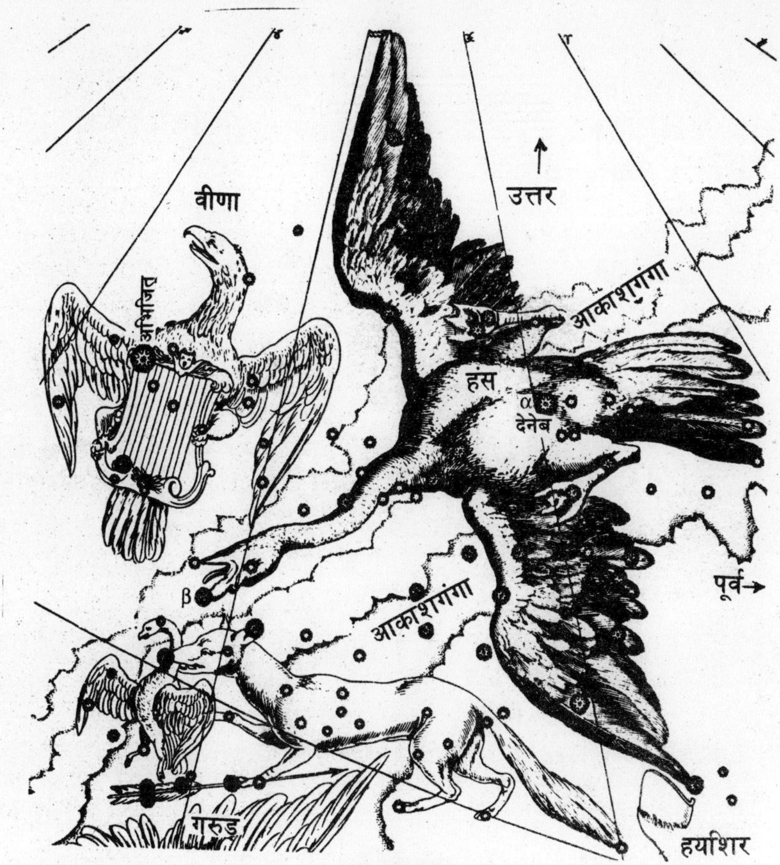

हंस (सिग्नस)

अरबिया में यह मंडल कभी 'उड़ती मुर्गी' के रूप में, तो कभी 'उड़ते गरुड' के रूप में जाना जाता था। प्राचीन भारत में इस मंडल को संभवतः विष्णु के वाहन गरुड के रूप में पहचाना गया था, मगर बाद में यह वीणा-धारिणी सरस्वती का वाहन हंस बन गया।

हंस मंडल के प्रमुख (अल्फा) तारे का पाश्चात्य नाम **देनेब** अरबी के **अल्-धनब** (पूंछ) से बना है। नीले रंग का यह तारा हमसे करीब 650 प्रकाश-वर्ष दूर है, इसका व्यास सूर्य के व्यास से करीब 35 गुना ज्यादा है और यह 6000 सूर्यों के बराबर विकिरण का उत्सर्जन करता है। मगर हमारे आकाश में देनेब 1.3 कांतिमान का ही तारा नजर आता है, बहुत दूर होने के कारण।

हंस की चोंच या सलीब के आधार के पास का **बीटा** तारा, जिसे **अलबेरिओ** भी कहते हैं, एक दिलचस्प जुड़वां तारा है। दूरबीन से देखने पर इस जोड़े का

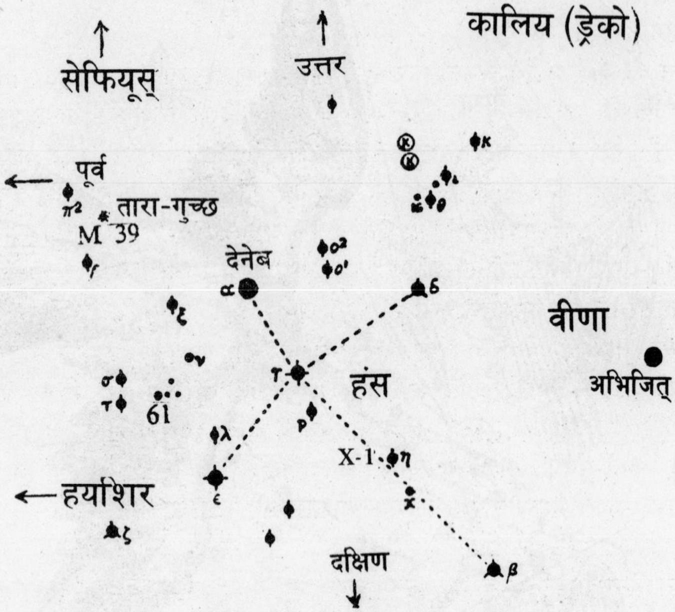

हंस मंडल : देनेब नक्षत्र.

एक तारा स्वर्णिम-पीला नजर आता है और दूसरा नीला। अलबेरिओ का यह जोड़ा हमसे करीब 400 प्रकाश-वर्ष दूर है। हंस का **डेल्टा** तारा भी एक जुड़वां तारा है।

हंस मंडल के कुछ भागों में तारों का घनत्व बहुत ज्यादा है, तो कुछ भाग एकदम तारा-शून्य नजर आते हैं। तारों और हमारे बीच धूलभरी गैसीय नीहारिकाओं के आ जाने के कारण हंस मंडल के ये स्थान हमें रिक्त या काले नजर आते हैं। ऐसी एक **काली नीहारिका** हंस मंडल के अल्फा, गामा और इप्सिलोन तारों के बीच में है। देनेब के पूर्वोत्तर में **एम 39** नामक जो खुला तारा-गुच्छ है वह हमसे करीब 850 प्रकाश-वर्ष दूर है और उसमें केवल 25 अतितप्त श्वेत दानव तारे हैं।

हंस मंडल का **नं. 61** का तारा ऐतिहासिक दृष्टि से बड़े महत्व का है। सूर्य के बाद यह पहला तारा था जिसकी दूरी मालूम की गई थी। जर्मन खगोलविद **बेस्सेल** ने त्रिकोणमितीय लंबन विधि से 1838 ई. में पहली बार मालूम किया था कि **हंस 61** हमसे करीब 11 प्रकाश-वर्ष दूर है।[6] आकाश के कुल करीब दस ही

तारे हमसे इतने नजदीक हैं।

हंस 61 वस्तुतः एक जुड़वां तारा है। मगर इन जुड़वां तारों में करीब 1200 करोड़ कि.मी. का अंतर है और ये 720 वर्षों में एक-दूसरे की एक परिक्रमा पूरी करते हैं। विशेष महत्व की बात यह है कि हंस 61 के इन जुड़वां तारों में से अधिक चमकीले तारे के पास बहुत कम द्रव्यमान वाले एक अदृश्य पिंड का पता चला है। अनेक खगोलविदों का मत है कि वह अदृश्य पिंड उस तारे का बृहस्पति-जैसा एक ग्रह होना चाहिए। इधर के वर्षों में आकाश में और भी ऐसे कुछ तारे खोजे गए हैं जिनके नजदीक ग्रह हो सकते हैं।

दूसरे महायुद्ध के समय से रेडियो-तरंगों को ग्रहण करने के साधन (रेडियो-दूरबीन) अस्तित्व में आ जाने से ब्रह्मांड के एक नए स्वरूप का उद्घाटन हुआ है। ब्रह्मांड में, विशेषतः इसकी अतिदूर की सीमाओं में, ऐसे अनेक रेडियो-स्रोतों को खोजा गया है जिनका पहले कोई अता-पता नहीं था। हंस मंडल में खोजा गया ऐसा ही एक शक्तिशाली (वस्तुतः आकाश का दूसरा सबसे शक्तिशाली) रेडियो-स्रोत है **हंस-ए**।[7] हंस-ए के दो नाभिक हैं, जो संभवतः दो मंदाकिनियों के टकराव के सूचक हैं। मगर यकीन के साथ कुछ नहीं कहा जा सकता। रेडियो-स्रोत हंस-ए के बारे में कई बातें अभी स्पष्ट नहीं हुई हैं। हंस-ए स्रोत हमसे करीब 60 करोड़ प्रकाश-वर्ष दूर है।[8]

जो भी हो, आकाशगंगा में विद्यमान हंस एक दिलचस्प और महत्वपूर्ण

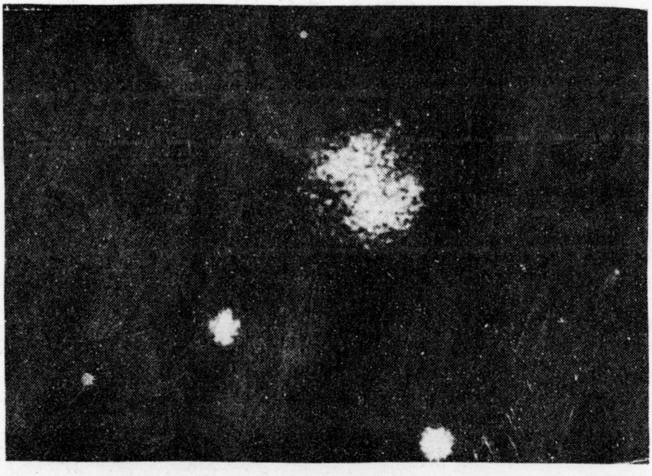

हंस-ए ('Cygnus-A) : एक शक्तिशाली रेडियो-स्रोत.

तारा-मंडल है । यदि उत्तरी आकाश में हंस के क्षेत्र को ध्यान से देखा जाए, तो वहां आकाशगंगा का पट्टा दो धाराओं में विभक्त हो जाता है। पूर्व की ओर की प्रमुख धारा गरुड (श्रवण नक्षत्र) तथा धनु मंडलों की ओर जाती है और पश्चिम की ओर की छोटी धारा बीच में खंडित होकर अंत में वृश्चिक राशि में पहुंचती है !

प्राचीन काल के ज्योतिषियों के लिए आकाशगंगा का यह विभाजन एक बहुत बड़ी पहेली थी । वे समझ नहीं पा रहे थे कि आकाशगंगा के पट्टे में तारों से रहित ये स्थान क्यों हैं । मगर आज हम जानते हैं कि वहां पर गैस व धूल के विशाल काले बादल बीच में आ जाने से पृष्ठभूमि के तारे हमें दिखाई नहीं देते ।

वस्तुतः आधुनिक काल में आकाश से संबंधित ऐसी अनेक बातें स्पष्ट हो गई हैं जो प्राचीन काल में अनबूझ या रहस्यमय रही हैं ।

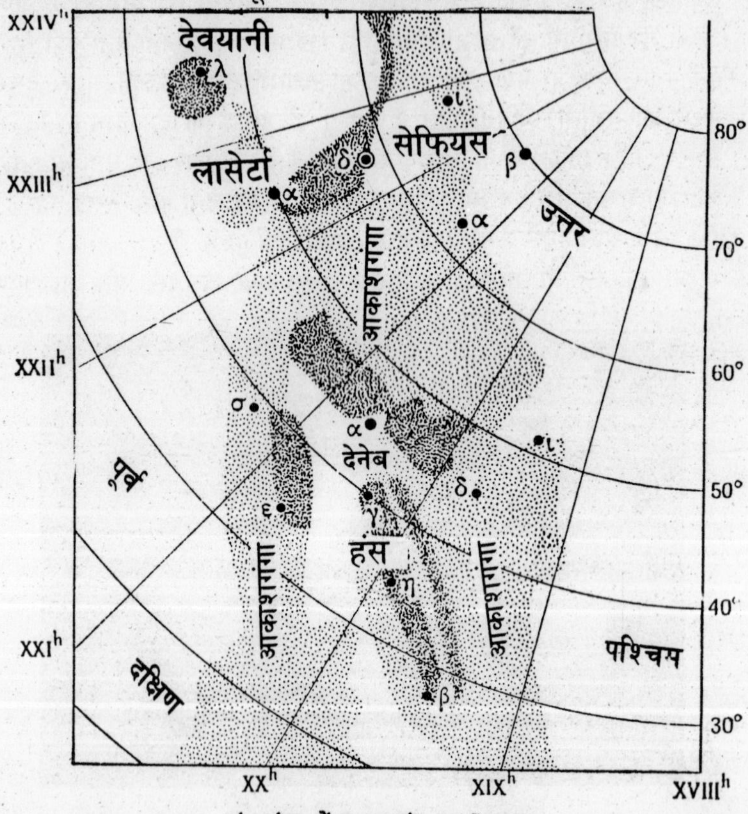

हंस मंडल में आकाशगंगा का विभाजन.

न्यूट्रान और पल्सर तारे

धरती के मानव को सितारें की दुनिया में कोई खास परिवर्तन नजर नहीं आता। मगर वास्तविकता यह है कि तारें का अपना एक सुनिश्चित जीवनक्रम है। तारे जन्म लेते हैं, करोड़ों-अरबों सालों तक ऊर्जा का उत्सर्जन करते रहते हैं और अंत में उनकी 'मौत' हो जाती है !

तारें की मौत के अध्ययन में खगोलविदों की विशेष दिलचस्पी है, क्योंकि मौत के बाद उनके 'शव' विश्व के अति विलक्षण पिंड बन जाते हैं। कई तारे अपने अंतकाल में भयंकर रूप से विस्फोटित होकर अपनी द्रव्यराशि को अंतरिक्ष में उछाल देते हैं और फिर उस द्रव्य से नए तारे व ग्रह जन्म लेते हैं। कई तारे अपने अंतकाल में इतने अधिक सिकुड़ जाते हैं कि उनके एक चम्मचभर द्रव्य का भार 20 करोड़ हाथियों के बराबर हो सकता है ! ब्रह्मांड में ऐसे भी कई पिंड हैं जो अपने विकास के अंतिम दौर में इतने अधिक सघन हो जाते हैं कि उनमें से विकिरण भी बाहर नहीं निकल पाता; वे अदृश्य **कृष्ण-विवर** (ब्लैक होल) बन जाते हैं।

किसी भी तारे का जीवनक्रम उसमें विद्यमान द्रव्य की मात्रा से निर्धारित होता है। यदि किसी तारे में 1.4 सूर्यों से अधिक द्रव्य नहीं है (**चंद्रशेखर-सीमा**), तो आरंभ में कई अरब साल तक उसका हाइड्रोजन हीलियम में रूपांतरित होते जाकर ऊर्जा पैदा होती है। हाइड्रोजन के समाप्त होने पर वह तारा फूलकर एक **लाल दानव** (रेड जाइंट) बन जाता है। करीब पांच अरब साल बाद हमारा सूर्य भी लाल दानव बन जाएगा, बुध व शुक्र ग्रह उसके उदर में समा जाएंगे और उसके भीषण ताप से पृथ्वी का समस्त जीव-जगत लुप्त हो जाएगा ! करीब दस करोड़ साल तक लाल दानव की अवस्था में रहकर तारा अपने शेष नाभिकीय ईंधन को भी समाप्त कर देता है। अंत में रह जाती है पृथ्वी के आकार की एक अतिसघन गुठली। तारे के उस अवसानकाल को खगोलविदों ने **श्वेत वामन** (व्हाइट ड्वार्फ) का नाम दिया है। श्वेत वामन के एक चम्मच द्रव्य का भार

एक टन के बराबर होता है ! श्वेत वामन धीरे-धीरे बुझते जाकर अंत में **काला वामन** बन जाता है । आकाशगंगा के करीब 10 प्रतिशत तारे श्वेत वामन बन गए हैं । हमारे सूर्य का अंत भी एक श्वेत वामन में ही होगा ।

लेकिन जो तारे सूर्य से अधिक भारी होते हैं वे श्वेत वामन नहीं बनते । उन्हें भिन्न प्रकार की मौत मिलती है । ऐसे तारे का नाभिकीय ईंधन जब समाप्त हो जाता है, तब वह अपने बाह्य कवच को एक ही भयंकर विस्फोट के साथ आकाश में उछाल देता है । ऐसी घटना का ही हम संभवतः **सुपरनोवा** के रूप में दर्शन करते हैं । सुपरनोवा-विस्फोट के बाद शेष तारे की गुठली, यदि उसका द्रव्यमान करीब तीन सूर्यों के द्रव्यमान से अधिक न हो तो, तेजी से सिकुड़ जाती है । भीषण गुरुत्वीय बल परमाणुओं को इतना अधिक दबोच देता है कि उनके भीतर कोई खाली स्थान नहीं रह जाता । ऐसे अतिसघन द्रव्य में रह जाते हैं मुख्य रूप से केवल न्यूट्रान कण । इसलिए तारे की ऐसी अंतिम दशा को **न्यूट्रान तारे** का नाम दिया गया है । सर्वप्रथम 1934 ई. के आसपास न्यूट्रान तारों-जैसे पिंडों के अस्तित्व की परिकल्पना प्रस्तुत की गई थी ।

न्यूट्रान तारे का घनत्व परमाणु के नाभिक के घनत्व के तुल्य होता है, यानी एक घन-सेंटीमीटर में एक अरब टन द्रव्य ! अन्य शब्दों में, न्यूट्रान तारे के एक चम्मचभर द्रव्य का भार 20 करोड़ हाथियों के भार के बराबर होगा ! यदि समूची पृथ्वी को न्यूट्रान तारे के घनत्व तक दबोचा जाए, तो यह केवल 100 मीटर व्यास की रह जाएगी । न्यूट्रान तारे का व्यास करीब बीस किलोमीटर होता है ।

न्यूट्रान तारे को जन्म देनेवाले सुपरनोवा-विस्फोटों के नजारों को मानव प्राचीन काल से देखता आ रहा है । चीन के ज्योतिषियों ने ऐसा एक सुपरनोवा-विस्फोट वृषभ मंडल में 4 जुलाई, 1054 ई. को देखा था । शुक्र की तरह चमकनेवाला वह नवतारा, जिसे चीनियों ने 'अतिथि तारे' का नाम दिया था, कुछ सप्ताह तक दिन के समय भी दिखाई देता रहा, मगर अंत में अदृश्य हो गया । उस सुपरनोवा-विस्फोट में बिखरी द्रव्यराशि को प्रसिद्ध **कर्क नीहारिका** (क्रैब नेबुला) के रूप में आज भी देखा जा सकता है ।[9] पिछले करीब दो सौ सालों से खगोलविद कर्क नीहारिका का गहराई से अध्ययन करते आ रहे हैं ।

सन् 1967 में कर्क नीहारिका के बारे में एक नई जानकारी मिली । पता चला कि कर्क नीहारिका के केंद्रभाग से लघु रेडियो-तरंगों की नियमित आवृत्ति वाली प्रति-सेकंड 33 पल्सें प्रसारित होती रहती हैं । आरंभ में खगोलविदों को यकीन नहीं हुआ कि आकाश का कोई तारा ऐसी पल्सें प्रसारित कर सकता है ।

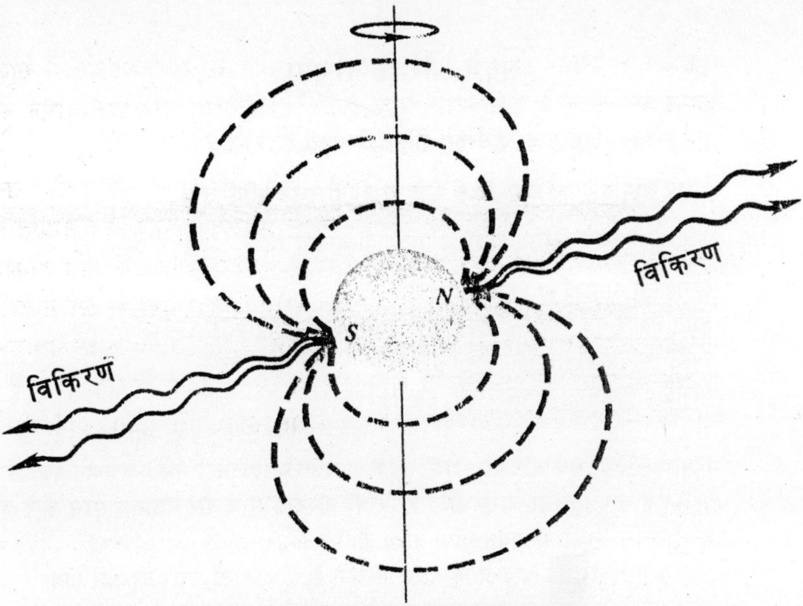

न्यूट्रान (पल्सर) तारे से प्रसारित विकिरण-पुंज.

कोई अत्यंत सघन छोटा तारा ही तेजी से घूमते हुए, दीपस्तंभ की घूमती रोशनी की तरह, रेडियो-तरंगों की ऐसी नियमित पल्सें फेंक सकता है। खगोलविदों ने इस नई खोज को **पल्सर** (पल्सेटिंग रेडियो सोर्सेज) तारे का नाम दिया।

फिर खगोलविदों को यह समझने में अधिक देर नहीं लगी कि तेजी से घूमनेवाले अतिसघन न्यूट्रान तारे ही पल्सर हो सकते हैं। स्पष्ट हुआ कि कर्क नीहारिका (दूरी करीब 6000 प्रकाश-वर्ष) के केंद्रभाग में मौजूद न्यूट्रान तारा एक पल्सर है। अब तक सौ से भी अधिक पल्सर या न्यूट्रान तारे खोजे जा चुके हैं।

हमारा यह सौभाग्य है कि हमारे समय में भी, फरवरी 1987 ई. में, करीब 1,70,000 प्रकाश-वर्ष दूर के **बड़े मेजल्लानी मेघ** में एक सुपरनोवा प्रकट हुआ। इस सुपरनोवा-विस्फोट के बाद उस स्थान पर एक न्यूट्रान तारा (पल्सर) प्रकट होना चाहिए। मगर अब तक वहां कोई पल्सर प्रकट नहीं हुआ है, इसलिए खगोलविद अपने सिद्धांत के बारे में कुछ चिंतित भी हैं।

जिन तारों का द्रव्यमान करीब तीन सूर्यों से अधिक होता है उनका अंत कृष्ण-विवरों (ब्लैक होल्स) में हो सकता है। द्रव्य और विकिरण का निरंतर भक्षण करते रहनेवाले इन विलक्षण अदृश्य पिंडों की चर्चा हम आगे के एक लेख में करेंगे।

संदर्भ और टिप्पणियां

1. एम. मोनियर विलियम्स, **ए संस्कृत-इंग्लिश डिक्शनरी**, पृ. 777.

2. देखिए अध्याय 9 का लेख—**वैदिक काल का 28वां नक्षत्र अभिजित्** ।

3. अधिक जानकारी के लिए देखिए अगला 11वां अध्याय ।

4. स्वराक्रमेते सोमार्कौ यदा साकं सवासवौ ।
स्यात् तदादि युगं माघस्तपः शुक्लोऽयनं ह्युदक् ।।
प्रपद्यते श्रविष्ठादौ सूर्याचंद्रमसावुदक् ।
सार्पार्धे दक्षिणार्कस्तु माघश्रावणयोः सदा ।।

ऋक्-ज्योतिष 5-6 ; यजुः-ज्योतिष 6-7.

भावार्थ — जब सूर्य और चंद्र, दोनों भचक्र के श्रविष्ठा (धनिष्ठा) नक्षत्र के स्थान पर पहुंचते हैं, तब युग का आरंभ होता है । तभी चांद्रमास मघा और सौरमास तपस के शुक्ल पक्ष में उनकी उत्तरायण-यात्रा आरंभ होती है ।

जब सूर्य और चंद्र श्रविष्ठा के आरंभ में रहते हैं, तब उनकी उत्तर की ओर यात्रा आरंभ होती है । जब वे अश्लेषा के मध्य में पहुंचते हैं, तब उनकी दक्षिण की यात्रा आरंभ होती है । सूर्य के मामले में ऐसा क्रमशः माघ और श्रावण महीनों में होता है ।

5. अहः पूर्वं ततो रात्रिर्मासाः शुक्लादयः स्मृताः ।
श्रवणादीनि ऋक्षाणि ऋतवः शिशिरादयः ।।

—**महाभारत**, अश्वमेधपर्व, 44.2.

भावार्थ — अहोरात्र का आदि दिन है । महीने का आदि शुक्ल पक्ष है । नक्षत्रों का आदि श्रवण है । ऋतुओं का आदि शिशिर है ।

6. जर्मन गणितज्ञ-खगोलविद फ्रेडरिक विलहेल्म बेस्सेल (1784-1846 ई.) कोनिग्सबर्ग वेधशाला के अध्यक्ष थे । उन्होंने करीब 50,000 तारों की एक सूक्ष्म सारणी तैयार की और व्याध का एक साथी-तारा (श्वेत वामन) होने के बारे में भविष्यवाणी की (1844 ई.) ।

बेस्सेल ने हंस मंडल के नं. 61 के तारे का गहन अध्ययन करके त्रिकोणमितीय लंबन (पैरेलेक्स) विधि से 1838 ई. में इसकी दूरी निर्धारित की । बेस्सेल का फलन सिद्धांत के क्षेत्र में भी महत्वपूर्ण योगदान रहा ।

7. यह रेडियो-स्रोत हंस मंडल के **इटा** अक्षरांकित तारे के नजदीक पूर्वोत्तर में है । स्थितिचित्र में इसे ×-1 से दर्शाया गया है ।

8. देखिए एफ. ग्राहम स्मिथ, **रेडियो एस्ट्रोनोमी**, पृ. 121-128.

9. कर्क नीहारिका के बारे में अधिक जानकारी के लिए देखिए अध्याय 2.

अध्याय 11

अक्तूबर माह

कुंभ : शतभिषक् नक्षत्र

भाद्रपदा : सुंदर पैरोंवाली चौकी

तारों की दूरियां मापनेवाले तारे

क्वासरों की पहेली

संदर्भ और टिप्पणियां

यूनानी वर्णमाला

अल्फा	α	न्यू	ν
बीटा	β	क्साइ	ξ
गामा	γ	ओमिक्रोन	o
डेल्टा	δ	पाइ	π
इप्सिलोन	ϵ	रो	ρ
जीटा	ζ	सिग्मा	σ
इटा	η	टाउ	τ
थीटा	θ	अप्साइलोन	υ
आयोटा	ι	फाइ	ϕ
काप्पा	κ	खाइ	χ
लांबडा	λ	प्साइ	ψ
म्यू	μ	ओमेगा	ω

कुंभ : शतभिषक् नक्षत्र

मकर मंडल के पूर्वोत्तर में कुंभ राशि के तारे हैं। भारतीय परंपरा के अनुसार, कुंभ राशि में **धनिष्ठा** (आधे), **शतभिषक्** (पूर्ण) और **पूर्वभाद्रपद** (तीन-चौथाई) नक्षत्रों का समावेश होता है। धनिष्ठा की चर्चा हम मकर राशि के अंतर्गत कर चुके हैं। शतभिषक् नक्षत्र ठीक क्रांतिवृत्त पर स्थित है। शतभिषक् के करीब 23 अंश लगभग उत्तर में पूर्वभाद्रपद नक्षत्र है और ठीक दक्षिण में, लगभग उतनी ही दूरी पर, खूब चमकीला मत्स्यमुख (फ़म्म अल्-हूत) तारा है।

कुंभ का पाश्चात्य नाम **एक्वेरियस्** (कुंभधर) है। मगर पाश्चात्य एक्वेरियस् मंडल और भारतीय कुंभ राशि के विस्तारों में अंतर है। जिस धनिष्ठा नक्षत्र को मकर और कुंभ राशियों में आधा-आधा बांटा गया है, वह पाश्चात्य परंपरानुसार डेल्फाइनुस् (डॉलफिन) मंडल में है। उसी तरह, पूर्वभाद्रपद नक्षत्र पाश्चात्य ज्योतिष के पेगासस (हयशिर) मंडल में है। ऐसी बेमेल स्थिति का कारण यह है कि पाश्चात्य परंपरा की 12 राशियां तो रविपथ या क्रांतिवृत्त पर स्थित हैं, मगर इन राशियों के साथ जोड़े गए प्राचीन भारतीय परंपरा के 27 नक्षत्रों में से कई नक्षत्र क्रांतिवृत्त के काफी उत्तर में या दक्षिण में स्थित हैं।[1]

पाश्चात्य एक्वेरियस् (कुंभधर) मंडल के तारे ज्यादा स्पष्ट नहीं हैं। मगर इस मंडल में दिखाई देनेवाले तारा-गुच्छों, ग्रहीय नीहारिकाओं और युग्म-तारों के अध्ययन का आधुनिक खगोल-विज्ञान में बड़ा महत्व है। प्राचीन काल से ही प्रायः सभी देशों में कुंभ के नक्षत्रों को भाग्यशाली माना जाता रहा है। इसलिए भी इस मंडल के तारों के बारे में सही जानकारी हासिल करना उपयोगी होगा। यहां हम सबसे पहले पाश्चात्य परंपरा के उस कुंभधर मंडल की चर्चा करेंगे जिसमें भारतीय शतभिषक् नक्षत्र स्थित है। भाद्रपदाओं की चर्चा हम अलग से कर रहे हैं।

रविपथ के इस मंडल को प्रायः सभी प्राचीन सभ्यताओं में जलकुंभ या कुंभधर के रूप में पहचाना गया था। कारण यह है कि प्राचीन काल में इस

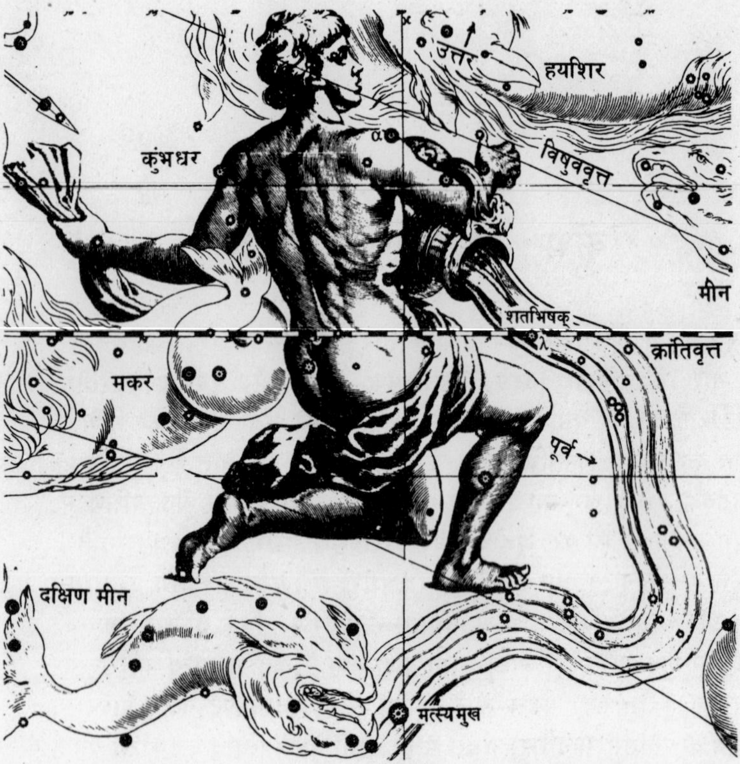

कुंभधर.

मंडल का संबंध वर्षा से रहा है। सूर्य जब कुंभ राशि में पहुंचता था, तो खूब वर्षा होती थी। यह भी ध्यान देने योग्य बात है कि कुंभ के आसपास के मकर, सेतुस्, डॉलफिन, मीन तथा दक्षिण-मीन मंडलों का नामकरण जलीय प्राणियों के आधार पर ही हुआ है।

बेबीलोनवासियों ने इस मंडल को एक ऐसे आदमी या बालक के रूप में पहचाना था जो अपने कंधे पर धारण किए हुए कुंभ से पानी उड़ेल रहा है। अक्कदियों, मिस्रियों, यूनानियों, रोमनों और अरबों ने भी इस तारा-मंडल को कुंभ या कुंभधर के रूप में ही देखा था। अरबी में इस मंडल का नाम **अल्-दल्व** है। प्राचीन यूनानी साहित्य में इस राशि के लिए **हिद्रोकोस्** शब्द देखने को मिलता है। वराहमिहिर ने इसी यूनानी शब्द के आधार पर कुंभ राशि के लिए **हृद्रोग** शब्द बनाया था (**वृहज्जातक**)।

क्रांतिवृत्त कुंभ मंडल के मध्यभाग से गुजरता है। खगोल का विषुववृत्त घड़े

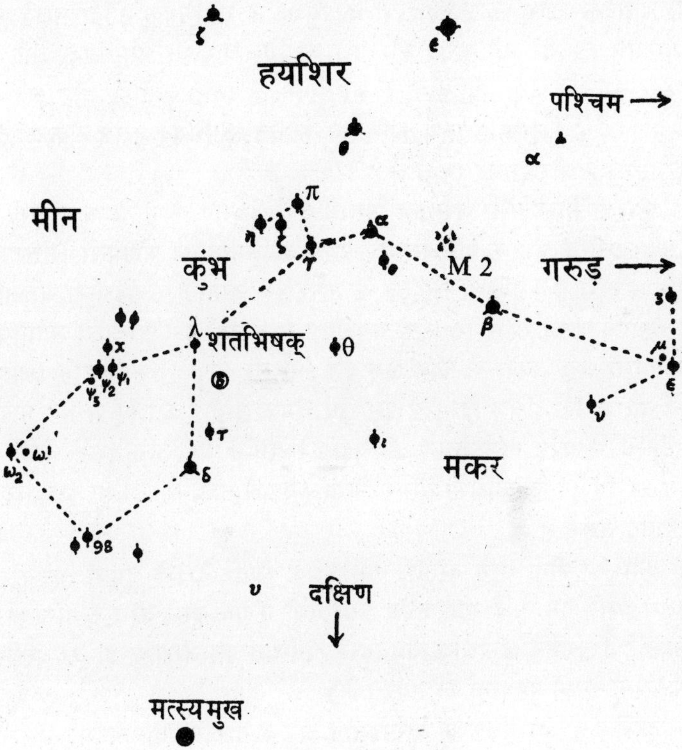

कुंभ मंडल : शतभिषक् नक्षत्र.

(कुंभ) के द्योतक इस मंडल के प्रमुख तारों के समीप से गुजरता है। कुंभ मंडल का **अल्फा** तारा, जिसका नाम **सदलमलिक** है, 3.2 कांतिमान का है। पाश्चात्य ज्योतिष में प्रचलित यह सदलमलिक शब्द अरबी के **अल्-सअद अल्-मलिक** (भाग्यशाली राजनक्षत्र) से बना है। इसी तरह, कुंभ मंडल के **बीटा** तारे का **सदल्सआद** नाम अरबी के **अल्-सअद अल्-सआदत** (सर्वाधिक भाग्यशाली) के आधार पर अस्तित्व में आया है।

कुंभ मंडल के **अल्फा** और **बीटा** तारे कुंभधारी पुरुष के क्रमशः दाएं (पूर्व की ओर) और बाएं कंधे पर स्थित हैं। अल्फा की पूर्व दिशा में गामा, जीटा, इटा और पाइ से दर्शाए गए तारों का जो समूह है वह घट (कुंभ) का द्योतक है। कुंभ से निकलकर नीचे दक्षिण की ओर पहुंचती जलधारा में इस राशि के कई तारे हैं। इस जलधारा में स्थित **लांबडा** तारे का प्राचीन भारतीय नाम **शतभिषक्**

है । वैदिक काल की 28 नक्षत्रों की सूची में शतभिषक् 23वां नक्षत्र था । आसपास के छोटे-बड़े करीब सौ तारों को मिलाकर इसे शतभिषक् (सौ वैद्य) नक्षत्र का नाम दिया गया होगा ।[2] शतभिषक् के देवता कहीं इंद्र और कहीं वरुण बताए गए हैं । लगभग चतुर्थ कांतिमान का यह शतभिषक् नक्षत्र ठीक क्रांतिवृत्त पर स्थित है और इसका रंग लाल है ।

कुंभ से गिरनेवाली जलधारा अंततः दक्षिणी मीन के मुंह तक पहुंचती है । इस मछली के मुंह के पास लगभग प्रथम कांतिमान का **फोएमेलो** (मत्स्यमुख) नामक तारा है । दक्षिणी क्षितिज के ऊपर इसे आसानी से पहचाना जा सकता है, क्योंकि इसके आसपास कोई चमकीला तारा नहीं है । पाश्चात्य ज्योतिष का **फोएमेलो** शब्द अरबी के **फ़म्म अल् हूत** (मछली का मुंह) से बना है । आश्चर्य की बात है कि दक्षिण दिशा के इस खूब चमकीले तारे के लिए प्राचीन भारतीय साहित्य में कोई नाम देखने को नहीं मिलता ! यह तारा हमसे करीब 24 प्रकाश-वर्ष दूर है । दक्षिणी सागरों में पहुंचनेवाले नाविकों के लिए इस तारे की पहचान जरूरी है ।

कुंभ का **जीटा** तारा वस्तुतः एक जुड़वां संसार है । ये जुड़वां तारे लगभग चतुर्थ कांतिमान के हैं और करीब 361 वर्षों में एक-दूसरे की एक परिक्रमा पूरी करते हैं । लगभग खगोलीय विषुववृत्त पर स्थित इस जीटा-जोड़ी को दूरबीन से ही पृथक रूप'में पहचाना जा सकता है ।

दूरबीन से कुंभ मंडल के **अप्साइलोन** तारे के नजदीक एक अद्भुत नजारे को देखा जा सकता है । यह नजारा है एक **ग्रहीय नीहारिका** । तारे के बाहरी कवच में विस्फोट होने से उसके इर्द-गिर्द चमकीली गैसों का जो वलय बनता है उसे **ग्रहीय नीहारिका** (प्लैनेटरी नेबुला) कहते हैं । कुंभ मंडल की यह नीहारिका इसके मध्य के जिस विशाल तारे की किरणों से चमकती है उसका सतह-तापमान 1,30,000 डिग्री है । यह आकाश की सबसे बड़ी ग्रहीय नीहारिका है और हमसे करीब 580 प्रकाश-वर्ष दूर है ।[3]

कुंभ मंडल में इसके अल्फा और बीटा तारों के लगभग बीच में एक विशाल गोलाकार तारा-गुच्छ (**एम 2**) भी है । अतितप्त तारों से बना यह गुच्छ हमसे करीब 51,500 प्रकाश-वर्ष दूर है, इसलिए बड़ी दूरबीन से ही इसका ठीक से अवलोकन किया जा सकता है ।

कुंभ मंडल से संबंधित ऐतिहासिक महत्व की एक और बात : फ्रांसीसी खगोलविद लवेरिए[4] ने 1846 ई. में यूरेनस ग्रह की कक्षा का सूक्ष्म अध्ययन करके इसके परे के अज्ञात ग्रह नेपच्यून की कक्षा निर्धारित की थी । लवेरिए द्वारा

बताए गए एक स्थान (मकर मंडल के **डेल्टा** तारे के करीब पांच अंश पूर्व की ओर के कुंभ मंडल की पश्चिमी सीमा के समीप के स्थान) पर बर्लिन के खगोलविद प्रो. गाल्ले ने दूरबीन से 23 सितंबर, 1846 को नया नेपच्यून ग्रह आकाश में खोज निकाला। उसी समय इंग्लैंड के तरुण खगोलविद जोन एडम्स ने भी नेपच्यून की कक्षा की सही गणना की थी। लवेरिए तथा एडम्स की नेपच्यून के बारे में की गई ये भविष्यवाणियां गुरुत्वाकर्षण के नियम पर आधारित थीं।

भाद्रपदा : सुंदर पैरोंवाली चौकी

भारतीय ज्योतिष में भाद्रपदा के नक्षत्रों का बड़ा महत्व है । इसके दो भाग हैं—**पूर्वभाद्रपदा** और **उत्तरभाद्रपदा** । प्राचीन साहित्य में भाद्रपदा को **प्रोष्ठपदा** भी कहा गया है ।[5] भाद्रपदा का अर्थ है सुंदर या शुभ पैर । प्रोष्ठपदा का अर्थ है चौकी या स्टूल ।

भाद्रपदा के नक्षत्र सचमुच ही आकाश में एक चतुर्भुज (लगभग वर्गाकृति) या चार पैरोंवाली एक चौकी की आकृति बनाते हैं । इन दिनों रात के दस-ग्यारह बजे मध्याकाश में देखिए तो भाद्रपदा के चार चमकीले तारों से बननेवाले चतुर्भुज को आप आसानी से पहचान लेंगे । भाद्रपदा के इस चतुर्भुज की सहायता से आसपास के तारा-मंडलों को पहचानने में बड़ी मदद मिलती है । इस चतुर्भुज के पश्चिम में धनिष्ठा और श्रवण नक्षत्र हैं । इसके पश्चिम की ओर के पूर्वभाद्रपदा के दो तारों (अल्फा व बीटा) को जोड़नेवाली रेखा को दक्षिण की ओर आगे बढ़ाया जाए, तो वह शतभिषक् नक्षत्र पर पहुंचती है । उसी रेखा को आगे सीधे दक्षिण की ओर बढ़ाया जाए, तो वह चमकीले फोएमेलो (मत्स्यमुख) तारे पर पहुंचती है ।

इस चतुर्भुज के पूर्व की ओर के उत्तरभाद्रपदा के दो तारों (गामा व डेल्टा) को जोड़नेवाली रेखा को दक्षिण की ओर लगभग उतनी ही दूरी तक बढ़ाया जाए, तो हम आकाश के उस बिंदु पर पहुंचते हैं जिसे **वसंत विषुव** कहते हैं । खगोल की विषुव-रेखा और क्रांतिवृत्त इसी बिंदु पर एक-दूसरे को काटते हैं । सूर्य जब इस वसंत विषुव-बिंदु पर पहुंचता है, तो रात व दिन समान लंबाई के होते हैं । वह 21-22 मार्च का दिन होता है ।

भाद्रपदा का यह चतुर्भुज जिस तारा-मंडल में है उसका पाश्चात्य नाम **पेगासस** (पंख लगे घोड़े का सिर) है । इसलिए हमारे यहां इस मंडल को अब **महाश्व** या **हयशिर** के नाम से भी जाना जाता है । पंख लगे घोड़ेवाले प्राचीन शिल्प पश्चिम एशिया के कई देशों से प्राप्त हुए हैं । तालेमी ने भी इस मंडल का

उत्तर
देवयानी
उत्तराभाद्रपदा
पूर्वाभाद्रपदा
हयशिर
मीन
विषुववृत्त
पश्चिम
डॉलफिन
धनिष्ठा
कुंभ

अरबों का हयशिर.

उल्लेख पंख लगे एक अश्व के रूप में ही किया है । तालेमी के अनुकरण पर अरबी ज्योतिषी इस मंडल को **अल् फरस** (घोड़ा) कहते थे, मगर भाद्रपदा के सुपरिचित चतुर्भुज का अरबी नाम अल्-दल्व (जल-कुंभ) ही था ।

भाद्रपदा के चतुर्भुज के पश्चिम की ओर के पहले उदित होनेवाले दो तारे, अल्फा और बीटा, पूर्वभाद्रपदा कहलाते हैं । इनमें **अल्फा** तारे का अरबी पर आधारित पाश्चात्य नाम **मरकब** है, और कभी-कभी इसे ही पूर्वभाद्रपदा का प्रमुख तारा माना जाता है ।

चतुर्भुज का **बीटा** तारा घोड़े की बांह पर स्थित है, इसलिए इसे अरबी में **अल्-साइद** (बांह) नाम दिया गया था । यह अनियमित चरकांतिवाला तारा है। यह विशाल तारा, जिसका व्यास सूर्य के व्यास से 87 गुना अधिक है, हमसे करीब 325 प्रकाश-वर्ष दूर है ।

चतुर्भुज के पूर्व की ओर के, बाद में उदित होनेवाले, दो तारे—गामा और डेल्टा—उत्तरभाद्रपदा नक्षत्र के द्योतक हैं । **गामा** तारे का अरबी पर आधारित पाश्चात्य नाम **अलजेनिब** है, और कई भारतीय ज्योतिषियों ने इसे ही

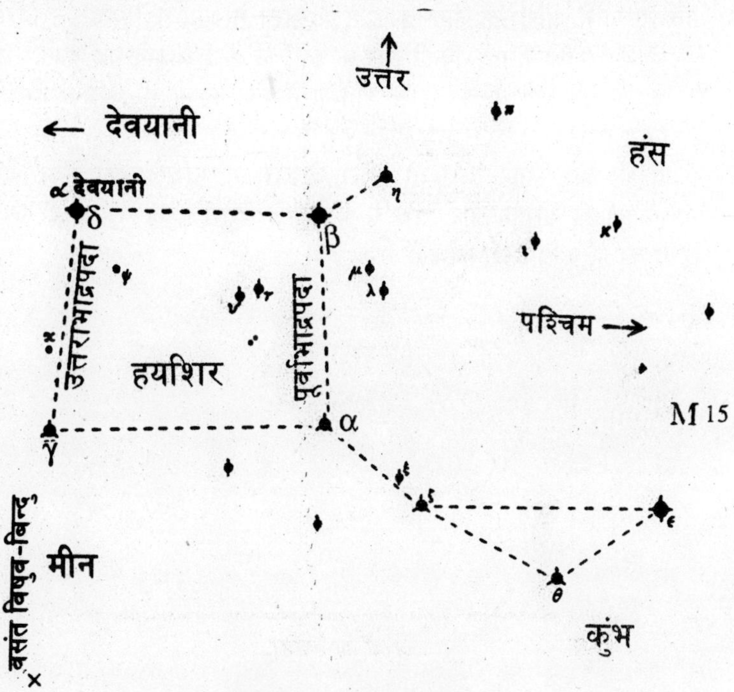

हयशिर मंडल : भाद्रपदा नक्षत्र.

उत्तरभाद्रपदा नक्षत्र माना है।

चतुर्भुज का पूर्वोत्तर कोने का तारा **अलफेराट्ज** कहलाता है। वस्तुतः यह देवयानी (एंड्रोमेडा) मंडल का **अल्फा** तारा है, मगर इसकी गणना प्रायः पेगासस (हयशिर) में की जाती है और इसे इस मंडल का **डेल्टा** तारा माना जाता है।[6] केरोपंत, केतकर और बापूदेव शास्त्री ने इसी तारे को उत्तरभाद्रपदा नक्षत्र माना है। यह एक जुड़वां तारा है और हमसे करीब 116 प्रकाश-वर्ष दूर है।

पेगासस मंडल का सबसे चमकीला तारा अल्फा नहीं, बल्कि दक्षिण-पश्चिम कोने का **इप्सिलोन** तारा है। इस इप्सिलोन तारे के पश्चिमोत्तर में थोड़ी दूरी पर एक गोलाकार तारा-गुच्छ है।

एम 15 नामक यह गोलाकार तारा-गुच्छ हमसे करीब 40,000 प्रकाश-वर्ष दूर है। इसमें हमारे सूर्य की तरह के करीब 60 लाख तारे हैं और यह अंतरिक्ष में 165 प्रकाश-वर्ष की दूरी तक फैला हुआ है। ऐसे गोलाकार तारा-गुच्छ

आकाशगंगा के आरंभिक जीवनकाल में अस्तित्व में आए थे। यदि इस विशाल तारा-गुच्छ के केंद्रभाग के किसी तारे के इर्द-गिर्द कोई आबाद ग्रह चक्कर लगा रहा है, तो उन प्राणियों को अपने आकाश में शुक्र ग्रह से भी अधिक चमकीले अनगिनत तारों का भव्य नजारा देखने को मिलता होगा।

जो भी हो, हमारे लिए तो हमारे आकाश में भाद्रपदा की सुंदर चौकी (प्रतिष्ठान) के द्योतक चार तारों से बननेवाले चतुर्भुज का नजारा ही ज्यादा महत्व का है, अधिक आकर्षक है।

तारों की दूरियां मापनेवाले तारे

घटना 1784 ई. की है। उन्नीस साल का एक तरुण, जो जन्म से गूंगा और बहरा था, उत्तरी आकाश के एक तारे को कई रातों से बड़ी गहराई से देखता आ रहा था। अंत में उसने पहचाना कि उस तारे की कांति नियमित रूप से घटती-बढ़ती रहती है। हर पांच दिन और करीब नौ घंटे बाद उस तारे की कांति 3.7 पर पहुंचकर फिर 4.3 पर उतर आती थी। तारों के बारे में यह बड़े महत्व की खोज थी। आगे जाकर इस खोज का उपयोग तारों की दूरियां जानने के लिए हुआ।

यह खोज करनेवाले खगोलविद थे **जोन गुडरिक** (1764-86 ई.), जिनका जन्म हालैंड में हुआ था और शिक्षा इंग्लैंड में हुई। केवल 21 साल की छोटी आयु में इस प्रतिभाशाली वैज्ञानिक का निधन हुआ। मगर खगोलविद इस माने में बड़े भाग्यशाली होते हैं कि उनके नाम विश्व के सबसे दीर्घजीवी पिंडों के साथ जुड़ जाते हैं। गुडरिक ने और भी कई चरकांति तारों की खोज की।

गुडरिक द्वारा खोजे गए जिस चरकांति तारे की ऊपर चर्चा की गई है वह उत्तरी आकाश के **सेफियस** (या सेफियूस) मंडल का **डेल्टा** तारा है। इस मंडल को आजकल रात के नौ-दस बजे उत्तरी खगोल में लघु-सप्तर्षि (ध्रुव जिसका प्रमुख तारा है), हंस (सलीब) और शर्मिष्ठा (जिसका आकार रोमन के M या W अक्षरों की तरह है) मंडलों के बीच में पहचाना जा सकता है, बशर्ते कि आकाश साफ हो। शर्मिष्ठा के अल्फा व बीटा तारों को जोड़नेवाली रेखा को पश्चिम की ओर बढ़ाया जाए, तो वह सेफियस मंडल के सबसे चमकीले **अल्फा** तारे पर पहुंचती है। अरबी पर आधारित इस तारे का पाश्चात्य नाम **अल्देरामीन** है।

सेफियस मंडल के **अल्फा, बीटा, आयोटा** और **जीटा** तारे मिलकर एक चतुर्भुज की आकृति बनाते हैं। **आयोटा, बीटा** और **गामा** तारे मिलकर एक त्रिभुज की अथवा झोपड़ी के ऊपर की तिरछी छत की आकृति बनाते हैं। इस

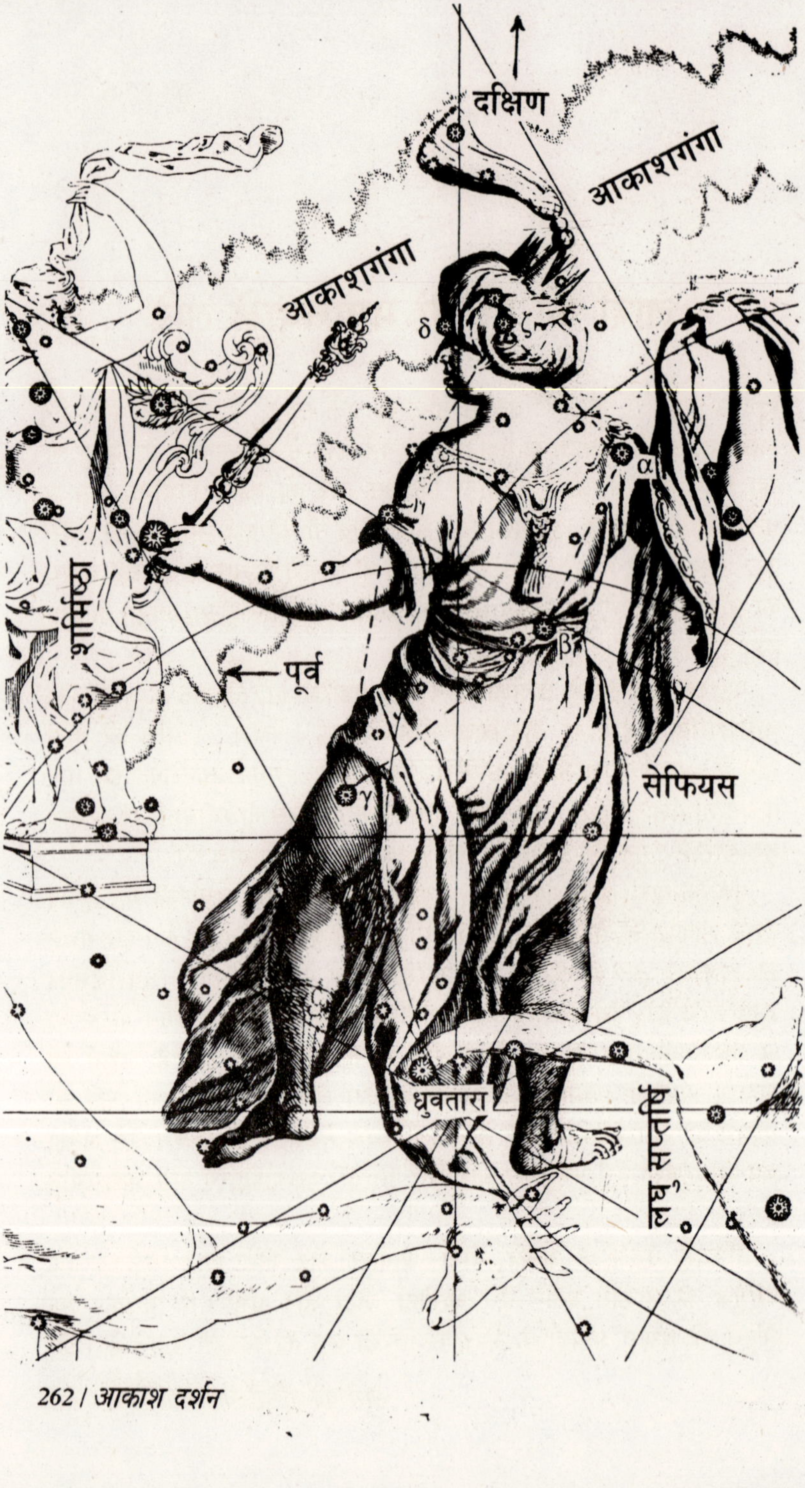
दक्षिण
आकाशगंगा
आकाशगंगा
शर्मिष्ठा
पूर्व
सेफियस
ध्रुवतारा
लघु सप्तर्षि
α
β
γ
δ

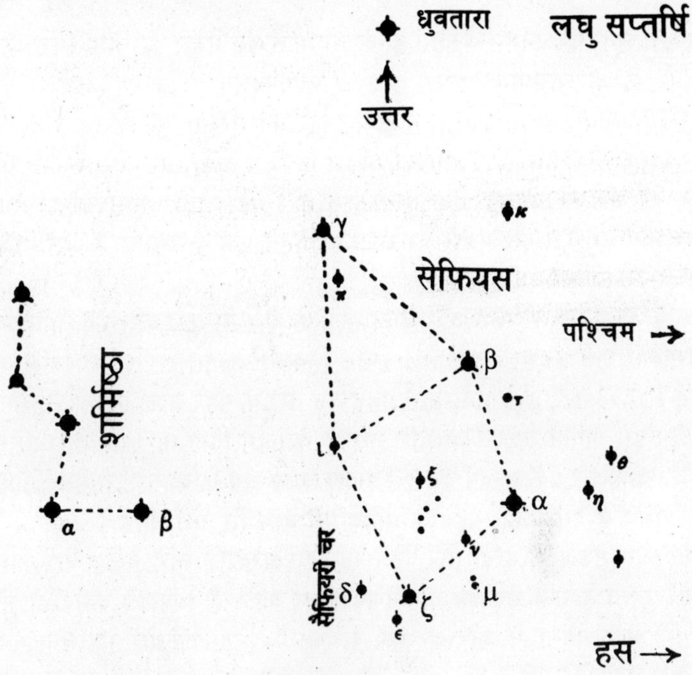

सेफियस मंडल

झोपड़ी का सिरा लगभग ध्रुवतारे की दिशा दर्शाता है।

करीब चार हजार साल पहले के बेबीलोनी पुरोहित-ज्योतिषी इस तारा-मंडल से भलीभांति परिचित थे। सेफियस-कैसियोपिया-एंड्रोमेडा का यूनानी आख्यान भी काफी प्रसिद्ध है। सेफियस इथियोपिया का राजा था। कैसियोपिया उसकी रानी और एंड्रोमेडा उसकी बेटी थी। यह यूनानी आख्यान वृषपर्वा-ययाति-शर्मिष्ठा-देवयानी की भारतीय पुराणकथा से काफी मेल खाता है। इसलिए आधुनिक काल में एक-दूसरे के समीप के इन मंडलों के लिए देवयानी (एंड्रोमेडा), शर्मिष्ठा (कैसियोपिया) आदि नाम पसंद किए गए हैं। सेफियस के लिए **वृषपर्वा** का नाम चुना गया। वृषपर्वा की पुत्री शर्मिष्ठा का विवाह ययाति के साथ हुआ था।

आज से करीब 20-22 हजार साल पहले सेफियस मंडल के **अल्फा** तथा **गामा** तारे उत्तरी आकाश के ध्रुव-बिंदुओं के समीप थे। पता नहीं उस समय के मानव सेफियस के इन तारों को ध्रुवतारे के रूप में पहचान पाए थे या नहीं। ये

तारे पुनः ध्रुव तारे बनेंगे—4500 ई. के आसपास इस मंडल का **गामा** तारा और 7500 ई. के आसपास **अल्फा** तारा । अयन-चलन के कारण आकाश का ध्रुव-बिंदु करीब 26,000 सालों में खगोल की एक परिक्रमा पूरी करता है ।[7]

गुडरिक ने 1784 ई. में सेफियस मंडल के जिस **डेल्टा** तारे की चरकांति की खोज की थी वह वस्तुतः एक युग्म-तारा है । यह जोड़ी हमसे करीब 300 प्रकाश-वर्ष दूर है । इस मंडल का **बीटा** तारा भी एक युग्म-तारा है और हमसे करीब 170 प्रकाश-वर्ष दूर है ।

सेफियस मंडल में अल्फा और जीटा तारों के बीच में, कुछ दक्षिण की ओर **म्यू** अक्षरांकित एक अद्भुत तारा है । इंग्लैंड-निवासी प्रख्यात खगोलविद विलियम हर्शेल (1738-1822 ई.) ने सबसे पहले इस तारे के गहरे लाल रंग को पहचाना था और इसे **गानिट स्टार** (रक्तमणि नक्षत्र) का नाम दिया था । यह तारा हमसे करीब एक हजार प्रकाश-वर्ष दूर है । इसका व्यास सूर्य के व्यास से करीब 1500 गुना अधिक है । साथ ही, यह एक **अनियमित चरकांति** तारा भी है ।

सेफियस मंडल के डेल्टा तारे की तरह जिन चरकांति तारों का आवर्त-काल सुस्थिर रहता है उन्हें **सेफाइड** या **सैफियरी चर** कहते हैं । पिछले करीब दो सौ वर्षों में आकाशगंगा में और दूर की गैलेक्सियों (मंदाकिनियों) में अनेकानेक सैफियरी चर खोजे गए हैं ।

इन सैफियरी चरों ने आधुनिक खगोल-विज्ञान के विकास में अत्यंत महत्व की भूमिका अदा की है । अमरीकी खगोलविद कुमारी हेनरीएत्ता लिविट ने 1912 ई. में सैफियरी चरों के आवर्त-कालों और इनके निरपेक्ष कांतिमानों के बीच एक संबंध खोज निकाला । इस **आवर्त-कांति संबंध** के अनुसार, आवर्त-काल जितना ज्यादा होता है, उतनी ही उस सैफियरी तारे की निरपेक्ष कांति ज्यादा होती है । अतः आवर्त-काल ज्ञात हो, तो निरपेक्ष कांति ज्ञात हो जाती है । तब प्रत्यक्ष कांति और निरपेक्ष कांति के सहयोग से उस तारे की दूरी मालूम हो जाती है ।

चूंकि सैफियरी चर तारे, न केवल हमारी आकाशगंगा में, बल्कि सुदूर की मंदाकिनियों में भी खोजे गए हैं, इसलिए प्रमुख रूप से इन्हीं की सहायता से ब्रह्मांड की दूर की सीमाओं को मापना संभव हुआ है । सैफियरी चरकांति तारे ब्रह्मांड की दूरियों को मापने के लिए मानदंड साबित हुए हैं ।

क्वासरों की पहेली

पहली बार 1838 ई. में आकाश के जिस तारे (हंस 61) की दूरी ज्ञात की गई थी वह हमसे 11 प्रकाश-वर्ष, यानी करीब 1,00,000 अरब किलोमीटर, दूर है । फिर 1920 ई. के दशक में पहली बार यह स्पष्ट हुआ कि आकाशगंगा के परे की देवयानी मंदाकिनी हमसे करीब 20 लाख प्रकाश-वर्ष दूर है । फिर आगे के करीब चार दशकों में शक्तिशाली प्रकाश-दूरबीनों से करीब 5 अरब प्रकाश-वर्ष दूर की मंदाकिनियां खोजी गईं । कुछ खगोलविद सोचने लगे कि उन्होंने ब्रह्मांड के छोर को खोज लिया है ।

लेकिन वे गलत साबित हुए । 1960 ई. के बाद ब्रह्मांड में कुछ ऐसे अनोखे पिंड खोजे गए जो हमसे 10-15 अरब प्रकाश-वर्ष तक दूर हैं । इन पिंडों ने ज्ञेय विश्व की सीमाएं एकाएक दुगुनी-तिगुनी दूरी पर पहुंचा दीं । ये पिंड रेडियो-दूरबीनों की सहायता से खोजे गए और करीब सौ मंदाकिनियों (या खरबों तारों) के तुल्य ऊर्जा पैदा करते हुए भी आकार में तारों के समान हैं । इसलिए खगोलविदों ने इन्हें **क्वासी-स्टेलर रेडियो सोर्सेज** (संक्षेप में, **क्वासर**) यानी 'तारों-जैसे रेडियो-स्रोत' का नाम दिया है ।

बड़ी दिलचस्प है क्वासरों की खोज की दास्तान । क्वासर आज भी खगोलविदों के लिए एक जटिल पहेली बने हुए हैं । इसलिए भी क्वासरों का थोड़ा-बहुत परिचय प्राप्त करना जरूरी है ।

दूसरे महायुद्ध के बाद रेडियो-दूरबीनों से आकाश में ऐसे कई पिंड खोजे गए जो रेडियो-तरंगों का उत्सर्जन करते हैं । फिर यह भी स्पष्ट हुआ कि नीहारिकाओं (गैस व धूलि के मेघों), विस्फोटित तारों (सुपरनोवा) और मंदाकिनियों से ये रेडियो-तरंगें उत्सर्जित होती हैं । मगर 1960 ई. तक सौर-मंडल के बाहर ऐसा कोई तारा नहीं खोजा गया था जो एक रेडियो-स्रोत हो ।

तब उस साल एक ऐसे रेडियो-स्रोत की खोज हुई जो एक तारे की तरह का

था । वह रेडियो-स्रोत था—**3सी 48** (कैम्ब्रिज के रेडियो-स्रोतों की तीसरी सूची में 48 नंबर का स्रोत) । दो साल बाद **3सी 273** नामक ऐसा ही एक और रेडियो-स्रोत खोजा गया ।[8] कुछ ही सालों में ऐसे 200 से भी अधिक तारों-जैसे रेडियो-स्रोत आकाश में खोजे गए । खगोलविदों ने इन्हें **क्वासर** का नाम दिया ।

क्वासरों की इस खोज ने खगोलविदों को बड़ी उलझन में डाल दिया । पता चला कि नीले प्रकाश और रेडियो-तरंगों का उत्सर्जन करनेवाले ये क्वासर चंद प्रकाश-वर्ष से अधिक लंबे-चौड़े नहीं हैं । तुलना में हमारी आकाशगंगा 1,00,000 प्रकाश-वर्ष चौड़ी है । फिर भी एक क्वासर लगभग 100 आकाशगंगाओं के बराबर या सूर्य-जैसे करीब 10,000 अरब तारों के बराबर ऊर्जा उत्सर्जित करता है !

यह कैसे संभव है? खगोलविद क्वासरों की इस अपार ऊर्जा की पहेली को आज तक सुलझा नहीं पाए हैं । वैज्ञानिक समझ नहीं पा रहे हैं कि क्वासर के आकार के पिंड इतनी भीषण ऊर्जा किस भौतिक प्रक्रिया के जरिए पैदा करते हैं ।

फिर 1963 ई. में क्वासरों ने खगोलविदों के सामने एक और पहेली प्रस्तुत कर दी । खगोलविद **मार्टेन श्मिड्ट** को क्वासर **3सी 273** के वर्णक्रम-पट का अध्ययन करने पर पता चला कि इसमें रेखाएं लाल सिरे की ओर काफी ज्यादा

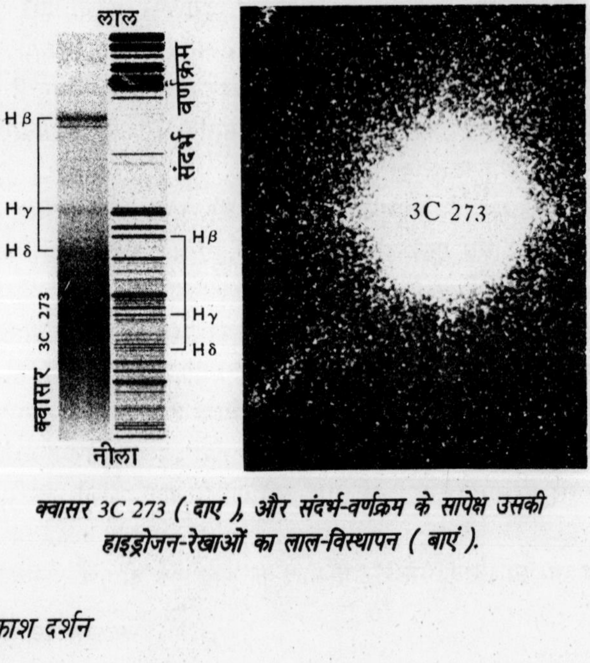

क्वासर 3C 273 (दाएं), और संदर्भ-वर्णक्रम के सापेक्ष उसकी हाइड्रोजन-रेखाओं का लाल-विस्थापन (बाएं).

सरक गई हैं। वर्णक्रम में इस तरह के **लाल विस्थापन** (रेड शिफ्ट) से पता चल जाता है कि वह पिंड कितनी तेजी से दूर भाग रहा है और हमसे कितनी दूर है। इस प्रकार पता चला कि क्वासर 3सी 273 हमसे करीब तीन अरब प्रकाश-वर्ष दूर है और 47,000 किलोमीटर प्रति-सेकंड के वेग से पलायन कर रहा है। मगर क्वासर 3सी48 करीब पांच अरब प्रकाश-वर्ष दूर है और 1,10,000 किलोमीटर प्रति-सेकंड के वेग से पलायन कर रहा है।

फिर 1973 ई. में एक ऐसे क्वासर (**ओ एच 471**) का पता चला जो हमसे करीब 16 अरब प्रकाश-वर्ष दूर है और प्रकाश के वेग (3,00,000 कि.मी. प्रति सेकंड) के 91 प्रतिशत वेग से पलायन कर रहा है ! इस प्रकार, क्वासरों ने एक दशक के भीतर ही ज्ञेय विश्व की सीमाएं तिगुनी दूरी पर पहुंचा दीं। 16 अरब प्रकाश-वर्ष दूरी का अर्थ यह है कि उस क्वासर की किरणें 16 अरब साल बाद हमारे पास पहुंची हैं। अन्य शब्दों में, हमारा यह विश्व कम-से-कम 16 अरब साल पुराना तो है ही।

क्वासरों की खोज ने खगोलविदों को बड़ी उलझन में डाल दिया है। क्वासर हमारी आकाशगंगा से करीब पांच लाख गुना छोटे हैं, मगर 100 से भी ज्यादा आकाशगंगाओं के बराबर ऊर्जा पैदा करते हैं। नाभिकीय प्रक्रियाओं से इतनी भीषण ऊर्जा पैदा नहीं हो सकती। इसलिए कुछ वैज्ञानिकों ने सुझाया है कि क्वासरों की ऊर्जा या तो बेशुमार द्रव्य के गुरुत्वीय पतन की ऊर्जा है या द्रव्य और प्रतिद्रव्य के टकराव से पैदा हुई ऊर्जा है।

कुछ ऐसे भी वैज्ञानिक हैं जो नहीं मानते कि क्वासर विश्व की दूरस्थ सीमाओं में स्थित हैं। इधर के वर्षों में कई वैज्ञानिक सोचने लग गए हैं कि क्वासर वस्तुतः मंदाकिनियों के केंद्रभाग में स्थित विशाल कृष्ण-विवर (ब्लैक होल) हैं, जिनमें इर्द-गिर्द की चक्रिल गैसों का बड़ी तेजी से पतन हो रहा है।[9] यह भी पता चला है कि विश्व की दूर की सीमाओं के क्वासर ज्यादा तेजोमय हैं और नजदीक के मंदकांति हैं। ऐसा शायद इसलिए कि नजदीक की मंदाकिनियों के केंद्रभाग के कृष्ण-विवर ज्यादा द्रव्य हड़प चुके हैं, मगर दूर की मंदाकिनियों के कृष्ण-विवर आरंभिक अवस्था के द्योतक हैं इसलिए ज्यादा सक्रिय हैं।

जो भी हो, क्वासरों की खोज ने ज्ञेय ब्रह्मांड का नक्शा ही बदल दिया है। क्वासरों ने अनेक नए प्रश्नों को जन्म दिया है : क्वासरों के परे क्या है ? क्या ब्रह्मांड की सीमाओं में ऐसी भी मंदाकिनियां हो सकती हैं जो प्रकाश के वेग से या उससे अधिक वेग से पलायन कर रही हैं ? तब उन्हें हम कैसे जान पाएंगे ?

इधर के वर्षों में कुछ ऐसी मंदाकिनियों की जानकारी मिली है जो क्वासरों से

भी अधिक दूर हैं। 17-18 अरब प्रकाश-वर्ष दूर की मंदाकिनियों की खोज हुई है। इसका अर्थ यह हुआ कि हमारा यह ब्रह्मांड करीब 18 अरब साल पुराना तो है ही।

संदर्भ और टिप्पणियां

1. वस्तुतः इस बेमेल स्थिति का कारण यह है कि भारतीय ज्योतिषियों को विदेशी मूल की 12 राशियों के साथ प्राचीन भारतीय परंपरा के 27 नक्षत्रों का मेल बिठाना पड़ा। अर्थात् 360° को 12 राशियों में और 27 नक्षत्रों में बांटकर इन दोनों का संबंध स्थापित करना पड़ा। इस प्रकार प्रत्येक राशि का विस्तार 30° होता है और प्रत्येक नक्षत्र का 13° 20′। अन्य शब्दों में, एक राशि में $2\frac{1}{4}$ नक्षत्रों का समावेश किया गया। एक-चौथाई नक्षत्र का विस्तार 3° 20′ होता है।

   पाश्चात्य ज्योतिष की सभी 12 राशियां क्रांतिवृत्त पर स्थित हैं और उनका विस्तार कम-ज्यादा है। इसके विपरीत, भारत में स्वीकृत राशियों का विस्तार सुनिश्चित है — 30°। और, प्रत्येक राशि के साथ जिन $2\frac{1}{4}$ नक्षत्रों का मेल बिठाया गया वे सभी क्रांतिवृत्त पर स्थित नहीं हैं। अधिकांश भारतीय नक्षत्र क्रांतिवृत्त के काफी ऊपर या नीचे हैं।

   इस बेमेल स्थिति से भी स्पष्ट हो जाता है कि राशियों की धारणा बाहर से आई है, और इन्हें बाद में अपनाया गया।

2. मगर यह काफी बाद की कल्पना है। **अथर्ववेद** में शतभिषक् का एक ही तारा बताया गया है (**एका शतभिषा**)। **अथर्ववेद** में प्रार्थना भी है—**आ मे महच्छतभिषग्वरीय** (महान शतभिषक् मुझे स्वतंत्रता दे)। **तैत्तिरीय संहिता** में शतभिषक् का प्रयोग पुल्लिंग और एकवचन में हुआ है। ब्रह्मगुप्त ने भी शतभिषक् का एक ही तारा बताया है। शतभिषक् नक्षत्र के सौ तारे होने की धारणा, शब्दार्थ के आधार पर, संभवतः बाद में रूढ़ हुई।

3. एफ. झिगेल, **वंडर्स आफ द नाइट स्काइ,** मास्को, 1968, पृ. 183.

4. फ्रांसीसी खगोलविद आरबैं जाँ जोसेफ लवेरिए (1811-1877 ई.) इकोल पॉलिटेकनीक में खगोल-विज्ञान के प्राध्यापक और पेरिस वेधशाला के अध्यक्ष रहे। उन्होंने गुरुत्वाकर्षण के सिद्धांत का उपयोग करके यूरेनस की कक्षा की सूक्ष्म गणना की। मगर देखा कि यूरेनस की प्रत्यक्ष कक्षा में कुछ अंतर है।

   लवेरिए निष्कर्ष पर पहुंचे कि, गुरुत्वाकर्षण का सिद्धांत गलत नहीं हो सकता, इसलिए यूरेनस के परे का कोई अज्ञात ग्रह हीं इसे प्रभावित कर रहा होगा। लवेरिए ने उस 'अज्ञात ग्रह' की कक्षा और स्थिति निर्धारित की और बर्लिन वेधशाला के जर्मन खगोलविद योहान गॉटफ्रीड गाल्ले (1812-1910 ई.) को सूचित किया कि वे इस

जानकारी के अनुसार 'अज्ञात ग्रह' को खोज निकालें। गाल्ले ने 23-24 सितंबर, 1846 ई. को नया नेपच्यून ग्रह आकाश में खोज निकाला।

लवेरिए ने सूर्य और बुध के बीच में भी एक ग्रह (वल्कन) होने का विचार प्रस्तुत किया था। मगर ऐसा कोई ग्रह अब तक नहीं खोजा जा सका। बुध ग्रह की कक्षा में जो असंगति खोजी गई थी उसका समाधान आइंस्टाइन ने प्रस्तुत किया।

कहते हैं कि लवेरिए की गणनाओं के आधार पर जिस नए नेपच्यून ग्रह को आकाश में खोजा गया उसे उन्होंने स्वयं दूरबीन से एक बार भी देखना नहीं चाहा!

5. **अथर्ववेद** में प्रार्थना है—**आ मे द्वया प्रोष्ठपदा सुशर्म** (दोनों प्रोष्ठपदाएं मेरी रक्षा करें)। दोनों प्रोष्ठपदाओं के तारों की संख्या 4 बताई गई है (चतस्रः प्रोष्ठपदौ)।

6. भाद्रपदा या हयशिर (पेगासस) के चतुर्भुज को पूरा करने के लिए देवयानी (एंड्रोमेडा) मंडल के अल्फा (अलफेराट्ज) तारे को उधार लेकर उसे डेल्टा तारा माना गया। उसी तरह, वृषभ मंडल के बीटा (अग्नि) तारे को उधार लेकर सारथी (प्रजापति) मंडल के पंचभुज को पूरा किया गया।

7. देखिए अध्याय 6.

8. खगोलविदों ने आरंभ में इन दोनों रेडियो-स्रोतों (3सी 48 और 3सी 273) को नजदीक के तारे समझा था। मगर बाद में स्पष्ट हुआ कि रेडियो-स्रोत 3सी 48 करीब 5 अरब प्रकाश-वर्ष दूर है और रेडियो-स्रोत 3सी 273 करीब 3 अरब प्रकाश-वर्ष दूर है।

9. विलियम जे. कौफमान, III, **ब्लैक होल्स एंड वार्प्ड स्पेसटाइम**, सान फ्रांसिस्को, 1979, पृ. 160.

अध्याय 12

नवंबर माह

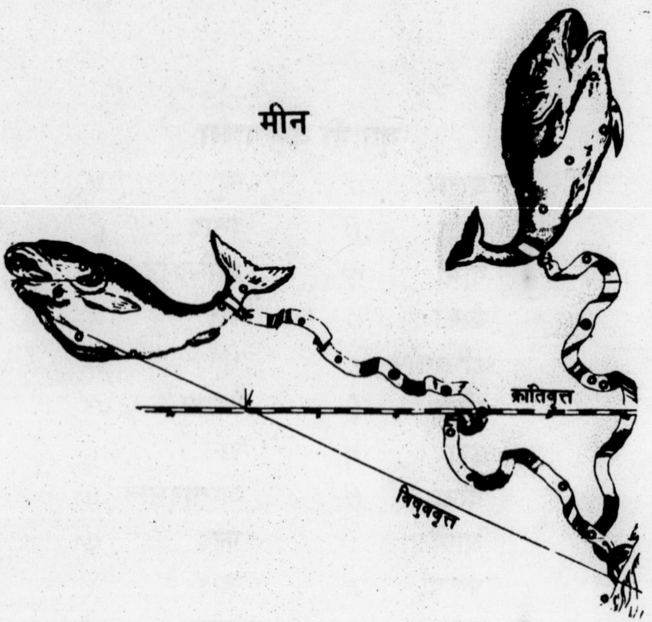

मीन : रेवती नक्षत्र

तारे का नाम : 'आश्चर्यजनक'

देवयानी है 20 लाख प्रकाश-वर्ष दूर

शर्मिष्ठा मंडल

ब्रह्माण्ड की अदृश्य गुफाएं

संदर्भ और टिप्पणियां

यूनानी वर्णमाला

अल्फा	α	न्यू	ν
बीटा	β	क्साइ	ξ
गामा	γ	ओमिक्रोन	o
डेल्टा	δ	पाइ	π
इप्सिलोन	ϵ	रो	ρ
जीटा	ζ	सिग्मा	σ
इटा	η	टाउ	τ
थीटा	θ	अप्साइलोन	υ
आयोटा	ι	फाइ	ϕ
काप्पा	κ	खाइ	χ
लांबडा	λ	प्साइ	ψ
म्यू	μ	ओमेगा	ω

मीन : रेवती नक्षत्र

कुंभ के पूर्वोत्तर में राशिचक्र की बारहवीं मीन राशि है । मीन मंडल के तारे ज्यादा स्पष्ट नहीं हैं, मगर ज्योतिष के इतिहास की दृष्टि से इस मंडल का बड़ा महत्व है । पहली बात तो यही है कि प्रायः सभी प्राचीन सभ्यताओं में इस तारा-मंडल को दो मछलियों की आकृति के रूप में पहचाना गया था ।[1] दूसरी महत्व की बात यह है कि खगोल का **वसंत विषुव-बिंदु** इसी मंडल में स्थित है । इसी मंडल के प्रसिद्ध **रेवती** नक्षत्र को भारतीय ज्योतिष-गणनाओं में प्रारंभिक बिंदु माना जाता रहा है ।

भारतीय ज्योतिष-परंपरा के अनुसार मीन राशि में **पूर्वाभाद्रपदा** (एक-चौथाई), **उत्तराभाद्रपदा** (पूर्ण) और **रेवती** (पूर्ण) नक्षत्रों का समावेश होता है । भाद्रपदा के चतुर्भुज या चौकी की चर्चा हम पिछले अध्याय में कर चुके हैं । यहां प्रमुख रूप से पाश्चात्य परंपरा के उस मीन मंडल की चर्चा करेंगे जिसमें प्रसिद्ध रेवती नक्षत्र और वसंत विषुव-बिंदु विद्यमान हैं ।

जैसा कि हम पहले भी बता चुके हैं, भारतीय राशिनाम बेबीलोनी-यूनानी ज्योतिष पर आधारित हैं । प्रायः सभी प्राचीन सभ्यताओं में इस मंडल को दो मछलियों के जोड़े के रूप में पहचाना गया था । बेबीलोनवाले इन मछलियों को **नूनी** या **झिब** के नाम से जानते थे । इन्हीं बेबीलोनी शब्दों के अनुकरण पर यूनानियों ने दो मछलियों के अर्थ में अपनी भाषा में **इक्थए** या **इक्थएस्** शब्द चलाए। इसी परंपरा में रोमनों ने **पिसीज** और भारतीयों ने **मीन** शब्द चलाए। ईसा की छठी सदी में वराहमिहिर ने यूनानी शब्द **इक्थए** या **इक्थएस्** के आधार पर मीन राशि के लिए संस्कृत में **इत्थ** शब्द चलाया, मगर अंततः मीन शब्द ही रूढ़ हुआ।

यह **मीन** शब्द कहां से आया ? यह शब्द आरंभिक वैदिक साहित्य में कहीं देखने को नहीं मिलता । हां, मछली के अर्थ में **ऋग्वेद** में भी **मत्स्य** शब्द मौजूद है और बाद के संस्कृत साहित्य में इसका खूब इस्तेमाल हुआ है ।[2] मीन शब्द का

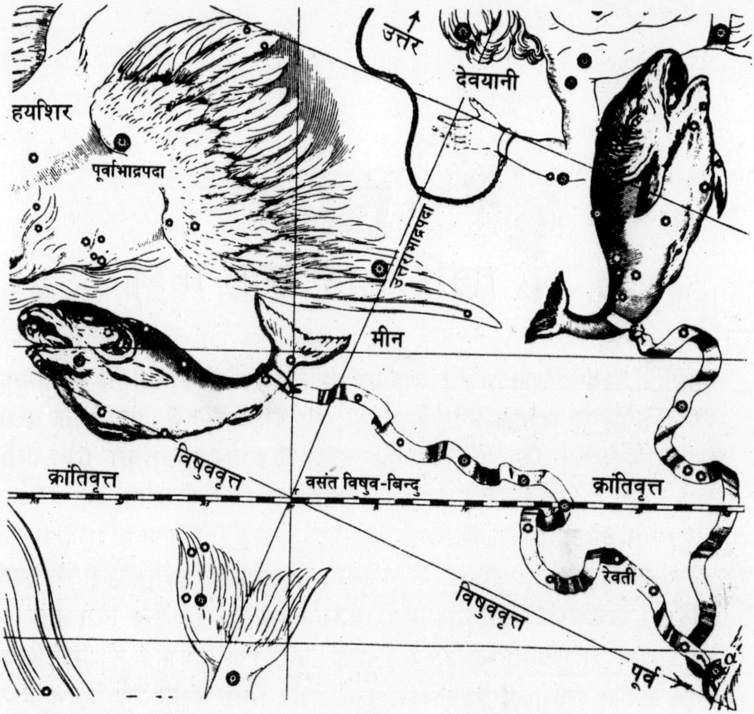

मीन

प्रयोग संभवतः **महाभारत** की रचना के समय से होने लगा है ।

भाषाविदों का मत है कि यह **मीन** शब्द प्राचीन संस्कृत का नहीं, बल्कि द्रविड भाषा-परिवार का है । इस परिवार की तमिल, टोड़ा, तुलु, गोंडी आदि भाषाओं में मीन शब्द तारे और मछली, दोनों के अर्थ में प्रयुक्त होता है । कुछ पुरालिपिविदों का मत है कि सिंधु लिपि में भी मछली का संकेत इन्हीं दो अर्थों (मछली और तारा या चमकना) का सूचक है ।[3]

क्या कारण है कि **पिसीज** के अर्थ में भारत में पुराने संस्कृत शब्द **मत्स्य** को न अपनाकर द्रविड भाषा-परिवार के **मीन** शब्द को अपनाया गया ? इसका कारण यह माना जा सकता है कि सबसे पहले द्रविड भाषा-परिवार वाले ही बेबीलोनी या यूनानी-रोमन ज्योतिष के संपर्क में आए थे । संभव है कि यह सम्पर्क हड़प्पा संस्कृति के समय से रहा हो । जो भी हो, आकाश की इस मीन राशि से विष्णु के मत्स्यावतार की कालांतर की पुराणकथा का संबंध जोड़ना निरर्थक है ।

मीन (पिसीज) मंडल के बारे में यूनानी आख्यान यह है कि एक दिन दैत्य टाइफोन एकाएक प्रकट हुआ, तो सारे देवता भयभीत हो उठे । ज्यूपिटर ने

ऐरीस (मेष) का रूप धारण किया । उस समय वीनस और क्यूपिड फरात नदी के तट पर टहल रहे थे । दैत्य से बचने के लिए उन्होंने नदी में छलांग लगाई और अपने को मछलियों में बदल लिया । उनके उस बचाव की स्मृति को स्थायी बनाने के लिए देवी मिनर्वा ने उन्हें आकाश में दो मछलियों के रूप में चिरस्थापित कर दिया ।

आकाश में मीन मंडल के विस्तृत स्थान को पहचानने में कोई कठिनाई नहीं है। एक मछली का मुंह पश्चिम की ओर है और दूसरी का उत्तर की ओर । पश्चिम दिशा की मछली के उत्तर में भाद्रपदा के चमकीले तारों का सुंदर चतुर्भुज है । इसके दक्षिण-पश्चिम में कुंभ के तारे हैं । उत्तर दिशा की मछली के उत्तर में थोड़ी दूरी पर देवयानी (एंड्रोमेडा) मंडल का चमकीला **बीटा** तारा है । इसी उत्तरी मछली के पूर्व में मेष मंडल के **बीटा** (अश्विनी नक्षत्र) और **अल्फा** तारे हैं ।

लगभग समूचा मीन मंडल खगोलीय विषुववृत्त के उत्तर में है । क्रांतिवृत्त इस मंडल के दक्षिण-पूर्वी क्षेत्र में से गुजरता है । इसी दक्षिण-पूर्वी कोने में,

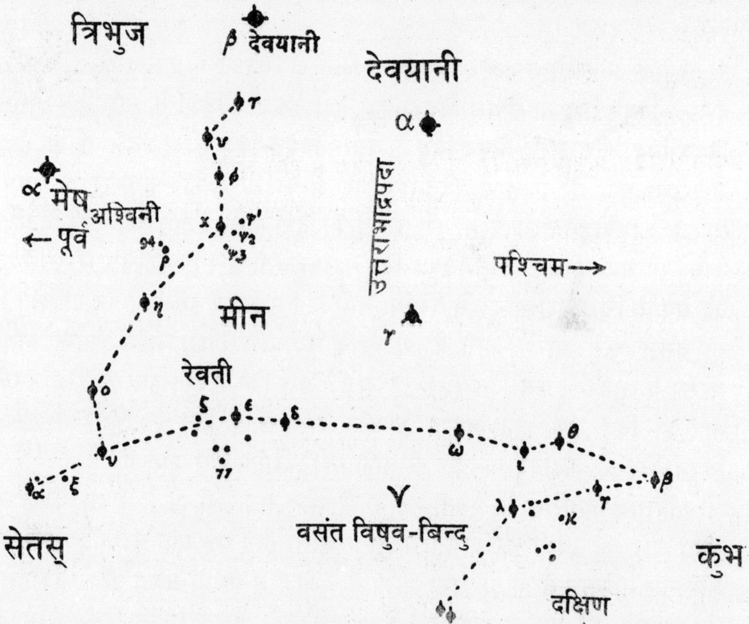

मीन मंडल : रेवती नक्षत्र.

सेतस् मंडल की उत्तरी सीमा के समीप, मीन मंडल का **अल्फा** तारा है। इसी तारे के पास दोनों मछलियां रस्सी या फीते की गांठ के रूप में एक-दूसरे से बंधी हुई हैं। यूनानी ज्योतिषी इस तारे को 'गांठ' के रूप में ही पहचानते थे। इस तारे का आधुनिक **अल् रेश्च** नाम अरबी-फारसी के **अल्-रेशा** (रज्जु) के आधार पर अस्तित्व में आया है।

मीन मंडल का यह **अल्फा** तारा अश्विनी नक्षत्र के करीब 18 अंश दक्षिण में और खगोलीय विषुववृत्त के करीब ढाई अंश उत्तर में है। हालांकि यह इस मंडल का सबसे चमकीला तारा नहीं है, मगर आधुनिक खगोल-विज्ञान के अध्ययन की दृष्टि से इस मंडल के इसी तारे का ज्यादा महत्व है। कांतिमान 4.3 के इस नीले तारे का सतह-तापमान करीब 10,000 डिग्री से. है। यह एक जुड़वां तारा है। ये जुड़वां तारे 720 वर्षों में एक-दूसरे की एक परिक्रमा पूरी करते हैं। इतना ही नहीं, नए अध्ययन से जानकारी मिली है कि इन जुड़वां तारों में से प्रत्येक तारा स्वयं एक जुड़वां संसार है! अन्य शब्दों में, मीन मंडल का यह **अल्फा** तारा वस्तुतः चार तारों की एक संयुक्त योजना है। गुरुत्वाकर्षण के अंतर्गत एक-दूसरे की परिक्रमा करनेवाले ये चार तारे हमसे करीब 140 प्रकाश-वर्ष दूर हैं।

खगोल के क्रांतिवृत्त और विषुववृत्त जिन दो बिंदुओं में एक-दूसरे को काटते हैं उन्हें **विषुव बिंदु** या **संपात बिंदु** कहते हैं। इन दो बिंदुओं के नाम हैं – **वसंत विषुव-बिंदु** और **शरद विषुव-बिंदु**। वसंत विषुव-बिंदु मीन मंडल में ही है। उत्तराभाद्रपदा के दो तारों (देवयानी का **अल्फा** तारा और हयशिर का **गामा** तारा) को जोड़नेवाली रेखा को उतनी ही दूरी तक दक्षिण की ओर बढ़ाया जाए, तो वह लगभग वसंत विषुव-बिंदु पर पहुंचती है। स्थितिचित्र में इस बिंदु को **मेष** के चिह्न (दो सींग) से दर्शाया गया है। सूर्य जब इस बिंदु पर पहुंचता है तो वसंत ऋतु आरंभ होती है और तब सूर्य उत्तरी खगोल में अपनी यात्रा आरंभ करता है। उस दिन (21-22 मार्च) रात-दिन समान होते हैं और उसके बाद ही दिन बड़ा होने लगता है और रात छोटी होने लगती है। वसंत विषुव-बिंदु को केंद्रबिंदु मानकर ही तारों के निर्देशांक दिए जाते हैं।

भारतीय ज्योतिष का **रेवती** नक्षत्र भी मीन मंडल में ही है। इस मंडल के **जीटा** तारे को रेवती का योगतारा माना जाता है। यह एक मंदकांति तारा है और इसे मुश्किल से ही पहचाना जाता है। आज से करीब सत्रह सौ साल पहले, जब नक्षत्रों की गणना **अश्विनी** से आरंभ हुई, वसंत विषुव-बिंदु रेवती के योगतारे के पास ही था। मगर **अयन-चलन** के कारण अब यह बिंदु मीन राशि

में ही करीब 24° पश्चिम की ओर सरक गया है ।

रेवती का योगतारा मंदकांति है, इसलिए इस तारे से करीब 180 अंश दूर के **चित्रा** तारे को **शरद विषुव-बिंदु** मानकर गणनाएं की जाती थीं । मगर लगता है कि उस समय चित्रा का तारा रेवती के योगतारे से या वसंत विषुव-बिंदु से ठीक 180 अंश दूर नहीं था । इसी बात को लेकर आधुनिक काल में ज्योतिषियों के बीच काफी वाद-विवाद चला है ।[4]

अयन-चलन के कारण विषुव-बिंदुओं के स्थान पश्चिम की ओर सरकते जाते हैं । वैदिक काल में वसंत विषुव-बिंदु **कृत्तिका** के पास था । **वेदांग-ज्योतिष** के काल में आरंभ-बिंदु **धनिष्ठा** में था । **महाभारत** में नक्षत्र-सूची **श्रवण** से आरंभ होती है । सूर्य-सिद्धांतकारों की नक्षत्र-सूची **अश्विनी** से आरंभ होती है । अभी तो वसंत विषुव-बिंदु मीन में ही है, मगर लगभग 2600 ई. में यह कुंभ में प्रवेश कर जाएगा !

धनवती या धनदात्री के अर्थ में **रेवती** शब्द **ऋग्वेद** में भी है ।[5] **तैत्तिरीय संहिता** की नक्षत्र-सूची में स्त्रीलिंग व एकवचन में प्रयुक्त रेवती की देवता पूषा है। बाद में, संभवतः वराहमिहिर के समय से, मीन मंडल के **जीटा** तारे के उत्तर के 32 तारे रेवती नक्षत्र के द्योतक माने गए । **अथर्व-संहिता** में प्रार्थना है—*आ रेवती चाश्वयुजौ भगं म* (रेवती और अश्विनी मुझे सौभाग्यशाली बनावें)।

तारे का नाम : 'आश्चर्यजनक'

मेष और मीन के दक्षिण में, वृषभ के दक्षिण-पश्चिम में और कुंभ के पूर्व में एक काफी लंबा-चौड़ा तारा-मंडल है, जिसका पाश्चात्य नाम **सेतस्** (ह्वेल या तिमिंगल) है। बहुत प्राचीन काल से ज्योतिषी इस तारा-मंडल से परिचित रहे हैं, इसका अध्ययन करते आए हैं, क्योंकि पिछले करीब तीन हजार वर्षों की लंबी कालावधि में खगोल का **बसंत विषुव-बिंदु**, पश्चिम की ओर सरकते जाकर भी, इसी सेतस् मंडल की उत्तरी सीमा के समीप रहा है।

मगर आश्चर्य की बात है कि प्राचीन काल का कोई भी ज्योतिषी इस सेतस् मंडल के एक अद्भुत नजारे की खोज नहीं कर पाया। इस मंडल के एक तारे का नजारा इतना आश्चर्यजनक है कि उस तारे को ही **माइरा** यानी 'आश्चर्यजनक' नाम दे दिया गया है!

डच खगोलविद डेविड फेब्रिसियूस 13 अगस्त, 1596 के दिन, सूर्योदय के कुछ पहले, आकाश में बुध ग्रह का अवलोकन कर रहे थे।[6] उन्होंने सेतस् मंडल के तृतीय कांतिमान के एक तारे से बुध की कोणीय दूरी निर्धारित की। मगर तृतीय कांतिमान का वह तारा उन्होंने पहले कभी नहीं देखा था, न ही तारों के किसी एटलस में उसे दर्शाया गया था। फेब्रिसियूस उस तारे पर नजर रखते रहे। उस समय अभी दूरबीन की खोज नहीं हुई थी। अगस्त के अंत तक वह तारा द्वितीय कांतिमान का हो गया, मगर सितंबर में वह काफी फीका पड़ गया और अक्तूबर के मध्य में एकदम गायब हो गया। फेब्रिसियूस ने मान लिया कि वह कोई नवतारा (नोवा) होगा।

मगर तेरह साल बाद, फरवरी 1609 में, फेब्रिसियूस ने सेतस् मंडल में पुनः उसी तारे को देखा, तो वे चकित रह गए। उन्हें उस तारे की लुका-छिपी का कोई कारण समझ में नहीं आया। 1616 ई. में फेब्रिसियूस की हत्या हुई।

जर्मन खगोलविद योहान बेयर ने 1603 ई. में जब अपनी तारा-सारणी बनाई, तो उसमें उन्होंने सेतस् मंडल के उसी तारे को चतुर्थ कांतिमान का देखा

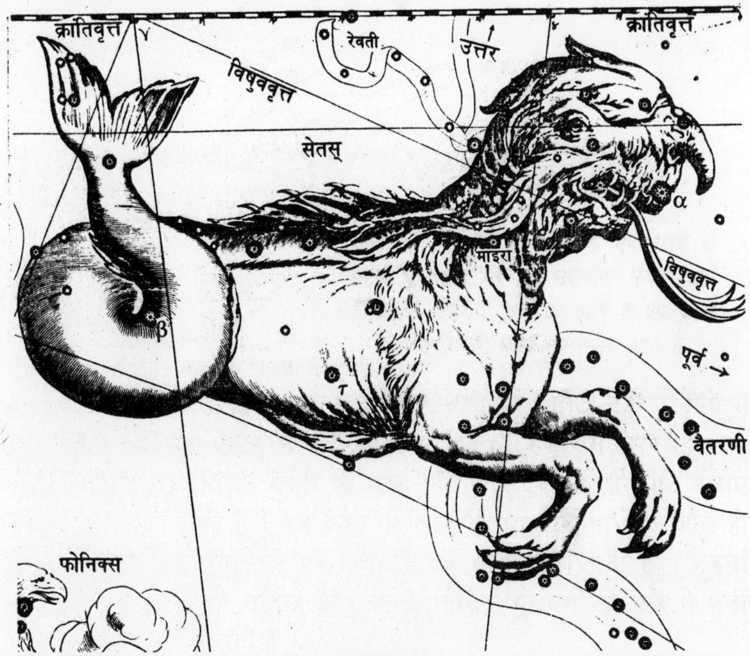

सेतस् (तिमिंगल).

और, उसकी चरकांति को पहचाने बिना, उसे उन्होंने यूनानी अक्षर **ओमिक्रोन** से व्यक्त किया ।[7] फिर डच खगोलविद होलवार्दा ने 1638 ई. में इस ओमिक्रोन तारे का लंबे समय तक अवलोकन करके जाना कि इसकी कांति नियमित रूप से घटती-बढ़ती रहती है, कि यह एक चरकांति तारा है । फिर सत्रहवीं सदी के मध्यकाल में प्रसिद्ध जर्मन खगोलविद हेवेलियूस ने कई सालों तक सेतस् मंडल के इस ओमिक्रोन तारे का अन्वेषण किया और स्पष्ट किया कि इसकी चरकांति का आवर्तकाल 331 दिन है ।[8] हेवेलियूस ने 1662 ई. में इस तारे के बारे में एक पुस्तिका लिखकर इसे **माइरा** (आश्चर्यजनक) नाम दिया । सचमुच ही यह आकाश का एक विलक्षण तारा है ।

माइरा यानी सेतस् मंडल के **ओमिक्रोन** तारे की महत्तम कांति 3 पर पहुंच जाती है, तो करीब 331 दिन बाद न्यूनतम कांति 10 पर उतर आती है । इतना ही नहीं, इस तारे के आवर्तकाल और इसके महत्तम-न्यूनतम कांतिमानों में भी सुस्थिरता नहीं है । सेतस् मंडल का कोई भी तारा द्वितीय कांतिमान से अधिक चमकीला नहीं है । मगर देखा गया है कि कभी-कभी माइरा प्रथम कांतिमान का

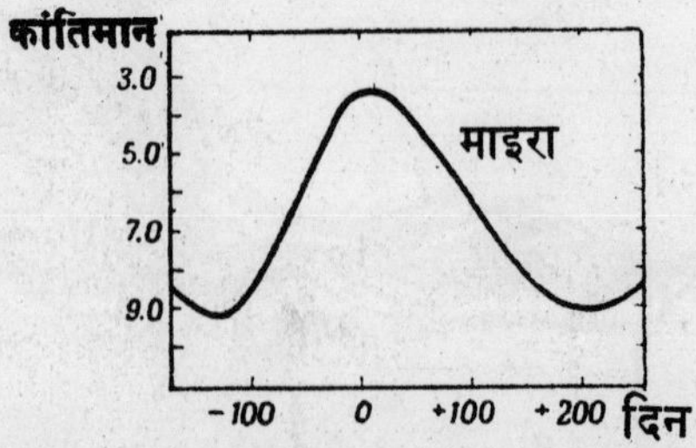

चरकांति माइरा (ओमिक्रोन सेती) के प्रकाश का वक्र.

यानी सेतस् मंडल का सबसे चमकीला तारा बन जाता है !

माइरा आकाश में खोजा गया दीर्घ आवर्तकालवाला पहला चरकांति तारा था । इसलिए अब तक खोजे गए करीब दो हजार दीर्घ आवर्तकालवाले चरकांति तारों को **माइरा तारों** के नाम से जाना जाता है । माइरा तारों की चरकांति का आवर्तकाल 200 से 400 दिनों के बीच होता है । ऐसे तारे ठंडे लाल दानव होते हैं । इन तारों में स्पंदन होता है, इसलिए इनकी कांति घटती-बढ़ती रहती है ।

माइरा कई मानों में एक अद्भुत तारा है । सूर्य से 400 गुना अधिक व्यास वाले इस लाल दानव तारे का सतह-तापमान, महत्तम कांति के समय, करीब 1600 डिग्री सें. रहता है । सन् 1920 के आसपास यह भी पता चला कि माइरा के इर्द-गिर्द एक बौना तारा चक्कर लगा रहा है । माइरा की यह अनोखी जोड़ी हमसे करीब 650 प्रकाश-वर्ष दूर है ।

सेतस्, डाइनेसौर की तरह का, एक कल्पित समुद्री प्राणी है । यूनानी ज्योतिषी इसे **केतस्** या **केतुस्** कहते थे । इसी शब्द के आधार पर अरबों ने इस मंडल को **अल् केतुस्** नाम दिया था । यूनानी पुराणकथा के अनुसार, केतुस् एक समुद्री दैत्य था, जिसे एंड्रोमेडा को निगल जाने के लिए भेजा गया था । मगर पर्सेयूस के हाथ में मेदुसा का कटा हुआ सिर देखने पर यह दैत्य पत्थर बन गया। सत्रहवीं सदी में सेतस् को एक ह्वेल के रूप में कल्पित किया गया ।

आजकल यह लंबा-चौड़ा सेतस् मंडल रात को नौ-दस बजे मध्याकाश में पहुंच जाता है । दैत्य सेतस् का मुंह पूर्व की ओर और पूंछ पश्चिम की ओर है । इसकी नाक के पास इस मंडल का तृतीय कांतिमान का **अल्फा** तारा है । इसका **मेंकार** नाम अरबी के **अल् मिन्कार** (चोंच) शब्द से बना है । देवयानी के **बीटा** और मेष के **अल्फा** तारों को जोड़नेवाली रेखा को लगभग उतनी ही दूरी तक दक्षिण-पूर्व की ओर आगे बढ़ाया जाए, तो वह सेतस् के **अल्फा** तारे पर पहुंचती

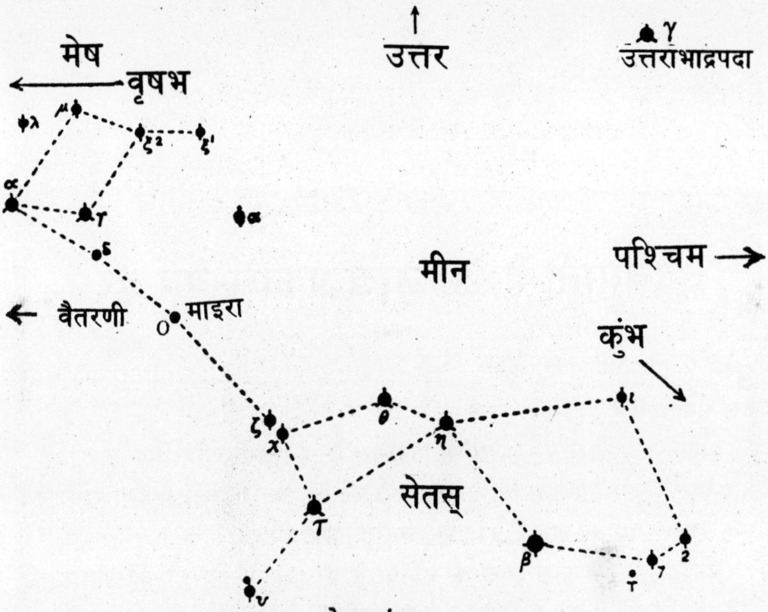

सेतस् मंडल.

है।

सेतस् का **बीटा** तारा, जो इस दैत्य की घुमावदार पूंछ के मध्य में स्थित है, इसके **अल्फा** तारे से कुछ अधिक चमकीला है। इन अल्फा और बीटा तारों को जोड़नेवाली रेखा सेतस् की गर्दन पर स्थित चरकांति **माइरा** तारे से गुजरती है। जैसा कि हम बता चुके हैं, यह 'आश्चर्यजनक' तारा कभी काफी चमकीला रहता है, तो कभी आंखों से एकदम ओझल हो जाता है। हां, बाइनेक्यूलर से इस पर सतत नजर रखी जा सकती है।

सेतस् के **बीटा** तारे के करीब 15 अंश पूर्व की ओर इस मंडल का **टाउ** अक्षरांकित 3.5 कांतिमान का एक भिन्न किस्म का तारा है। इधर के वर्षों में इस **टाउ-सेती** तारे को बड़ी प्रसिद्धि मिली है। वजह यह है कि यह हमारे सूर्य की तरह एक पीत वर्ण वामन तारा है और धीमी रफ्तार से अपनी धुरी पर घूम रहा है। यह हमसे सिर्फ 12 प्रकाश-वर्ष दूर है।

टाउ-सेती की इन विशेषताओं के कारण खगोलविदों का मत बना है कि इस तारे के इर्द-गिर्द ग्रह होने चाहिए। कुछ खगोलविदों का अनुमान है कि उनमें से किसी ग्रह पर विकसित सभ्यता का अस्तित्व भी हो सकता है। वेस्टइंडीज के आरिसिबो स्थान की कटोरेनुमा विशाल रेडियो-दूरबीन से टाउ-सेती के 'संदेशों' को पकड़ने के प्रयास भी हुए हैं, मगर सफलता नहीं मिली। फिर भी टाउ-सेती पर नजर रखना जरूरी है।

देवयानी है 20 लाख प्रकाश-वर्ष दूर

प्रश्न है : मनुष्य अपनी कोरी आंखों से अधिक से अधिक कितनी दूर की वस्तु देख सकता है ?

पाठक अब तारों की दूरियों से परिचित हैं, इसलिए उत्तर मिल सकता है : हम चार-पांच सौ प्रकाश-वर्ष दूर के तारों को भी अपनी आंखों से देख सकते हैं। एक प्रकाश-वर्ष का अर्थ है 946300 करोड़ किलोमीटर दूरी !

वस्तुतः हमारी आंखें तारों की दुनिया से भी हजारों गुना दूर की ब्रह्मांड की एक ज्योति को देखने में समर्थ हैं । वह ज्योति वस्तुतः एक द्वीप-विश्व है और हमसे करीब 20 लाख प्रकाश-वर्ष दूर है । देवयानी (एंड्रोमेडा) मंडल में कोरी आंखों से भी दिखाई देनेवाला वह ज्योतिपुंज, हमारी आकाशगंगा की तरह, सौ अरब से भी अधिक तारों की एक स्वतंत्र योजना है, इसलिए उसे **देवयानी मंदाकिनी** (एंड्रोमेडा गैलेक्सी) के नाम से जाना जाता है ।

आइए, देखें कि 20 लाख प्रकाश-वर्ष दूर का वह देवयानी द्वीप-विश्व आकाश में ठीक किस स्थान पर है ।

आकाश में एक सुंदर चतुर्भुज बनानेवाले भाद्रपदा नक्षत्रों का परिचय आप प्राप्त कर चुके हैं । यह चतुर्भुज आजकल रात के करीब आठ-नौ बजे मध्याकाश में पहुंच जाता है । इस चतुर्भुज के पूर्वोत्तर कोने का **उत्तराभाद्रपदा** का प्रमुख तारा (अल्फेराट्ज या **डेल्टा**-हयशिर) वस्तुतः देवयानी मंडल का प्रमुख **अल्फा** तारा है । देवयानी के शेष तारे भी भाद्रपदा की चौकी के पूर्वोत्तर में ही हैं । देवयानी के पूर्वोत्तर में **ययाति** (पर्सेयूस) मंडल है, उत्तर में **शर्मिष्ठा** (कैसियोपिया) मंडल है और दक्षिण में **त्रिभुज** (ट्रैंगुलम) तथा **मीन** मंडल हैं ।

यूनानी दंतकथा के अनुसार एंड्रोमेडा इथियोपिया के राजा सेफियस और रानी कैसियोपिया की पुत्री थी । कैसियोपिया को अपनी सुंदरता का बड़ा घमंड था । उसका घमंड चूर करने के लिए नेपच्यून ने एक समुद्री दैत्य को इथियोपिया की ओर भेजा और उसके मार्ग में एंड्रोमेडा को संकलों से बंधवा दिया । मगर

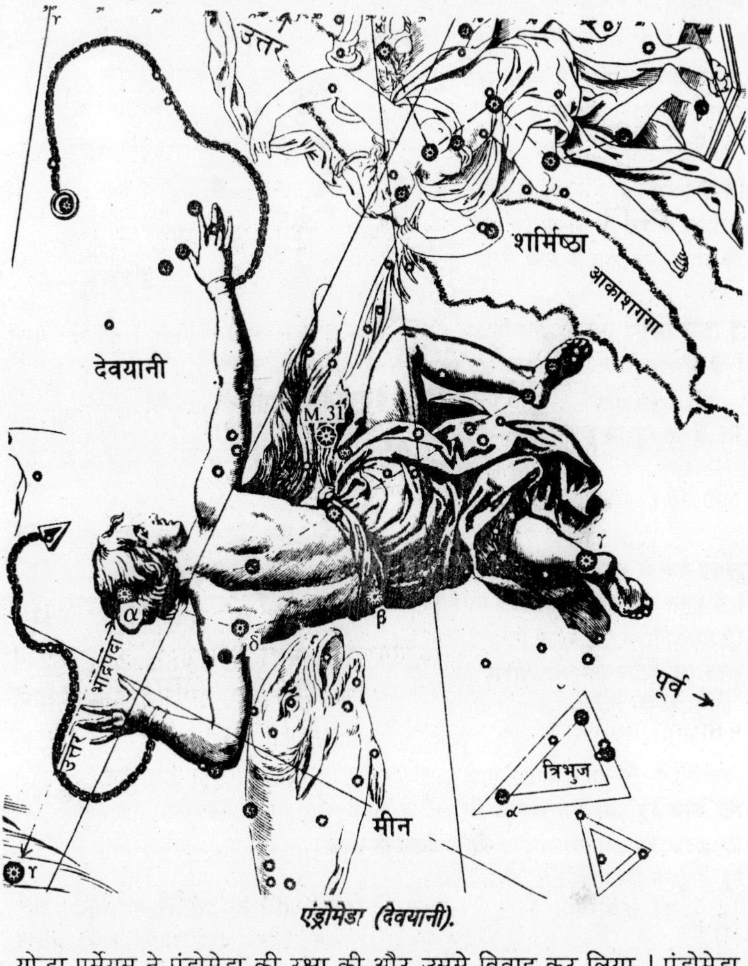

एंड्रोमेडा (देवयानी).

योद्धा पर्सेयूस ने एंड्रोमेडा की रक्षा की और उससे विवाह कर लिया। एंड्रोमेडा, कैसियोपिया और पर्सेयूस तारा-मंडल आकाश में पास-पास ही हैं।

लगभग इसी तरह की भारतीय पुराणकथा देवयानी, शर्मिष्ठा और ययाति की है। शुक्राचार्य की बेटी देवयानी और राजा वृषपर्वा की बेटी शर्मिष्ठा आरंभ में सहेलियां थीं। मगर एक बार नदी में स्नान करते समय दोनों के वस्त्र अदल-बदल गए, तो शर्मिष्ठा ने गुस्से में आकर देवयानी को एक कुएं में ढकेल दिया। ययाति ने देवयानी की रक्षा की। यह भारतीय कथा यूनानी कथा से काफी मिलती-जुलती है, इसीलिए पाश्चात्य एंड्रोमेडा-कैसियोपिया-पर्सेयूस

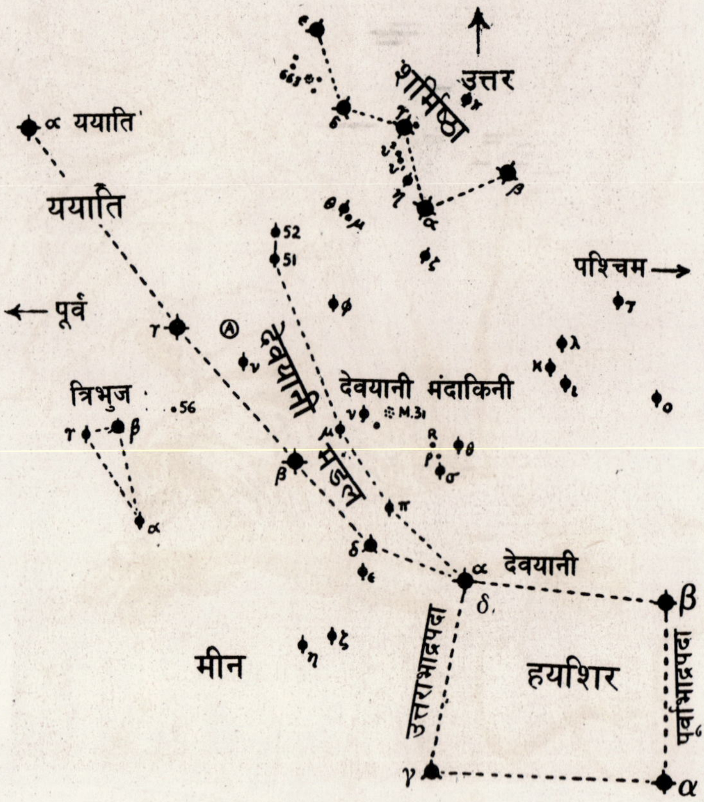

देवयानी मंडल.

मंडलों को आधुनिक काल में क्रमशः देवयानी-शर्मिष्ठा-ययाति नाम दिए गए हैं।

देवयानी मंडल का **अल्फा** तारा[9] (उत्तराभाद्रपदा का प्रमुख नक्षत्र) एक युग्मतारा है और यह जोड़ी हमसे करीब 116 प्रकाश-वर्ष दूर है। **बीटा** तारा देवयानी के कमरबंद पर है। देवयानी के बाएं पैर की एड़ी पर स्थित **गामा** तारा वस्तुतः तीन तारों की एक संयुक्त योजना है और यह हमसे करीब 400 प्रकाश-वर्ष दूर है।

देवयानी मंडल की पहचान हो जाने के बाद अब इसमें **बीटा** तारे के पश्चिमोत्तर में **म्यू** और **न्यू** अक्षरांकित तारों को देखिए। इनके पश्चिम में थोड़े अंतर पर स्वच्छ आकाश में कोरी आंखों से भी एक धुंधले प्रकाश-पुंज को

देवयानी मंदाकिनी (एंड्रोमेडा गैलेक्सी : M31).

पहचाना जा सकता है। पता चलता है कि सबसे पहले दसवीं सदी के फ़ारस के ज्योतिषी **अल्-सूफ़ी** ने इस पुंज को 'एक नन्हें ब्रह्मांडीय बादल' के रूप में पहचाना था। यूरोप में इस बादल (नेबुला) को सबसे पहले गैलीलियो के समकालीन खगोलविद सिमोन मेरियूस ने दूरबीन की सहायता से 1612 ई. में पहचाना था। न्यूटन के मित्र एडमंड हेली ने भी इस नेबुला (नीहारिका) का अध्ययन किया था। बाद में नीहारिकाओं की सूची में देवयानी नीहारिका को **एम 31** का नाम दिया गया।

मगर वर्तमान सदी के दूसरे दशक में भी खगोलविद स्पष्ट नहीं कर पाए थे कि देवयानी नीहारिका चमकीली गैसों का एक विशाल मेघ है या तारों की एक विशाल स्वतंत्र योजना है। सन् 1924 में पहली बार अमरीकी खगोलविद

एडविन हब्बल ने वहां के विल्सन पर्वत-शिखर पर स्थापित 100-इंच व्यास की दूरबीन से देवयानी नीहारिका में पृथक् तारों को पहचाना ।[10] तभी पहली बार स्पष्ट हुआ कि यह नीहारिका नहीं, बल्कि हमारी आकाशगंगा की तरह की एक स्वतंत्र मंदाकिनी (गैलेक्सी) है। फिर यह भी स्पष्ट हुआ कि देवयानी मंदाकिनी हमारी आकाशगंगा के आकार-प्रकार की योजना है, इसमें भी 100 अरब से अधिक तारे हैं और यह हमसे करीब 20 लाख प्रकाश-वर्ष दूर है। इसके जिस प्रकाश को आज हम धरती पर देख रहे हैं वह अपने स्रोत-स्थान से उस समय चला था जब धरती पर अभी मानव का उदय भी नहीं हुआ था !

देवयानी के दक्षिण-पूर्व में छोटा-सा **त्रिभुज** (टैंगुलम) मंडल है । देवयानी के **बीटा** और **गामा** तारों के नजदीक होने से इस मंडल को आसानी से पहचाना जा सकता है। त्रिभुज के दक्षिण में मेष मंडल (अश्विनी नक्षत्र) है।

त्रिभुज के तीन प्रमुख तारे—अल्फा, बीटा और गामा—एक समद्विबाहु त्रिभुज की आकृति बनाते हैं । इस त्रिभुज के शीर्ष पर स्थित **अल्फा** तारा तृतीय कांतिमान का है ।

छोटा मंडल होने पर भी इसे प्राचीन काल में ही पहचान लिया गया था। इस मंडल का आकार ग्रीक अक्षर डेल्टा (Δ) की तरह है, इसलिए यूनानियों ने इसे **डेल्टाटोन** का नाम दिया था। बाद में उन्होंने ही इसे **ट्रिगोनम** नाम दिया।

त्रिभुज मंडल के **अल्फा** तारे के नजदीक, **बीटा-देवयानी** की दिशा में, दूरबीन से एक मंदाकिनी को देखा जा सकता है । **एम 33** नामक यह मंदाकिनी करीब 19 लाख प्रकाश-वर्ष दूर है । खगोलविदों ने इसकी सर्पिल भुजाओं का काफी गहन अध्ययन किया है । त्रिभुज मंडल में ही इतालवी खगोलविद जियूसेप्पी पियाज्जी ने उन्नीसवीं सदी के प्रथम वर्ष (1801 ई.) के प्रथम दिन पहले क्षुद्रग्रह की खोज की थी और उसे **सीरेस** का नाम दिया था।

शर्मिष्ठा मंडल

उत्तरी खगोल के दो तारा-मंडल अन्य अनेक मंडलों को पहचानने में बड़े सहायक सिद्ध होते हैं । ये हैं सप्तर्षि और शर्मिष्ठा मंडल । सप्तर्षि मंडल को प्रायः सभी आसानी से पहचान लेते हैं । सप्तर्षि के सामने के दो तारों (क्रतु व पुलह) की सहायता से ध्रुवतारे को पहचाना जाता है । ध्रुव की एक दिशा में सप्तर्षि मंडल है, तो ठीक दूसरी दिशा में, उतनी ही दूरी पर, शर्मिष्ठा मंडल है । रोमन अक्षर M या W की आकृति बनानेवाले इस शर्मिष्ठा मंडल को इन दिनों पूर्वोत्तर आकाश में रात के नौ-दस बजे सहज पहचाना जा सकता है ।

सप्तर्षि और शर्मिष्ठा मंडल, विपरीत दिशाओं में, ध्रुव तारे से करीब 30 अंश की दूरी पर हैं, इसलिए उत्तरी यूरोप के स्थानों से इन दोनों मंडलों को ध्रुव की परिक्रमा करते हुए एक साथ देखा जा सकता है । अन्य शब्दों में, उत्तरी

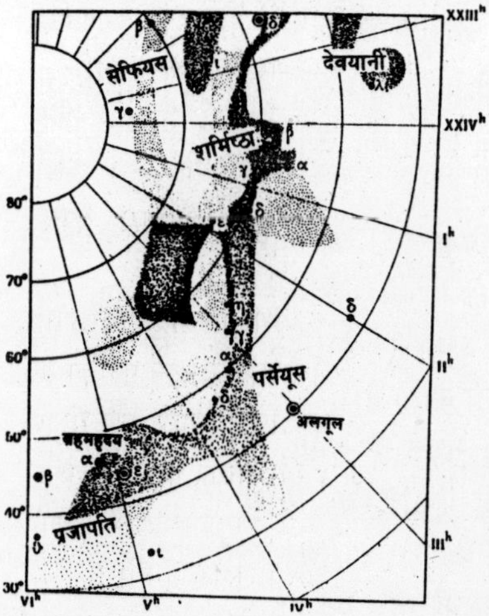

सेफियस, देवयानी, शर्मिष्ठा, पर्सेयूस और प्रजापति मंडलों में आकाशगंगा की स्थिति.

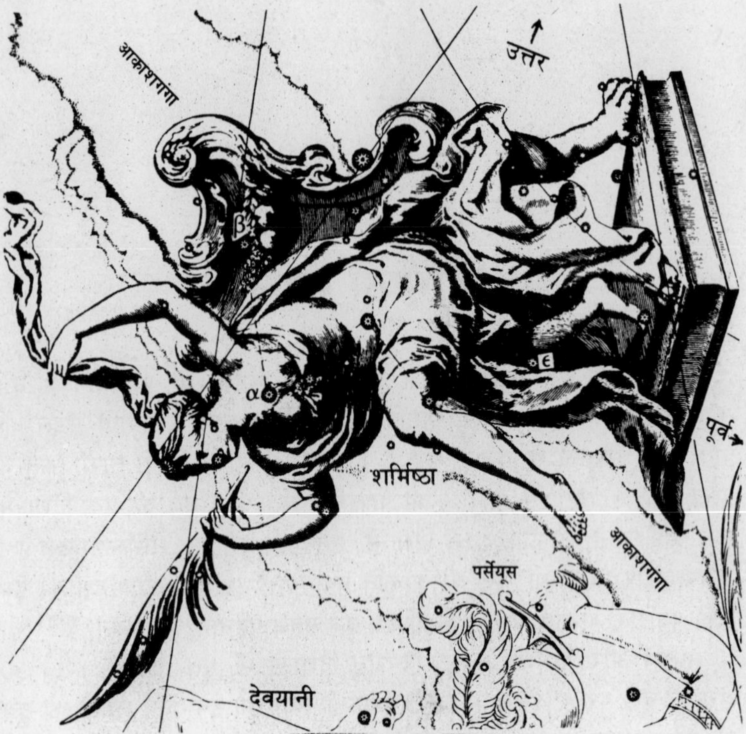

शर्मिष्ठा (कैसियोपिया).

यूरोप के निवासियों के लिए ये दोनों ही **परिध्रुवी** मंडल हैं। मगर भारत से एक समय में इनमें से केवल एक मंडल को ही देखा जा सकता है। इन दिनों सप्तर्षि क्षितिज के नीचे रहते हैं, मगर शर्मिष्ठा मंडल को लगभग पूरी रात देखा जा सकता है।

शर्मिष्ठा का पाश्चात्य नाम **कैसियोपिया** है। कैसियोपिया इथियोपिया के राजा सेफियस की रानी और एंड्रोमेडा की मां थी। कैसियोपिया को आकाश में जिस कुर्सी पर स्थान दिया गया वह कुछ झुकी हुई है। इस मंडल को 'कुर्सी पर विराजमान महिला' के रूप में भी पहचाना जाता है।

यह तारा-मंडल एंड्रोमेडा (देवयानी) मंडल के समीप है और कैसियोपिया-एंड्रोमेडा-पर्सेयूस तथा देवयानी-शर्मिष्ठा-ययाति के आख्यानों में साम्य है, इसीलिए आधुनिक काल में कैसियोपिया के लिए शर्मिष्ठा नाम पसंद किया गया है। देवयानी की सखी शर्मिष्ठा बाद में उसकी सौत बन गई थी !

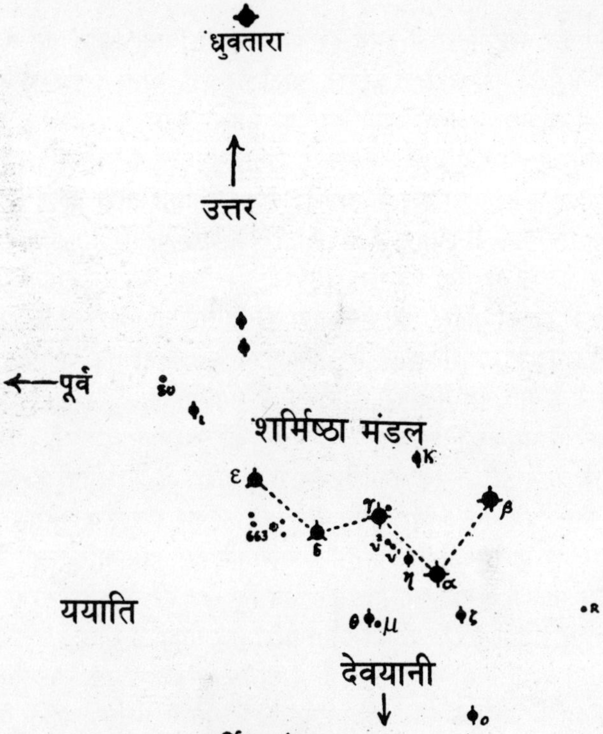

शर्मिष्ठा मंडल.

M या W अक्षर की आकृति बनानेवाले शर्मिष्ठा मंडल में पांच प्रमुख तारे हैं। पश्चिम से क्रमशः पूर्व की ओर ये तारे हैं—बीटा, अल्फा, गामा, डेल्टा व इप्सिलोन। **बीटा** तारा, जिसका अरबी पर आधारित नाम **काफ** है, श्वेत वर्ण का है। **अल्फा** तारे का **शेदर** नाम अरबी के **अल् सद्र** (छाती) से अस्तित्व में आया है। यह एक युग्म और चरकांति तारा है। द्वितीय कांतिमान का **गामा** भी एक चरकांति युग्म-तारा है। यह हमसे करीब 148 प्रकाश-वर्ष दूर है। इस तारे के आसपास बाइनेक्यूलर से देखने पर कई तारों का जमघट नजर आता है।

डेल्टा तारे का पाश्चात्य नाम **रुकाब** है, जो अरबी नाम पर आधारित है। अल्फा और गामा के बीच का **इटा** अक्षरांकित तारा वस्तुतः एक युग्म-तारा है। यह हमसे केवल 20 प्रकाश-वर्ष दूर है।

शर्मिष्ठा मंडल में **गामा** तारे के दक्षिण में एक मंदकांति किंतु काफी दिलचस्प तारा है। यूनानी अक्षर **म्यू** से दर्शाया गया यह तारा हमसे करीब 25 प्रकाश-वर्ष दूर है। इस तारे की खास बात है इसकी तेज गति। यह तारा प्रति सेकंड 100

किलोमीटर की रफ्तार से हमसे दूर भाग रहा है। एक हजार वर्षों में यह तारा आकाश में दो पूर्ण चंद्रों के बराबर स्थानांतरित हो जाता है। अतः स्पष्ट है कि तारे भी आकाश में अपने-अपने स्थान पर सुस्थिर नहीं हैं।

शर्मिष्ठा मंडल एक और कारण से खगोल-विज्ञान के इतिहास में विशेष रूप से प्रसिद्ध है। इस मंडल के अल्फा, बीटा व गामा तारों के उत्तर में **काप्पा** नामक एक मंदकाति तारा है। इस तारे के पास यूरोप के कई खगोलविदों ने नवंबर 1572 में एक नवतारा (सुपरनोवा) देखा था। डेनमार्क के प्रख्यात ज्योतिषी **टाइको ब्राही** ने इस सुपरनोवा की विस्तृत जानकारी दी है, इसलिए इसे 'टाइको का तारा' भी कहते हैं। यह तारा कुछ दिनों तक शुक्र ग्रह की तरह चमकने के बाद अंत में आंखों से ओझल हो गया था।

तारे में भयंकर विस्फोट होने की घटना को **सुपरनोवा** कहते हैं। ऐसे विस्फोट में तारे के बाहरी कवच गैसों के रूप में अंतरिक्ष में फैल जाते हैं और भीतरी भाग सिकुड़कर एक अत्यंत सघन बौने तारे का रूप धारण कर लेता है। टाइको के तारे को या उसकी फैलती गैसीय राशि को हम आज शक्तिशाली दूरबीनों से भी देख पाने में समर्थ नहीं हैं, मगर उस विस्फोट की फैलती गैसों से उत्सर्जित होनेवाली रेडियो-तरंगों को आज हम ग्रहण कर सकते हैं।

चीनी ज्योतिषियों ने भी 369 ई. में शर्मिष्ठा मंडल में एक सुपरनोवा-विस्फोट देखा था। चीन के लोग सुपरनोवा को 'अतिथि नक्षत्र' कहते थे। चीनी ज्योतिषियों ने शर्मिष्ठा मंडल में जिस स्थान पर अतिथि नक्षत्र देखा था, वहां से भी शक्तिशाली रेडियो-तरंगें उत्सर्जित हो रही हैं।

लगभग समूचा शर्मिष्ठा मंडल आकाशगंगा के पट्टे में स्थित है। आकाश के अध्ययन में शर्मिष्ठा मंडल का सप्तर्षियों की तरह ही बड़ा महत्व है।

ब्रह्मांड की अदृश्य गुफाएं

तारों में नाभिकीय (परमाणु) ईंधन के जलने से जो ऊर्जा पैदा होती है वह प्रकाश तथा अन्य किस्म की किरणों के रूप में बाहर निकलती है। ऊर्जा से पैदा होनेवाला भीषण दाब उस तप्त तारे को उसके गुरुत्वीय बल के अंतर्गत सिकुड़ने नहीं देता। तारा लगभग संतुलित अवस्था में टिका रहता है।

मगर जैसे ही तारे का सारा नाभिकीय ईंधन जलकर राख हो जाता है, वैसे ही वह तारा तेजी से सिकुड़ते हुए अपनी मरणावस्था में पहुंच जाता है। उस तारे का द्रव्यमान यदि 1.4 सूर्यों से कम है, तो वह पहले **श्वेत वामन** और अंततः **कृष्ण वामन** बन जाता है। यदि उस तारे का द्रव्यमान दो-तीन सूर्यों के बराबर है, तो वह अंततः एक **न्यूट्रान तारा** (पल्सर) बन जाता है।

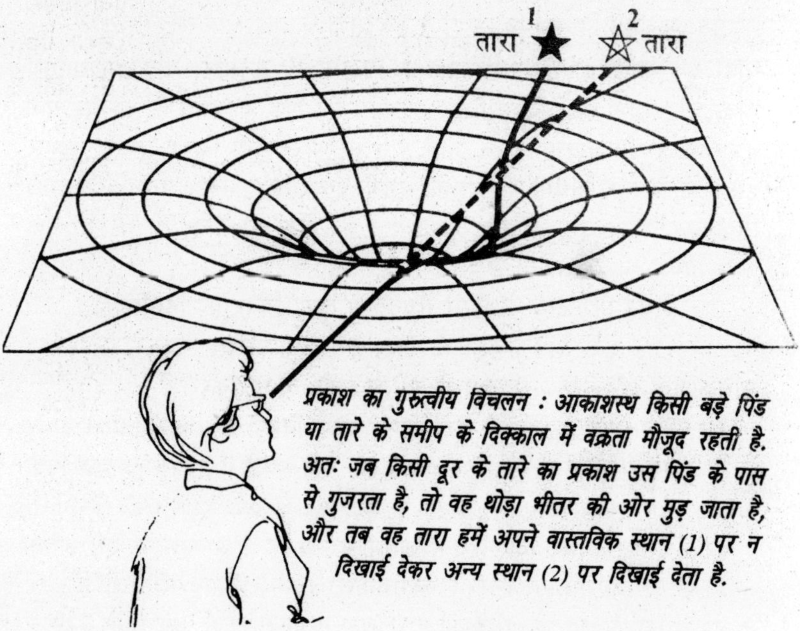

प्रकाश का गुरुत्वीय विचलन : आकाशस्थ किसी बड़े पिंड या तारे के समीप के दिक्काल में वक्रता मौजूद रहती है. अतः जब किसी दूर के तारे का प्रकाश उस पिंड के पास से गुजरता है, तो वह थोड़ा भीतर की ओर मुड़ जाता है, और तब वह तारा हमें अपने वास्तविक स्थान (1) पर न दिखाई देकर अन्य स्थान (2) पर दिखाई देता है.

परंतु ऐसे भी अनेक तारे हैं जिनमें तीन सूर्यों से अधिक द्रव्य है। ऐसे तारों का नाभिकीय ईंधन जब खत्म हो जाता है, तब वे एक ही झटके में तेजी से सिकुड़कर न्यूट्रान तारे से भी अधिक सघन पिंड बन जाते हैं। खगोलविदों ने ऐसे पिंडों को **ब्लैक होल** (कृष्ण-विवर) का नाम दिया है।

इन कृष्ण-विवरों के बारे में सभी बातें बड़ी विलक्षण हैं। ऐसे पिंड में इतना अधिक गुरुत्वाकर्षण पैदा होता है कि वह प्रकाश की किरणों को भी बाहर जाने नहीं देता। कृष्ण-विवर के समीप से गुजरनेवाली प्रकाश-किरणें मुड़कर उसी में गायब हो जाती हैं! यहां तक कि कृष्ण-विवर के नजदीक काल के प्रवाह और दिक् (स्पेस) की ज्यामिति में भी बेहद परिवर्तन हो जाता है। कृष्ण-विवर एक ऐसे अथाह गर्त का निर्माण करता है जिसमें प्रकाश व द्रव्य गिरकर 'गायब' हो जाते हैं। चूंकि कृष्ण-विवर से किरणें भी बाहर निकल नहीं पातीं, इसलिए वह हमारे लिए अदृश्य बना रहता है।

विश्व में कृष्ण-विवर-जैसे पिंडों के अस्तित्व की कल्पना सबसे पहले फ्रांस के गणितज्ञ-ज्योतिषी **लापलास** (1749-1827) ने की थी। फिर वर्तमान सदी के आरंभिक दशकों में **आइंस्टाइन** (1879-1955) के आपेक्षिकता के व्यापक सिद्धांत ने इन पिंडों के अस्तित्व के लिए सैद्धांतिक आधार प्रस्तुत किया।

हम जानते हैं कि सूर्य के समीप से गुजरनेवाली प्रकाश-किरणें भीतर की ओर थोड़ी मुड़ जाती हैं। आपेक्षिकता के सिद्धांत के अनुसार, यदि हमारा सूर्य सिकुड़कर केवल तीन किलोमीटर अर्धव्यास का पिंड हो जाता है, तो यह एक कृष्ण-विवर बन जाएगा। तब इसके पास से गुजरनेवाली किरणें पूर्णतः मुड़कर इसके भीतर गिर जाएंगी। पृथ्वी की समूची द्रव्यराशि गुरुत्वीय पतन के अंतर्गत सिकुड़कर करीब एक सेंटीमीटर अर्धव्यास का पिंड बन जाए, तो यह भी एक कृष्ण-विवर बन जा सकती है!

तात्पर्य यह कि, द्रव्य के चरम संघनन से कृष्ण-विवर का निर्माण होता है। यह आइंस्टाइन के आपेक्षिकता के सिद्धांत पर आधारित निष्कर्ष है। आज अधिकांश वैज्ञानिक कृष्ण-विवरों के अस्तित्व को स्वीकार करते हैं।

मगर सवाल है : इन्हें कैसे ढूंढा जाए? कृष्ण-विवरों से प्रकाश-किरणें बाहर नहीं आ सकतीं, इसलिए इन्हें हम कतई देख नहीं सकते। तब इन अदृश्य पिंडों का कैसे पता लगाया जाए?

इसके लिए खगोलविदों ने एक उपाय सुझाया है। आकाश में ऐसे अनेक जुड़वां तारे हैं जो एक-दूसरे की परिक्रमा करते रहते हैं। मान लीजिए कि इनमें से एक तारा अदृश्य कृष्ण-विवर है। तब साथी-तारे की कक्षा से संबंधित

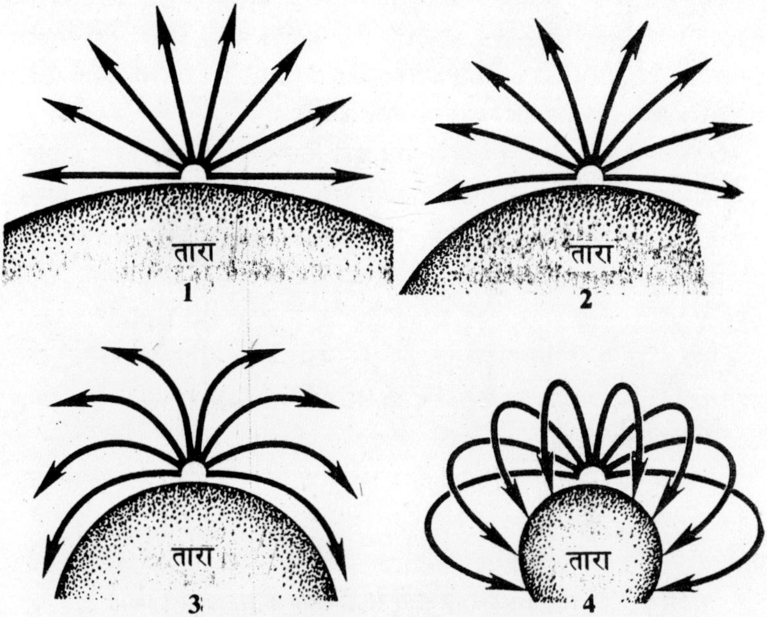

सिमट रहे तारे की प्रकाश-किरणों की विविध दशाएं : 1. सिमटना शुरू होने के पहले तारे की प्रकाश-किरणें लगभग सीधी रेखा में बाहर निकलती हैं, 2. व 3. तारे के अधिकाधिक सिमटते जाने पर उससे निकलनेवाली प्रकाश-किरणें अधिकाधिक मुड़ती जाती हैं, और 4. अंततः सारी प्रकाश-किरणें सिमटते तारे की सतह की ओर वापस मुड़ जाती हैं.

गणनाओं के आधार पर कृष्ण-विवर के द्रव्यमान के बारे में जानकारी प्राप्त की जा सकती है । यदि उस अदृश्य पिंड का द्रव्यमान दो-तीन सूर्यों से अधिक निकलता है, तो ज्यादा संभावना यही है कि वह एक कृष्ण-विवर है । इस प्रकार, जुड़वां तारों के अन्वेषण से कृष्ण-विवरों के बारे में जानकारी मिल सकती है ।

कृष्ण-विवर के अस्तित्व को जानने का एक और उपाय है । मान लीजिए कि कृष्ण-विवर के नजदीक कोई दृश्य तारा है । तब वह कृष्ण-विवर उस तारे की गैसीय द्रव्यराशि को अपने में खींचता रहेगा । कृष्ण-विवर में अत्यधिक त्वरण के साथ गिरनेवाली वह चक्रिल द्रव्यराशि एक्स-किरणों का उत्सर्जन करेगी । उन एक्स-किरणों को हम धरती पर ग्रहण कर सकते हैं । वे एक्स-किरणें कृष्ण-विवर के अस्तित्व का सबूत बन सकती हैं ।

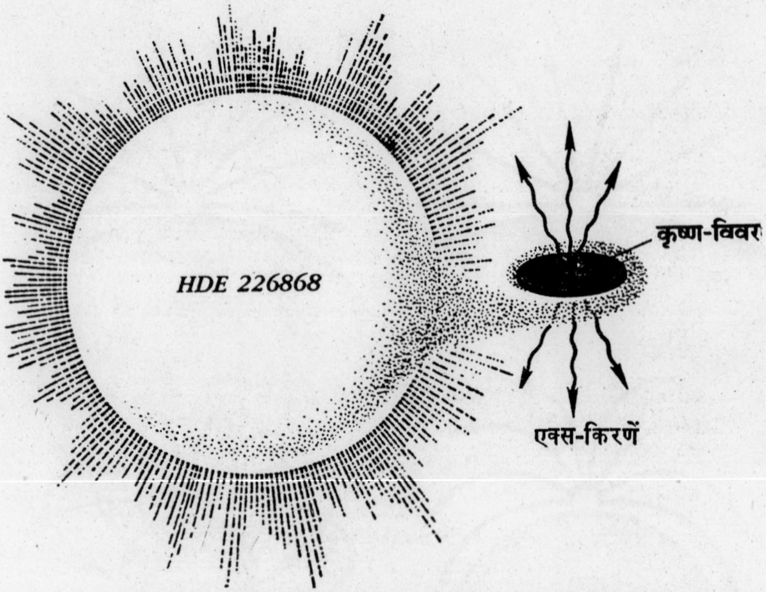

हंस एक्स-1 ('Cygnus X-1) कृष्ण-विवर में समीप के HDA 226868 तारे की तेजी से गिर रही चक्रिल गैसीय द्रव्यराशि के केंद्र से एक्स-किरणों का उत्सर्जन.

खगोलविदों ने आकाश के हंस (सिग्नस) तारा-मंडल में ऐसा एक एक्स-रे स्रोत खोजा है । **सिग्नस एक्स-1** नामक वह स्रोत एक जुड़वां तारक-योजना है और उससे शक्तिशाली एक्स-किरणें बाहर निकलती हैं । इसलिए अनेक वैज्ञानिकों का अनुमान है कि वह एक कृष्ण-विवर है ।

जो तारे हमारे सूर्य से काफी अधिक द्रव्यमान वाले हैं उनकी एकमात्र नियति है, अंत में कृष्ण-विवर बनना । इसलिए खगोलविदों का अनुमान है कि हमारी आकाशगंगा में ही लाखों-करोड़ों कृष्ण-विवर हो सकते हैं । कई वैज्ञानिकों का मत है कि **क्वासर** नामक अनोखे पिंड और मंदाकिनियों के केंद्रभाग भी विशाल कृष्ण-विवर हो सकते हैं ।

एक अनुमान यह भी है कि समूचा ब्रह्मांड अंततः एक अतिविशाल अदृश्य कृष्ण-विवर में संघनित हो जाएगा !

संदर्भ और टिप्पणियां

1. *मत्स्यौ*—दो मछलियां। **बृहज्जातक** (1.5)
2. मैकडोनेल और कीथ, **वेदिक इंडेक्स**, खंड 2, पृ. 121। वैदिक साहित्य में मत्स्य कबीले की काफी चर्चा है।
3. पारपोला, आल्तो आदि, **डिसाइफरमेंट ऑफ द प्रोटो-द्राविडियन इंस्क्रिप्शंस ऑफ द इंडस सिविलाइजेशन**, कोपनहेगन, 1969, पृ. 43.
4. एस. एन. सेन और के. एस. शुक्ल (संपादक), **हिस्ट्री ऑफ एस्ट्रोनामी इन इंडिया** में एस. डी. शर्मा का लेख, पृ. 209-11.
5. **स्वस्ति पथ्ये रेवती** (हे मार्गरक्षक, धनरक्षक ··· हमारा कल्याण करो), **ऋग्वेद** (5.51.14)। ऋग्वेद 4.51.7 में भी रेवती शब्द है, जिसके बारे में शं. बा. दीक्षित का मत है कि यहां रेवती शब्द संभवतः नक्षत्र के अर्थ में प्रयुक्त हुआ है। देखिए, **भारतीय ज्योतिष**, पृ. 69.
6. डेविड फेब्रिसियूस (1564-1617) ईसाई पुरोहित और खगोलविद थे। केपलर (1571-1630) के साथ लंबे समय तक उनका पत्र-व्यवहार चला, मगर उन्होंने कोपर्निकस के सूर्यकेंद्रवाद को स्वीकार नहीं किया। फेब्रिसियूस के ही एक यजमान ने उनकी हत्या कर दी। उनका बेटा योहानेस फेब्रिसियूस भी खगोलविद बना और उसने सूर्य-कलंकों की खोज में योग दिया।
7. योहान बेयर (1572-1625) पेशे से वकील थे। टाइको ब्राही की तारा-सारणी (1602 ई.) में करीब एक हजार तारे और दक्षिणी खगोल के एक दर्जन नए तारा-मंडल जोड़कर बेयर ने 1603 ई. में **उरानोमेट्रिया** नामक एक नई तारा-सारणी प्रकाशित की।

   बेयर की इस तारा-सारणी की मुख्य विशेषता यह है कि इसमें उन्होंने पहली बार तारों को यूनानी वर्णमाला के α, β, γ, δ, ...ω अक्षरों से दर्शाने की प्रथा आरंभ की। सामान्यतः तारा-मंडल के सर्वाधिक कांति के तारे को α से दर्शाया जाता है, मगर इसके अपवाद भी हैं। जैसे, इसी सेतस् मंडल का बीटा तारा इसके अल्फा तारे से अधिक चमकीला है। यूनानी वर्णमाला के 24 अक्षरों का उपयोग हो जाने पर मंदकांति तारों को दर्शाने के लिए रोमन अक्षरों और संख्यांकों का इस्तेमाल होता है।
8. योहान हेवेलियूस (1611-87) ने डान्झिग में एक बढ़िया निजी-वेधशाला स्थापित की थी, जिसमें उन्होंने बड़ी दूरबीनें तथा अन्य प्रकार के अच्छे वेधयंत्र जुटाए थे। उन्होंने चंद्रतल के अध्ययन का महत्वपूर्ण कार्य किया और एक तारा-सारणी भी तैयार की।
9. यह तारा देवयानी मंडल और हयशिर (पेगासस) मंडल की लगभग सीमारेखा पर स्थित है, इसलिए प्रायः दोनों ही मंडलों में इसका समावेश किया जाता है। यह देवयानी का 'अल्फा' तारा है, और हयशिर का 'डेल्टा' तारा।

10. एडविन हब्बल (1889 - 1953) का अध्ययन शिकागो और ऑक्सफोर्ड में हुआ, और आरंभ में उन्हें मुक्केबाजी का भी काफी शौक रहा। बाद में उन्होंने शिकागो की येर्केस वेधशाला में खगोल-विज्ञान का अध्ययन किया और 1919 ई. में माउंट विल्सन वेधशाला में उनकी नियुक्ति हुई। वहां कुछ ही समय पहले 100-इंच (2.5 मीटर) व्यास की उस समय की संसार की सबसे बड़ी दूरबीन की स्थापना हुई थी। जॉर्ज हाले (1868-1938) वेधशाला के निदेशक थे। हब्बल ने नई दूरबीन का उपयोग करके 1824 ई. तक देवयानी मंदाकिनी में सैफियरी चरकांति (सेफाइड) तारों को पृथक रूप में पहचाना और उनके आधार पर उनकी (देवयानी मंदाकिनी की) दूरी निर्धारित की।

हब्बल ने मंदाकिनियों का अपना अन्वेषण जारी रखा और उनकी दूरियों तथा गतियों के परस्पर-संबंध के बारे में एक नियम खोज निकाला :

मंदाकिनी का वेग = हब्बल का स्थिरांक × दूरी

हब्बल के इस निंयम से विश्व के आकार-प्रकार, इसकी आयु और इसके भविष्य को जानने का मार्ग खुल गया। हब्बल के स्थिरांक में निरंतर संशोधन होता रहा है। इसका मौजूदा स्वीकृत मान है : प्रति दस लाख प्रकाश-वर्ष के लिए 25 किलोमीटर प्रति-सेकंड।

हब्बल ने मंदाकिनियों की रचनाओं का अध्ययन करके उन्हें मुख्यतः दो प्रकारों में बांटा—दीर्घवृत्तीय और सर्पिल।

अध्याय 13

दिसंबर माह

मेष

मेष : अश्विनी और भरणी नक्षत्र

वैतरणी में है शायद जीव-जगत

एक तारे का नाम है 'राक्षस'

ब्रह्मांड : आदि और अंत

ब्रह्मांड में जीवन की तलाश

संदर्भ और टिप्पणियां

यूनानी वर्णमाला

अल्फा	α	न्यू	ν
बीटा	β	क्साइ	ξ
गामा	γ	ओमिक्रोन	o
डेल्टा	δ	पाइ	π
इप्सिलोन	ϵ	रो	ρ
जीटा	ζ	सिग्मा	σ
इटा	η	टाउ	τ
थीटा	θ	अप्साइलोन	υ
आयोटा	ι	फाइ	ϕ
काप्पा	κ	खाइ	χ
लांबडा	λ	प्साइ	ψ
म्यू	μ	ओमेगा	ω

मेष : अश्विनी और भरणी नक्षत्र

बादशाह जहांगीर (शासन : 1605-27 ई.) के सिक्के अपनी सुंदरता के लिए प्रसिद्ध हैं। **तुजुक्र-ए-जहांगीरी** के अनुसार, बादशाह को अपने शासन के तेरहवें साल में सोने व चांदी के नए ढंग के सिक्के जारी करने का विचार सूझा। जहांगीर का कथन है—"मुझे सूझा कि महीने के नाम के स्थान पर उस महीने के राशिचिह्न को सिक्के पर अंकित कर दिया जाए।··· इस तरह, हर महीने एक ऐसा नया सिक्का बनवाया गया जिस पर उस राशिचिह्न को अंकित किया गया जिसमें सूर्य उस महीने मौजूद रहता है। ऐसा पहले किसी ने नहीं किया। यह मेरी अपनी खोज है।"

बाद में शाहजहां (शासन : 1628-58 ई.) ने जहांगीर द्वारा जारी किए गए मेष, वृषभ आदि राशिचिह्नोंवाले और नूरजहां के नामवाले सिक्कों का चलन बंद करवा दिया। उसने फरमान जारी किया कि ये सिक्के टकसाल में लाकर गला दिए जाएं। यही कारण है कि जहांगीर के राशिचक्रवाले बहुत कम सिक्के अब उपलब्ध हैं। उसके ऐसे एक सिक्के के पुरोभाग पर मेष (मेढ़े) का अंकन है और

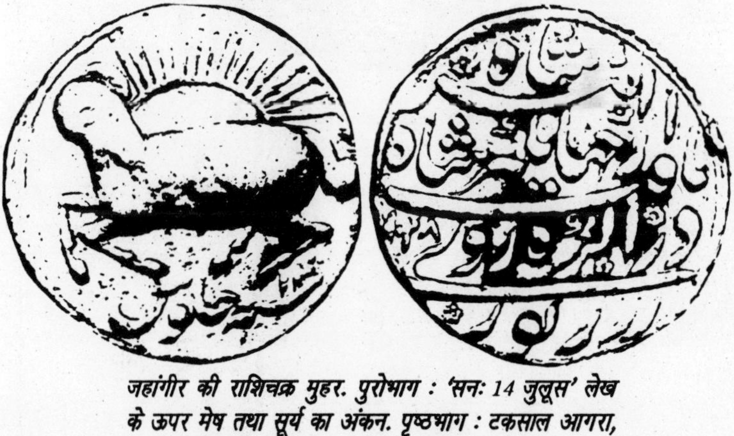

जहांगीर की राशिचक्र मुहर. पुरोभाग : 'सनः 14 जुलूस' लेख के ऊपर मेष तथा सूर्य का अंकन. पृष्ठभाग : टकसाल आगरा, हिजरी संवत् 1028 और जहांगीर का नाम.

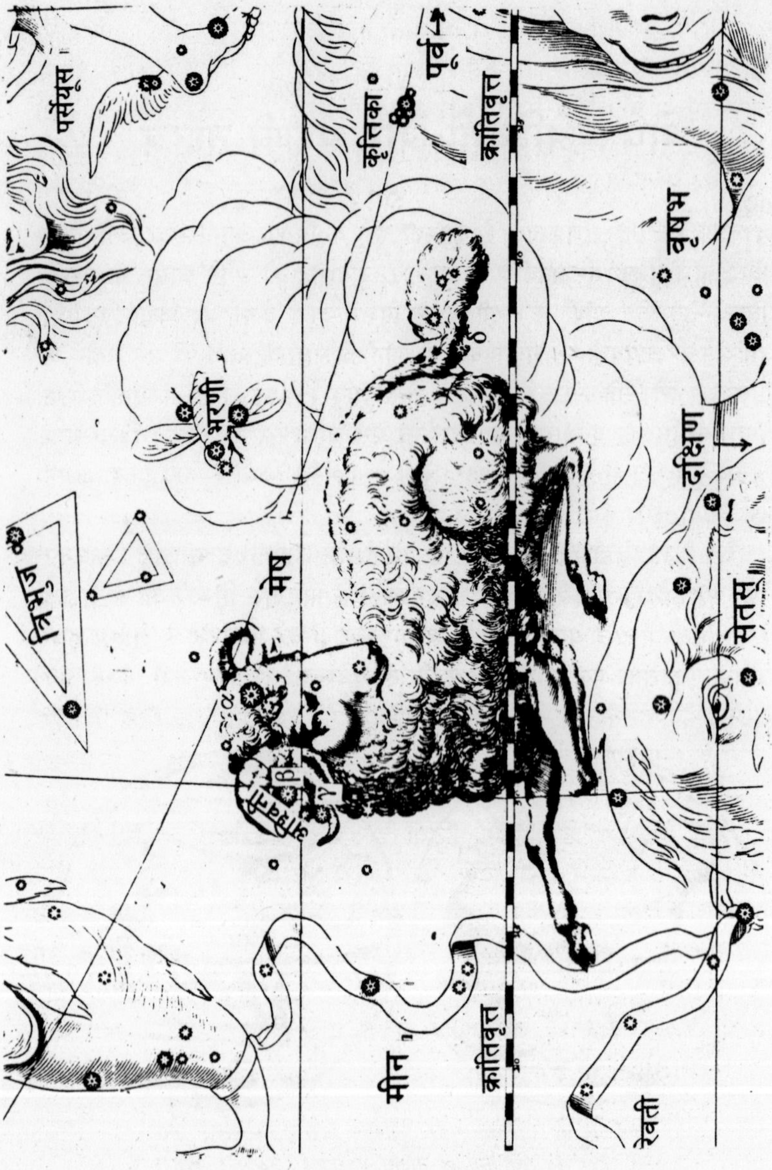
पर्सेयुस
कृत्तिका
पूर्व
क्रांतिवृत्त
वृषभ
दक्षिण
भरणी
त्रिभुज
मेष
अश्विनी
सेतस्
मीन
क्रांतिवृत्त
रेवती

उसके पीछे सूर्य को दर्शाया गया है। यह दृश्यांकन सूर्य के मेष राशि में पहुंचने का सूचक है।

राशियों की गणना मेष से आरंभ होती है। हमारे देश में वर्तमान राशिनामों का आगमन तब हुआ, जब वसंत विषुव-बिंदु मेष राशि के अश्विनी नक्षत्र के आरंभ में था। तभी से मेषादि और अश्विनादि से गणनाएं करने की प्रथा चली है। मगर अयन-चलन के कारण वसंत विषुव-बिंदु क्रांतिवृत्त पर प्रति वर्ष करीब 50 सेकंड (डिग्री) पश्चिम की ओर सरकता रहता है। इसलिए आदिनक्षत्र बदलता जाता है। वेदकाल में **कृत्तिका** और वेदांगकाल में **धनिष्ठा** आदिनक्षत्र थे। प्राचीन **सूर्य-सिद्धांत** के समय (लगभग 300 ई. के आसपास) वसंत विषुव-बिंदु मीन राशि के **रेवती** नक्षत्र के समीप था। मगर अब यह बिंदु मीन राशि में ही करीब 24 अंश पश्चिम की ओर सरक गया है।[1]

मेष राशि के नक्षत्र हैं—**अश्विनी** (पूर्ण), **भरणी** (पूर्ण) और **कृत्तिका** (एक-चौथाई)। चूंकि भारतीय ज्योतिष में आज भी मेषादि और अश्विनादि से गणनाएं की जाती हैं, इसलिए आकाश में इनकी स्थिति को जानना उपयोगी होगा।

मेष मंडल खगोलीय विषुववृत्त के उत्तर में क्रांतिवृत्त पर स्थित है। आजकल रात को करीब नौ बजे यह मंडल लगभग शिरोबिंदु पर पहुंच जाता है। इसके उत्तर में त्रिभुज व ययाति मंडल, पश्चिमोत्तर में देवयानी मंडल, पूर्व में वृषभ मंडल (कृत्तिका-पुंज), दक्षिण में सेतस् मंडल और पश्चिम में मीन मंडल (उत्तरभाद्रपदा नक्षत्र) हैं। मेष का पाश्चात्य (लैटिन) नाम **ऐरिईज** है। इस राशि के यूनानी नाम **क्रिओस्** के आधार पर वराहमिहिर ने संस्कृत में **क्रिय** शब्द चलाया था।

जान पड़ता है कि बेबीलोनवासियों ने राशिचक्र में मेष मंडल का समावेश तब किया जब इसमें वसंत विषुव-बिंदु का आगमन हुआ। इस मंडल के लिए अक्कदी में **कु** या **इ-कु** (मेढ़ा) नाम मिलता है। सुनहरी ऊन (गोल्डन फ्लीस) से संबंधित यूनानी पुराणकथा भी इस मंडल की उत्पत्ति के बारे में जानकारी देती है। थेसाली के राजा का फ्रिक्सस नाम का एक बेटा और हेल्ले नाम की एक बेटी थी। उनकी सौतेली मां उन्हें बड़ा दुःख देती थी। देवता मर्क्यूरी ने उनके भाग निकलने के लिए स्वर्णिम ऊनवाले एक मेढ़े की व्यवस्था कर दी। जब वे बच्चे मेढ़े की पीठ पर सवार होकर आकाशयात्रा कर रहे थे, तब हेल्ले नीचे समुद्र मे उस स्थान (हेल्लेस्पोंट) पर गिर गई जहां एशिया और यूरोप एक-दूसरे से मिलते हैं। फ्रिक्सस काला सागर के कोल्चिस नगर में सुरक्षित पहुंच गया, तो उसने मेढ़े

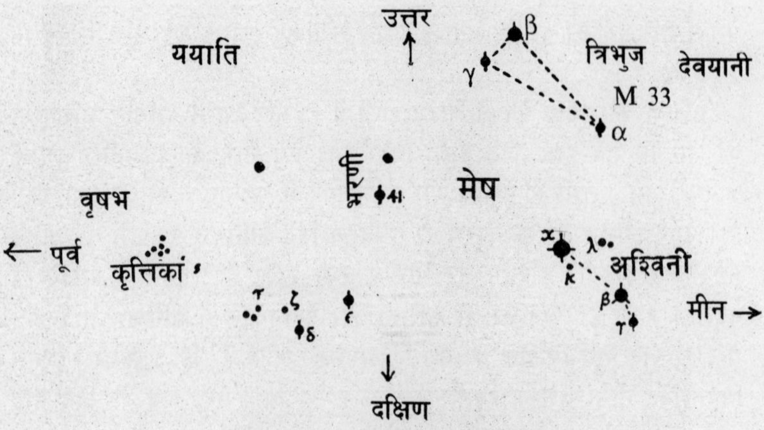

मेष मंडल : अश्विनी और भरणी नक्षत्र.

की बलि दी और उसकी सुनहरी ऊन वहां के राजा को भेंट की । फ्रिक्सस की सेवा करनेवाले ऐरिईज (मेढ़े) को ज्यूपिटर ने आकाश में स्थापित कर दिया ।

मेष अपेक्षाकृत एक छोटा मंड़ल है और इसमें पांच-छह ही प्रमुख तारे हैं । इनमें **अल्फा**, **बीटा** और **गामा** अक्षरांकित तारे एक स्पष्ट समूह बनाते हैं और क्रमशः द्वितीय, तृतीय और चतुर्थ कांतिमान के हैं । **अल्फा** तारे का अरबी नाम **हमल** (मेढ़ा) है । यह तारा हमसे करीब 74 प्रकाश-वर्ष दूर है ।

मेष का **गामा** तारा एक जुड़वां तारा है । इन तप्त श्वेत-नील तारों का सतह-तापमान करीब 11,000 डिग्री है । दूरबीन द्वारा खोजा गया यह आकाश का पहला जुड़वां तारा था । सबसे पहले 1664 ई. में आंग्ल वैज्ञानिक रॉबर्ट हूक[2] ने अपनी दूरबीन से इस जुड़वां तारे को पहचाना, तो उन्होंने लिखा—यहां दो नन्हे तारे एक-दूसरे के बहुत नजदीक हैं । मैंने आकाश में ऐसा नजारा पहले कभी नहीं देखा !

मेष मंडल का **बीटा** तारा भारतीय आदिनक्षत्र अश्विनी का योगतारा है । **तैत्तिरीय-संहिता** की नक्षत्र-सूची में इस नक्षत्र का नाम **अश्वयुज** है और इसका प्रयोग द्विवचन में **अश्वयुजौ** (दो घुड़सवारों) के रूप में हुआ है । **अथर्ववेद** में भी अश्विनी के तारों की संख्या दो ही बताई गई है । अतः जान पड़ता है कि मेष मंडल के आसपास के **बीटा** तथा **गामा** अक्षरांकित तारे वैदिक काल में **अश्वयुज** या **अश्विनी** के नाम से जाने जाते थे । ईसा पूर्व दूसरी सदी के मध्य में, यूनानी ज्योतिषी हिप्पार्कस[3] के समय में, वसंत विषुव-बिंदु अश्विनी नक्षत्र के समीप था ।

त्रिभुज (ट्राएंगुलम) मंडल की सर्पिल मंदाकिनी M33.

अश्विनी के पूर्वोत्तर में **भरणी** नक्षत्र का स्थान भी मेष मंडल में ही है । मेष का नं. 41 का तारा भरणी का योगतारा है । **तैत्तिरीय-संहिता** की नक्षत्र-सूची में भरणी को **अपभरणी** कहा गया है और इसका प्रयोग बहुवचन में हुआ है । **अथर्ववेद** मे भरणी के तारों की संख्या तीन बताई गई है — **तिस्रो भरण्यः** । वस्तुतः भरणी के समूह में तीन ही स्पष्ट तारे हैं, जिन्हें आधुनिक खगोल-विज्ञान में 41, 39 और 35 के नंबरों से पहचाना जाता है ।

मेष मंडल के तारे, इसके अल्फा (हमल) तारे को छोड़कर, काफी मंदकांति हैं । फिर भी आजकल जाड़े के दिनों में अश्विनी और भरणी नक्षत्रों को पहचानने में

ज्यादा कठिनाई नहीं है । रात को करीब नौ-दस बजे मध्याकाश में देखा जाए, तो क्रमशः पश्चिम से पूर्व की ओर अश्विनी, भरणी, कृत्तिका-पुंज और रक्तवर्ण रोहिणी नक्षत्र लगभग एक अर्धवृत्त में स्थित नजर आएंगे । कृत्तिका और रोहिणी का परिचय हम वृषभ मंडल के अंतर्गत दे चुके हैं ।

अश्विनी नक्षत्र के उत्तर में और देवयानी मंडल के दक्षिण-पूर्व में तीन प्रमुख तारों का एक छोटा-सा **त्रिभुज** (ट्राएंगुलम) मंडल है । इसका आकार बड़े यूनानी अक्षर डेल्टा (Δ) जैसा है, इसलिए यूनानियों ने इसे **डेल्टोटोन** नाम दिया था । इसका **अल्फा** तारा तृतीय कांतिमान का है । इस अल्फा तारे के नजदीक, पश्चिम की ओर, बाइनेक्यूलर या छोटी दूरबीन से भी करीब 18 लाख प्रकाश-वर्ष दूर की एक सर्पिल मंदाकिनी (गैलेक्सी) को देखा जा सकता है । इस प्रसिद्ध मंदाकिनी को **एम** 33 के नाम से जाना जाता है ।[4]

सौर-मंडल का पहला और सबसे बड़ा क्षुद्र ग्रह **सीरेस** उन्नीसवीं सदी की पहली रात (1 जनवरी, 1801) को खगोलविद पियाज्जी ने इसी त्रिभुज मंडल में खोजा था ।[5]

वैतरणी में है शायद जीव-जगत

पुराणों में वैतरणी नदी का उल्लेख कई स्थानों पर आया है। कहते हैं कि यह नदी मनुष्यलोक और यमलोक के बीच में कहीं है। उसमें रक्त, अस्थि, केश आदि का जमाव है, और उसका पानी भी गरम है। मान्यता है कि मृत्यु के बाद पुण्यात्मा लोग वैतरणी को सहज ही पार कर जाते हैं, परंतु पापी लोग उसमें बहुत दिनों तक दुःख-भोग करते हैं।

मृत्यु के बाद ऐसी किसी भयावह नदी का सामना करना पड़ता है या नहीं, हम नहीं जानते। मगर आकाश में तारों की एक काफी लंबी और टेढ़ी-मेढ़ी धारा अवश्य है, जिसे पाश्चात्य ज्योतिष में **एरिदानुस्** के नाम से जाना जाता है। यूनानी शब्द **एरिदानुस्** का अर्थ है 'नदी'; इसलिए अलग-अलग सभ्यताओं में इस तारा-मंडल की कल्पना अलग-अलग नदियों के रूप में की गई। मिस्रवासी इसे नील, बेबीलोनवासी फरात और यहूदी इसे जोर्डान नदी मानते थे। आधुनिक भारतीय ज्योतिष में इस आकाशस्थ नदी को पौराणिक **वैतरणी** का नाम दिया गया। वैसे, ओडिसा में वैतरणी नाम की एक नदी भी है। एक समकालीन भारतीय ज्योतिषी ने एरिदानुस् (वैतरणी) को यमुना का नाम दिया है। आजकल यमुना का हाल भी तो पौराणिक वैतरणी-जैसा ही है!

वैतरणी आकाश का सबसे लंबा तारा-मंडल है। वैतरणी की धारा मृग-मंडल के खूब चमकीले **राइगेल** तारे के पास से शुरू होकर पहले पश्चिम की ओर, फिर दक्षिण-पूर्व की ओर और तदनंतर दक्षिण-पश्चिम की ओर मुड़कर अंततः दक्षिणी खगोल में लगभग 58 अक्षांश पर पहुंचती है। यूरोप और उत्तरी अमरीका के स्थानों से वैतरणी मंडल को इसके दक्षिणी छोर तक नहीं देखा जा सकता। मगर आजकल मध्य व दक्षिण भारत से लगभग समूचे वैतरणी मंडल के दर्शन किए जा सकते हैं।

वैतरणी मंडल के सबसे चमकीले (कांतिमान 0.6) तारे का पाश्चात्य नाम **आखरनार** है। यह शब्द अरबी के **अल्-आखिर अल्-नहर** (नदी का अंत) से बना

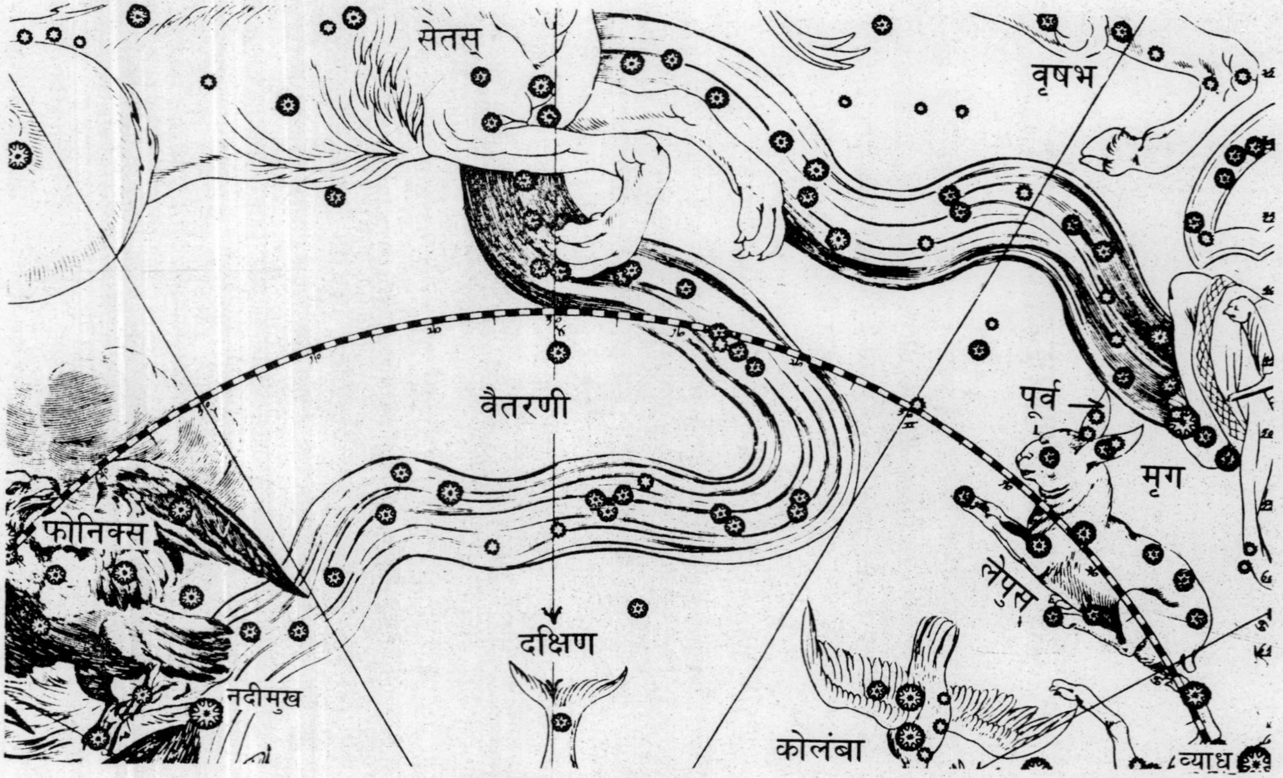

वैतरणी (एरिदानुस).

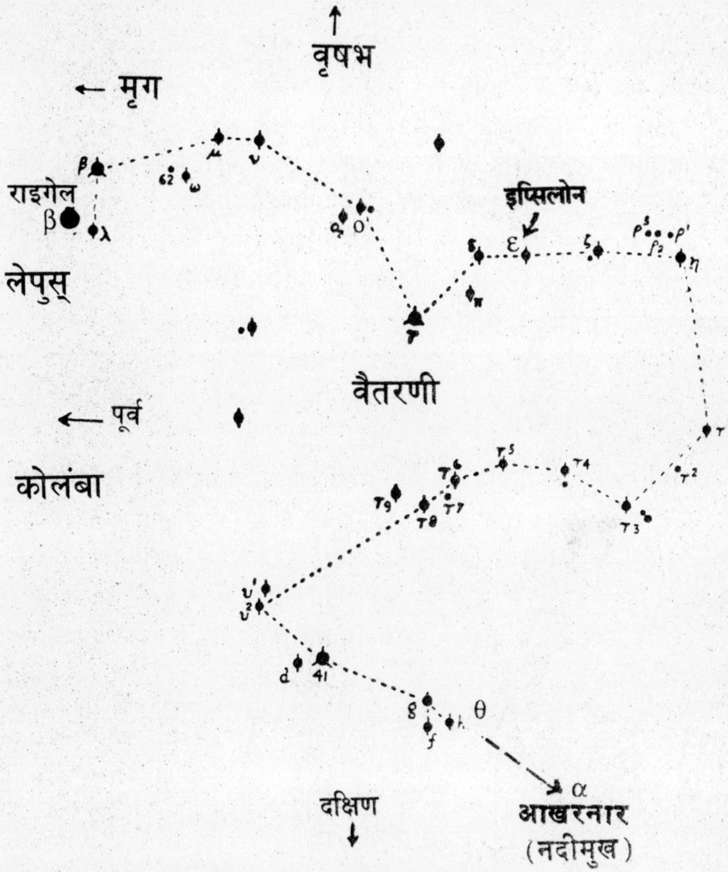

वैतरणी मंडल : नदीमुख (आख़रनार) नक्षत्र.

है। भारतीय ज्योतिष में इस तारे को **नदीमुख** नाम दिया गया है। यह तारा दक्षिणी खगोल में करीब 58 अक्षांश पर यानी दक्षिणी ध्रुव से करीब 32 अंश ऊपर है। चित्रा या रोहिणी से भी अधिक चमकीला होने के कारण दक्षिण भारत से इस तारे को पहचानने में कोई कठिनाई नहीं है। नदीमुख (आखरनार) हमसे करीब 70 प्रकाश-वर्ष दूर है।

वैतरणी मंडल के शेष तारे तीसरे कांतिमान से अधिक चमकीले नहीं हैं, मगर आधुनिक खगोल-विज्ञान के अध्ययन की दृष्टि से इनमें से कई तारे बड़े महत्व के हैं। मृग-मंडल के राइगेल तारे के समीप के वैतरणी के तृतीय

कांतिमान के **बीटा** तारे का पाश्चात्य नाम **कुरसा** है, जो अरबी के कुरसी (चौकी) शब्द से बना है। यह तारा भी हमसे करीब 70 प्रकाश-वर्ष दूर है।

वैतरणी का **ओमिक्रोन** तारा एक दृश्य-युगल है। मगर इनमें से एक तारा वस्तुतः तीन तारों की एक संयुक्त योजना है। इस योजना का प्रमुख तारा हमारे सूर्य की तरह का है और हमसे करीब 15 प्रकाश-वर्ष दूर है।

यूरोप के स्थानों से संपूर्ण वैतरणी मंडल दिखाई नहीं देता, इसलिए प्राचीन काल में इस मंडल के **थीटा** तारे को ही इसका दक्षिणी छोर मानकर उसे **आखरनार** (नदीमुख) नाम दिया गया था। मगर आधुनिक काल में वैतरणी को आगे बढ़ाकर इस मंडल के सबसे चमकीले **अल्फा** तारे को आखरनार नाम दिया गया है। वस्तुतः सभी तारा-मंडलों की सीमाएं मनुष्य ने अपनी मनमर्जी से निर्धारित की हैं।

आधुनिक खगोल-विज्ञान की दृष्टि से वैतरणी मंडल का सबसे दिलचस्प तारा है — **इप्सिलोन**। यह तारा राइगेल के पश्चिम में और वृषभ-मंडल के दक्षिण में है। पिछले कुछ वर्षों से खगोलविद रेडियो-दूरबीनों से इस तारे का सतत अध्ययन करते आ रहे हैं, इस तारे के 'रेडियो संदेश' को पकड़ने का प्रयास कर रहे हैं। खगोलविदों का अनुमान है कि इस तारे के किसी ग्रह पर जीव-जगत का अस्तित्व संभव है।

वैतरणी का यह **इप्सिलोन** तारा काफी हद तक हमारे सूर्य-जैसा है। यह एकाकी तारा है। आकार-प्रकार, द्रव्यमान और तापमान में यह सूर्य के लगभग समान है। दिलचस्प बात यह है कि सूर्य की तरह यह तारा भी अपनी धुरी पर घूमता है। इससे खगोलविद इस निष्कर्ष पर पहुंचे हैं कि इसके इर्द-गिर्द हमारे सौर-मंडल की तरह का ग्रह-मंडल होना चाहिए। यदि ग्रह हैं, तो उनमें से किसी पर जीव-जगत भी हो सकता है। यह तारा हमसे करीब 10 प्रकाश-वर्ष दूर है। यदि भविष्य का मानव निकट के तारों तक की अंतरिक्षयात्रा के साधन जुटा लेता है, तो सबसे पहले संभवतः वैतरणी के इसी इप्सिलोन तारे तक पहुंचने की योजना बनेगी। स्मरण रहे कि यह तारा हमसे करीब 10,00,00,00,00,00,000 कि. मी. दूर है।

मृग के दक्षिण में और वैतरणी के पूर्व में छोटा **लेपुस्** (शशक, खरगोश) मंडल है[6] और लेपुस् के दक्षिण में लगभग उतना ही बड़ा **कोलंबा** (कपोत) मंडल है।[7] समूचे भारत से दक्षिणी खगोल के इन दोनों मंडलों को पहचाना जा सकता है।

एक तारे का नाम है 'राक्षस'

मध्य युग के अरबी ज्योतिषी आकाश में कृत्तिका-पुंज के आसपास के तारों का अध्ययन कर रहे थे, तो उन्होंने पहचाना कि एक तारा बड़ा ही अनोखा है। उन्होंने जाना कि वह तारा किसी दिन ज्यादा चमकता है, तो किसी दिन कम। और, वे यह भी जानते थे कि वह तारा यूनानी आख्यान की राक्षसी मेदुसा की आंख के स्थान पर है। बस, इसी बात पर उन्होंने उस तारे को नाम दे दिया **अल्-गूल**। अरबी में **गूल** का अर्थ होता है—पिशाच, असुर, राक्षस या भूत। अतः अल्-गूल का अर्थ हुआ—राक्षसी तारा! पाश्चात्य ज्योतिष में आज भी उस तारे को **अलगूल** के नाम से ही जाना जाता है।

यह प्रसिद्ध अलगूल तारा जिस तारा-मंडल में है उसका पाश्चात्य नाम **पर्सेयूस** है। इस मंडल को अब हम **ययाति** कहते हैं। यह मंडल इन दिनों रात के

अरबों का पर्सेयूस

करीब नौ बजे लगभग सिर के ऊपर आ जाता है। उत्तरी खगोल के सुपरिचित शर्मिष्ठा (कैसियोपिया) मंडल की सहायता से ययाति मंडल को आसानी से पहचाना जा सकता है। शर्मिष्ठा के **गामा** तथा **डेल्टा** तारों को जोड़नेवाली सीधी रेखा को दक्षिण-पूर्व की ओर बढ़ाया जाए, तो वह ययाति (पर्सेयूस) मंडल के सबसे चमकीले **अल्फा** (अलजेनिब) तारे पर पहुंचती है। अलगूल इस मंडल का **बीटा** तारा है। इस ययाति मंडल के दक्षिण में वृषभ (कृत्तिका-पुंज) तथा मेष मंडल, पश्चिम में देवयानी मंडल और पूर्व में सारथी (औराइगा) मंडल हैं। सारथी मंडल का प्रथम कांतिमान का खूब चमकीला **कैपेल्ला** (अल्फा) तारा, जिसका प्राचीन भारतीय नाम **ब्रह्महृदय** है, अलजेनिब और अलगूल की पूर्व दिशा में है।

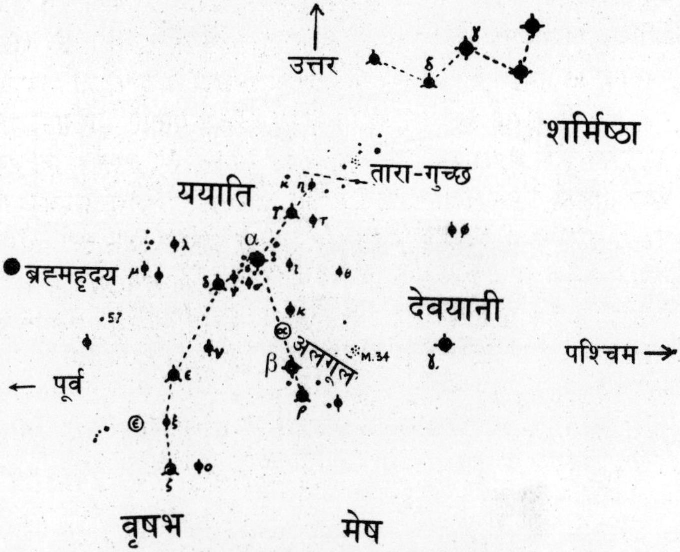

पर्सेयूस (ययाति) मंडल : अलगूल तारा.

पास-पास के पर्सेयूस, एंड्रोमेडा तथा कैसियोपिया मंडलों से संबंधित यूनानी पुराणकथा और शर्मिष्ठा, देवयानी तथा ययाति से संबंधित भारतीय पुराणकथा में काफी साम्य है, इसीलिए आधुनिक काल में पाश्चात्य पर्सेयूस मंडल के लिए भारत में ययाति नाम पसंद किया गया है। पर्सेयूस एंड्रोमेडा का 'उद्धारक' था, तो ययाति देवयानी का।

यूनानी आख्यान के अनुसार पर्सेयूस, ज्यूपिटर का पुत्र था। पर्सेयूस को राक्षसी मेदुसा का सिर काटकर लाने का दुष्कर कार्य सौंपा गया था। मेदुसा के सिर में बालों के बीच छटपटाते सांपों का बसेरा था, और जो कोई भी उसके भयावह चेहरे को देखता वह तत्काल पत्थर बन जाता था। पर्सेयूस को, उसकी सुरक्षा के लिए, प्लूटो ने एक शिरस्त्राण, मर्क्यूरी ने पंखोंवाले पादत्राण और मिनर्वा ने दर्पण की तरह चमकीली एक ढाल प्रदान की थी। ढाल का उपयोग करके पर्सेयूस ने मेदुसा का सिर काटा और उसे अपने वस्त्रों में छिपाकर वापस लौटा। रास्ते में उसने संकलों से बंधी एंड्रोमेडा को मुक्त किया।

पर्सेयूस (ययाति) मंडल का अधिकांश हिस्सा आकाशगंगा के पट्टे में स्थित है। इस मंडल का सबसे चमकीला **अल्फा** तारा, जिसका अरबी पर आधारित नाम **अलजेनिब** है, द्वितीय कांतिमान का है। यह तारा पर्सेयूस के दाएं पार्श्व में है,

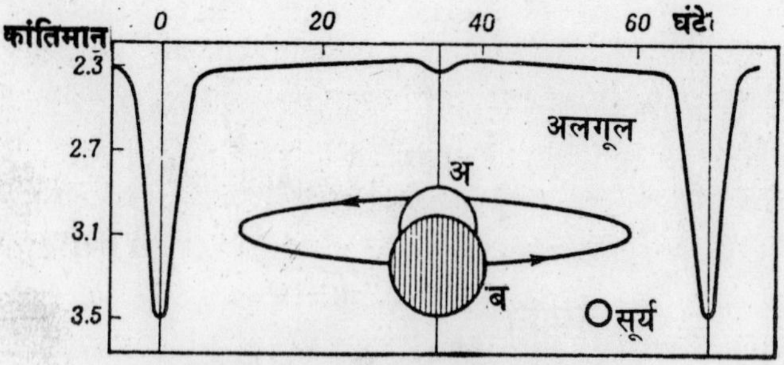

अलगूल की घटती-बढ़ती कांति का आरेख.

इसलिए अरबी ज्योतिषियों ने इसे **अल्-जनूब** (दक्षिण दिशावाला) नाम दिया था। इस तारे के आसपास, बाइनेक्यूलर से देखने पर, तारों का जमघट नजर आता है।

मगर इस मंडल का सबसे आकर्षक नजारा है इसका **बीटा** तारा, जिसकी घटती-बढ़ती कांति के कारण अरबी ज्योतिषियों ने इसे **अलगूल** (राक्षसी तारे) का नाम दिया था। यह तारा राक्षसी मेदुसा की बाईं आंख के स्थान पर है। यूरोप में सबसे पहले 1672 ई. में इतालवी गणितज्ञ-ज्योतिषी मोंतानरी ने अलगूल की चरकांति को पहचाना था। फिर डच-आंग्ल खगोलविद जोन गुडरिक ने 1782-83 ई. में अनेक रातों तक अलगूल तारे का अवलोकन करके इसकी चरकांति का आवर्त-काल निर्धारित किया।

पता चला है कि अलगूल ढाई दिन तक कांतिमान 2.2 पर स्थिर रहता है। लेकिन फिर नौ घंटों में इसका कांतिमान 3.5 पर उतर आता है। उसके बाद यह पुनः अपनी महत्तम कांति पर पहुंच जाता है। नूतन जानकारी के अनुसार, अलगूल की चरकांति का आवर्त-काल, यानी इसके दो क्रमिक न्यूनतम कांतिमानों के बीच का समय, 2 दिन 20 घंटे 48 मिनट और 55.65 सेकंड है!

गुडरिक ने यह भी अनुमान लगाया था कि अलगूल वस्तुतः एक जुड़वां तारा है, और इस जोड़ी का बड़ा किंतु मंदकांति तारा कुछ छोटे किंतु अधिक चमकीले अपने साथी-तारे की परिक्रमा करते हुए उसे ग्रहण लगाता रहता है। गुडरिक का यह अनुमान 1889 ई. में अलगूल के स्पेक्ट्रम के अध्ययन से प्रमाणित हो गया। स्पष्ट हो गया कि अलगूल एक **ग्रहणकारी चरकांति तारा** है।[8]

अलगूल आकाश में खोजा गया पहला ग्रहणकारी चरकांति तारा था। अब तक अलगूल-जैसे 2000 से भी अधिक तारे आकाश में खोजे गए हैं अलगूल-जैसे ग्रहणकारी तारों की चरकांति के वक्र से जुड़वां तारों के आकार,

द्रव्यमान, घनत्व आदि भौतिक गुणधर्मों के बारे में ठोस जानकारी मिल जाती है । अलगूल की जोड़ी के प्रमुख तारे का व्यास 58,00,000 कि.मी. (सूर्य का व्यास 13,91,000 कि.मी.) है और इसके साथी-तारे का करीब 40 लाख कि.मी. । प्रमुख तारे का सतह-तापमान करीब 15,000 डिग्री है, तो साथी-तारे का करीब 7,000 डिग्री । दोनों के केंद्रों में करीब एक करोड़ किलोमीटर का अंतर है !

वर्तमान सदी में यह भी पता चला कि अलगूल का एक और साथी-तारा है, जो 1.87 वर्षों में उसकी एक परिक्रमा करता है, मगर उसे ग्रहण नहीं लगाता । इस प्रकार, अलगूल वस्तुतः तीन तारों की एक संयुक्त योजना है । तारों की यह त्रयी हमसे करीब 104 प्रकाश-वर्ष दूर है ।

अलगूल तारा यूनानी आख्यान की राक्षसी मेदुसा की एक आंख में स्थित है और अरबी ज्योतिषियों ने इसे राक्षसी तारा कहा, इसलिए यूरोप के फलित-ज्योतिषी इसे एक अत्यंत अशुभ तारा मानते रहे हैं । मगर आज हम जानते हैं कि अलगूल आकाश की एक अद्‌भुत ग्रहणकारी योजना है । अलगूल के समीप का **रो** अक्षरांकित तारा एक अनियमित चरकांति है ।

ययाति मंडल के **अल्फा** (अलजेनिब) तारे और शर्मिष्ठा के **डेल्टा** तारे के लगभग मध्यस्थान में कभी-कभी कोरी आंखों से भी एक अंडाकार खुले तारा-गुच्छ को देखा जा सकता है । वस्तुतः ये दो खुले तारा-गुच्छ हैं, और इन्हें यूनानी **खाइ** और रोमन **एच** अक्षरों से दर्शाया जाता है । एच-गुच्छ में करीब 300 और खाइ-गुच्छ में करीब 200 तारे हैं । एच-गुच्छ 6200 प्रकाश-वर्ष दूर है और खाइ-गुच्छ 6500 प्रकाश-वर्ष । खगोलविद हमें जानकारी देते हैं कि इन गुच्छों में कई तारे नवनिर्मित हैं । अर्थात्, तारों का निर्माण आज भी जारी है !

ब्रह्मांड : आदि और अंत

विश्व की उत्पत्ति से संबंधित मानव के चिंतन का इतिहास बहुत पुराना है, लगभग उतना ही पुराना जितना कि स्वयं मानव। आकाश के टिमटिमाते दीपक क्या हैं, कितनी दूर हैं ? विश्व का विस्तार कहां तक है ? सृष्टि का आरंभ कैसे हुआ ? इसका अंत कब और कैसे होगा ?

ये सवाल धरती के मानव को अनादि काल से आलोडित करते आ रहे हैं। सीमित प्रेक्षणों के आधार पर, मिथकों की भाषा में, इन सवालों के उत्तर प्रस्तुत करने के प्रयास प्रायः सभी प्राचीन सभ्यताओं में हुए हैं। कुछ मिथकों में सृष्टिकर्ता या सृष्टि-संचालक की भी कल्पना की गई।

परंतु प्राचीन काल में कुछ ऐसे भी साहसी विचारक हुए हैं जो विश्व के आरंभ या विधान के लिए किसी विधाता की परिकल्पना को अनावश्यक समझते थे। ऐसे कुछ विचारक प्राचीन भारत में भी हुए। **ऋग्वेद** का एक ऋषि कहता है कि शायद परमात्मा भी नहीं जानता कि यह सृष्टि किससे उत्पन्न हुई, किसलिए हुई। और, **ऋग्वेद** का ही एक अन्य ऋषि चुनौती देते हुए कहता है कि विश्वोत्पत्ति के बारे में जाननेवाला यदि कोई है, तो वह यहां आकर बताए।[9]

इस पुरातन चुनौती को स्वीकार करने में वैज्ञानिक हाल ही में समर्थ हुए हैं। पिछले चार-पांच दशकों में खगोल-भौतिकी और नाभिकीय भौतिकी के क्षेत्रों में हुए अनुसंधानों के फलस्वरूप अब वैज्ञानिक इन सवालों के संभाव्य उत्तर देने में समर्थ हैं कि विश्व की उत्पत्ति कैसे हुई और इसका अंत कैसे होगा। कुछ नए गंभीर सवाल भी उभरे हैं: विश्वोत्पत्ति के पहले द्रव्य, ऊर्जा व दिक्काल की क्या स्थिति थी ? क्या विश्व का विस्तार निरंतर जारी रहेगा ? या, भविष्य में विश्व सिकुड़ने लगेगा और पुनः अपने आरंभ की विलक्षण स्थिति पर पहुंच जाएगा ?

यहां मेरा प्रयास होगा इसी नूतन अनुसंधान की संक्षिप्त जानकारी प्रस्तुत करना। विश्व की उत्पत्ति और परिणति के सवालों के साथ जीवन की उत्पत्ति और धरती तथा मानवजाति के भविष्य के सवाल भी अभिन्न रूप से जुड़े हुए हैं।

विश्व के वास्तविक स्वरूप के बारे में अधिकतर जानकारी हमें वर्तमान सदी में ही मिली है। अभी चंद दशक पहले तक प्रकाश-किरणों की केवल एक 'खिड़की' से ही विश्व का अवलोकन करना संभव था। मगर दूसरे महायुद्ध के समय से विद्युत-चुंबकीय विकिरण की दूसरी 'खिड़कियां' भी खुलती गई हैं। अब वायुमंडल के ऊपर के अंतरिक्ष से भी ब्रह्मांड का अवलोकन करना संभव हो गया है।

वर्तमान सदी के दूसरे दशक तक भी कोई वैज्ञानिक नहीं जानता था कि तारों के परे विश्व का विस्तार कहां तक है। तीसरे दशक में अमरीकी खगोलविद **एडविन हब्बल** ने प्रमाणित किया कि हमारी आकाशगंगा के परे दूसरी अनेक मंदाकिनियों का अस्तित्व है। उन्होंने 1923 ई. में आकाशगंगा के परे नजदीक की देवयानी (एंड्रोमेडा) मंदाकिनी में पृथक् तारों को पहचाना। पता चला कि देवयानी मंदाकिनी हमसे करीब 20 लाख प्रकाश-वर्ष दूर है। फिर यह भी पता चला कि विश्व के अथाह विस्तार में विविध आकार-प्रकार की अरबों मंदाकिनियां हैं!

पता चला है कि मंदाकिनियां समूह या गुच्छ बनाती हैं। एक गुच्छ में 20-25 से लेकर एक हजार तक मंदाकिनियां हो सकती हैं। मंदाकिनियों के 'गुच्छों के गुच्छ' होने के बारे में भी कुछ सबूत मिले हैं। यह भी पता चला है कि विश्व में किसी भी *एक समय में* मंदाकिनियों का फैलाव एकरूप है। दूसरे शब्दों में, विश्व के किन्हीं भी काफी बड़े दो समान हिस्सों को लें, तो एक *निश्चित समय में* उन दोनों हिस्सों में मंदाकिनियों की संख्या लगभग बराबर रहेगी।

करीब छह दशक पहले मंदाकिनियों के बारे में एक और अत्यंत महत्व की जानकारी मिली। सन् 1929 में हब्बल ने खोज की कि दूर की मंदाकिनियां हमसे अधिक दूर भाग रही हैं। उन्होंने यह भी पता लगाया कि जो मंदाकिनी हमसे अधिक दूर है, वह अधिक वेग से पलायन कर रही है। हब्बल ने मंदाकिनी की दूरी और उसके पलायन वेग का संबंध जोड़नेवाला एक नियम भी प्रस्तुत कर दिया।

आदिम महाविस्फोट (बिग बैंग).

इस प्रकार, विशाल विश्व के बारे में प्रमुख तथ्य यह है कि इसमें मंदाकिनियों का विस्तार समरूप है, समदिश है, और मंदाकिनियां एक-दूसरे से दूर भागती जा रही हैं। इससे एक स्पष्ट निष्कर्ष यह निकलता है कि अतीत में एक समय ऐसा भी रहा है जब सभी मंदाकिनियां एक-दूसरे के बहुत नजदीक रही होंगी।

फूले हुए एक गुब्बारे की कल्पना कीजिए। मान लीजिए कि इस गोलाकार गुब्बारे की सतह पर धब्बों का एकरूप फैलाव है, और यह गुब्बारा निरंतर फूलता जा रहा है। तब गुब्बारे के इस विस्तार को पीछे ले जाकर हम कल्पना कर सकते हैं कि इसकी शुरूआत किसी समय इसके 'शून्य अर्धव्यास' से हुई होगी, और उस आरंभकाल में इसकी सतह के सभी धब्बे एक साथ एक-दूसरे के ऊपर, या एक-दूसरे के भीतर, विद्यमान रहे होंगे।

मंदाकिनियों-सहित विश्व के समस्त द्रव्य (एवं ऊर्जा) के बारे में भी खगोलविद इसी प्रकार के निष्कर्ष पर पहुंचे हैं। मान लिया गया है कि सुदूर अतीत के एक आरंभिक क्षण में आज के विश्व का समस्त द्रव्य (और ऊर्जा भी) एक स्थान पर पुंजीभूत रहा है। 15 से 20 अरब साल के उस आरंभिक क्षण में एक **महाविस्फोट** हुआ और समस्त द्रव्य तथा ऊर्जा का छितराव हुआ। संतुलन-विचलन या महाविस्फोट की उस विलक्षण घटना को खगोलविदों ने **बिग बैंग** का नाम

दिया है।

बिग बैंग या आदिम महाविस्फोट की उस घटना की वास्तविकता के आज हमारे पास क्या सबूत हैं ? एक सबूत है—हब्बल का नियम, यानी दूर की मंदाकिनियां एक-दूसरे से दूर भाग रही हैं, इसलिए अतीत में विश्व का समस्त द्रव्य एक स्थान पर पुंजीभूत रहा होगा।

अभी करीब तीन दशक पहले एक अन्य महत्वपूर्ण सबूत भी प्राप्त हुआ है। इसे समझने के लिए आदिम महाविस्फोट के बाद की द्रव्य तथा ऊर्जा की स्थितियों पर विचार कीजिए। आदिम अवस्था के उस अतिघनीभूत द्रव्य का तापमान बहुत ऊंचा रहा होगा। दरअसल, उस समय द्रव्य के साथ-साथ प्रचुर मात्रा में विद्युत-चुंबकीय विकिरण भी मौजूद रहा होगा। इतना ही नहीं, एक अवस्था में द्रव्य और विकिरण का संतुलन भी कायम रहा होगा। परंतु कालांतर में, विश्व के विस्तार के साथ, उस आदिम विकिरण का भी फैलाव होता गया और इस तरह उसका तापमान निरंतर घटता गया। बिग बैंग के बाद की 15 से 20 अरब सालों की लंबी अवधि में उस आदिम विकिरण का तापमान इतना अधिक घट गया है कि अब उसके अवशेष **माइक्रोवेव** के रूप में ही पहचाने जा सकते हैं।

अवशिष्ट माइक्रोवेव की परिकल्पना **जॉर्ज गेमोव** ने काफी पहले ही प्रस्तुत कर दी थी (बिग बैंग के सिद्धांत का संशोधित मॉडल भी गेमोव ने ही प्रतिपादित किया था, 1948 में)। समूचे विश्व में व्याप्त ऐसे अवशिष्ट माइक्रोवेव विकिरण की खोज 1964 ई. में खगोलविद **आरनो पेंजियाज** और **रॉबर्ट विल्सन** ने की। इस अवशिष्ट विकिरण का तापमान करीब 3 डिग्री केल्विन या –270 डिग्री सेल्सियस है।

इन सबूतों के कारण विश्वोत्पत्ति के बिग बैंग मॉडल को सबसे ज्यादा समर्थन मिला है। इसका मतलब यह नहीं है कि इस मॉडल को अपनाने से विश्वोत्पत्ति से संबंधित सारे सवालों के हल प्राप्त हो गए हैं। वस्तुतः इस सिद्धांत की कई बातें अभी सुस्पष्ट नहीं हुई हैं। हम नहीं जानते कि महाविस्फोट के समय और उसके पहले दिक्, काल, द्रव्य या ऊर्जा की क्या स्थिति रही है। हम यह भी नहीं जानते कि महाविस्फोट क्यों हुआ।

विश्वोत्पत्ति के सिद्धांत के दूसरे कुछ मॉडल भी प्रस्तुत किए गए हैं। मगर अधिकांश वैज्ञानिकों ने बिग बैंग मॉडल को ही उपयुक्त पाया है। इसलिए हम

इस मानक मॉडल की चर्चा को ही आगे बढ़ाएंगे।

प्रश्न है—आदिम महाविस्फोट के बाद, पिछले करीब 15-20 अरब बर्षों की कालावधि में, विश्व का क्रमिक विकास किस प्रकार हुआ ? चूंकि हम आदिम महाविस्फोट के समय की परिस्थितियों को नहीं जानते, इसलिए शुरूआत 'शून्य काल' से नहीं कर सकते, मगर हम जानते हैं कि आज के विश्व में द्रव्य और विकिरण किन स्वरूपों में हैं। हम यह भी जानते हैं कि **चार बल** विश्व के समस्त मौजूदा द्रव्य को संयोजित रखते हैं।

इसलिए विश्व की वर्तमान स्थिति से आरंभ करके हम अतीत की खोज की ओर आगे बढ़ सकते हैं, और अंत में आदिम महाविस्फोट की घटना के काफी नजदीक पहुंच सकते हैं।

मगर पहले प्रकृति में अब तक खोजे गए चार बलों के बारे में कुछ मोटी-मोटी बातें जान लेना उपयोगी होगा (पिछले कुछ वर्षों से **पांचवें बल** के अस्तित्व की भी चर्चा हो रही है)। विश्वव्यापी गुरुत्वाकर्षण बल और विद्युत-चुंबकीय बल से प्रायः सभी परिचित हैं। वर्तमान सदी में दो और बल खोजे गए—**स्ट्रांग** यानी **दृढ़ बल**, और **वीक** यानी **क्षीण बल**। ये दोनों ही बल परमाणु के नाभिक के दायरे में काम करते हैं और दृष्टिगोचर नहीं हैं, हालांकि इनके प्रभावों को सर्वत्र देखा जा सकता है। दृढ़ बल परमाणु के नाभिक को बांधे रखता है और इस प्रकार द्रव्य को दीर्घकालीन स्थिरता प्रदान करता है। क्षीण बल परमाणु के नाभिक के भीतर और भी कम दूरी पर काम करता है और इसे **रेडियोएक्टिव डिके** यानी **रेडियोधर्मी क्षय** के रूप में पहचाना जा सकता है।

इन चार बलों में गुरुत्वाकर्षण बल सबसे कम शक्तिशाली और दृढ़ बल सर्वाधिक शक्तिशाली है। विद्युत-चुंबकीय बल दृढ़ बल से 100 गुना कम शक्तिशाली और क्षीण बल विद्युत-चुंबकीय बल से भी 1000 गुना कम शक्तिशाली है। न्यूनाधिक शक्ति के इन बलों ने आदिम द्रव्य को वर्तमान स्वरूप प्रदान करने में अत्यंत महत्व की भूमिका अदा की है।

आज के विश्व का अधिकांश द्रव्य हाइड्रोजन और हीलियम के सामान्य परमाणुओं के रूप में है। वैज्ञानिक जानते हैं कि कितनी ऊर्जा उपलब्ध होने पर, विद्युत-चुंबकीय बल के जरिए प्रोटान व न्यूट्रान कणों से निर्मित नाभिक, इलेक्ट्रानों के साथ संयुक्त होकर, हाइड्रोजन या हीलियम के परमाणु बन जाते

विश्व का विकासक्रम :
पहले फैलना,
फिर सिमटना.

हैं। बिग बैंग की घटना को 'शून्य काल' मानें, तो वैज्ञानिकों की गणना के अनुसार, नाभिकों और इलेक्ट्रानों के संयोजन की यह घटना 'शून्य काल' के करीब दस लाख साल बाद घटित हुई है। बिग बैंग के करीब दस लाख साल बाद ही विश्व का तापमान पर्याप्त घटा और नाभिकों तथा इलेक्ट्रानों का परमाणुओं में संयोजन हुआ। उसके बाद ही द्रव्य का तारों और मंदाकिनियों में संयोजन संभव हुआ।

और पीछे चलिए—'शून्य काल' के करीब चार मिनट बाद के समय में। उसके पहले प्रोटान और न्यूट्रान कण अस्तित्व में आ चुके थे, मगर विश्व का तापमान इतना अधिक ऊंचा था कि इन कणों का नाभिकों में संयोजन होना संभव नहीं था। परंतु 'शून्य काल' के करीब चार मिनट बाद विश्व का तापमान इतना घट गया था कि, दृढ़ बल के जरिए, प्रोटान व न्यूट्रान कणों का सरल-से नाभिकों में संयोजन हो सके। फिर भी, उस समय अभी विश्व का तापमान एक अरब डिग्री के आसपास था। 'शून्य काल' के करीब चार मिनट बाद हाइड्रोजन और हीलियम के नाभिक अस्तित्व में आ गए थे। भारी तत्वों का सृजन काफी बाद में, मंदाकिनियों के अस्तित्व में आने पर, उनके तारों की केंद्रीय भट्ठियों में हुआ।

परमाणु के नाभिक में प्रोटान व न्यूट्रान कणों के अलावा और भी कई तरह के सूक्ष्म कण खोजे गए हैं। भौतिकीविदों का मत है कि ये सभी कण **क्वार्क** नामक छह बुनियादी घटकों से बने हैं। आपेक्षिकता के समीकरणों से पता चलता है कि 'शून्य काल' के करीब 10^{-6} सेकंड (एक सेकंड का दस-लाखवां हिस्सा) बाद पहली बार क्वार्कों के संयोजन से प्रोटानों व न्यूट्रानों का सृजन हुआ। विश्व के आरंभिक दौर की वह एक अत्यंत महत्वपूर्ण घटना थी।

अब सवाल है—'शून्य काल' से लेकर 10^{-6} सेकंड तक आरंभिक विश्व की स्थिति कैसी रही ? यहां इस सवाल का उत्तर संक्षेप में ही देना संभव होगा।

जैसे-जैसे हम 'शून्य काल' के अधिकाधिक समीप पहुंचते हैं, वैसे-वैसे विश्व का तापमान बढ़ता जाता है और ऊर्जा के साथ द्रव्य-कणों का संघर्षण अधिकाधिक तीव्र हो जाता है। साथ ही, चारों बल एक-दूसरे के साथ संयुक्त होते जाते हैं। पता चला है कि 'शून्य काल' के 10^{-10} सेकंड (एक सेकंड का दस अरबवां हिस्सा) बाद तक क्षीण बल और विद्युत-चुंबकीय बल संयुक्त रहे हैं। वस्तुतः विश्वोत्पत्ति के बाद 10^{-35} सेकंड तक प्रकृति में केवल दो बलों का

ही अस्तित्व रहा है—संयुक्त दृढ़-क्षीण-विद्युत-चुंबकीय बल और गुरुत्वाकर्षण बल। उसके पहले, 'शून्य काल' से 10^{-43} सेकंड तक, गुरुत्वाकर्षण सहित चारों बल एकीकृत रहे हैं।

उसके भी पहले या 'शून्य काल' में किस तरह की परिस्थितियां रही हैं ? जैसे-जैसे हम 'शून्य काल' के नजदीक पहुंचते हैं, वैसे-वैसे, आइंस्टाइन के समीकरणों के अनुसार, द्रव्य का घनत्व बढ़कर असीम हो जाता है, और तापमान भी असीम हो जाता है। भौतिकीविदों ने विश्व की आदिम अवस्था को **स्पेस-टाइम सिंगुलेरिटी** यानी **दिक्काल की विलक्षणता** का नाम दिया है।

इधर के वर्षों में कुछ भौतिकीविद, क्वांटम सिद्धांत का सहारा लेकर, विश्व की उस आदिम विलक्षणता को भी समझने का प्रयास कर रहे हैं। कुछ साल पहले **एलान गुथ** ने बिग बैंग का एक नया **इंफ्लेशनरी** यानी **स्फीति मॉडल** प्रस्तुत किया है। इसके अनुसार, 'शून्य काल' के बाद, 10^{-34} सेकंड और 10^{-30} सेकंड के बीच की अल्प कालावधि में, विश्व का भयंकर तेजी से विस्तार हुआ और तदनंतर ही यह अपने अपेक्षाकृत धीमे विस्तार में सुस्थिर हुआ है।

सारांश यह कि, विश्वोत्पत्ति के आरंभिक क्षणांशों की परिस्थितियों के बारे में यकीन के साथ कुछ नहीं बताया जा सकता। यह सही है कि महाविस्फोट के बाद ही दिक् और काल अस्तित्व में आए हैं, मगर 'शून्य काल' में या उसके पहले दिक्काल और द्रव्य-ऊर्जा की क्या स्थिति रही है, इसके बारे में फिलहाल केवल परिकल्पनाएं ही प्रस्तुत की जा सकती हैं।

अब हम विश्व के भविष्य पर विचार करेंगे। सवाल है—विश्व 'खुला' है या 'बंद' है ? अन्य शब्दों में, विश्व का निरंतर विस्तार होता रहेगा या एक कालावधि के बाद इसका विस्तार रुक जाएगा और यह सिकुड़ने लगेगा ?

यह जानने का एक उपाय है—विश्व में मौजूद समस्त द्रव्य की मात्रा और इसका औसत घनत्व मालूम करना। विश्व में द्रव्य का संचय या घनत्व एक निश्चित मात्रा से अधिक है, तो गुरुत्वाकर्षण शक्ति देर-सवेर विश्व के विस्तार को पूर्णतः रोक देगी और उसके बाद मंदाकिनियां एक-दूसरे के निकट पहुंचने लगेंगी।

विश्व में कितना गोचर द्रव्य है और उसका औसत घनत्व कितना है, यह जानना संभव है। पता चला है कि गुरुत्वाकर्षण द्वारा विश्व के विस्तार पर

रोक लगाने के लिए जितने द्रव्य की जरूरत है, उसका केवल करीब 10 प्रतिशत द्रव्य ही विश्व में खोजा गया है।

तो क्या विश्व में सचमुच इतना पर्याप्त द्रव्य नहीं है कि इसके गुरुत्वाकर्षण से भविष्य में विश्व का विस्तार रुक जाए ? क्या विश्व का विस्तार निरंतर जारी रहेगा ? कुछ वैज्ञानिकों का आज यही मत है।

मगर अन्य वैज्ञानिकों की मान्यता है कि द्रव्य की लीलाएं बड़ी विचित्र हैं, और विश्व का काफी सारा द्रव्य अभी हमारे लिए 'अदृश्य' बना हुआ है। आजकल विश्व के इसी 'अदृश्य द्रव्य' की बड़ी जोरशोर से खोज की जा रही है। यह अदृश्य द्रव्य **न्यूट्रिनो** नामक कणों के रूप में हो सकता है, अनगिनत छोटे-बड़े **कृष्ण-विवरों** (ब्लैक होल) के रूप में हो सकता है, और किसी अन्य रूप में भी हो सकता है।

विश्व में सचमुच ही यदि पर्याप्त मात्रा में द्रव्य मौजूद है, विश्व यदि 'बंद' है, तो खगोलविदों की गणना के अनुसार आज से करीब 40 या 50 अरब साल बाद, गुरुत्वाकर्षण शक्ति मंदाकिनियों के पलायन पर पूर्ण रोक लगा देगी, विश्व का विस्तार रुक जाएगा, मंदाकिनियों का एक-दूसरे के नजदीक पहुंचना शुरू हो जाएगा, विश्व सिकुड़ने लगेगा, विश्व के विकास के चलचित्र का उलटा क्रम शुरू हो जाएगा।

मगर विश्व में यदि पर्याप्त द्रव्य नहीं है, विश्व 'खुला' है, तो करीब 10^{27} साल बाद विश्व की सारी मंदाकिनियां और इनके गुच्छ कृष्ण-विवरों में बदल जाएंगे ! निरंतर विस्तृत होते ऐसे विश्व का तापमान अंततः 'शून्य' पर पहुंच जाएगा। विश्व की शीतमृत्यु होगी !

यही है विश्व के अतीत, वर्तमान और भविष्य के बारे में आधुनिक खगोल-भौतिकी की संक्षिप्त जानकारी।

धरती का मानव समग्र विश्व का, समूची प्रकृति का, एक अभिन्न अंग है। हम, विश्व-व्यवस्था के बारे में सोचने में समर्थ धरती के प्राणी, उसी प्रकार विश्व के अभिन्न अंग हैं, जिस प्रकार परमाणु हैं, तारे हैं, मंदाकिनियां हैं। मानव की नियति विश्व की नियति के साथ जुड़ी हुई है।

पूछा जा सकता है—भविष्य के विश्व में मानव-समाज की क्या स्थिति होगी? विश्व 'बंद' हो या 'खुला' हो, अभी आगे के अरबों सालों तक इस विश्व में

मनुष्य अपना अस्तित्व कायम रख सकता है। अतिदूर के भविष्य के बारे में कुछ नहीं कहा जा सकता; केवल कल्पित वैज्ञानिक कथानक ही लिखे जा सकते हैं ! अभी तो सबसे बड़ी चिंता यही है कि मानव कहीं अपने हाथों ही अपना अस्तित्व न मिटा दे !

ब्रह्मांड में जीवन की तलाश

हमने देखा है कि करीब 20 अरब प्रकाश-वर्ष की दूरी तक विस्तृत इस विशाल विश्व में अरबों मंदाकिनियां हैं। हमने यह भी जाना है कि प्रत्येक मंदाकिनी (गैलेक्सी) में अरबों तारे हैं। हम यह भी जानते हैं कि हमारे सौर-मंडल में नौ ग्रह हैं, जिसमें से हमारी पृथ्वी एक है और इसी पर हमारा निवास है। फिलहाल हम केवल धरती के ही जीव-जगत से परिचित हैं।

बहुतों के मन में प्रश्न उठते होंगे, और अवश्य उठने चाहिए—क्या अथाह ब्रह्मांड के केवल इसी एक नन्हे पिंड—पृथ्वी—पर जीव-जगत का अस्तित्व है ? क्या विश्व के दूसरे अनगिनत पिंडों पर जीवन के उद्गम और विकास के लिए अनुकूल भौतिक परिस्थितियां नहीं हो सकतीं ? यदि अनुकूल परिस्थितियां हैं, तो वह किस तरह के जीव-जगतों का अस्तित्व होगा ?

विशाल विश्व के बारे में बुनियादी तथ्य यह है कि इसके सभी पिंडों का द्रव्य एक-से भौतिक तत्वों से निर्मित है। जो भौतिक तत्व हमारी धरती में मौजूद हैं, वे ही तत्व कम-अधिक मात्रा में विश्व के दूसरे पिंडों पर भी पाए जाते हैं। इतना ही नहीं, जिन भौतिक नियमों से हम पृथ्वी के पिंडों की गतिविधियों का अध्ययन करते हैं, वे ही नियम विश्व के दूरस्थ पिंडों पर भी लागू होते हैं। सारांश यह कि, भौतिकी के हमारे नियम सार्वभौमिक हैं।

पृथ्वी का जीव-जगत भी उन्हीं तत्वों के विशिष्ट संयोजन से निर्मित है जो धरती में और विश्व के दूसरे पिंडों में कम-अधिक मात्रा में मौजूद हैं। इसलिए अनेक वैज्ञानिक इस परिणाम पर पहुंचे हैं कि विश्व के दूसरे अनगिनत पिंडों पर भी, अनुकूल भौतिक परिस्थितियों में, अवश्य ही जीव-जगतों का उद्भव एवं विकास हुआ होगा। अतः हम देखेंगे कि किन भौतिक परिस्थितियों में जीव-जगत का उद्भव संभव है।

हम केवल अपनी धरती के जीव-जगत से परिचित हैं। वैज्ञानिक जानकारी

ज़ार पृथ्वी का जन्म करीब 4.5 अरब साल पहले हुआ। करीब 3.5 अरब पहले इस पर प्राथमिक जीवाणुओं का प्रादुर्भाव हुआ। आज पृथ्वी पर पांच लाख किस्म के पेड़-पौधे और पंद्रह लाख किस्म के जीव-जंतु पाए ज। हैं।

जोव व निर्जीव की सीमा-रेखा निर्धारित करना सहज संभव नहीं है। पर प्रायः सभी वैज्ञानिक इस सिद्धांत को स्वीकार करते हैं कि नैसर्गिक रासायनिक प्रक्रिया से ही प्राथमिक जीवाणुओं का संयोजन हुआ है। नाइट्रोजन, हाइड्रोजन, ऑक्सीजन, कार्बन आदि के परमाणुओं के संयोजन से सरल-से अणुओं का सृजन हुआ। फिर इनसे एमिनो अम्ल, शर्करा आदि के अधिक जटिल अणुओं का सृजन हुआ। फिर इनके संयोजन से प्रोटीन, कार्बोहाइड्रेट आदि ऐसे पदार्थों का निर्माण हुआ जो धरती के समस्त जीव-जगत की मूल इकाइयां हैं।

पिछले तीन-चार दशकों के अनेक वैज्ञानिक प्रयोगों से यह सिद्ध हो चुका है कि मीथेन, एमोनिया, हाइड्रोजन तथा जल के मिश्रण में विद्युत-धारा प्रवाहित करने पर एमिनो अम्ल, शर्करा तथा चर्बीनुमा अम्ल पैदा होते हैं। प्रयोगशालाओं में कई जैव-घटकों का संश्लेषण संभव हुआ है। इन सभी प्रयोगों से प्रमाणित होता है कि धरती पर जीव-जगत का उदय रासायनिक प्रक्रियाओं से नैसर्गिक रूप में हुआ है।

जटिल जैव-अणु उल्का-प्रस्तरों, धूमकेतुओं और अंतर्नक्षत्रीय आकाश में भी खोजे गए हैं। कुछ वैज्ञानिकों का मत है कि धूमकेतुओं के माध्यम से ही प्राथमिक जीवाणुओं का पृथ्वी पर प्रवेश हुआ है।

पृथ्वी के अलावा सौर-मंडल के अन्य ग्रहों या उपग्रहों पर जीव-जगत के अस्तित्व के अभी तक कोई ठोस सबूत नहीं मिले हैं। इतना निश्चित है कि पृथ्वी-जैसा विकसित जीव-जगत सौर-मंडल के किसी अन्य पिंड पर नहीं है। मगर पता चलता है कि मंगल पर अतीत में जीव-जगत के उदय के लिए संभवतः अनुकूल परिस्थितियां रही हैं। नए अन्वेषणों से पता चलता है कि शनि के बड़े उपग्रह **टाइटन** पर भी संभवतः प्राथमिक जैव-अणुओं के निर्माण के लिए अनुकूल वातावरण है।

अब सौर-मंडल के परे के विश्व पर विचार कीजिए। हमारी आकाशगंगा-मंदाकिनी में लगभग 100 अरब तारे हैं, जिनमें हमारा सूर्य एक सामान्य तारा है। अथाह

विश्व में अरबों मंदाकिनियां हैं। अमरीकी खगोलविद **फ्रैंक ड्रेक** ने हमारी आकाशगंगा में लगभग कितनी सभ्यताएं हो सकती हैं, यह जानने के लिए एक संभाव्य सूत्र प्रस्तुत किया है। इसमें किसी तारे की अपनी ग्रह-मालिका होने की संभावना, उस पर जीव-जगत होने की संभावना, बुद्धिमान प्राणी होने की संभावना तथा उन्नत टेक्नालॉजी वाली सभ्यता होने की संभावना का समावेश किया गया है।

हमारा सूर्य (सौर-मंडल) आकाशगंगा-मंदाकिनी की एक बाह्य सर्पिल भुजा के किनारे पर स्थित है। सूर्य की इस स्थिति का सही आकलन किया जाए, तो स्पष्ट होता है कि आकाशगंगा के 'जीवन-पट्टे' में सूर्य-जैसे तारे संभवतः बहुत ज्यादा नहीं हैं। कुछ वैज्ञानिकों का तो यहां तक मत है कि समूची आकाशगंगा में उन्नत टेक्नालॉजी की दृष्टि से केवल एक ही सभ्यता है, और वह है धरती की मानव-सभ्यता !

मगर वस्तुस्थिति संभवतः इतनी निराशाजनक नहीं है। पिछले दो-तीन दशकों में आकाशगंगा में ऐसे कई तारों का पता चला है जिनके इर्द-गिर्द हमारे सौर-मंडल की तरह के ग्रह हो सकते हैं। यदि आकाशगंगा में ऐसे केवल एक प्रतिशत तारों के अपने ग्रह हैं, तो उनकी संख्या एक अरब पर पहुंचती है। ऐसी एक अरब ग्रह-मालिकाओं में हमारी पृथ्वी-जैसे एक प्रतिशत भी ग्रह हैं, तो उनकी संख्या एक करोड़ तक पहुंचती है। यदि उनमें से एक प्रतिशत ग्रहों पर जीव-जगत का उदय हुआ है, तो उनकी संख्या एक लाख होती है। जीव-जगत को जन्म देनेवाले ऐसे एक लाख ग्रहों में से यदि एक प्रतिशत पर भी बुद्धिमान प्राणियों का विकास हुआ है, तो हमारी आकाशगंगा में कम से कम एक हजार 'सभ्यताएं' तो अवश्य ही होनी चाहिए। अनेक वैज्ञानिकों का मत है कि केवल आकाशगंगा-मंदाकिनी में ही कई करोड़ 'उन्नत सभ्यताओं' का अस्तित्व होना चाहिए।

हमें यह भी स्मरण रखना चाहिए कि यह केवल एक मंदाकिनी (आकाशगंगा) की बात हुई। विशाल विश्व में अरबों मंदाकिनियां हैं।

पिछले करीब दो-तीन दशकों से **पृथ्वीतर सभ्यताओं** के साथ संपर्क स्थापित करने के भी कतिपय प्रयास हुए हैं। मान लिया जा सकता है कि संपूर्ण सौर-मंडल की प्रत्यक्ष खोजबीन करने के साधन अब लगभग उपलब्ध हो गए हैं। मगर

जटिल सवाल सुदूर के तारों तक पहुंचने का या उनके साथ संपर्क स्थापित करने का है। आकाश का सबसे नजदीक का तारा हमसे करीब सवा चार प्रकाश-वर्ष दूर है। दूसरे तारे सैकड़ों-हजारों प्रकाश-वर्ष दूर हैं। इसलिए तारों तक की अंतरिक्ष यात्रा की फिलहाल केवल वैज्ञानिक कल्पनाएं ही प्रस्तुत की जा सकती हैं।

हां, तारों तक संदेश भेजे जा सकते हैं—रेडियो-तरंगों के जरिए। **पायोनियर** व **वायजर**-जैसे स्वचलित यानों के माध्यम से तारों तक सांकेतिक संदेश प्रेषित करने के प्रारंभिक प्रयास भी हुए हैं।

यदि आकाशगंगा में हमारे-जैसी अनेक उन्नत सभ्यताओं का अस्तित्व है, तो वे भी अपने को प्रचारित-प्रसारित करने का प्रयास अवश्य कर रही होंगी। वे भी एक विशिष्ट आवृत्ति वाली रेडियो-तरंगों का चतुर्दिक प्रसारण कर रही होंगी। उनकी ऐसी तरंगों को ग्रहण कर सकनेवाले साधन अब हमें उपलब्ध हो गए हैं—दूसरे महायुद्ध के बाद से।

वे साधन हैं—**रेडियो-दूरबीनें**। अमरीका-जैसे कुछ धनी देश पृथ्वीतर सभ्यताओं के साथ संपर्क स्थापित करने के लिए अब नई-नई योजनाएं बना रहे हैं। हमारे देश में पुणे से 95 किलोमीटर की दूरी पर स्थापित हो रही विशाल मीटर-तरंग रेडियो-दूरबीन भी पृथ्वीतर सभ्यताओं की तलाश में महत्वपूर्ण योग दे सकती है।

यदि भविष्य में किसी पृथ्वीतर सभ्यता की खोज होती है, तो वह मानवजाति के इतिहास का सबसे क्रांतिकारी दिन सिद्ध होगा। और, यदि आगे के करीब पचास सालों के बाद यह स्पष्ट हो जाता है कि इस विशाल ब्रह्मांड में केवल हम ही हम हैं, तो वह भी समूची मानवजाति के लिए एक सर्वाधिक चिंतनीय सवाल बनेगा।

संदर्भ और टिप्पणियां

1. नक्षत्र-सूची में आरंभिक नक्षत्र की स्थिति समय-समय पर बदलती रही है। वैदिक काल की नक्षत्र-सूची में प्रथम नक्षत्र **कृत्तिका** था। उस समय वसंत विषुव-बिंदु कृत्तिका के पास था। **वेदांग-ज्योतिष** की नक्षत्र-सूची **धनिष्ठा** से आरंभ होती है। उस समय शरद

विषुव-बिंदु धनिष्ठा में था।

महाभारत की नक्षत्र-सूची **श्रवण** से आरंभ होती है, क्योंकि **महाभारत** की रचना के समय शरद विषुव-बिंदु श्रवण में था। प्राचीन सूर्य-सिद्धांतकारों ने पुनः नक्षत्र-सूची के क्रम को बदला। उन्होंने चित्रा तारे की विपरीत दिशा के **रेवती** तारे को प्रथम नक्षत्र बनाया। गणना से पता चलता है कि 285 ई. में वसंत विषुव-बिंदु रेवती के पास था। उपलब्ध **सूर्य-सिद्धांत** में मोटे तौर पर चित्रा से 180° दूर के बिंदु को आरंभिक (वसंत विषुव-बिंदु) मानकर नक्षत्रों के निर्देशांक दिए गए हैं। आज के अधिकांश पंचांग सूर्य-सिद्धांत के अनुसार ही बनते हैं।

मगर वस्तुस्थिति यह है कि अब सूर्य-सिद्धांत द्वारा निर्देशित आरंभ-बिंदु और वास्तविक वसंत विषुव-बिंदु में लगभग 23°.40′ का अंतर है, और निजगति के कारण चित्रा का स्थान भी अल्पांश में बदल गया है।

2. रॉबर्ट हूक (1635-1703 ई.) का अध्ययन ऑक्सफोर्ड विश्वविद्यालय में हुआ और वहीं वे रसायनज्ञ रॉबर्ट बॉयल (1627-1691 ई.) के सहयोगी बने। हूक ने छोटे-मोटे कई आविष्कार किए। उन्होंने संतोलक कमानीवाली घड़ी, सूक्ष्मदर्शी, एक विशेष प्रकार की परावर्ती दूरबीन आदि का निर्माण किया। सूक्ष्मदर्शी द्वारा किए गए अनुसंधान का विवरण उन्होंने 1665 ई. में प्रकाशित **माइक्रोग्राफिया** (लघु चित्रांकन) ग्रंथ में प्रस्तुत किया। गुरुत्वाकर्षण की खोज के मामले को लेकर हूक और न्यूटन के बीच काफी वाद-विवाद चला।

3. देखिए अध्याय 5 की टिप्पणी संख्या 4।

4. दूरबीन से देखने पर इस मंदाकिनी का समतल साफ नजर आता है, इसलिए खगोलविदों ने इसका व्यापक अध्ययन किया है। इसकी सर्पिल भुजाएं ज्यादा स्पष्ट हैं। देवयानी मंदाकिनी से करीब एक-तिहाई आकार की इस मंदाकिनी में कई सैफियरी चरकांति तारे खोजे गए हैं।

5. इतालवी खगोलविद जियूसेप्पे पियाज्जी (1746-1826 ई.) ईसाई साधु थे। पहले उन्होंने दर्शनशास्त्र पढ़ाया। बाद में खगोल-विज्ञान में उनकी दिलचस्पी बढ़ी। वे पालेर्मो (सिसिली) में गणित के प्राध्यापक बने और वहीं उन्होंने एक वेधशाला स्थापित की। उन्होंने 1714 ई. में 7646 तारों की एक सारणी प्रकाशित की।

सन् 1801 ई. की पहली रात्रि को पियाज्जी ने आकाश में पहले लघुग्रह या क्षुद्रग्रह की खोज की और उसे कृषि की देवी सीरिस का नाम दिया। पियाज्जी के तीन अवलोकनों के आधार पर सीरेस के कक्षापथ की सूक्ष्म गणना महान जर्मन गणितज्ञ कार्ल फ्रेडरिक गौस (1777-1855 ई.) ने की थी।

6. लेपुस् (शशक) काफी पुराना तारा-मंडल है। इसे यह लेपुस् नाम रोमनों ने दिया था। ओरायन एक कुशल शिकारी था, इसलिए उसके प्रिय शिकार (खरगोश) को उसके नजदीक रखा गया।

7. दक्षिणी खगोल में नोह की नौका के नजदीक होने के कारण इस छोटे मंडल को कोलंबा (कपोत) नाम दिया गया। इस मंडल के तारे विशेष महत्व के नहीं हैं।

8. जो दो तारे भौतिक दृष्टि से सम्बद्ध होते हैं और अपने उभय-गुरुत्व केंद्र के इर्द-गिर्द एक-दूसरे की परिक्रमा करते हैं उन्हें युग्म या जुड़वां (बाइनरी) तारे कहते हैं। ऐसे जिन जुड़वां तारों की कक्षाओं का समतल हमारी दृष्टि-रेखा में या इसके समीप रहता है, वे हमें एक-दूसरे को ग्रहण लगाते हुए नजर आएंगे, और इसलिए उनकी कांति घटती-बढ़ती दिखाई देगी। ऐसे तारों को **ग्रहणकारी चरकांति** या **प्रकाशमापीय युग्म-तारे** कहते हैं।

यदि ग्रहणकारी जोड़ी के प्रकाश का वक्र प्राप्त किया जाए, तो ग्रहण की प्रगति और उसके स्वरूप के बारे में जानकारी मिल जाती है। साथ ही, दोनों तारों की कक्षाओं और उनके आकारों के बारे में भी जानकारी मिल जाती है। वस्तुतः तारों के बारे में ठोस व प्रामाणिक जानकारी ग्रहणकारी चरकांतियों के बारे में ही मिली है। ययाति (पर्सेयूस) मंडल का अलगूल तारा आकाश में खोजा गया पहला ग्रहणकारी चरकांति था। अब तक अलगूल-जैसे कई हजार तारे आकाश में खोजे गए हैं। कुछ ग्रहणकारी जोड़ों के इर्द-गिर्द फैलते गैसीय कवच होने के बारे में भी जानकारी मिली है। वीणा (लाइरा) मंडल के प्रसिद्ध अभिजित् नक्षत्र के नजदीक **बीटा** अक्षरांकित जो तारा है वह भी ग्रहणकारी चरकांति है। इस जोड़ी का प्रमुख तारा अंडाकार बन गया है और इससे निकलनेवाली गैसों की धारा इसके साथी-तारे का कवच बनकर अंततः एक वृत्ताकार कक्षा में दोनों तारों का चक्कर लगा रही है।

9. **ऋग्वेद** का **नासदीय सूक्त** वैदिक विचारकों की विश्वसृष्टि विषयक बुद्धिवादी दृष्टि का अच्छा परिचय देता है।

सूक्त का आरंभ है :

नासदासीन्नो सदासीत् तदानीं
नासीद्रजो नो व्योमा परो यत् ।
किमावरीवः कुह कस्य शर्मन्
अम्भः किमासीद् गहनं गभीरम् ।। 1 ।।

(अर्थात्, सृष्टि के मूलारंभ में न असत् का अस्तित्व था, न ही सत् का। उसी तरह, अंतरिक्ष व आकाश का भी कहीं कोई अस्तित्व नहीं था। ऐसी स्थिति में कौन किसका आश्रय बना ? किसके सुख के लिए यह सारा बना ? क्या उस समय अथाह जल का भी अस्तित्व था ?)

सूक्त के अंत में संदेहवादी ऋषि-कवि विश्वोत्पत्ति की अगम्यता के बारे में कहते हैं :

को अद्धा वेद क इह प्रवोचत्
कुत आजाता कुत इयं विसृष्टिः ।
अर्वाग् देवा अस्य विसर्जनेना -
ऽथा को वेद यत आबभूव ।। 6 ।।

इयं विसृष्टिर्यत आबभूव
यदि वा दधे यदि वा न ।
यो अस्याध्यक्षः परमे व्योमन्
सो अङ्ग वेद यदि वा न वेद ।। 7 ।।

— **ऋग्वेद**, 10 . 129 .

(अर्थात्, यह सृष्टि किससे उत्पन्न हुई, किसलिए हुई, इसे वस्तुतः कौन जानता है ? देवता भी बाद में पैदा हुए, फिर जिससे यह सृष्टि उत्पन्न हुई, उसे कौन जानता है ?)

किसने विश्व को बनाया और वह कहां रहता है, इसे कौन जानता है ? सबका अध्यक्ष परमाकाश में है । वह शायद इसे जानता है । अथवा, वह भी नहीं जानता !

और, ऋग्वेद में ही अन्यत्र (1.35.6) एक ऋषि चुनौती देते हुए कहता है — **इह ब्रवीतु य उ तच्चिकेतत्**, यानी यह सब जानने वाला यदि कोई है, तो यहां आ कर बताए !

परिशिष्ट : 1

खगोल-विज्ञान के विकास के प्रमुख पड़ाव

यहां नवपाषाण युग से लेकर बीसवीं सदी के अंतिम चरण तक की खगोल-विज्ञान के क्षेत्र की प्रमुख उपलब्धियों का क्रमिक उल्लेख है। ईसा पूर्व के वर्षों को ऋण चिह्न (–) से दर्शाया गया है। हर स्थिति में ठीक-ठीक काल-निर्धारण संभव नहीं था। मेरा प्रयास रहा है कि यहां खगोल-विज्ञान के क्षेत्र की भारतीय उपलब्धियों को उचित प्रतिनिधित्व मिले।

9000-4000 ई. पू. : नवपाषाण युग, कृषिकर्म की शुरुआत। अन्न-संग्राहक और शिकारी मानव दिशा-ज्ञान और चंद्र की घटती-बढ़ती कलाओं (प्रारंभिक चांद्र-पंचांग) से परिचित था। अब कृषिकर्म के लिए मौसम की जानकारी जरूरी थी, और मौसम सूर्य की गति से निर्धारित होते हैं, इसलिए आरंभिक सौर-पंचांग भी अस्तित्व में आया। आकाश में कुछ विशिष्ट तारों की स्थितियों से भी मौसम (कृषिकर्म) का निर्धारण होने लगा। आर्द्रा, पुनर्वसु आदि कई भारतीय नक्षत्रों के नाम कृषिकर्म से संबंधित हैं।

4000-1500 ई. पू. : कांस्य युग—मिस्र, मेसोपोटामिया, चीन और भारत की प्राचीन सभ्यताएं—नगरों की स्थापना, लिपि व अंक-संकेतों का प्रचलन, अंकगणित व क्षेत्रमिति का ज्ञान, आकाश में सूर्य, चंद्र तथा पांच ग्रहों के मार्ग के रूप में रविपथ (क्रांतिवृत्त या ग्रहपथ) की पहचान। रविपथ के समीप के नक्षत्रों की पहचान। सौर-पंचांग का विकास।

– 1500 **ऋग्वेद** में नक्षत्रों के नाम। **यजुर्वेद** और **अथर्ववेद** में नक्षत्रों की सूची। मिस्र में धूप-घड़ी का उपयोग।

– 800 लगध का **वेदांग-ज्योतिष** (आर्च व याजुष)—पांच वर्ष का युग, नक्षत्र-सूची, त्रैराशिक का नियम।

– 575 अनाक्सिमंदर द्वारा शंकु का उपयोग करके विषुव-काल तथा अयनांत-काल

की खोज।

– 540 पाइथेगोरस् द्वारा गोलाकार कवच-युक्त विश्व की परिकल्पना।

– 260 अरिस्टार्कस (सामोस-वासी) की मान्यता : पृथ्वी तथा अन्य ग्रह सूर्य की परिक्रमा करते हैं। पृथ्वी से सूर्य तथा चंद्र की सापेक्ष दूरियां ज्ञात करने का प्रयास।

– 230 इराटोस्थनीज द्वारा पृथ्वी की परिधि की गणना का प्रयास और क्रांतिवृत्त की तिर्यकता का मापन। एपोलोनियस का शांकव गणित।

– 150 हिप्पार्कस का वेधकार्य—अयन-चलन की खोज, तारा-सूची, त्रिकोणमिति।

+ 100 (लगभग) जैन ज्योतिष-ग्रंथ—**सूर्यप्रज्ञप्ति, ज्योतिषकरंड** आदि। यूनानी-बेबीलोनी ज्योतिष का भारत में प्रवेश। चीन में लियू ह्सिङ् का नया पंचांग।

150 तालेमी : सिकंदरिया के मिस्री-यूनानी ज्योतिषी, **सिन्टैक्सिस्** (अल-मजिस्ती) ग्रंथ, भूकेंद्रवाद, तारा-सूची, त्रिकोणमिति। **गर्ग-संहिता**।

200 (लगभग) प्राचीन पंच-सिद्धांत : **सौर, पैतामह, वासिष्ठ, रोमक** और **पौलिश**, जिनकी जानकारी बाद में वराहमिहिर ने अपनी **पंचसिद्धांतिका** में दी।

450 चीन में हे छेङ्तिएन् का नया पंचांग।

499 आर्यभट (जन्म : 476) का **आर्यभटीय** ग्रंथ—ज्या-सारणी, $\pi = 3.1416$, भूभ्रमण का सिद्धांत, ग्रहणों की सही व्याख्या, त्रिकोणमिति। चीन में गणितज्ञ झु छोङ् झी का नया पंचांग।

505 वराहमिहिर—**पंचसिद्धांतिका, बृहत्संहिता, वृहज्जातक** आदि ग्रंथ, फलित-ज्योतिष।

628 ब्रह्मगुप्त (जन्म : 598) की कृतियां **ब्राह्मस्फुट-सिद्धांत** और **खंड-खाद्यक**; वेधयंत्र। भास्कर (प्रथम) की कृतियां—**महाभास्करीय, लघुभास्करीय** और **आर्यभटीय-टीका**।

772 बगदाद (स्थापना : 762 ई.) में ब्रह्मगुप्त के ग्रंथों का अरबी में अनुवाद। **सूर्य-सिद्धांत** का नवीनीकरण (लगभग)।

819 अल्-मामू द्वारा बगदाद में वेधशाला की स्थापना। गणित-ज्योतिषी अल्-ख़्वारिज़्मी का वेधकार्य, ज्योतिष-सारणी। तालेमी के **अल्-मजिस्ती** का अरबी में अनुवाद। एस्ट्रोलेब (उन्नतांशमापी) यंत्र का उपयोग।

903 अल्-सूफी की ज्योतिष-सारणी। **वाटेश्वर-सिद्धांत**।

1040 अल्बेरूनी (973-1048 ई.) के **भारत में** भारतीय गणित-ज्योतिष का विवरण। चीनी ज्योतिषी सु सोङ् (1020-1101 ई.) की जल-प्रवाह से संचालित ज्योतिष-घड़ी।

1054 चीनी ज्योतिषियों द्वारा वृषभ मंडल में सुपरनोवा का अवलोकन।

1100 उमर ख़ैयाम : वेधकार्य, पंचांग-सुधार।

1150 भास्कराचार्य (जन्म : 1114 ई.) का ग्रंथ : **सिद्धांत-शिरोमणि** (लीलावती, बीजगणित, ग्रहगणित, गोलाध्याय) ; और **करण-कुतूहल**।

1275 चीनी ज्योतिषी गुओ शाओजिङ् : वेधकार्य, ज्योतिष-यंत्र, नया पंचांग।

1435 उलूग बेग : समरकंद में वेधशाला, ज्योतिष-सारणी।

1525 गणेश दैवज्ञ (जन्म : 1507 ई.) का **ग्रहलाघव** ग्रंथ।

1543 कोपर्निकस (1473-1543) का सूर्यकेंद्रवादी सिद्धांत।

1576 टाइको ब्राही (1546-1601) द्वारा उरानीबर्ग में वेधशाला की स्थापना, वेधकार्य।

1600 ज्योर्दानो ब्रूनो (सूर्यकेन्द्रवाद के प्रचारक) को रोम में जिंदा जला दिया गया !

1603 योहान्न बायेर की तारा-सारणी का प्रकाशन।

1609 गैलीलियो (1564-1642) द्वारा दूरबीन का उपयोग। केपलर (1571-1630) द्वारा ग्रहों की गतियों के दो नियमों की खोज; तीसरे नियम की खोज 1618 ई. में। 1627 ई. में ज्योतिष-सारणी का प्रकाशन।

1668 न्यूटन (1642-1727) द्वारा परावर्ती दूरबीन का निर्माण।

1669 मोंटानरी द्वारा अलगूल तारे की चरकांति की खोज।

1675 न्यूटन के प्रकाश-सिद्धांत का प्रकाशन। ग्रिनीच वेधशाला की स्थापना। रोमर द्वारा प्रकाश के वेग का मापन।

1676 एडमंड हेली द्वारा सेंट हेलेना द्वीप में दक्षिणी खगोल के तारों का अवलोकन।

1682 हेली द्वारा धूमकेतु (हेली का धूमकेतु) का अवलोकन। बाद (1705 ई.) में उन्होंने भविष्यवाणी की कि यही धूमकेतु 1758 ई. में पुनः लौटेगा।

1687 न्यूटन के ग्रंथ **प्रिंसिपिया** (गुरुत्वाकर्षण का सिद्धांत और गति के नियम) का प्रकाशन।

1725 फ्लेमस्टीड की तारा-सारणी का प्रकाशन।

1728 सवाई जयसिंह (1686-1743) द्वारा जयपुर, दिल्ली, मथुरा, वाराणसी और उज्जैन में वेधशालाओं का निर्माण। जयसिंह के राजज्योतिषी पंडित जगन्नाथ (जन्म : 1652 ई.) का **सम्राट-सिद्धांत** ग्रंथ।

जेम्स ब्रेडले द्वारा प्रकाश-विपथन की खोज।

1750 लकाइल की 10,000 तारों की सारणी।

1772 योहान्न बोडे द्वारा 'बोडे नियम' का प्रकाशन।

1781 हर्शेल द्वारा यूरेनस ग्रह की खोज।

1782 गुडरिक का प्रतिपादन—अलगूल एक ग्रहणकारी चरकांति।

1784 मेसिए की नेबुला-सूची का प्रकाशन।

1792 मद्रास वेधशाला की स्थापना।

1799 लापलास का नीहारिका सिद्धांत, **खगोल-यांत्रिकी** ग्रंथ।

1801 पियाज्जी द्वारा पहले लघुग्रह सीरेस् की खोज।

1834 बेस्सेल द्वारा व्याध तारे की अनियमित निजी गति की खोज़ और व्याध का एक साथी-तारा होने की घोषणा।

1838 बेस्सेल द्वारा 61-हंस तारे के लंबन (पैरेलेक्स) की घोषणा—पहली बार एक तारे की दूरी का निर्धारण।

1842 'डापलर प्रभाव' की खोज।

1846 एडम्स और लवेरिए द्वारा नेपच्यून ग्रह की खोज।

1863 हुगिन्स द्वारा तारों में ज्ञात तत्वों की खोज।

1864 हुगिन्स द्वारा नीहारिका के गैसीय स्वरूप का निर्धारण।

1888 नेबुलाओं और तारा-गुच्छों का 'न्यू जनरल कैटलॉग' (NGC)।

1890 फोगेल द्वारा स्पेक्ट्रोस्कोपी के जरिए ग्रहणकारी युग्म-तारों की खोज।

1903 अंतरिक्षयात्रा पर त्सिओल्कोवस्की के प्रथम निबंध का प्रकाशन।

1912 कुमारी लीविट द्वारा सैफियरी चरों का अध्ययन और 'आवर्त-कांति संबंध' की खोज।

1913 रसेल द्वारा 'हर्ट्ज़स्प्रुंग-रसेल आरेख' का प्रकाशन।

1915 डब्ल्यू. एस. एडम्स द्वारा पहले श्वेत वामन (व्याध का साथी-तारा) की खोज।

1917 माउंट विल्सन (अमरीका) पर 100-इंच व्यास की हूकर दूरबीन की स्थापना।

1918 शेपले द्वारा आकाशगंगा के आकार का सही अनुमान।

1919 एडिंगटन द्वारा सूर्य-ग्रहण का अध्ययन : सूर्य के समीप प्रकाश-किरणें थोड़ी मुड़ जाती हैं।

1920 मंदाकिनियों के वर्णक्रमों में लाल विस्थापन (रेड शिफ्ट) की खोज। तारों में परमाणुओं के आयनीकरण से संबंधित मेघनाद साहा के समीकरणों का प्रकाशन।

1923 हब्बल ने सिद्ध किया कि मंदाकिनियों का अस्तित्व आकाशगंगा के परे है।

1926 हब्बल द्वारा मंदाकिनियों का वर्गीकरण।

1927 ऊर्ट का प्रतिपादन—आकाशगंगा का घूर्णन और इसका केंद्र धनु मंडल की ओर।

1929 हब्बल का नियम : मंदाकिनियों का पलायन वेग उनकी दूरी के अनुपात में। स्त्रुवे : समूची आकाशगंगा में अंतर्नक्षत्रीय द्रव्य का अस्तित्व।

1930 टॉमबाउ द्वारा प्लूटो ग्रह की खोज।

1931 कार्ल जान्स्की द्वारा तारों से आनेवाली रेडियो-तरंगों की खोज।

1938 सुब्रह्मण्यम् चंद्रशेखर : **तारों की संरचना,** 'चंद्रशेखर-सीमा', नोबेल पुरस्कार (1983 ई.)

बेथे और वाइत्साकेर के तारों की ऊर्जा के बारे में नए सिद्धांत।

1940 ग्रोटे रेबर द्वारा आकाश के प्रथम रेडियो-मैप का प्रकाशन।

1943 बाडे द्वारा तारों की **आबादी** I और **आबदी** II का वर्गीकरण।

1948 माउंट पालोमर (अमरीका) की 200-इंच व्यास की हाले दूरबीन तैयार। आल्फेर, बेथे और गेमोव का तत्वों की उत्पत्ति का सिद्धांत—महाविस्फोट (बिग बैंग) का सिद्धांत। विश्व के विस्तार का स्थिर-स्थिति सिद्धांत (गोल्ड और बोंडी)।

1952 बाडे द्वारा मंदाकिनियों की दूरियों के पैमाने में संशोधन।

1957 सोवियत रूस द्वारा पहले कृत्रिम उपग्रह (स्पूतनिक-1) का सफल प्रक्षेपण; स्पूतनिक-2 में लाइका कुतिया की अंतरिक्ष यात्रा। जोड्रेल बैंक (इंग्लैंड) की 250-फुट रेडियो-दूरबीन कार्यरत।

1959 ज्ञात रेडियो-स्रोतों का तृतीय कैम्ब्रिज कैटेलॉग (3C)।

1960 सांडेज और मैथ्यूज द्वारा क्वासरों की खोज।

1961 वोस्तोक-1 यान में यूरी गागारीन की अंतरिक्षयात्रा।

1963 श्मिड्ट द्वारा क्वासरों के लाल विस्थापन की खोज—क्वासर आकाशगंगा के बाहर हैं। बर्नार्ड के तारे के इर्द-गिर्द कोई ग्रह होने की संभावना।

1964 पेंजियाज और विल्सन द्वारा पार्श्ववर्ती माइक्रोवेव विकिरण की खोज—'बिग बैंग' सिद्धांत का समर्थन।

1965 कर्क नीहारिका में पहले एक्स-रे स्रोत (टाउ X-1) की खोज।

1967 बेल और हेविश द्वारा पहले पल्सर की खोज।

1969 आर्मस्ट्रांग और एल्ड्रिन की प्रथम चंद्रयात्रा—अपोलो-11 अंतरिक्षयान में।

1972 पायोनियर-10 का बृहस्पति की ओर प्रक्षेपण।

1973 पायोनियर-11 का प्रक्षेपण। पायोनियर-10 बृहस्पति के नजदीक पहुंचा, चित्र भेजे।

1974 कृष्ण-विवर की परिकल्पना।

1979 वायजर-1 और वायजर-2 यान बृहस्पति के नजदीक पहुंचे, आगे बढ़े।

1980 वायजर-1 ने शनि के वलयों के चित्र भेजे।

1981 अमरीकी अंतरिक्ष-शटल 'कोलंबिया' की प्रथम यात्रा।

1989 कावलूर (तमिलनाडु) वेधशाला में 2.5 मीटर व्यास की दूरबीन कार्यरत।

1990 पृथ्वी की कक्षा (अंतरिक्ष) में हब्बल-दूरबीन की स्थापना।

परिशिष्ट : 2

सहायक ग्रंथ-सूची

संस्कृत

1. **आर्यभटीय**—आर्यभट कृत; हिन्दी अनुवाद : रामनिवास राय, इंडियन नैशनल सायंस एकैडेमी, नई दिल्ली 1976.
2. **आर्यभटीय**—आर्यभट कृत; संपादन और अंग्रेजी अनुवाद : कृपाशंकर शुक्ल और के. वी. शर्मा, इंडियन नैशनल सायंस एकैडेमी, नई दिल्ली 1976.
3. **गणकतरंगिणी**—सुधाकर द्विवेदी (1891 ई. में रचित) ; संपादक : पद्माकर द्विवेदी, बनारस 1933.
4. **ब्राह्मस्फुट-सिद्धांत** (ध्यानग्रहोपदेशाध्याय सहित)—ब्रह्मगुप्त कृत ; व्याख्या एवं संपादन : सुधाकर द्विवेदी, बनारस 1902.
5. **वृहज्जातक**—वराहमिहिर कृत; अंग्रेजी अनुवाद : स्वामी विज्ञानानंद, उर्फ़ हरिप्रसन्न चटर्जी, ओरियंटल बुक्स रिप्रिंट कारपोरेशन, नई दिल्ली 1979.
6. **वेदांग-ज्योतिष (आर्च व याजुष)**—लगध कृत; भूमिका और अंग्रेजी अनुवाद : प्रो. टी. एस. कुप्पण्ण शास्त्री, संपादन : के. वी. शर्मा, इंडियन नैशनल सायंस एकैडेमी, नई दिल्ली 1985.
7. **सिद्धांतशिरोमणि**—भास्कराचार्य कृत;संपादक : डा. मुरलीधर चतुर्वेदी, संपूर्णानंद संस्कृत विश्वविद्यालय, वाराणसी 1981.
8. **सूर्यसिद्धांत**—(सुधाकर द्विवेदी की 'सुधावर्षिणी' टीका सहित) ; संपादक : श्रीकृष्णचन्द्र द्विवेदी, संपूर्णानंद संस्कृत विश्वविद्यालय, वाराणसी 1987.
9. **सूर्य-सिद्धांत**—हिंदी में विज्ञान-भाष्य : महावीर प्रसाद श्रीवास्तव, दो खंड, द्वितीय संस्करण, विज्ञान परिषद भवन, इलाहाबाद 1983.

हिंदी

10. कोपर्निकस : **खगोलीय पिंडों के परिक्रमण** (हिन्दी अनुवाद), काशी हिंदू विश्वविद्यालय, वाराणसी 1972.

11. गुणाकर मुले—**संसार के महान गणितज्ञ**, राजकमल प्रकाशन, नई दिल्ली 1992.
12. —**सूर्य** (तृतीय संस्करण), राजकमल प्रकाशन, नई दिल्ली 1990.
13. —**नक्षत्र-लोक** (तृतीय संस्करण), राजकमल प्रकाशन, नई दिल्ली 1990.
14. —**सौर-मंडल** (तृतीय संस्करण), राजकमल प्रकाशन, नई दिल्ली 1990.
15. —**आर्यभट**, राजकमल प्रकाशन, नई दिल्ली 1990.
16. —**केपलर** (द्वितीय संस्करण), पीपुल्स पब्लिशिंग हाउस, नई दिल्ली 1979.
17. —**भास्कराचार्य**, राजकमल प्रकाशन, नई दिल्ली 1990.
18. —**भारतीय विज्ञान की कहानी** (तृतीय संस्करण), राजकमल प्रकाशन, नई दिल्ली 1990.
19. गोरख प्रसाद—**भारतीय ज्योतिष का इतिहास**, प्रकाशन ब्यूरो, उत्तर प्रदेश सरकार, लखनऊ 1956.
20. —**नीहारिकाएं**, बिहार राष्ट्रभाषा परिषद, पटना 1955.
21. त्रिवेणीप्रसाद सिंह—**ग्रह-नक्षत्र**, बिहार राष्ट्रभाषा परिषद, पटना 1955.
22. पांडुरंग वामन काणे—**धर्मशास्त्र का इतिहास**, चतुर्थ भाग; अनुवाद : अर्जुन चौबे काश्यप, उत्तर प्रदेश हिंदी संस्थान, लखनऊ 1984.
23. शंकर बालकृष्ण दीक्षित (अनुवादक : शिवनाथ झारखंडी)—**भारतीय ज्योतिष**, द्वितीय संस्करण, हिन्दी समिति, सूचना विभाग, उत्तर प्रदेश सरकार, लखनऊ 1963.
24. स्वामी सत्यप्रकाश—**भारतीय विज्ञान के कर्णधार**, रिसर्च इन्स्टीट्यूट ऑफ एन्शेंट साइण्टीफिक स्टडीज, नई दिल्ली 1967.
25. —**वैज्ञानिक विकास की भारतीय परंपरा**, बिहार राष्ट्रभाषा परिषद, पटना 1954.

अंग्रेजी

26. Allen, Richard Hinckley : **Star Names : Their Lore and Meaning,** Dover Publications, Inc., New York, 1963.
27. Baugher, Joseph F. : **On Civilized Stars,** Prentice-Hall, Inc., New Jersey, 1985.
28. Bernal, J.D. : **Science in History** (4 vols.), Penguin Books, 1969.
29. Bernhard, H.J., Bennett, D.A., Rice, H.S. : **New Handbook of the Heavens,** McGraw-Hill Book Company, Inc., New York, 1956.
30. Bondi, Herman : **The Universe at Large,** Heinemann, London, 1961.
31. Bose, D.M., Sen, S.N. and Subbarayappa, B.V. : **A Concise History of Science in India,** Indian National Science Academy, New Delhi, 1971.
32. Byalko, A.V. : **Our Planet—The Earth,** Mir Publishers, Moscow, 1987.

33. Calder, Ritchie : **Man and the Cosmos,** Penguin Books Ltd., 1970.

34. Chakravarty, Apurba Kumar : **Origin and Development of Indian Calendrical Science,** Indian Studies : Past & Present, Calcutta, 1975.

35. Chandrasekhar, S. : **An Introduction to the Study of Stellar Structure,** Dover Publications, INC., New York, 1957.

36. Childe, V. Gordon : **Man Makes Himself,** Watts & Co., London, 1956.

37. Couderc, Paul : **The Wider Universe** (Translated from French), Arrow Books Ltd., London, 1960.

38. Davidson, M. : **An Easy Outline of Astronomy,** Watts & Co., London, 1946.

39. Dyson, Freeman J. : **Infinite in All Directions,** Harper & Row, New York, 1988.

40. Eddington, Arther : **New Pathways in Science,** Ann Arbor Paperbacks, The University of Michigan Press, 1959.

41. Evans, David S. : **Frontiers of Astronomy,** Sigma Books Ltd., London, 1946.

42. Farrington Benjamin : **Greek Science,** Penguin Books, London, 1953.

43. Gamov, George : **One Two Three ··· Infinity,** A Mentor Book, New York, 1957.

44. **: Star Called the Sun,** A Pelican Book, 1967.

45. Graham-Smith, F. : **Radio Astronomy,** Pelican Books, London, 1966.

46. Graham-Smith, F. and Lovell, Bernard : **Pathways to the Universe,** Cambridge University Press, 1988.

47. Gurevich, L.E. and Chernin, A.D. : **The Magic of Galaxies and Stars,** Mir Publishers, Moscow, 1987.

48. Hawking, Stephen W. : **A Brief History of Time,** Bantam Press, London, 1988.

49. Hogben, Lancelot : **Science for the Citizen,** George Allen and Unwin Ltd., London, 1945.

50. **: From Cave Painting to Comic Strip,** Max Parrish and Co. Ltd., London, 1949.

51. **: Mathematics for the Million,** George Allen and Unwin Ltd., London, 1936.

52. Hood, Peter : **The Sky and Heavens,** Puffin Picture Books, Middlesex, 1953.

53. Hoyle, Fred : **Frontiers of Astronomy,** ELBS Edition, London, 1963.
54. Kaufmann, William J., III. : **Black Holes and Warped Spacetime,** W.H. Freeman and Company, San Francisco, 1979.
55. Kaye, G.R. : **The Astronomical Observatories of Jai Singh,** Archaeological Survey of India, New Delhi, 1982.
56. Ketkar, Venkatesh Bapuji : **Indian and Foreign Chronology,** Bombay Branch, Royal Asiatic Society, 1923.
57. Komarov, V.N. : **This Fascinating Astronomy,** Mir Publishers, Moscow, 1985.
58. Krasavtsev, B. and Khlyustin, B. : **Nautical Astronomy,** Mir Publishers, Moscow, 1970.
59. Lipunov, V.M. : **In the World of Binary Stars,** Mir Publishers, Moscow, 1989.
60. Lovell, A.C.B. : **The Indivisual and the Universe** (The BBC Reith Lectures), Oxford University Press, London, 1961.
61. Lovell, Bernard & Joyce : **Discovering the Universe,** ELBS Edition, London, 1964.
62. Macpherson, Hector. : **Guide to the Stars,** Thomas Nelson and Sons Ltd., Edinburgh, 1955.
63. Moore, Patrick : **Basic Astronomy,** Oliver and Boyd Ltd., London, 1967.
64. : **The Story of Astronomy,** Macdonald & Company Ltd., London, 1972.
65. : **The Development of Astronomical Thought,** Oliver & Boyd, Edinburgh, 1969.
66. Moore, Patrick and Nicolson, Lain : **Black Holes in Space,** Orbach and Chambers Ltd., London, 1974.
67. Narlikar, Jayant : **A Journey through the Universe,** National Book Trust, New Delhi, 1986.
68. Neugebauer, O. : **The Exact Sciences in Antiquity,** Harper Torchbooks, New York, 1957.
69. Nicolson, Lain : **Astronomy,** Hymlyn Publishing Group, London, 1970.
70. Parnov, E.I. : **At the Crossroads of Infinities,** Mir Publishers, Moscow, 1971.

71. Payne-Gaposchkin, Cecilia : **Stars in the Making,** Pocket Books, INC., New York, 1959.

72. Perelman, Y. : **Astronomy for Entertainment,** Foreign Language Publishing House, Moscow, 1958.

73. Rapport, S. and Wright, H. (Ed.) : **Astronomy,** Washington Square Press, Inc., New York, 1965.

74. Shastri, Ajaya Mitra : **India as Seen in The Bṛhatsamhita of Varahamihir,** Motilal Banarasidass, Delhi, 1969.

75. Sen, S.N. and Shukla, K.S. (Ed.) : **History of Astronomy in India,** Indian National Science Academy, New Delhi, 1985.

76. Sidgwick, J.B. : **Introducing Astronomy,** Faber and Faber Ltd., London, 1957.

77. Singer, Charles : **A Short History of Scientific Ideas to 1900,** ELBS Edition, Oxford University Press, London, 1959.

78. Singh, Jagjit : **Modern Cosmology,** Pelican Books, London, 1970.

79. Smart, W.M. : **Textbook on Spherical Astronomy** (6th revised edition), Vikas Publishing House Pvt. Ltd., New Delhi, 1979.

80. Smith, David Eugene : **History of Mathematics** (2 vols.), Dover Publications, New York, 1958.

81. Subbarayappa, B.V. and Sharma, K.V. : **Indian Astronomy : A Source-Book** (Sanskrit and English Translation), Nehru Centre, Bombay, 1985.

82. Taton, René : **History of Science : Ancient and Medieval Science** (From the Biginnings to 1450), Translated from the French by A.J. Pomerans, Thames and Hudson, London, 1960.

83. Thiel, Rudolf : **And There Was Light** (Translated from the German), Audre Deutsch Ltd., London, 1958.

84. Tilak, Bal Gangadhar : **Vedic Chronology and Vedang Jyotish,** Messrs. Tilak Bros., Poona, 1925.

85. Toulmin, Stephen and Goodfield, June : **The Fabric of the Heavens,** Pelican Books, 1963.

86. Vladimirov, Yu., Mistskiévich, N., Horsky, J. : **Space Time Gravitation,** Mir Publishers, Moscow, 1987.

87. Whipple, Fred L. : **Earth, Moon and Planets** (Third Edition), Penguin Books Ltd., England, 1971.

88. Whitrow, G.J. : **Time in History,** Oxford University Press, 1988.

89. : **The Structure and Evolution of the Universe**(An Introduction to Cosmology), Harper Torchbooks, New York, 1959.

90. Zhou Shunwu : **Astronomy,** China Science and Technology Press, Beijing, 1985.

91. Zigel, F. : **Wonders of the Night Sky,** Mir Publishers, Moscow, 1968.

92. Zim, Herbert S. and Baker, Rabert H. : **Stars,** Golden Press, New York, 1956.

93. —(Ed.) : **The Universe** (A Scientific American book), Simon and Schuster, New York, 1957.

94. —(Ed.) : **The New Astronomy** (A Scientific American book), Simon and Schuster, New York, 1955.

95. —(Ed.) : **The Past and the Future of the Universe,** Nauka Publishers, Moscow, 1988.

96. —Ed. : **Ancient China's Technology and Science,** Foreign Language Press, Beijing, 1983.

97. —Ed. : **Cultural Heritage of India,** Vol. III, Shri Ramakrishna Centenary Committee, Belur Math, Calcutta.

98. —Ed. : **Albert Einstein** (Selections from and on Einstein), INSA and CSIR, New Delhi, 1984.

99. **Report of the Calendar Reform Committee (1955),** Govt. of India, CSIR, New Delhi.

एटलस, कोश, विश्वकोश, पत्रिकाएं

100. de Callataÿ, Vincent (Translated from French by Sir Harold Spencer Jones) : **Atlas of the Sky,** Macmillan & Co. Ltd., London, 1958.

101. Fell, Joseph I. : **Star Recognition,** Sir Isaac Pitman & Sons Ltd., London, 1944.

102. Heath, Thomas : **The Twentieth Century Atlas of Popular Astronomy** (Third Edition), W. & A. K. Johnston Ltd., Edinburgh, 1922.

103. Hevelius, Jan : **The Star Atlas,** "FAN" Press, Uzbek SSR, Tashkent, 1968.

104. Paranjpe, G.R. : **Ākāsa Darśana Atlas,** NCERT, New Delhi, 1978.

105. Peltier, Leslie C. : **Guide to the Stars,** Cambridge University Press, 1986.

106. Bhattacharya, A. : **Ancient Indian Astronomical Terms,** Subarnarekha, Calcutta, 1987.

107. Wallenquist, Åke : **The Penguin Dictionary of Astronomy,** Penguin Books, London, 1966.

108. **अखिल भारतीय शब्दावली : खगोलिकी और बृहत् पारिभाषिक शब्द-संग्रह, विज्ञान, खंड I व II,** वैज्ञानिक और शब्दावली आयोग, नई दिल्ली, 1973.

109. Monier-Williams, Monier : **A Sanskrit-English Dictionary,** Motilal Banarasidass, Delhi, 1990.

110. **: A Dictionary : English and Sanskrit,** Motilal Banarasidass, Delhi, 1989.

111. Macdonell, A.A. and Keith, A.B. : **Vedic Index of Names and Subjects** (2 Vols.), Motilal Banarasidass, Delhi, 1982.

112. Apte, Vaman Shivram : **A Practical Sanskrit-English Dictionary,** Motilal Banarasidass, Delhi, 1989.

113. —(Ed.) : **The Space Encyclopaedia,** E.P. Dutton & Co., Inc., New York, 1958.

114. —Ed. : **The Soviet Encyclopedia of Space Flight,** Mir Publishers, Moscow, 1969.

115. Daintith, J., Mitchell, S., Tootill, E. : **A Biographical Encyclopedia of Scientists** (2 vols.), Facts on File, Inc., New York, 1981.

116. Geddie, W.M. Geddie, J. Liddell (Ed.) : **Chamber's Biographical Dictionary,** London, 1957.

117. श्रीधर व्यंकटेश केतकर : **विज्ञानेतिहास** (महाराष्ट्रीय ज्ञानकोश, मराठी में), महाराष्ट्रीय ज्ञानकोश मंडळ, नागपूर, 1922.

118. **मराठी विश्वकोश** (खंड 1-14 व 18), महाराष्ट्र राज्य साहित्य संस्कृति मंडळ, मुंबई, 1976-1989.

Indian Journal of History of Science

Scientific American

Science Reporter

परिशिष्ट : 3

खगोल-विज्ञान संबंधी प्रमुख आंकड़े और स्थिरांक

पृथ्वी का द्रव्यमान (भार)	=	6,60,00,00,00,00,00,00,00,00,000 टन (5977 x 10^{18} मेट्रिक टन)
पृथ्वी का विषुवतीय व्यास	=	12,756.32 किलोमीटर
पृथ्वी का ध्रुवीय व्यास	=	12,713.55 किलोमीटर
माध्य नाक्षत्र दिवस	=	23 घं. 56 मि. 4.09 से. माध्य सौर काल
चांद्र मास	=	29 दि. 12 घं. 44 मि. 2.9 से.
सायन वर्ष	=	365 दि. 5 घं. 48 मि. 46 से.
क्रांतिवृत्त-तल के साथ पृथ्वी के अक्ष का झुकाव	=	$66^0 31' 22''$
सूर्य के चहुंओर पृथ्वी का कक्षीय वेग	=	29.76 किमी / सेकंड
पृथ्वी की आयु	=	4.5 से 5 अरब वर्ष तक
पृथ्वी से चंद्र की माध्य दूरी	=	3,84,400 किलोमीटर
चंद्र का व्यास	=	3476 किलोमीटर
पृथ्वी से सूर्य की माध्य दूरी (1 खगोलीय एकक)	=	14,95,97,900 किलोमीटर
सूर्य का व्यास	=	13,92,000 किलोमीटर
सूर्य का द्रव्यमान	=	1.960 x 10^{27} टन
सूर्य का सतह-तापमान	=	करीब 6000^0 सेल्सियस
सूर्य की केंद्रीय भट्ठी का तापमान	=	करीब $1,60,00,000^0$ सेल्सियस
प्रकाश का वेग	=	2,99,792.5 किलोमीटर प्रति सेकंड
1 प्रकाश-वर्ष	=	94,63,00,00,00,000 किलोमीटर
1 पारसेक	=	3.26 प्रकाश-वर्ष

1 खगोलीय एकक (14,95,97,900 किमी.)	=	8 मिनट 18 सेकंड
सबसे नजदीक का प्रोक्सिमा सेंटौरी तारा	=	4.3 प्रकाश-वर्ष दूर
आकाशगंगा में तारों की संख्या	=	करीब 150 अरब
आकाशगंगा का व्यास	=	1,00,000 प्रकाश-वर्ष
आकाशगंगा के केंद्रभाग की मोटाई	=	20,000 प्रकाश-वर्ष
आकाशगंगा की द्रव्यराशि	=	करीब 200 सूर्यों के बराबर
आकाशगंगा के केंद्र से सूर्य की दूरी	=	30,000 प्रकाश-वर्ष
देवयानी (एंड्रोमेडा) मंदाकिनी की दूरी	=	20,00,000 प्रकाश-वर्ष
ज्ञेय विश्व की सीमा (अर्थात्, आयु)	=	15 से 20 अरब प्रकाश-वर्ष दूर

परिशिष्ट : 4

तारा-मंडल सूची

(N = उत्तरी खगोलार्ध, S = दक्षिणी खगोलार्ध)

पाश्चात्य नाम	अर्थ	भारतीय नाम	वैशिष्ट्य
Andromeda, N	एंड्रोमेडा	देवयानी	उ. भाद्रपदा, M31
Antlia, S	वायु-पम्प	वाताकर्ष	
Apus, S	स्वर्ग का पक्षी	—	
Aquarius	कुंभधर	कुंभ	शतभिषक्
Aquila	गरुड	गरुड	श्रवण
Ara , S	वेदी	वेदी	
Aries	भेड़ा	मेष	अश्विनी, भरणी
Auriga, N	सारथी	प्रजापति	ब्रह्महृदय
Boötes, N	चरवाहा, शिकारी	बोतीज, ईश	स्वाति
Caelum, S	छेनी	तक्षणी	
Camelopardus, N	जिराफ़	जिराफ़	
Cancer	केकड़ा	कर्क	पुष्य, आश्लेषा, M44
Canes Venatici, N	शिकारी कुत्ते	कानेस वेनाटिसी	कोर कारोली, M51
Canis Major	बड़ा कुत्ता	वृहद् श्वान	व्याध (लुब्धक)
Canis Minor	छोटा कुत्ता	लघु श्वान	प्रोसियोन
Capricornus	समुद्री बकरा	मकर	
Carina, S	नौकातल	नौतल	अगस्त्य
Cassiopeia, N	कैसियोपिया	शर्मिष्ठा	शेदर
Centaurus, S	सेंटौरस्	नरतुरंग	प्रोक्सिमा सेंटौरी
Cepheus, N	सेफियस	वृषपर्वा	डेल्टा सैफी
Cetus	सेतस्	तिमिंगल, केतु	माइरा
Chamaeleon, S	बहुरूपी	गिरगिट	

Circinus, S	कंपास	परकार	
Colamba, S	कपोत	कपोत	
Coma Berenices	बेरेनिस के बाल	केश	मंदाकिनी-समूह
Corona Australis,S	दक्षिणी मुकुट	दक्षिणी किरीट	
Corona Borealis	उत्तरी मुकुट	उत्तरी किरीट	अलूफक्का
Corvus	कौआ	काक	हस्त
Crater	प्याला	चषक	
Crux, S	क्रॉस, सलीब	स्वस्तिक	कोयले की गठरी
Cygnus, N	हंस	हंस	देनेब
Delphinus	डॉलफिन	डॉलफिन	धनिष्ठा
Dorado, S	तेगामछली	दोरादो	बड़ा मेजल्लानी मेघ
Draco, N	ड्रैगन	कालिय	थुबान
Equuleus	छोटा घोड़ा	लघु अश्व	
Eridanus	एरिदानुस् नदी	वैतरणी	नदीमुख
Fornax	भट्ठी	भट्ठी	
Gemini	जुड़वां	मिथुन	पुनर्वसु
Grus, S	सारस	सारस	
Hercules	हर्क्यूलीज	हर्क्यूलीज	M13
Horologium, S	घड़ी	घड़ी	
Hydra	महाजलसर्प	महासर्प	अल्-फर्द
Hydrus, S	जलसर्प	जलसर्प	
Indus, S	इंडियन	इंदुस्	
Lacerta, N	छिपकली	—	
Leo	सिंह	सिंह	मघा, फल्गुनी
Leo Minor	छोटा सिंह	लघु सिंह	
Lepus	ख़रगोश	शशक	
Libra	तराजू	तुला	विशाखा
Lupus, S	भेड़िया	वृक	
Lynx, N	बनबिलाव	बिडाल	
Lyra, N	वीणा	वीणा	अभिजित्
Mensa, S	पर्वत-पठार	पठार	
Microscopium, S	माइक्रोस्कोप	सूक्ष्मदर्शी	
Monoceros	मोनोसेरोस	एकशृंग	
Musca, S	मक्खी	मक्षिका	
Norma, S	गुनिया	गुनिया	
Octans, S	अष्टक	अष्टक	दक्षिण ध्रुव
Ophiuchus	सर्पधर	सर्पधर	
Orion	शिकारी	मृग	आर्द्रा, M42

Pavo, S	मोर	मयूर	
Pegasus	पेगासस	हयशिर	भाद्रपदा
Perseus, N	पर्सेयूस्	ययाति	अलगूल
Phoenix, S	अमरपक्षी	अमरपक्षी	
Pictor, S	चित्रफलक	चित्रफलक	
Pisces	मछलियां	मीन	रेवती
Piscis Australis	दक्षिण की मछली	दक्षिण मीन	मत्स्यमुख
Puppis	नाव का पिच्छल	पिच्छल	
Pyxis	कुतुबनुमा	दिक्सूचक	
Reticulum, S	जाल	जाल	
Sagitta	तीर	वाण	
Sagittarius	धनुर्धर	धनु	आषाढा, आकाशगंगा-केंद्र
Scorpius	बिच्छू	वृश्चिक	ज्येष्ठा, मूल
Sculptor	शिल्पकार	शिल्पकार	
Scutum	ढाल	ढाल	
Serpens	सर्प	सर्प	
Sextans	वृत्त का छठा भाग	षडंश	
Taurus	सांड	वृषभ	रोहिणी, कृत्तिका
Telescopium, S	दूरबीन	दूरदर्शी	
Triangulum	त्रिभुज	त्रिभुज	
Triangulum Australe	दक्षिणी त्रिभुज	दक्षिणी त्रिभुज	
Tucana, S	एक पक्षी	कारंडव	छोटा मेजल्लानी मेघ
Ursa Major, N	बड़ी भालू	सप्तर्षि	सप्तर्षि
Ursa Minor, N	छोटी भालू	लघु सप्तर्षि	ध्रुवतारा
Vela, S	नाव का पाल	पाल	
Virgo	कन्या	कन्या	चित्रा
Volans, S	उड़न-मछली	उड़न-मीन	
Vulpecula	छोटी लोमड़ी	शृगाल	

परिशिष्ट : 5

आकाश के सर्वाधिक चमकीले बीस तारे

तारा		दृश्य कांतिमान	निरपेक्ष कांतिमान	रंग	दूरी (प्रकाश-वर्ष)
1.	व्याध (लुब्धक)	–1.4 जु	+ 1.3	नीला	8.6
2.	अगस्त्य	– 0.9	– 4.6	पीला	180
3.	अल्फा सेंटौरी	+ 0.1 जु	+ 4.7	पीला	4.3
4.	अभिजित्	0.1	+ 0.5	नीला	26.4
5.	ब्रह्महृदय	0.2	– 0.5	पीला	45
6.	स्वाति	0.2	0.0	नारंगी	36
7.	राइगेल	0.3 जु	– 6.2	नीला	450
8.	प्रोसियोन	0.5 जु	+ 2.8	पीला	11
9.	आख़रनार	0.6	– 2.6	नीला	140
10.	बीटा सेंटौरी	0.9	– 3.1	नीला	200
11.	श्रवण	0.9	+ 2.4	पीला	16
12.	आर्द्रा	0.9	– 5.6	लाल	240
13.	अल्फा स्वस्तिक	1.1 जु	– 2.7	नीला	220
14.	रोहिणी	1.1 जु	– 0.5	लाल	68
15.	चित्रा	1.2 जु	– 2.2	नीला	160
16.	पोलक्स	1.2	+ 1.0	पीला	33
17.	ज्येष्ठा	1.2 जु	– 2.4	लाल	170
18.	मत्स्यमुख	1.3	+ 2.1	नीला	23
19.	देनेब	1.3	– 4.6	नीला	540
20.	मघा	1.3 जु	– 0.7	नीला	85

टिप्पणी : 'जु' का अर्थ है—जुड़वां तारा। किसी तारे को 10 पारसेक (32.6प्रकाश-वर्ष) की दूरी पर कल्पित करने से उसका जो दृश्य कांतिमान होगा उसे 'निरपेक्ष कांतिमान' कहते हैं। अधिक दूर के तारों की दूरियां सुनिश्चित नहीं हैं।

परिशिष्ट : 6

विविध राशिनाम

	लैटिन नाम	समानार्थी अंग्रेजी नाम	यूनानी नाम	वराहमिहिर के नाम	भारतीय नाम	बेबीलोनी नाम
1.	ऐरिईज	Ram	क्रिओस	क्रिय	मेष	कु, इ-कु (मेढ़ा)
2.	टौरस	Bull	टॉरस्	ताबुरि	वृषभ	ते-ते (सांड)
3.	जेमिनी	Twins	दिदुमोई, दिदुम	जितुम	मिथुन	मस्मसु (युगल)
4.	कैंसर	Crab	कलौरस्, कर्खिनोस्	कुलीर	कर्क, कर्कट	नंग़रू (केकड़ा)
5.	लिओ	Lion	लिओन्	लेय	सिंह	अरू (सिंह)
6.	विरगो	Virgin	पार्थेनोस्	प्राथोन, पाथोन	कन्या	की (कन्या)
7.	लिब्रा	Balance	जुगोस्, जुकोस्	जूक	तुला	नुरू (तुला)
8.	स्कोर्पियो	Scorpion	स्कोर्पिओस्	कौर्प्य	वृश्चिक	अक्रबु (बिच्छू)
9.	सैजिटेरियस	Archer	तोजेऊतस्	तौक्षिक	धनु	पा, मुलबान (धनुर्धर)
10.	कैप्रिकोर्नस	Goat	आइगोकेरौस्	आकोकोर	मकर	साहु (बकरा)
11.	एक्वेरियस	Water-Bearer	हिद्रोकोस्	हृद्रोग	कुंभ	गु (कुंभधर)
12.	पिसीज	Fish	इक्थए, इख्थुएस्	इत्थ, अंत्यभ	मीन	झिब, नूनी (मछली)

परिशिष्ट : 7

राशियां और उनके भारतीय नक्षत्र

(प्रत्येक राशि में 30 अंशों के तुल्य सवा-दो नक्षत्रों का समावेश किया गया है।)

राशि चिह्न	राशि नाम	नक्षत्र
♈	मेष	अश्विनी (1), भरणी (1), कृत्तिका ($\frac{1}{4}$)
♉	वृषभ	कृत्तिका ($\frac{3}{4}$), रोहिणी (1), मृग ($\frac{1}{2}$)
♊	मिथुन	मृग ($\frac{1}{2}$), आर्द्रा (1), पुनर्वसु ($\frac{3}{4}$)
♋	कर्क	पुनर्वसु ($\frac{1}{4}$), पुष्य (1), आश्लेषा (1)
♌	सिंह	मघा (1), पूर्वाफाल्गुनी (1), उत्तराफाल्गुनी ($\frac{1}{4}$),
♍	कन्या	उत्तराफाल्गुनी ($\frac{3}{4}$), हस्त (1), चित्रा ($\frac{1}{2}$)
♎	तुला	चित्रा ($\frac{1}{2}$), स्वाति (1), विशाखा ($\frac{3}{4}$)
♏	वृश्चिक	विशाखा ($\frac{1}{4}$), अनुराधा (1), ज्येष्ठा (1)
♐	धनु	मूल (1), पूर्वाषाढा (1), उत्तराषाढा ($\frac{1}{4}$)
♑	मकर	उत्तराषाढा ($\frac{3}{4}$), (अभिजित्), श्रवण (1), धनिष्ठा ($\frac{1}{2}$)
♒	कुंभ	धनिष्ठा ($\frac{1}{2}$), शतभिषक् (1), पूर्वभाद्रपदा ($\frac{3}{4}$)
♓	मीन	पूर्वभाद्रपदा ($\frac{1}{4}$), उत्तरभाद्रपदा (1), रेवती (1)

परिशिष्ट : 8

खगोल-विज्ञान शब्दावली

अंतर्नक्षत्रीय द्रव्य (interstellar matter) : तारों के बीच के अंतरिक्ष में मौजूद द्रव्य, जो हाइड्रोजन गैस और ब्रह्मांडीय धूल के रूप में है।

अधोबिंदु (nadir) : खगोल पर शिरोबिंदु (zenith) की ठीक विपरीत दिशा में स्थित बिंदु।

अभिसरण बिंदु (apex) : खगोल का वह बिंदु जिसकी ओर सूर्य, समीप के तारों के सापेक्ष, गतिमान (19 किमी. / से.) प्रतीत होता है। यह सौर अभिबिंदु हर्क्यूलीज मंडल में विषुवांश 18^0 और क्रांति $+30^0$ पर स्थित है।

अयन-चलन (precession of the equinoxes) : विषुव-बिंदुओं का तारा-मंडलों के बीच पश्चिम की ओर अत्यंत मंद गमन, जो प्रति वर्ष $50''$ होता है। फलस्वरूप, तारों की स्थितियां (विषुवांश और क्रांति में) निरंतर बदलती रहती हैं। विषुव-बिंदु पश्चगमन करते हुए करीब 26,000 वर्षों में खगोल का एक पूरा चक्कर लगाते हैं। ध्रुव-बिंदु भी इतने ही वर्षों में **कदंब** (pole of the ecliplic) की एक परिक्रमा पूरी करता है।

अयनांत (solstices) : तारों के बीच सूर्य के वार्षिक पथ की चरम स्थितियां : जब उत्तर की ओर इसकी क्रांति (declination) महत्तम होती है (उत्तर अयनांत, कर्क संक्रांति), और जब दक्षिण की ओर इसकी क्रांति महत्तम होती है (दक्षिण अयनांत, मकर संक्रांति)।

अरीय वेग (radial velocity) : प्रेक्षक की दृष्टि-रेखा में किसी तारे के वेग का घटक। 'डॉपलर प्रभाव' के अनुसार, तारा यदि प्रेक्षक की ओर आ रहा है तो उसकी स्पेक्ट्रम-रेखाएं नीले सिरे की ओर सरकती हैं, और यदि वह प्रेक्षक से दूर जा रहा है तो उसकी स्पेक्ट्रम-रेखाएं लाल सिरे की ओर सरकती हैं।

आकाशगंगा (Milky Way) : आकाश में फैला तारों का सघन पट्टा। वस्तुतः पहिए के आकार की एक विशाल तारक-योजना—1,00,000 प्रकाश-वर्ष चौड़ी—जिसमें करीब 150 अरब तारे हैं, और हमारा सूर्य उनमें से एक है।

आबादी प्रकार (population types) : तारों को दो प्रकारों में भी बांटा गया है—**आबादी I** (population I) और **आबादी II** (population II)। आबादी I के तारे मुख्यतः

आकाशगंगा की सर्पिल भुजाओं में हैं और ये अपेक्षाकृत तरुण तारे हैं। आबादी II में पुराने तारे हैं और ये आकाशगंगा के केंद्रीय भाग में पाए जाते हैं।

आरोही पात (ascending node): किसी ग्रह की कक्षा और क्रांतिवृत्त का वह प्रतिच्छेद-बिंदु, जहां वह ग्रह दक्षिण से उत्तर की ओर गमन करते समय क्रांतिवृत्त को लांघता है। चंद्र के आरोही पात को राहु कहते हैं।

आवर्त-कांति संबंध (period-luminosity relation) : अमरीकी खगोलविद कु. हेनरीयेत्ता एस. लीविट द्वारा 1912 ई. में सेफाइड (Cepheids) तारों के प्रकाश-परिवर्तन और उनके निरपेक्ष कांतिमानों के बीच खोजा गया संबंध। आवर्त जितना ही अधिक लंबा होगा, निरपेक्ष कांतिमान उतना ही अधिक उच्च होगा। इस संबंध के आधार पर सेफाइड तारों (सैफियरी चरों) की दूरियों का मापन करना संभव हुआ है। सैफियरी चरों से मंदाकिनियों की दूरियां भी मापी जाती हैं।

उन्नतांश (altitude) : आकाशस्थ पिंड की क्षितिज से ऊपर की कोणीय दूरी। यह दूरी क्षितिज से शिरोबिंदु पर पहुंचनेवाले उस पिंड के उद्वृत्त (vertical circle) पर मापी जाती है।

एन. जी. सी. (NGC : New General Catalogue of Nebulae and Clusters of Stars): खगोलविद ड्रेयर द्वारा 1888 ई. में तैयार किए गए करीब 8000 आकाशस्थ 'नीहारिकाओं' तथा तारा-गुच्छों के कैटेलॉग का संक्षिप्त रूप। इसमें हर्क्यूलीज मंडल का गोलाकार तारा-गुच्छ NGC 6205 है।

कांतिमान (magnitude) : तारे की कांति का एक माप। कोरी आंखों से दिखाई देनेवाले तारों को, उनकी कमो-बेश कांति के अनुसार, छह कांतिमानों में बांटा गया है। कांतिमान एक संख्या है।

कृष्ण-विवर (black hole) : दिक्काल (space-time) का वह क्षेत्र जहां से कुछ भी, यहां तक कि प्रकाश भी, बाहर नहीं आ सकता, क्योंकि वहां गुरुत्वाकर्षण बहुत ज्यादा होता है।

क्रांति (declination) : एक निर्देशांक, जो खगोलीय विषुववृत्त से किसी पिंड की कोणीय दूरी दर्शाता है—उत्तर की ओर धन (+) और दक्षिण की ओर ऋण (-)।

खगोलीय एकक (astronomical unit) : सूर्य और पृथ्वी के बीच की माध्य या औसत दूरी—14,95,97,900 किलोमीटर।

खगोलीय याम्योत्तर (celestial meridian) : खगोल का वह बृहद् वृत्त जो दोनों ध्रुवों, शिरोबिंदु और अधोबिंदु से होकर गुजरता है। याम्योत्तर क्षितिज को दक्षिण व उत्तर दिशा-बिंदुओं में काटता है।

खगोलीय विषुववृत्त (celestial equator) : खगोल का वह वृहद् वृत्त जो खगोलीय ध्रुवों (celestial poles) के बीच की आधी दूरी पर होता है।

गोलाकार तारा-गुच्छ (globular star cluster) : ऐसे लगभग गोलाकार तारा-गुच्छ जिनमें

दस हजार से एक लाख तक तारे होते हैं और गुच्छ-केंद्र की ओर उनका जमाव अधिक होता है। इन गुच्छों में प्रमुखतः पुराने (आबादी II के) तारे होते हैं। सबसे नजदीक का गोलाकार तारा-गुच्छ **ओमेगा-सेंटौरी** है, जो 20,000 प्रकाश-वर्ष दूर है। ऐसे गोलाकार गुच्छ अन्य मंदाकिनियों में भी खोजे गए हैं।

ग्रहणकारी चरकांति (युग्म) तारे (eclipsing binary or variables) : वे जुड़वां तारे जो अपनी कक्षाओं में भ्रमण करते हुए एक-दूसरे के सामने आते हैं और एक-दूसरे के प्रकाश को अवरोधित करते हैं।

चंद्रशेखर-सीमा (Chandrasekhar limit) : तारे के केंद्रभाग में हीलियम-द्रव्य के संचय की सीमा, जो तारे के संपूर्ण द्रव्यमान के करीब 12 प्रतिशत के आसपास है। इसी क्रांतिक सीमा का नाम चंद्रशेखर-सीमा है।

चरकांति तारे (variable stars) : वे तारे जिनकी कांति घटती-बढ़ती रहती है। इनके विविध प्रकार हैं; जैसे—आर आर लाइरी (R R Lyrae), सैफियरी चर (Cepheids), डब्ल्यू वर्जिनिस (W Virginis), आर वी टौरी (R V Tauri), माइरा तारे (Mira stars, Me), अनियमित चरकांति (irregular variables)। नोवा और सुपरनोवा भी चरकांति हैं।

डॉपलर प्रभाव (Doppler effect) : जब कोई प्रकाश-स्रोत प्रेक्षक की ओर आता है या उससे दूर जाता है, तब उसकी वर्णक्रम-रेखाओं का लाल या नीले सिरे की ओर होनेवाला विस्थापन।

तारा-गुच्छ (star clusters) : अंतरिक्ष में एकसाथ गतिमान तारों के समुदाय। इनके दो मुख्य प्रकार हैं—खुले तारा-गुच्छ और गोलाकार तारा-गुच्छ।

तिर्यकता (obliquity of the ecliptic) : खगोलीय विषुववृत्त और क्रांतिवृत्त के बीच का कोण, जो वर्तमान समय में $23^{0} 26' 54''$ है, और थोड़ा घटता-बढ़ता रहता है।

दानव तारे (giant stars) : कम सतह-तापमानवाले वे तारे जो विशाल आकार के, उच्च निरपेक्ष कांतिमान के और कम माध्य घनत्ववाले होते हैं। इनमें उच्चतर निरपेक्ष कांतिमानवाले तारे **महादानव** (supergiants) कहलाते हैं।

दिगंश (azimuth) : एक निर्देशांक—वह कोण जो तारे के उद्वृत्त (vertical circle : तारे और शिरोबिंदु में से होकर गुजरनेवाला वृहद् वृत्त) और प्रेक्षक की स्थिति के याम्योत्तर के बीच बनता है। दिगंश का मापन क्षितिज के दक्षिण-बिंदु से पश्चिम की ओर और क्षितिज के उत्तर-बिंदु से पूर्व की ओर होता है।

दृश्य कांतिमान (apparent magnitude) : तारे की प्रत्यक्ष कांति, जो उसकी दूरी और उसकी वास्तविक कांति पर निर्भर रहती है।

दैनिक गति (diurnal motion) : खगोलीय पिंडों की पूर्व से पश्चिम की ओर दृश्य गति, जिसका कारण है पृथ्वी का पश्चिम से पूर्व की ओर घूर्णन।

द्वीप-विश्व (island universe) : आकाशगंगा और अन्य मंदाकिनियों के लिए कभी-कभी प्रयुक्त होनेवाला शब्द।

नाक्षत्र वर्ष (sidereal year) : तारों के सापेक्ष सूर्य का परिक्रमा-काल। अन्य शब्दों में, पृथ्वी का अपनी कक्षा में सूर्य के चहुंओर का परिक्रमा-काल। एक नाक्षत्र वर्ष = 365.2564 माध्य सौर दिन।

निजी गति (proper motion) : अंतरिक्ष में तारे की अपनी निजी गति के कारण आकाश में नजर आनेवाला उसका स्थित्यंतर, जो बहुत अल्प होता है।

निरपेक्ष कांतिमान (absolute magnitude) : यदि किसी तारे को 10 पारसेक (32.6 प्रकाश-वर्ष) दूरी पर स्थापित किया जाए, तो उसका जो दृश्य कांतिमान होगा उसे निरपेक्ष कांतिमान कहते हैं। पारसेक में तारे की दूरी और उसका दृश्य कांतिमान ज्ञात हो तो एक सूत्र से उसके निरपेक्ष कांतिमान की गणना की जा सकती है।

नीहारिका (nebula) : अंतर्नक्षत्रीय अंतरिक्ष में मौजूद धूल व गैसों के विशाल मेघ। देखिए पृ 120.

परिध्रुवी तारे (circumpolar star) : किसी एक स्थान से हमेशा ही क्षितिज के ऊपर दिखाई देनेवाले तारे।

पारसेक (parsec = parallax-second) : उस तारे की दूरी जो $1''$ (एक कोणीय सेकंड) लंबन दर्शाता है। एक पारसेक = 3.259 प्रकाश-वर्ष = 2,06,265 खगोलीय एकक।

प्रकाश-वर्ष (light year) : वह दूरी जिसे प्रकाश की किरणें एक वर्ष में तय करती हैं। प्रकाश का वेग है : करीब 3,00,000 किलोमीटर प्रति सेकंड।

प्रतिद्रव्य (anti-matter) : प्रति-कणिकाओं (जैसे, प्रति-प्रोटान, पोजिट्रान) आदि से निर्मित द्रव्य।

ब्रह्मांड विज्ञान (cosmology) : विश्व का समग्र अध्ययन-अन्वेषण।

मंदाकिनी (galaxy) : तारों की एक विशाल योजना; जैसे, हमारी आकाशगंगा। देखिए पृ 121.

महादानव (supergiants) : विशाल तारे जो सामान्य दानव (giant) तारों से कई गुना अधिक चमकीले होते हैं। महादानवों के व्यास सूर्य के व्यास से कई सौ गुना अधिक होते हैं, मगर उनका माध्य घनत्व बहुत कम होता है। आर्द्रा और ज्येष्ठा नक्षत्र महादानव हैं।

महाविस्फोट (big bang) : विश्व के आरंभकाल की विलक्षणता (singularity) की स्थिति।

माइक्रोवेव पृष्ठभूमिक विकिरण (microwave background radiation) : अतितप्त आरंभिक विश्व का अवशिष्ट विकिरण, जिसका इतना अधिक लाल विस्थापन (red shift) हुआ है कि अब यह प्रकाश के रूप में नहीं, बल्कि माइक्रोवेव (चंद सेंटीमीटर तरंगदैर्घ्यवाली रेडियो किरणों) के रूप में प्रकट होता है।

मेसिए (Messier, संक्षेप में M) : फ्रांसीसी खगोलविद शार्ल मेसिए (1730-1817) द्वारा तैयार किए गए 'नीहारिकाओं' और तारा-गुच्छों के कैटेलॉग के सदस्यों को प्रायः M के आगे उनका संख्यांक देकर व्यक्त किया जाता है; जैसे, देवयानी मंदाकिनी

को M31 से और हर्क्यूलीज मंडल के गोलाकार तारा-गुच्छ को M13 से।

युति (conjunction) : जब दो खगोलीय पिंडों के रेखांश या विषुवांश समान होते हैं, तब वे युति में होते हैं।

युग्म तारा, जुड़वां तारा (binary star) : गुरुत्वीय बंधन में बंधे दो तारे, जो एक सह-गुरुत्वकेंद्र की परिक्रमा करते हैं। नई जानकारी के अनुसार, आकाश के तीन तारों में एक अवश्य ही युग्म तारा है। अनेक तारों के दो से अधिक घटक हैं।

योगतारा (junction star) : भारतीय ज्योतिष के 27 नक्षत्रों में से प्रत्येक का प्रमुख तारा। योगतारों के साथ ग्रहों की, प्रमुखतः चंद्र की, युति के अध्ययन का विशेष महत्व था।

राशिचक्र, भचक्र (zodiac) : क्रांतिवृत्त के साथ-साथ के तारा-मंडल (राशियां), जिन्हें, तुला को छोड़कर, जीवित प्राणियों के नाम दिए गए हैं—वृषभ, कन्या, सिंह, मकर, मीन आदि। अयन-चलन के कारण वसंत विषुव बिंदु धीरे-धीरे पश्चिम की ओर सरकता रहता है। बेबीलोन के ज्योतिषियों ने क्रांतिवृत्त को 12 राशियों में (प्रत्येक राशि 30^0 लंबाई की) विभक्त किया था। अयन-चलन के कारण राशिचिह्नों की स्थितियों में काफी बदल हुआ है। वसंत विषुव बिंदु आज मीन में है, प्राचीन काल में यह मेष में था।

रेखांश (longitude) : एक निर्देशांक, जिसका मापन वसंत विषुव से क्रांतिवृत के साथ पूर्व की ओर होता है — 0^0 से 360^0 तक।

लंबन (parallax, stellar) : किसी तारे की दूरी से देखने पर पृथ्वी की कक्षा के अर्धव्यास से बननेवाला कोण।

लाल विस्थापन (red shift) : मंदाकिनियों के वर्णक्रमपट्ट में वर्णक्रम-रेखाओं का लाल सिरे की ओर सरकाव (विस्थापन)। 'डॉपलर प्रभाव' के अनुसार, यह लाल विस्थापन मंदाकिनियों के हमसे दूर भागने का द्योतक है। अमरीकी खगोलविद हब्बल ने पता लगाया कि अधिक दूर की मंदाकिनियों का लाल विस्थापन अधिक होता है। लाल विस्थापन से मंदाकिनियों की दूरियां निर्धारित की जाती हैं।

वसंत विषुव (vernal equinox) : क्रांतिवृत्त और विषुववृत्त जिन दो बिंदुओं में एक-दूसरे को काटते हैं, उनमें से एक। सूर्य दक्षिण से उत्तर की ओर गमन करते हुए जब विषुववृत्त को लांघता है, तब लगभग 21 मार्च को वह वसंत विषुव बिंदु पर होता है। वसंत विषुव बिंदु से ही विषुवांश और रेखांश का मापन होता है।

वामन तारे (dwarf stars) : लघु व्यासवाले तारे; इनका दृश्य कांतिमान कम और माध्य घनत्व ज्यादा होता है।

विपथन (aberration of light) : पृथ्वी की गति के परिणामस्वरूप किसी आकाशस्थ ज्योति का उसी दिशा में होनेवाला दृश्य स्थानांतरण, जो बहुत अल्प होता है।

विलक्षणता (singularity) : दिक्काल का वह बिंदु जहां दिक्काल की वक्रता अपरिमित हो जाती है।

विश्वोत्पत्ति विज्ञान (cosmogony) : विश्व की उत्पत्ति और विकासक्रम का अध्ययन।

विषुव, क्रांतिपात (equinoxes) : खगोल के वे दो बिंदु जहां क्रांतिवृत्त और विषुववृत्त एक-दूसरे को काटते हैं। **वसंत विषुव** (vernal equinox) मीन मंडल का 0^0 रेखांश व 0^0 शरवाला वह बिंदु है जहां सूर्य करीब 21 मार्च को विषुववृत्त को लांघता है। **शरद विषुव** (autumnal equinox) 180^0 रेखांश का कन्या मंडल का वह बिंदु है जहां सूर्य करीब 23 सितंबर को विषुववृत्त को लांघता है। सूर्य जब इन विषुव बिंदुओं पर होता है, तब रात व दिन समान होते हैं।

विषुवांश (right ascension) : वसंत विषुव बिंदु से पूर्व की ओर उस बिंदु तक की दूरी जहां तारे का होरा वृत्त खगोलीय विषुववृत्त (hour circle) को काटता है। विषुवांश को घंटों, मिनटों व सेकंडों में व्यक्त किया जाता है, और यह दैनिक गति से स्वतंत्र होता है।

शिरोबिंदु, खमध्य (zenith) : प्रेक्षक के ठीक सिर के ऊपर का खगोल का बिंदु, जो क्षितिज से 90^0 दूर होता है। शिरोबिंदु की ठीक विपरीत दिशा में खगोल का अधोबिंदु (nadir) है।

श्वेत वामन (white dwarfs) : न्यून निजी कांतिवाले बौने तारे। ये तारे पृथ्वी के आकार-प्रकार के होते हैं, मगर इनमें सूर्य के तुल्य द्रव्यराशि होती है। इनके द्रव्य का माध्य घनत्व पानी के घनत्व से 1,00,00 गुना से भी अधिक होता है। इनकी केंद्रीय गुठली का घनत्व तो पानी के घनत्व से 10 करोड़ गुना अधिक रहता है। व्याध का साथी-तारा आकाश में खोजा गया पहला श्वेत वामन था।

सायन वर्ष (tropical year) : वसंत विषुव के सापेक्ष सूर्य को खगोल की एक परिक्रमा पूरी करने में लगनेवाला समय। अयन-चलन के कारण वसंत विषुव क्रांतिवृत्त पर पीछे की ओर सरकता है, मगर सूर्य अपनी वार्षिक गति में आगे की ओर गमन करता है (अर्थात्, वसंत विषुव व सूर्य विपरीत दिशाओं में गमन करते हैं), इसलिए सायन वर्ष नाक्षत्र वर्ष से करीब 20 मिनट छोटा होता है। सायन वर्ष = 365.2422 माध्य सौर दिन।

होरा कोण (hour angle) : तारे के होरा वृत्त और खगोलीय याम्योत्तर के बीच का कोण। इसका मापन याम्योत्तर से पश्चिम की ओर होता है—0^h से 24^h।

होरा वृत्त (hour circle) : वह वृहद् वृत्त जो खगोल के एक निश्चित बिंदु और खगोलीय ध्रुव से गुजरता है।

परिशिष्ट : 9

हिंदी-अंग्रेजी पारिभाषिक शब्द

अंतरिक्ष, दिक् — space
अंश — degree
अगस्त्य — Canopus
अग्नि — Beta Tauri
अधिमास — intercalary month
अधोबिंदु — nadir
अनुराधा — Delta Scorpii
अपांवत्स — Theta Virginis
अभिजित् — Alpha Lyrae
अभिसरण बिंदु — apex
अयन — northward or southward motion of a planet
अयन-चलन, विषुव-अयन — precession of equinoxes
अयनांत — solistice
अरुंधती — Alcor
अलगूल — Algol, Demon Star, Beta Persei
अहोरात्र — day and night
आकाशगंगा — Milky Way, Galaxy
आप — Delta Virginis
आर्द्रा — Betelgeuse, Alpha Orionis
आवर्तकाल — period
उत्केन्द्रता — eccentricity
उत्तराफाल्गुनी — Denebola
उत्तरायनांत — summer solstice
उन्नतांश — elevation
उन्नतांशमापी — astrolabe
कक्षा — orbit
कन्या — Virgo
कर्क, कर्कट — Cancer
कर्क नीहारिका — Crab nebula
कल्प — period of 4,32,00,00,000 years
कांति — luminosity
कांतिमान — magnitude
काक — Corvus
कालिय — Draco
कुंभ — Aquarius
कृत्तिका — Pleiades
कृष्ण वामन — black dwarf
कृष्ण-विवर — black hole

क्रतु	Dubhe, Alpha Ursae Majoris
क्रांति	declination
क्रांतिपात, विषुव	equinoxes
क्वासर	quasar (quasi-stellar radio source)
क्षितिज	horizon
खगोल	celestial sphere
खगोल-भौतिकी	astrophysics
खगोल-यांत्रिकी	celestial mechanics
खगोल-विज्ञान	astronomy
खगोलविद	astronomer
खगोलीय एकक	astronomical unit
खमध्य, शिरोबिंदु	zenith
गरुड	Aquila
ग्रहण	eclipse
ग्रहणकारी युग्म तारा	eclipsing binary star
चंद्रशेखर-सीमा	Chandrasekhar's limit
चरकांति तारा	variable star
चांद्र पंचांग	lunar calendar
चित्रा	Spica, Alpha Virginis
ज्येष्ठा	Antares, Alpha Scorpii
ज्योतिष (फलित)	astrology
तारा, नक्षत्र	star
तारा-गुच्छ	star cluster
तारा-पुंज	asterism
तारा-मंडल, नक्षत्र-मंडल	constellation
तिष्य	Delta Cancri
तुला	Libra
त्रिकांड	belt of the Orion
त्रिभुज	Triangulum
दक्षिण मीन	Piscis Australis
दक्षिणायनांत (मकर संक्रांति)	winter solstice
दानव तारा	giant star
दिगंश	azimuth
दृश्य, दृष्ट	apparant
दृश्य कांतिमान	apparant magnitude
देनेब	Deneb, Alpha Cygni
देवयानी	Andromeda
दैनिक गति	diurnal motion
द्युति	brightness
द्रव्यमान, द्रव्यराशि	mass
द्वीप विश्व	island universe
धनिष्ठा	Alpha Delphini
धनु, धनुर्धर	Sagittarius
धूमकेतु	comet
ध्रुवक	polar longitude
ध्रुवतारा	Polaris, pole star
नक्षत्र	star, asterism
नदीमुख, आख़रनार	Achernar, Alpha Eridani
नवतारा, नोवा	nova
नाक्षत्र वर्ष	sidereal year

निजी गति	proper motion
निरपेक्ष कांतिमान	absolute magnitude
नीहारिका, नेबुला	nebula
परागैलेक्सी	extragalactic
परावर्ती दूरबीन	reflecting telescope
परिध्रुवी तारा	circumpolar star
पात	node
पारसेक	parsec
पुनर्वसु	Pollux
पुलह	Merak
पुष्य	Delta Cancri
पूर्वाफाल्गुनी	Delta Leonis
पूर्वभाद्रपदा	Markeb, Alpha Pegasi
पूर्वाषाढा	Delta Sagittarii
प्रकाश-वर्ष	light year
प्रजापति, सारथी	Auriga
प्रतिद्रव्य	antimatter
प्रमुख क्रम	main sequence
प्रोक्सिमा सेंटौरी	Proxima (Alpha) Centauri
प्रोसियोन	Procyon, Alpha Canis Minoris
बृहद् श्वान	Canis Major
बोतीज	Boötes
ब्रह्महृदय	Capella
ब्रह्मांड, विश्व	Universe, Cosmos
ब्रह्मांड विज्ञान	cosmology
मंदाकिनी	galaxy
मकर	Capricornus
मघा	Regulus, Alpha Leonis
मत्स्यमुख	Fomalhaut, Alpha Piscis Australis
महादानव	supergiant
महाविस्फोट	big bang
महासर्प	Hydra
माइरा	Mira Ceti (the wonderful)
मिथुन	Gemini
मीन	Pisces
मूल	Lambda Scorpii
मृग नीहारिका	Orion Nebula, M42
मेजल्लानी मेघ	Magellanic Cloud
मेष	Aries
मेसिए	Messier (M)
ययाति	Perseus
याम्योत्तर	local meridian
याम्योत्तर गमन	culmination
युग्म तारा, जुड़वां तारा	binary star
युति	conjunction
योगतारा	pricipal star in an asterism, junction star
राशिचक्र, भचक्र	Zodiac
रेखांश	longitude
रेडियो दूरबीन	radio telescope
रेवती	Zeta Piscium

रोहिणी	Aldebaran
लंबन	parallax
लघुग्रह, क्षुद्रग्रह	asteroid
लघु श्वान	Canis Minor
लघु सप्तर्षि	Ursa Minor
लाल दानव	red giant
लाल विस्थापन	red shift
वसंत विषुव	vernal equinox
वसंत विषुव बिंदु	first point of Aries
वसिष्ठ	Mizar
वामन तारा	dwarf star
विकिरण	radiation
विपथन	aberration
वियुति	opposition
विलक्षणता	singularity
विशाखा	Alpha Librae
विश्वोत्पत्ति विज्ञान	cosmogony
विषुव	equinox
विषुव वृत्त	equator
विषुवांश	right ascension
वीणा	Lyra
वृश्चिक	Scorpio
वृषपर्वा	Cepheus
वृषभ	Taurus
वेधशाला	observatory
वैतरणी	Eridanus
व्याध, लुब्धक	Sirius, Alpha Canis Majoris

शतभिषक्	Lambda Aquarii
शरद विषुव	autumnal equinox
शरद विषुव बिंदु	first point of Libra
शर्मिष्ठा	Cassiopeia
शिरोबिंदु, खमध्य	Zenith
श्रवण	Altair, Alpha Aquilae
श्वेत वामन	white dwarf
सर्प	Serpens
सर्पधर	Ophiuchus
सर्पिल मंदाकिनी	spiral galaxy
सप्तर्षि	Ursa Major
सायन वर्ष	tropical year
सारथी, प्रजापति	Auriga
सिंह	Leo
सुपरनोवा	supernova
सूर्यसहोदय	heliacal rising
सैफियरी चर	Cepheids
सौर अभिबिंदु	solar apex
स्थिर स्थिति सिद्धांत	steady state theory
स्वस्तिक, क्रुक्स	Crux
स्वाति	Arcturus
हंस	Cygnus
हयशिर, महाश्व	Pegasus
हर्ट्जस्प्रुंग-रसेल आरेख	Hertzsprung - Russell diagram
हस्त	Gamma or Delta Corvi
हायडेस	Hyades

परिशिष्ट = 10

अंग्रेजी-हिंदी पारिभाषिक शब्द

aberration	विपथन
absolute magnitude	निरपेक्ष कांतिमान
Achernar	नदीमुख
Alcor	अरुंधती
Aldebaran	रोहिणी
Algol	अलगूल
Alioth	अंगिरस्
Alkaid	मरीचि
almanac	पंचांग
Altair	श्रवण
altitude	उन्नतांश
Andromeda	देवयानी
anomaly	कोणिकांतर
Antares	ज्येष्ठा
antimatter	प्रतिद्रव्य
apex	अभिसरण बिंदु
aphelion	सूर्योच्च
apogee	भूमि उच्च
apparent	दृष्ट, दृश्य
apparent magnitude	दृश्य कांतिमान
Aquarius	कुंभ
Aquila	गरुड
Arcturus	स्वाति
Argo Navis	अर्गो नाविस
Aries	मेष
ascending node	आरोही पात, राहु
asterism	तारा-पुंज
asteroid	लघुग्रह, क्षुद्रग्रह
astrolabe	एस्ट्रोलेब, उन्नतांशमापी
astrology	फलित ज्योतिष
astronomical unit	खगोलीय एकक
astronomy	खगोल-विज्ञान, ज्योतिष
astrophysics	खगोल-भौतिकी
Auriga	सारथी, प्रजापति
autumnal equinox	शरद विषुव
axis	अंक्ष
azimuth	दिगंश
Betelgeuse	आर्द्रा

big bang	महाविस्फोट
binary star	जुड़वां तारा, युग्म तारा
black dwarf	कृष्ण वामन
black hole	कृष्ण-विवर
blue shift	नील विस्थापन
Boötes	बोतीज़, ईश
brightness	द्युति, दीप्ति
calendar	कैलेंडर, पंचांग
Cancer	कर्क
Canis Major	बृहद् श्वान
Canopus	अगस्त्य
Capella	ब्रह्महृदय
Capricornus	मकर
Cassiopeia	शर्मिष्ठा
celestial mechanics	खगोल-यांत्रिकी
celestial sphere	खगोल, भगोल
Centaurus	सेंटौरस्, नरतुरंग
Cepheids	सैफियरी चर
Cepheus	सेफियस्, वृषपर्वा
Cetus	सेतस्
Chandrasekhar's Limit	चंद्रशेखर-सीमा
circumpolar star	परिध्रुवी तारा
comet	धूमकेतु
conjunction	युति
constellation	तारा-मंडल
Corvus	काक
cosmic ray	ब्रह्मांड किरण
cosmogony	विश्वोत्पत्ति, ब्रह्मांड उत्पत्ति
cosmology	ब्रह्मांड विज्ञान
cosmos	ब्रह्मांड
Crab nebula	कर्क नीहारिका
Crux	क्रुक्स, स्वस्तिक
culmination	याम्योत्तर गमन
declination	क्रांति
Delphinus	डॉलफिन
Deneb	देनेब
Denebola	उत्तराफाल्गुनी
descending node	अवरोही पात, केतु
diurnal motion	दैनिक गति
Doppler effect	डॉपलर प्रभाव
Draco	कालिय
dwarf star	वामन तारा
eccentricity	उत्केंद्रता
eclipsing binary star	ग्रहणकारी युग्म तारा
ecliptic	क्रांतिवृत्त, रविमार्ग
elevation	उन्नतांश
epicycle	अधिचक्र
equator	विषुववृत्त, भूमध्य रेखा
equinox	विषुव, क्रांतिपात
Eridanus	वैतरणी
expanding universe	प्रसारी विश्व
extragalactic	परागैलेक्सी
first point of Aries	वसंत विषुव बिंदु

first point of Libra शरद विषुव बिंदु
Fomalhaut मत्स्यमुख
galaxy मंदाकिनी, गैलेक्सी
Gemini मिथुन
geocentric भूकेंद्रीय
giant star दानव तारा
globular star cluster गोलाकार तारा-गुच्छ
gnomon शंकु, छायादंड
gravitation गुरुत्वाकर्षण
gravitational collapse गुरुत्वीय पतन
heliacal rising सूर्यसहोदय
heliocentric सूर्यकेंद्रीय
Hercules हर्क्यूलीज
Hertzsprung-Russell diagram हर्ट्जस्प्रुंग-रसेल आरेख
Hydra महासर्प
intersteller अंतर्नक्षत्रीय
junction star योगतारा
latitude शर
Leo सिंह
Libra तुला
light year प्रकाश-वर्ष
longitude रेखांश
long-period variable stars दीर्घकालिक चरकांति तारे, माइरा तारे
luminosity कांति
Magellanic Clouds मेजल्लानी मेघ
magnitude कांतिमान
mean माध्य
Merak पुलह
meridian याम्योत्तर
meteor उल्का
milky way आकाशगंगा
Mira Ceti माइरा (आश्चर्यजनक)
Mizar वसिष्ठ
nadir अधोबिंदु
nebula नीहारिका
node पात
nova नवतारा, नोवा
obliquity तिर्यकता
open star cluster खुला तारा-गुच्छ
Ophiuchus सर्पधर
opposition वियुति
orbit कक्षा
Orion मृग
Orion nebula मृग नीहारिका
parallax लंबन
parsec पारसेक
Pegasus हयशिर, महाश्व
period-luminosity relation आवर्त-कांति संबंध
Perseus ययाति
Pisces मीन
Piscis Austrinus दक्षिण मीन

planetary nebula	ग्रहीय नीहारिका
Pleiades	कृत्तिका
Polaris	ध्रुवतारा
precession	अयन
precession of equinoxes	अयन-चलन, विषुव-अयन
proper motion	निजी गति
pulsar	पल्सर
quasar	क्वासर
radiation	विकिरण
radio astronomy	रेडियो खगोल-विज्ञान
red giant	लाल दानव
red shift	लाल विस्थापन
reflecting telescope	परावर्ती दूरबीन
Regulus	मघा
relativity	आपेक्षिकता
right ascension	विषुवांश
Sagittarius	धनुर्धर, धनु
Scorpius	वृश्चिक
Serpens	सर्प
shift	विस्थापन
sidereal year	नाक्षत्र वर्ष
singularity	विलक्षणता
Sirius	व्याध, लुब्धक
solar apex	सौर अभिबिंदु
solistice	अयनांत
space	दिक्, अंतरिक्ष
Spica	चित्रा
spiral galaxy	सर्पिल मंदाकिनी
star	तारा, नक्षत्र
Star cluster	तारा-गुच्छ
steady state theory	स्थिर स्थिति सिद्धांत
stellar paralax	तारकीय लंबन
supergiant	महादानव
summer solstice	उत्तरायनांत
supernova	सुपरनोवा
surface temperature	सतह तापमान
Taurus	वृषभ
transit	याम्योत्तर गमन
triangulation	त्रिकोणन
Triangulum	त्रिभुज
tropical year	सायन वर्ष
universe	विश्व, ब्रह्मांड
Ursa major	सप्तर्षि
Ursa minor	लघु सप्तर्षि
variable star	चरकांति तारा
Vega	अभिजित्
vernal equinox	वसंत विषुव
Virgo	कन्या
white dwarf	श्वेत वामन
winter solstice	दक्षिणायनांत, मकर संक्रांति
zenith	खमध्य, शिरोबिंदु
zodiac	राशिचक्र

परिशिष्ट : 11

नामानुक्रमणिका

['आकाशगंगा', 'सूर्य' आदि कुछ शब्दों का बहुत ज्यादा प्रयोग हुआ है, इसलिए उन्हें यहां नहीं दिया गया है।]

परिशिष्ट : 12

विषयानुक्रमणिका

●●